NAPOLÉON

SES DERNIÈRES ARMÉES

PAR

Henri COUDERC DE SAINT-CHAMANT
CAPITAINE DE CAVALERIE

PARIS
ERNEST FLAMMARION, ÉDITEUR
RUE RACINE, 26, PRÈS L'ODÉON

NAPOLÉON

SES DERNIÈRES ARMÉES

NAPOLÉON
SES DERNIÈRES ARMÉES

PAR

Henri COUDERC DE SAINT-CHAMANT

CAPITAINE DE CAVALERIE

PARIS

ERNEST FLAMMARION, ÉDITEUR

RUE RACINE, 26, PRÈS L'ODÉON

La vignette du titre est la reproduction d'un en-tête de lettre du général De Caen, capitaine général des établissements français dans l'est du Cap de Bonne-Espérance. 1er mars 1809.

PRÉFACE

Dans les pages qui suivent, l'auteur n'a pas eu l'intention ni la prétention de refaire l'histoire des Cent-Jours. Après le beau livre de M. Houssaye, une tentative de ce genre serait aussi inutile que téméraire. Mais il nous a semblé que, même après lui, il y avait encore quelque chose à faire pour mettre dans tout son jour l'œuvre de Napoléon dans cette courte période. Contre l'Europe qui se dressa menaçante en face de son trône, quelles ressources lui laissait la royauté, et comment les mit-il à profit? Dans l'état de désordre, de désorganisation, de décomposition presque où se trouvait l'armée à son retour, quelles mesures dut-il prendre pour la reconstituer? Comment, sur chaque point, fut organisée la défense?

Si nous ne nous faisons illusion, il y avait encore là-dessus du nouveau à dire. Il restait, par l'étude du détail, à mettre en pleine lumière le génie organisateur de Napoléon pendant les Cent-Jours. Il fallait dans cette œuvre faire une place à côté de lui à ceux qui l'ont aidé de leur intelligence et de leur dévouement, et en premier lieu à son ministre de la guerre, le duc d'Auerstædt.

Pour faire comprendre l'intensité de l'effort de l'Empereur, nous avons dû rappeler en quelques pages au lecteur les événements qui ont amené le retour de l'île d'Elbe, exposer la situation matérielle et morale de la France telle que l'avait faite le gouvernement de Louis XVIII. Et peut-être même dans cette partie le lecteur reconnaîtra-t-il quelques traits nouveaux.

Mais c'est dans ce qui concerne l'organisation de la défense nationale que nous osons nous flatter d'avoir ajouté, à ce qui avait été dit et recueilli par nos devanciers, des renseignements assez nombreux qui ne manquent ni de nouveauté ni d'intérêt.

Pour mieux comprendre la portée de l'effort fait par l'Empereur, pour juger son œuvre avec plus d'impartialité, nous avons cru devoir faire abstraction de la connaissance des événements subséquents. Nous avons essayé de voir et d'exposer les faits comme aurait pu le faire un contemporain bien renseigné.

Pour faire ce travail, c'est principalement et presque exclusivement dans le riche dépôt du ministère de la guerre que nous avons puisé. Nous y avons été guidé par les conseils de M. Martinien, dont la science précise et sûre n'a d'égale que l'inépuisable obligeance. Qu'il trouve ici l'expression de notre profonde reconnaissance. Nous nous faisons aussi un devoir d'adresser publiquement nos remerciements à tout le personnel civil ou militaire de ces archives qui nous a si aimablement aidé dans nos travaux.

Les fonds sur lesquels nous avons fait porter nos investigations sont :

1° Aux archives historiques, la correspondance de l'Empereur ; la donation Davout ; la correspondance générale militaire de mars à juin 1815 ; les dossiers des régiments ; la collection Préval ; les dossiers des directions d'artillerie et du génie ; l'historique des corps de troupes ; les mémoires historiques ; et pour chacune des armées de la Loire, de la Moselle, du Rhin, du Jura, des Alpes, du Var, des Pyrénées et du Nord, la correspondance générale, les situations et registres, la correspondance des généraux.

2° Aux archives administratives, les contrôles des corps de troupes.

NAPOLÉON

SES DERNIÈRES ARMÉES

INTRODUCTION

Le traité du 11 avril 1814 avait dépouillé Napoléon de tout l'éclat de sa puissance et n'avait accordé à l'Empereur déchu en échange de son vaste empire qu'une île de vingt-cinq lieues de circonférence, en échange des trésors dont il disposait qu'un revenu de deux millions, et en échange des immenses armées qu'il avait conduites à la victoire et qui avaient si longtemps fait trembler l'Europe qu'une simple garde de quatre cents hommes.

Presque au même jour où Louis XVIII faisait à Paris une entrée triomphale, au son des cloches et du canon — 3 mai 1814 — Napoléon débarquait dans la capitale de son nouvel État, au milieu des acclamations d'une foule qui peu avant l'avait brûlé en effigie. Cet enthousiasme des Elbains, Napoléon s'efforça de le justifier par les soins qu'il donna dès l'abord et sans relâche à l'administration de l'île.

Son génie organisateur et son activité inlassable se donnèrent carrière dans ce domaine restreint [1]. Les moindres détails ne le rebutaient pas.

Dès le lendemain de son arrivée, il parcourut l'île, visitant tous les habitants, parlant à chacun d'un air ouvert, « en leur disant qu'il voulait faire fleurir les arts dans leur île et qu'on y trouvât en proportion tout ce qu'on peut trouver de rare à Paris [2]. »

Napoléon nomma le sous-préfet Balbi intendant de l'île, Peyrusse trésorier-payeur général, Drouot gouverneur, Bertrand grand maréchal du palais. Il y eut une cour d'appel et de cassation, un directeur des domaines, un inspecteur des ponts et chaussées, un administrateur des mines, qui formaient l'une des principales ressources du pays.

L'un de ses premiers soins fut d'améliorer les voies de communication de l'île; des dépenses furent faites pour la construction de routes, de Porto-Ferrajo à Longone, à Campo, à San Martino, à Marciana et, de ce dernier lieu, à Piocchio.

Porto-Ferrajo fut pourvu d'un marché et de promenades, « espèce de Champs-Élysées, » disait l'Empereur; il avait soin de faire employer pour les plantations des mûriers qui pourraient servir pour l'élevage des vers à soie. Marciana fut dotée d'une fontaine.

Le souverain songeait à tirer un meilleur parti de l'ex-

1. Sur le séjour et le rôle de Napoléon à l'île d'Elbe, on consultera surtout trois sources de premier ordre, publiées par M. Léon-G. Pélissier, postérieurement au *1815* de M. Houssaye : 1° *Le registre de l'île d'Elbe ; lettres et ordres inédits de Napoléon Ier* (Paris, Fontemoing, 1897, in-18); 2° *Mémoire de Pons de l'Hérault aux puissances alliées* (Paris, Alphonse Picard et fils, 1899, in-8); 3° *Pons de l'Hérault. Souvenirs et anecdotes sur l'île d'Elbe* (Paris, Plon, Nourrit et Cie, 1897, in-8).

2. Rapport du général Duval sur l'île d'Elbe en date du 27 mai 1814, cité par Pélissier, *Mémoire de Pons*, p. 308.

ploitation des salines et surtout de celle des mines ; il fit commencer des travaux à Rio pour améliorer le port d'exportation du minerai. L'île possédait des carrières d'un beau marbre ; il ne se contenta pas d'en mieux surveiller l'extraction, mais il fit venir des sculpteurs italiens pour travailler sur place la matière. De même, il établit une manufacture de faïence.

Mais s'il se préoccupait de donner une nouvelle impulsion au commerce et à l'industrie de son ile d'Elbe, il ne pouvait négliger le côté militaire. Il eut une marine composée du brick *l'Inconstant*, des felouques *la Mouche* et *l'Abeille*, du chebec *l'Étoile*, d'une espéronade, *la Caroline;* cent vingt-neuf hommes composaient le personnel de la flotte. L'armée fut plus considérable : une partie des soldats qui y tenaient garnison à l'arrivée de Napoléon y demeurèrent à son service et formèrent le premier bataillon, dit encore bataillon corse ou de chasseurs ; un autre bataillon, dit franc ou de l'île, fut recruté parmi les miliciens corses. Ces deux bataillons étaient de quatre cents hommes chacun : c'était aussi le chiffre auquel les alliés avaient fixé le nombre des hommes de la vieille garde qui rejoindraient Napoléon. En réalité, le bataillon Napoléon fut composé de six cent sept hommes ; les Polonais et les mameluks fournirent deux compagnies, l'une à cheval de vingt-deux hommes, l'autre à pied de quatre-vingt-seize hommes, destinée au service de l'artillerie. En y comprenant les canonniers, les vétérans et la gendarmerie, l'armée elboise était forte d'environ seize cents hommes.

Les forts Montebello et Saint-Hilaire furent mis en état, et l'île de Pianosa, où l'Empereur avait appelé des étrangers pour la culture, fut également fortifiée.

Napoléon, qui se faisait construire ou mettre en état des palais à Longone, à Porto-Ferrajo, à San Martino, qui établissait une chasse au cap Stella, ne se désintéressait pas des plaisirs mondains. Il y eut à la cour des réceptions et des fêtes auxquelles assistaient l'élite de la population elboise et les étrangers qu'attirait en grand nombre dans l'île la présence de l'Empereur déchu. Une salle de spectacle fut même construite sur les ordres du souverain.

Tout semblait annoncer chez Napoléon la volonté de rester pendant longtemps au moins dans l'humble retraite que l'Europe coalisée avait consenti à lui laisser. Aucun de ceux qui l'ont approché à cette époque ne semble avoir soupçonné chez lui l'intention de retourner en France, et le 12 octobre 1814, le lieutenant de chasseurs Daguenet pouvait écrire à une correspondante parisienne : « Son plus grand plaisir (à Napoléon) est d'apprendre que les Français sont heureux sous le souverain qui les gouverne [1]. » Les événements qui se précipitaient en Europe et en France allaient bientôt changer ses vues.

La façon même dont les souverains le traitaient et les mesures qu'ils semblaient prêts à prendre contre lui devaient amener l'illustre capitaine à tenter quelque coup d'éclat. Il semblait naturel que l'ex-impératrice Marie-Louise rejoignît à l'île d'Elbe son impérial époux et lui amenât le fils dans lequel il avait mis son orgueil et ses espérances; Napoléon l'attendit longtemps en vain et fit tout préparer pour la recevoir. Marie-Louise songeait à remplir son devoir et elle se raidit d'abord, autant que le lui permettait son inconcevable mollesse, contre les ordres de son père qui voulait la retenir loin de l'Empereur. Mais

1. *Mémoire* de Pons, p. 84, n. 1.

cette résistance fut de courte durée, et la pression exercée sur sa volonté par l'empereur d'Autriche et sa cour, les moyens misérables qu'ils employèrent pour détacher son cœur de celui auquel elle avait juré fidélité, n'eurent d'égal dans le scandale et dans la honte que sa facilité à sacrifier à de vulgaires intérêts son époux et son fils et à s'abandonner à ses nouvelles amours.

Le traité de Fontainebleau assurait au souverain de l'île d'Elbe une liste civile de deux millions payables par la France. Et si peut-être Louis XVIII a cru de bonne foi n'être pas tenu par une convention à laquelle il n'était point intervenu personnellement, comment qualifier les puissances signataires qui ne surent point faire honneur à leurs signatures ni prendre les mesures nécessaires pour assurer l'exécution de clauses auxquelles elles avaient donné de solennelles garanties? Cet argent était nécessaire à Napoléon et, en ne le lui donnant pas, on le jetait dans une situation critique, dans une impasse d'où il lui fallait sortir coûte que coûte.

Mais comment les alliés se seraient-ils souciés de manquer sur ce point à leurs engagements, eux qui songeaient à chasser l'Empereur de la retraite qu'ils lui avaient assurée et à le reléguer dans une sorte de prison où il ne pourrait plus les faire trembler? Car même à l'île d'Elbe, avec les faibles ressources et le peu de troupes dont il disposait, son souvenir, comme un effrayant cauchemar, hantait l'esprit de ceux qu'il avait si souvent vaincus. « Ne vous y trompez pas, disait à Duval le général comte de Colloredo, l'empereur Napoléon est un grand homme ; son nom fait trembler tous les peuples du monde et sa personne vaut deux cent mille hommes. Nous avons été huit jours que s'il avait dit aux coalisés : Retirez-vous, je vous laisse la retraite libre, nous nous serions crus heureux de repasser bien vite le Rhin [1]. »

A l'île d'Elbe, comme l'écrivait François Ier à Metternich, Napoléon était « trop près de la France et de l'Europe. » Aussi l'idée se fit-elle jour au congrès de Vienne de le reléguer soit dans une des Açores, soit à Sainte-Hélène. Comme, dans les visites fréquentes que l'Empereur faisait à la Pianosa, il couchait à bord, l'on pensait qu'il serait plus facile de l'enlever. Des bruits plus sinistres encore, ceux de projets d'assassinat, circulaient aussi.

Napoléon ne pouvait ignorer ces desseins. Il s'informait aussi soigneusement qu'il le pouvait de l'état des affaires en Europe. Il lisait les journaux ; il faisait recommander à ceux de ses grenadiers qui rentraient en France de tenir leurs camarades au courant de l'état des esprits.

Le comte Ferrand qui, sous la première Restauration, était à la direction des Postes, témoigne, dans ses Mémoires [2], que les communications entre l'île d'Elbe et la France échappaient à sa surveillance parce qu'elles se faisaient par l'Italie et la Suisse et parvenaient aux destinataires par le moyen des diligences. L'Empereur avait aussi des agents secrets sur divers points, et les étrangers qui venaient le voir lui apportaient aussi des nouvelles. Pons assure que c'est par deux Anglais « venus exprès » dans l'île que Napoléon apprit les desseins du Congrès relatifs à sa relégation aux Açores ou à Sainte-Hélène. Il n'ignorait point l'effervescence qui régnait en Europe ; il savait que les Italiens, notamment, l'attendaient comme un libérateur, et l'espion entretenu auprès de lui

1. Rapport du général Duval, dans le *Mémoire* de Pons, p. 310.
2. Paris, Alph. Picard, 1897, in-8.

par Mariotti, consul de France à Livourne, parlait dès la fin de 1814 de bruits qui circulaient d'un débarquement possible de l'ex-empereur en Italie. « Si je paraissais en Italie, disait ce dernier à Pons, le 6 février 1815, il n'y aurait pas à craindre de guerre civile, car l'Italie est toute du même parti, et ce parti est pour moi ; j'aime les Italiens, mais j'aime encore plus ma patrie [1]. »

Cet amour de la France, il le manifestait encore avec énergie dans une conversation avec le général autrichien Koller : « La France est tout pour moi. La postérité, qui seule pourra me juger, dira que je n'ai rien fait que pour la gloire du nom français. Que ce peuple, que ce bon peuple soit heureux, voilà désormais le vœu le plus cher à mon cœur [2]. »

Mais le sacrifice que Napoléon avait fait de son trône avait-il assuré le bonheur de son peuple ? La France était-elle heureuse sous le nouveau régime auquel elle était soumise ?

La position de Louis XVIII était assurément difficile. Homme du passé, il lui fallait compter avec les hommes de l'avenir ; représentant des vieilles traditions balayées par le souffle de la Révolution, il lui fallait compter avec les idées nouvelles. Les émigrés, qui se présentaient à lui dépouillés de leurs biens, broyés par les chagrins de l'exil, comme les victimes de leur dévouement à sa cause ; les Vendéens et les Chouans, fiers des luttes héroïques qu'ils avaient soutenues pour leur Dieu et leur roi, sollicitaient ses sympathies et ses bienveillances : mais le peuple, issu de la Révolution, nourri dans les idées révolutionnaires, les

1. Pons, *Mémoire*, p. 109.
2. *Ibid.*, p. 89.

acquéreurs de biens nationaux qui avaient profité de la Révolution, tous ceux qui l'avaient faite ou l'avaient acceptée, voulaient le voir marcher dans le même sens qu'eux. Pour bien gouverner, pour ramener à soi toute l'opinion, pour contenir les aspirations de la foule, il aurait fallu un tact d'une extrême délicatesse et une habileté consommée qui firent défaut à Louis XVIII.

Louis XVIII établit bien un régime de libertés publiques par la charte constitutionnelle; mais cette constitution, il « l'octroya, » et les libéraux virent dans ce mot comme une menace; le souverain, de qui seul émanait la constitution, pouvait, à son caprice, la supprimer. Puis, en la datant de la vingt-neuvième année de son règne, il effaçait d'un trait de plume toute l'histoire de la France dans les dernières années, toutes ses aspirations et toutes ses gloires. La bourgeoisie et le commerce avaient accueilli avec faveur l'arrivée d'un régime qui s'annonçait comme une ère de paix et qu'avait préparé la promesse de suppression des droits réunis. Les droits furent maintenus au scandale de tous, et les amis de la paix ne purent voir sans murmure appeler soixante mille hommes sous les drapeaux pour prêter main-forte au besoin à l'Angleterre et à l'Autriche contre la Prusse et contre la Russie.

Il était difficile que les soldats oubliassent tout d'un coup celui qui les avait si souvent menés à la victoire et qu'ils idolâtraient tout en grognant parfois contre lui. L'obligation où la mise de l'armée sur le pied de paix mettait le roi de licencier une partie des troupes, en réduisant nombre d'officiers à la demi-solde, fit des mécontents qui allèrent semer de tous côtés des germes d'opposition contre le nouveau gouvernement. Dans de pareilles conditions, ce fut une maladresse insigne que le rétablissement de la garde royale, avec ses corps de mousquetaires, de chevau-légers, de gendarmes, de Cent-Suisses, de gardes de la porte, de gardes du corps. Des fonds que l'on se croyait obligé de refuser à de vieux soldats, à des serviteurs de la patrie qui avaient répandu leur sang pour elle sur les champs de bataille, furent absorbés à l'organisation et à l'entretien de ces corps où entraient d'emblée des hommes qui n'avaient aucun passé militaire, comme ce Ligneris, qui devint commandant des gardes du corps sans avoir jamais servi [1]. Le roi, dont l'intérêt était de tout faire pour essayer de s'attacher les vieilles troupes de Napoléon, crut honorer suffisamment la vieille garde en donnant le vain titre de *corps royaux* aux régiments qui en furent tirés; mais il les aigrit en diminuant leur solde d'un tiers et il les ulcéra profondément en les éloignant de sa personne, par une sorte de méfiance souverainement impolitique [2]. Une autre mesure d'une mesquinerie étroite et qui blessa profondément les légionnaires, ce fut le remplacement sur les insignes de la Légion d'honneur de l'effigie de l'Empereur par celle de Henri IV. Ce fut bien pis quand on vit prodiguer cette décoration à des gens qui ne la méritaient pas.

A dire vrai, les titulaires des hauts grades de l'armée semblaient avoir accueilli avec satisfaction l'arrivée au pouvoir de Louis XVIII. Peut-être n'étaient-ils pas fâchés de voir disparaître un souverain dont le génie dominait leurs talents et dont la gloire éclipsait la leur. Peut-être

1. Le fait est attesté par un royaliste ardent, le comte de Semallé, dans ses *Souvenirs* (Paris, Alphonse Picard, 1898, in-8), p. 215.

2. L'amertume que causa cette mesure éclate dans les souvenirs fort intéressants que le capitaine Hippolyte de Mauduit a publiés sous le titre : *Histoire des derniers jours de la Grande Armée* (Paris, Dion-Lambert, 1854, 2 vol. in-8), et qui semblent être demeurés inconnus à M. Henri Houssaye.

aussi leur orgueil de parvenus se trouvait-il flatté de frayer à la cour avec des nobles authentiques. L'on sait en quels termes insultants beaucoup d'entre eux parlèrent de leur ancien maître, et quelles marques outrées de fidélité ils donnèrent au nouveau. Mais là encore il y eut des maladresses insignes. Mettre au ministère de la guerre Dupont, sur lequel pesait le souvenir de Baylen, en fut une. Son remplacement par Soult ne fut guère plus heureux; suspect aux royalistes, il prit des mesures impopulaires dans l'armée, comme cette prétention d'obliger les officiers à la demi-solde à se retirer dans leur lieu d'origine. Les procédés dont on usa envers certains généraux comme Vandamme, à qui l'on refusa l'entrée des Tuileries, comme Davout, qu'on releva de son commandement, comme Exelmans, qu'on accusa de complot pour une lettre anodine à Murat, la froideur que l'on témoignait aux femmes des maréchaux admis à la cour, ne pouvaient que changer les dispositions d'abord favorables des chefs de l'armée.

Et dans un autre ordre d'idées, combien durent trouver étranges et indécentes les lettres de naturalisation accordées le 30 août 1814 à Masséna, comme si le héros de Zurich et d'Essling n'avait pas conquis sa nationalité à la pointe de son épée et au prix de son sang! Ne devait-on pas rapprocher avec amertume de ce procédé celui dont on usait à l'endroit de Joseph Cadoudal, en l'anoblissant uniquement pour avoir mis au monde le fameux Georges, que beaucoup ne regardaient que comme un assassin et un vulgaire malfaiteur; ou le malheureux éclat donné au service funèbre en l'honneur d'un Moreau ou d'un Pichegru. C'était déjà beaucoup — bien que décemment le roi ne pût agir d'autre façon — que de célébrer solonnellement un service funéraire le 21 janvier en mémoire de Louis XVI, dont l'abbé de Boulogne prononçait l'oraison funèbre en des termes qui arrachaient des larmes à Soult, mais où d'autres voyaient une menace et une provocation.

Les mesures prises en faveur des émigrés, la restitution des biens non vendus, le projet d'indemnité pour ceux qui l'avaient été, dont le langage du ministre Ferrand grossissait encore l'importance et accentuait le caractère, semblaient préparer aux acquéreurs de biens nationaux un avenir gros de menaces. Dès le Concordat, malgré les instructions formelles du souverain pontife, des prêtres, dans un zèle au moins intempestif, avaient cru devoir éveiller dans la conscience de leurs pénitents des doutes sur la moralité de leurs actes, et les inciter à la contrition pour les biens si mal acquis. Depuis la Restauration, ce langage trouvait naturellement un plus grand nombre de porte-voix. Ajoutez-y la morgue que trop souvent manifestaient les nobles, surtout dans les campagnes, et vous comprendrez que les esprits populaires, échauffés par ces mesures, excités par les propos intéressés des adversaires loyaux ou sournois de la monarchie, se soient figuré que l'on tendait au rétablissement prochain de la dîme, des droits féodaux et de tous les abus dont la Révolution avait été le terme.

Si Louis XVIII ne parvenait pas toujours à satisfaire l'avidité des émigrés, s'il voyait les « fidèles » provinces de l'Ouest réclamer comme prix même de leur fidélité la suppression des impôts, chaque jour aliénait encore davantage de lui le cœur du peuple et de l'armée. Ce peuple et cette armée tournaient leurs regards du côté de l'île d'Elbe; ceux qui avaient le plus souffert du régime impérial oubliaient les reproches du passé pour ne songer qu'aux maux du présent et aux menaces de l'avenir. Et ces plaintes amères, ces murmures qui s'élevaient de tous côtés, trouvaient un écho sympathique à l'île d'Elbe. Quand le sourd frémissement du peuple et le cri du cœur et parfois des lèvres des soldats s'unissaient dans un *Vive l'Empereur!* l'Empereur pouvait-il faire autrement que de répondre *Présent!* et de crier à son tour *Vive la France!* Comme dans le cœur des soldats et dans l'âme du peuple, les mesures du gouvernement royal retentissaient douloureusement dans le cœur et dans l'âme de Napoléon. En restant à l'île d'Elbe, ne serait-il pas responsable de l'abîme de maux où il lui semblait voir plonger la France? Cette pensée lui faisait « perdre le repos [1]. » D'ailleurs, s'il ne revenait pas, un parti s'était formé dans l'ombre, il le savait, pour chasser Louis XVIII et pour se disputer après le gouvernement de la France : serait-ce le gouvernement issu de cette révolution, régence avec Marie-Louise et le roi de Rome, royauté constitutionnelle avec le duc d'Orléans, ou république avec les anciens conventionnels, qui pourrait donner à la France le repos et la situation respectée que semblaient devoir lui assurer la force du bras et la puissance du génie de Napoléon? L'état de l'Europe, les jalousies et les divisions des alliés au Congrès de Vienne, l'agitation libérale qui se faisait sentir un peu partout, tous ces symptômes dont il avait eu vent lui semblaient des conditions favorables et propres à assurer son retour. Il se croyait sûr, en proclamant ses dispositions pacifiques, du silence sinon du concours de l'Europe, et il ne doutait pas, en cas de conflit, de pouvoir paralyser une

1. Pons, *Mémoire*, p. 108.

partie des forces alliées avec l'appui de Murat et l'insurrection de l'Italie.

L'arrivée dans l'île d'Elbe, vers le 12 février [1], d'un envoyé du duc de Bassano, demeuré fidèle à la mémoire de l'Empereur, Fleury de Chaboulon, en apportant à Napoléon des renseignements plus précis sur l'état des esprits en France et sur les complots qui se préparaient, précipita ses résolutions.

Les préparatifs du départ furent faits avec une extrême célérité et dans le plus grand secret [2], sans que Napoléon tout d'abord confiât même à ses plus dévoués partisans le secret des ordres qu'il leur donnait. Ni les objections que lui avait faites Pons de l'Hérault ni celles que lui présenta Drouot quand il lui révéla son plan, n'ébranlèrent la confiance de Napoléon ni ses résolutions. L'absence de Campbell, le commissaire anglais, qui était un surveillant un peu gênant, facilita les choses.

C'est dans la soirée du dimanche 26 février que Napoléon, après avoir entendu la messe, proclamé la junte à laquelle il laissait la garde et le gouvernement de l'île et donné une dernière audience aux Elbois désespérés de son départ, mit à la voile avec sa petite armée de moins de quinze cents hommes. L'absence d'un bâtiment génois sur lequel il comptait et qui lui était nécessaire pour embarquer une partie de sa troupe faillit faire manquer tous ses plans. Heureusement, il put se saisir, moyennant une grosse in-

1. C'est à M. Henri Houssaye que revient le mérite d'avoir établi cette date que l'on reportait habituellement à quelques jours plus tard.

2. Le comte Ferrand rapporte cependant dans ses *Mémoires* un fait curieux, mais qui aurait besoin d'être contrôlé. Il aurait fait passer à la police, le 22 ou 23 février, une lettre de l'île d'Elbe annonçant, « en termes un peu obscurs, » un prochain départ de l'île, l'espoir de trouver à Grenoble de grands secours, et les indices d'un complot et d'une correspondance (p. 116-117).

demnité, d'une polacre d'Agde, le *Saint-Esprit*, qui était venue mouiller la veille, 25 février, dans la rade de Porto-Ferrajo. Et quand, peu après minuit, le vent finit par souffler, la flottille, composée de cette polacre, du brick *l'Inconstant* où l'Empereur s'était embarqué avec trois cents hommes et son état-major, de l'espéronade *la Caroline*, des chebecs *l'Étoile* et *le Saint-Joseph* et de deux felouques, vogua vers les côtes de France, échappant avec bonheur aux navires français qui croisaient dans les eaux voisines.

Pendant la traversée, l'Empereur fit recopier par ses grenadiers cette brûlante proclamation à l'armée qui devait retentir comme un coup de clairon aux oreilles des soldats tout pleins encore de son image et de son souvenir, et cette autre proclamation au peuple français, où il promettait l'oubli de tout ce qui avait été fait depuis la prise de Paris, où il annonçait aux Français qu'il venait reprendre ses droits qui étaient les leurs [1]. Il soumit aussi à la signature de la garde une autre proclamation prétendument adressée par elle à l'armée française. Deux proclamations spéciales à l'adresse du peuple et de l'armée en Corse avaient été rédigées avant le départ de l'ile d'Elbe et répandues presque aussitôt dans l'île, à laquelle elles étaient destinées. En approchant du rivage de France, l'Empereur fit arborer à son mât les trois couleurs; il prit et fit prendre à toutes ses troupes la cocarde nationale; et pour fêter cet heureux jour, il fit distribuer à ses hommes

1. Des exemplaires imprimés chez un imprimeur elbois ont permis à M. Houssaye d'affirmer que les proclamations avaient été rédigées dans l'île par l'Empereur avant son départ. Pons est très affirmatif et donne des détails précis en sens contraire (*Mémoire* cité, p. 136-137). Il y a d'ailleurs peut-être moyen de concilier les deux versions. Mais ce n'est pas dans ce rapide exposé que l'on peut tenter une semblable discussion.

toutes ses provisions de voyage et ses vins, bordeaux, bourgogne, champagne et tokay; des chants égayaient la fête; les commissaires des guerres Vautier et Pons de l'Hérault composèrent même des couplets nouveaux [1].

Le 1er mars, entre une heure et deux de l'après-midi, Napoléon débarqua au golfe Jouan. Un détachement de vingt grenadiers, commandé par Lamouret, le plus ancien capitaine de la garde, occupa la batterie rase de la Gabelle, alors désarmée. Lamouret voulut tenter de soulever la garnison d'Antibes. La place était commandée par Cunéo d'Ornano qui arrêta la petite troupe, fit lever les ponts-levis et maintint la garnison dans le devoir [2].

A quatre heures, Napoléon descendit à terre au bruit de toute l'artillerie de la flottille. Il leva son chapeau et dit avec majesté : « Puisse mon retour assurer la paix, le bonheur et la gloire de ma patrie [3]. »

Dans sa proclamation à l'armée, Napoléon avait écrit : « L'aigle, avec les couleurs nationales, volera de clocher en clocher jusqu'aux tours Notre-Dame. » Pendant la traversée, il avait affirmé à sa glorieuse petite troupe qu'il atteindrait Paris sans tirer un coup de fusil. En envoyant Cambronne à Cannes avec quarante grenadiers ou chasseurs pour réquisitionner les chevaux et mulets qui lui faisaient défaut, il lui défendit de tirer un coup de fusil : « Songez bien, ajouta-t-il, que je veux reprendre ma couronne sans verser une goutte de sang. »

1. Tous ces détails sont empruntés au *Mémoire* de Pons (p. 142 et suiv.).

2. Bien que le préfet du Var accusât de mollesse les officiers de la garnison d'Antibes pour n'avoir pas empêché le débarquement des troupes impériales, le ministre crut devoir féliciter, au nom du roi, ceux qui avaient concouru à l'arrestation de Lamouret. Voir Arch. guerre. Corr. générale. Lettre du ministre au maréchal de camp baron Corsin, commandant l'arrondissement d'Antibes, 8 mars 1815.

3. Pons, *Mémoire*, p. 147.

Le maire de Cannes était royaliste; il refusa d'aller au-devant de Napoléon et ne voulut point délivrer à Cambronne les passeports en blanc qu'il demandait. Cet accueil peu enthousiaste, l'arrestation des grenadiers de Lamouret à Antibes, la désertion, dès le débarquement, d'une partie du bataillon corse, étaient de mauvais augure. L'Empereur, qui, d'ailleurs, s'était coupé toute retraite en faisant repartir immédiatement sa flottille, n'hésita point à continuer avec rapidité sa marche sur Paris. Mais au lieu de remonter le Rhône où la population, lors de son départ pour l'île d'Elbe, avait manifesté ses ardeurs royalistes, il prit la route des montagnes, qui, malgré ses difficultés, lui semblait plus sûre et plus rapide.

Le comte de Bouthillier, préfet du Var, et le maréchal Masséna, gouverneur de la 8e division militaire, à Marseille, avaient été informés du débarquement. Le premier déploya tout ce qu'il pouvait d'activité. Dès le 2 mars, en même temps qu'il expédiait une estafette à Masséna, il envoyait un courrier porter la nouvelle à Paris et prévenir sur son passage le préfet du Rhône [1].

Le lendemain, il expédiait une lettre au comte Roger de Damas, lieutenant général commandant la division de Lyon, pour l'informer de la direction que prenait la petite troupe sur Lyon, par Grenoble, pour le mettre en garde contre l'esprit des troupes et de la population à Lyon, pour attirer son attention sur la fidélité douteuse du général Marchand, à Grenoble [2].

1. Arch. guerre. Corresp. générale. Lettre du préfet du Var au comte Roger de Damas, lieutenant général, commandant la division de Lyon, du 3 mars 1815. D'après un rapport de Laget de Podio, cité par M. Pélissier (*Mémoire* de Pons de l'Hérault, p. 329), le courrier aurait été adressé à l'abbé de Montesquiou et aurait été un sieur Pascal, de Fréjus.

2. Ibid.

Il avait eu soin aussi de prévenir le préfet des Basses-Alpes, qui reçut son avis dès le 3. Masséna qui, à un premier avis mal donné, avait cru qu'il ne s'agissait que d'un débarquement de grenadiers en congé, se décida, sur l'indication plus précise du préfet, à envoyer le comte Miollis avec le 83e, à Aix, pour suivre les mouvements de l'ennemi, puis, dès le 4, à le renforcer par les six compagnies d'élite du 58e [1].

Pendant ce temps, Napoléon précipitait sa marche. De Cannes, il s'était dirigé sur Grasse, guidé par un ancien militaire, qui lui donnait sur l'esprit public en Provence, et notamment à Marseille, des renseignements précieux [2]. A Grasse, le maire, tout en protestant de ses sentiments royalistes, se garda bien de refuser à Cambronne les rations qu'il exigeait. Or, comme le dit fort justement Cambronne, ce n'est pas le tout de crier : J'aime le roi; il faut le prouver. Pons, d'accord en cela avec d'autres témoignages, affirme d'ailleurs que beaucoup d'habitants de Grasse vinrent au-devant de l'Empereur. Les Alpes étaient encore couvertes de neige, et sur le point de s'engager dans des routes difficiles, l'Empereur crut devoir laisser à Grasse le peu d'artillerie qu'il avait emportée ; elle ne lui aurait pu être d'un grand secours et n'aurait fait qu'embarrasser sa marche. Après avoir couché le 2 mars à Sernon, limite des départements du Var et des Basses-Alpes, à 1,373 mètres d'altitude, il passa par Castellane et arriva à sept heures à Barrême, où un officier anglais, parti de Nice, vint demander à servir sous les ordres de l'Empereur. A ceux qui insistaient pour qu'il accueillît

1. Archives guerre. Correspondance générale. Lettre du prince d'Essling au ministre de la guerre, 4 mars 1815.

2. Pons, *Mémoire*, p. 153-156.

ces offres, Napoléon répondit : « C'est ici une affaire de famille ; nous ne devons pas y mêler des étrangers [1]. » Parti de Barrême aux acclamations de la foule, l'Empereur arriva vers midi à Digne, où il fit imprimer ses proclamations et où une harangue de lui excita l'enthousiasme de la foule.

Le préfet et le général Loverdo étaient tombés d'accord que toute résistance était inutile ; le premier n'avait pas même jugé à propos de prévenir les maires de son département, et l'on avait donné ordre à la petite garnison de Digne de se diriger sur Valensole avec la caisse du receveur du département [2]. Le peu de troupes dont disposait Loverdo suffisent à expliquer son inaction ; mais nous ne pouvons oublier la curieuse anecdote que raconte Pons. A Castellane, affirme-t-il, un habitant de Digne serait venu dire à l'Empereur qu'il pouvait compter sur la fidélité de ce général et lui aurait rapporté que, deux jours avant la nouvelle du débarquement, dînant chez une Polonaise, Loverdo aurait porté cette santé : « A Napoléon le Grand ! Puisse-t-il revenir faire briller encore les aigles de la France [3] ! » Ce qu'affirme du moins le préfet des Basses-Alpes, Duval, dans un rapport du 7 mars [4], c'est que quelques jours auparavant, des soldats avaient crié : Vive l'Empereur ! et qu'on n'avait pas jugé à propos de leur faire subir la prison à laquelle ils avaient été condamnés, « parce que tous les autres déclarèrent qu'ils voulaient partager la punition. »

A Digne, au dire de Pons, les paysans commencèrent à

1. Pons, *Mémoire*, p. 158.
2. Relation citée par M. Pélissier. *Mémoire* de Pons, p. 320.
3. Pons, *Mémoire*, p. 159.
4. Arch. guerre. Correspondance générale.

manifester leurs sympathies pour une restauration impériale : « Nous aurions fait une révolution, disaient-ils, si l'Empereur n'était pas revenu [1]. »

Tandis que Pons, muni d'un passeport en blanc que l'Empereur s'était fait délivrer à Castellane, partait pour tâcher de détacher Masséna de la cause royale, la troupe impériale continuait aussi rapidement que possible sa route vers Grenoble, où un major de la garde, Émery, Grenoblois de naissance, l'avait précédé pour préparer les esprits à lui faire un accueil favorable. Si Loverdo ne fit aucun effort pour lui couper la route au pont de Sisteron, Miollis, à qui Masséna avait donné l'ordre d'occuper cette place, mit si peu d'empressement à exécuter cette mission qu'il n'arriva dans Sisteron que le 7 mars, comme le constatait avec humeur le prince d'Essling dans une lettre à cette date au ministre de la guerre [2]. Cependant, le général Mouton-Duvernet, envoyé par Masséna à Grenoble, avec deux compagnies du 4e régiment d'artillerie à cheval, et chargé d'établir une correspondance directe de Gap à Valence [3], écrivait le même jour, 7 mars, de cette dernière ville, qu'il prenait des mesures pour s'opposer au passage de l'Empereur et pour permettre à Miollis de le rejoindre et de l'attaquer [4].

Le 7 mars, il était trop tard pour fermer à Napoléon la route de Grenoble. Dès le 6, l'avant-garde des troupes, commandées par Cambronne, était arrivée à La Mure, à une marche de Grenoble, après avoir traversé des populations que le retour de l'Empereur soulevait d'enthousiasme.

1. Pons, *Mémoire*, p. 160.
2. Archives guerre. Correspondance générale.
3. Ibid. Le prince d'Essling au ministre, 8 mars 1815.
4. Ibid. Le lieutenant général Mouton-Duvernet au ministre, 7 mars 1815.

C'est là qu'une manœuvre maladroite du commandant Delessart, envoyé de Grenoble, avec une compagnie du génie et un bataillon du 5e de ligne, pour faire sauter le pont de Ponthaut, mit en présence pour la première fois l'armée royale avec son Empereur. Qui ne connaît cet épisode éminemment dramatique du retour de Napoléon : d'un côté, débouchant du défilé de Laffray, les chasseurs de Napoléon, l'arme sous le bras gauche, suivant ses ordres, et à leur tête, l'Empereur s'avançant avec calme; de l'autre, les hommes du génie et de la ligne, muets et impassibles devant les paysans qui leur tendent des proclamations, impassibles devant les paroles de Raoul qui leur annonce l'arrivée de l'Empereur et leur rappelle qu'ils répondront de son sang devant la France, impassibles quand, à la vue de la fameuse redingote grise, l'aide de camp de Marchand, Randon, arrivé récemment sur les lieux, commande le feu avec rage, et ne sortant de ce mutisme que quand Napoléon, de sa voix forte et calme, leur crie : « Soldats du 5e, reconnaissez-moi » ; puis, après avoir fait deux pas en avant : « S'il est parmi vous un soldat qui veuille tuer son empereur, il peut le faire; me voilà » ; ne sortant de leur mutisme que pour pousser un long cri de : Vive l'Empereur! cri de triomphe du cœur sur l'esprit de discipline. Ce cri du 5e de ligne allait voler dans toute la France, répercuté comme par un écho par tous les soldats de l'empire et par une population enthousiaste.

A Grenoble, la partie fut vite gagnée. La population de la ville, y compris la bourgeoisie, y était, comme dans presque tout le Dauphiné, hostile au nouveau gouvernement. Pour la mettre à l'abri de Napoléon, il aurait fallu au général Marchand, qui y commandait, une énergie extrême, et il fit preuve d'une incurie extraordinaire.

Un curieux « Exposé de la conduite qu'ont tenue MM. Gerin et Etchegoyen, colonel et major du 4e régiment d'artillerie à pied, le 7 mars 1815, » conservé aux archives de la guerre et dont on trouvera aux pièces justificatives [1] les passages essentiels, permet de préciser sur certains points les événements de Grenoble. C'est ainsi qu'on y voit que c'est dès le 3 mars au soir, et non le 4, comme le dit M. Houssaye, que Marchand eut connaissance du débarquement des troupes de l'île d'Elbe. Tout en déclarant aux principales autorités militaires de la garnison que l'entreprise de Bonaparte était extravagante, tout en affirmant qu'il ferait tous ses efforts pour l'empêcher de pénétrer à Grenoble, il ne prit point les mesures que l'on pouvait attendre. En se répandant dans la ville, la nouvelle, comme il arrive d'ordinaire, s'était singulièrement grossie ; grâce peut-être à des exagérations conscientes et intéressées des partisans de Napoléon, l'on disait qu'il avait débarqué avec dix mille hommes, et que les troupes du Midi avaient grossi de dix mille autres hommes son corps qui s'avançait à grandes journées sur Grenoble.

Bien que l'arrivée d'Émery eût été signalée à Marchand par une estafette du général Mouton-Duvernet, le commandant des troupes de Grenoble ne sut pas le faire arrêter et il put exciter le courage des impérialistes. Ce ne fut que le 6, lorsque déjà l'armée impériale n'était plus qu'à quelque distance de la ville, que Marchand fit commencer par le génie des travaux défensifs. Le maréchal de camp baron Bouchu, qui commandait l'artillerie, mit la place en état de défense et fit placer autour de la ville cinquante bouches à feu. C'est à ces travaux de défense que se rattachait l'ex-

1. Pièces justificatives, n° 1.

pédition de Delessart qui avait eu de si fâcheux résultats. Gerin et Etchegoyen prétendent que l'esprit des troupes qui servaient alors sous leurs ordres était excellent, et qu'aux exhortations qu'ils donnèrent de faire leur devoir « les canonniers répondirent par les cris unanimes de : Vive le Roi ! » Il y a là certainement une forte dose d'exagération. L'accord ne dut pas être si unanime. L'arrivée, vers midi, du 4e hussards venant de Vienne, et du 7e de ligne arrivant de Chambéry, ne fit qu'empirer la situation. Les hussards, naguère passés en revue par le comte d'Artois, avaient crié sur son passage : Vive l'Empereur ! La Bédoyère, qui commandait le 7e de ligne, avait prié son supérieur, le général de Villiers, de ne pas l'envoyer à Grenoble.

Il sentait toute l'angoisse de la situation. A Grenoble, au milieu d'une population en effervescence, au contact de troupes dont la fidélité au roi était fortement ébranlée, il n'y put plus tenir. A deux heures, par un coup de tête audacieux que seconda l'enthousiasme de ses hommes, il les entraîna par la porte de Bonne, au cri de : Vive l'Empereur ! portant une aigle sur une branche de saule.

En vain le général de Villiers courut après lui, cherchant à l'arrêter, à le raisonner, cherchant à haranguer les troupes ; le colonel et le régiment poursuivirent leur course à la rencontre de cette aigle victorieuse qui avait pris son vol de clocher en clocher.

Le départ du 7e causa dans Grenoble une émotion et un tumulte indescriptibles. Gerin et Etchegoyen prétendent avoir fait auprès de Marchand d'énergiques démarches pour qu'il essayât de mettre un terme à l'effervescence publique en déclarant la ville en état de siège ; et ce n'est qu'à grand'peine qu'ils obtinrent du moins la fermeture des portes de la ville. Quand Marchand songea à évacuer la place où, avec une population surexcitée et des troupes prêtes à se soulever, la résistance devenait impossible, Napoléon était aux portes. En vain le général fit-il une dernière tentative pour entraîner les soldats à la résistance, la porte de Bonne fut enfoncée et les troupes impériales entrèrent dans la ville aux acclamations du peuple et de l'armée. Gerin et Etchegoyen, avec treize compagnies, prirent par la porte Saint-Laurent la route du fort Barraux; mais ils furent bientôt seuls et c'est sans soldats qu'ils se réfugièrent dans cette forteresse.

Les troupes de la 8e division militaire n'avaient pas su empêcher le débarquement de Napoléon ni s'opposer à sa marche ; les troupes de la 7e division venaient de faire cause commune avec lui. Qu'allait-il se passer à Lyon, où la défense était organisée non plus par les autorités locales, mais par le pouvoir central?

La nouvelle du débarquement, reçue le 5 mars à Paris, n'avait troublé ni Louis XVIII ni le comte d'Artois. Soult, après en avoir contesté la réalité, avait pensé que les trente mille hommes dont on venait justement de décider l'envoi sur les frontières des Alpes pour surveiller les mouvements insurrectionnels en Italie faisaient une armée toute trouvée pour combattre les envahisseurs. Il fut décidé que Monsieur irait prendre le commandement de ces troupes à Lyon, tandis que le duc de Berry commanderait l'aile gauche et le duc d'Angoulême, qui se trouvait justement dans le Midi, l'aile droite. Mais pour remédier à l'impopularité des princes parmi les soldats, on jugea plus prudent de les faire accompagner par des maréchaux, Gouvion-Saint-Cyr avec le comte d'Artois, Ney et Macdonald avec ses fils. En partant le 5 mars au soir, Monsieur emmena le duc d'Orléans avec lui.

Dès le lendemain, Louis XVIII publiait sa fameuse ordonnance du 6 mars, dans laquelle il invitait tous les fonctionnaires et tous les citoyens à courir sus au rebelle Bonaparte et annonçait des mesures rigoureuses contre ceux qui aideraient à sa tentative, tandis que Soult, dans un ordre du jour à l'armée, s'écriait: « Cet homme n'est qu'un aventurier, que son dernier acte de démence achève de faire connaître. » Malheureusement, quand le comte d'Artois entra dans Lyon, l'aventurier était redevenu prince ; à Grenoble, non seulement les autorités civiles mais le clergé l'avaient reconnu ; et tandis que des corps entiers de troupes s'honoraient de passer sous son étendard, les trente mille hommes que Monsieur devait trouver à Lyon n'y étaient pas, et pour arrêter la marche triomphale de l'aigle, il n'avait que deux régiments de ligne et un de dragons dont la fidélité ne pouvait lui donner de grandes espérances. Quand Macdonald, auquel il avait écrit de le rejoindre, Gouvion-Saint-Cyr tardant trop, pénétra dans Lyon le 9 mars au soir, ce fut « pour apprendre la triste défection des troupes de la 7e division militaire. » Quand il passa le lendemain matin la revue des troupes, il put se convaincre par lui-même qu'elles n'avaient pas « un meilleur esprit » et qu'il était « plus que probable qu'à l'apparition des éclaireurs de Napoléon les ponts leur seraient livrés [1]. »

L'on donna ordre aux troupes en marche, pour se concentrer sur Lyon, de rétrograder et de se porter à Moulins. Monsieur partit en poste, précédé du duc d'Orléans. Macdonald voulut tenter un dernier effort. Jusque-là les chefs

1. Archives guerre. Macdonald au ministre de la guerre, 10 mars, onze heures matin.

auxquels Napoléon s'était heurté n'avaient fait autre-chose pour l'arrêter que d'exciter leurs hommes à la résistance ou de leur donner l'ordre stérile de tirer sur l'Empereur et ses troupes. Macdonald, ne trouvant même pas dans les gardes nationales de Lyon d'hommes disposés à ouvrir le feu, se résolut à donner l'exemple. Mais il n'arriva, vers deux heures, au pont de la Guillotière que pour assister à la défection des troupes de la garnison, qui fraternisaient avec les hussards de Napoléon. Il dut « s'échapper » de Lyon au galop, rejoignit le comte d'Artois et changea les ordres donnés aux troupes pour la concentration à Moulins en celui de se concentrer sur Paris.

Le seul moyen de conserver une armée au roi était de ne pas lui donner occasion de combattre, de ne pas lui laisser prendre contact avec les troupes ennemies. Il restait encore cependant un espoir de mettre un terme à la course de Napoléon ; cet espoir suprême de la monarchie bourbonienne, c'était le maréchal Ney. Le souvenir de sa conduite en 1814 vis-à-vis de l'Empereur, la crainte qu'il devait avoir de voir le pouvoir retomber aux mains de celui dont il ne pouvait attendre que ressentiment et colère, la violence de son langage contre l'audacieuse tentative de Napoléon, semblaient de sûrs garants de sa fidélité et de son énergie, malgré les torts à son égard qu'il pouvait reprocher à la Restauration. Avant de quitter Paris, le prince de la Moskowa avait promis à Louis XVIII de lui ramener le vaincu dans une cage de fer.

Arrivé le 10 à Besançon, Ney y trouva tout désorganisé. Le général comte de Bourmont, qu'on lui avait adjoint comme lieutenant, avait dû expédier la plus grosse partie des troupes dans la direction de Lyon. Ney s'adjoint un second lieutenant, son ancien camarade, le général Lecourbe. Ces deux lieutenants avaient une égale hostilité contre Napoléon, le premier à titre de royaliste, le second à titre de républicain. Ney, qui annonçait qu'on allait « traquer la bête fauve, » se rendait bien compte que pour réussir contre Napoléon, il fallait lutter de célérité avec lui. En écrivant de Lons-le-Saunier, le 13 mars, à Suchet, duc d'Albuféra, qu'il était urgent « de hâter l'arrivée des troupes » dont lui parlait le ministre de la guerre, il ajoutait : « Nous sommes à la veille d'une grande révolution et ce n'est qu'en coupant le mal dans sa racine qu'on pourrait encore espérer de l'éviter. Il faudrait faire arriver les troupes en poste, c'est-à-dire inviter les préfets à faire préparer dans tous les lieux d'étapes des voitures du pays et pouvoir faire parcourir aux troupes quatre à cinq étapes par jour ; car ce n'est qu'à la vitesse de la marche de Bonaparte qu'il faut attribuer ses premiers succès. Tout le monde est étourdi de cette rapidité, et malheureusement la classe du peuple l'a servi en divers lieux de son passage [1]. »

Ney avait alors sous ses ordres, suivant le rapport du chevalier Renaud de Saint-Amour, chef d'escadron d'état-major, chargé par le ministre de faire mettre en marche sur Lyon différents corps d'infanterie et de cavalerie, en date du 14 mars [2], cinq régiments de ligne, le 4e venant de Nancy, le 60e de Besançon, le 76e de Bourg, le 77e de Besançon, le 81e de Belfort, deux d'infanterie légère, le 6e de Phalsbourg et le 15e de Besançon ; comme cavalerie, le 3e hussards de Dole, le 8e chasseurs de Gray, le 5e dragons de Besançon ; l'artillerie devait se composer

1. Archives guerre. Ney au maréchal duc d'Albuféra, 13 mars.
2. Archives guerre.

de dix pièces venues d'Auxonne. Tous les régiments « étaient d'une belle tenue et bien armés.... Les colonels, les officiers manifestaient tous la plus grande indignation de ce que Napoléon venait apporter la guerre civile en France. » C'étaient peu de troupes à opposer à l'armée sans cesse grossissante de Bonaparte; il est vrai que Ney disait: Nous serons moins nombreux, mais nous le frotterons.

Mais quelque diligence qu'il voulût faire, quelque décidé qu'il fût à opposer rapidité à rapidité, il alla moins vite que Napoléon.

Celui-ci, en apprenant à Lyon que le prince de la Moskowa était à Lons-le-Saunier, lui écrivit ce simple billet: « Mon cousin, mon major général vous expédie l'ordre de marche; je ne doute pas qu'au moment que vous aurez appris mon arrivée à Lyon vous n'ayez fait reprendre à vos troupes le drapeau tricolore. Exécutez les ordres de Bertrand et venez me joindre à Chalon. Je vous recevrai comme le lendemain de la Moskowa [1]. » Quand les émissaires chargés de remettre à Ney ce mot et la lettre de Bertrand parvinrent auprès du maréchal, cet esprit mobile et impressionnable était déjà profondément troublé. Un négociant de Lyon, M. Boulouze, qui avait fui le tumulte de la ville, lui avait dépeint l'enthousiasme de la population pour l'Empereur, l'assurance de celui-ci qui disait: « Nous allons vers Paris les mains dans nos poches, » et il lui avait remis la fameuse proclamation à l'armée; Ney, qui à première lecture n'y avait vu qu'une fanfaronnade, se laissa empoigner bientôt par ce langage que, depuis la Restauration, nul ne savait parler aux troupes. Il voyait

1. *Correspondance de Napoléon Ier*, t. XXVIII, n° 21689.

tout ébranlé autour de lui, la défection s'étendant partout, gagnant de proche en proche tous les régiments. Quand il reçut la lettre de Bertrand, il se mit à peser avec terreur la responsabilité dont celui-ci le menaçait devant le pays s'il engageait la guerre civile et faisait couler le premier sang français qui eût été répandu depuis que Napoléon avait mis le pied sur la terre de France. La générosité de l'Empereur, qui faisait appel à lui avec tant de simplicité et qui oubliait tout ce que le passé avait de pénible, s'opposait aux procédés qu'il reprochait aux Bourbons d'avoir employés à son égard. Les terreurs extravagantes du préfet, qui lui conseillait de s'unir aux Suisses, et la révolte de son âme française contre une proposition d'alliance avec les étrangers pour combattre ses vieux camarades de l'armée, finirent par lui tourner la tête. Il fit reconnaître à ses lieutenants Bourmont et Lecourbe l'impossibilité de retenir les hommes dans le devoir; dans la matinée du 14 mars, il rassembla ce qu'il avait de troupes, quatre bataillons de ligne et six escadrons, tira son épée, et de la même voix qui, quelques jours auparavant, promettait à Louis XVIII de lui rapporter la bête fauve dans une cage de fer, il s'écria : « Officiers, sous-officiers et soldats, la cause des Bourbons est à jamais perdue. » Il n'eut pas besoin d'achever; une longue clameur sortie de toutes les poitrines lui répondit : Vive l'Empereur! Des protestations isolées comme celle du colonel du 60ᵉ, qui offrit sa démission, ne pouvaient contre-balancer l'effet d'un enthousiasme si unanime. Ney se mit en devoir d'exécuter l'ordre de marche de Bertrand et rejoignit à Auxerre Napoléon le 17 mars.

Entré dans Lyon le 10 au soir, Napoléon y était resté jusqu'au 13, faisant vraiment acte de souverain. Ramené par les plaintes du peuple, salué sur son passage de ses acclamations, il manifesta nettement son intention de faire cause commune avec lui. Il avait dit dans sa proclamation que ses droits étaient les droits du peuple. C'est, en quelque sorte, comme le délégué du peuple, comme l'héritier de la Révolution, qu'il agit. Onze décrets du 13 mars proscrivent le drapeau blanc et la cocarde blanche, abolissent la noblesse et les titres féodaux, suppriment les ordres de Saint-Louis et du Saint-Esprit, licencient les régiments suisses et la maison du roi, annulent les nominations dans la Légion d'honneur, dans les cours, dans les tribunaux, bannissent les émigrés rentrés depuis 1814, proscrivent les princes de Bourbon, dissolvent les Chambres, etc.

Puis il reprend sa marche sur Paris, et tel qu'une avalanche qui entraîne tout sur son passage, il attire dans son mouvement les troupes avec lesquelles il entre en contact. Partout où il y a des soldats assemblés, il y a des proclamations de l'Empereur et des émissaires qui sollicitent les défections, qui raniment les cendres d'un amour mal éteint pour le petit caporal.

Et c'est en vain que des officiers, fidèles à leur serment au roi, se raidissent contre ce souffle irrésistible, qu'ils exhortent leurs hommes, qu'ils les sollicitent et les supplient; s'ils parviennent parfois à retarder la défection, ils ne peuvent presque jamais l'arrêter [1].

1. Comme exemple de ces efforts, on ne lira pas sans intérêt le rapport adressé à la fin de 1815 au ministre de la guerre par le capitaine David du 37e de ligne. Nous insérons ce rapport aux pièces justificatives, n° 2, en remarquant simplement qu'à titre de plaidoyer il ne mérite peut-être pas une confiance absolue. Dans une lettre du 19 mars au ministre de la guerre (Arch. guerre), le maréchal de camp Vialannes fait savoir que tout un régiment (le 36e), qui devait arriver le 15 à Moulins, passa sous l'étendard de Bonaparte à l'exception de onze hommes.

De Lyon, Napoléon avait gagné tour à tour Villefranche, Mâcon, Tournus, Chalon, récompensant ces deux dernières villes de leur vaillance en 1814 en mettant dans leurs armes l'aigle de la Légion d'honneur, puis Autun, Avallon, Auxerre, où il fut reçu par le colonel Bugeaud, le futur héros de l'Algérie, qui avait maintenu longtemps son régiment dans le devoir ; Moret, Fontainebleau, où il arriva le 20 mars et où il apprit que Louis XVIII avait quitté Paris.

Aux nouvelles qui se multipliaient des succès foudroyants de Napoléon, Louis XVIII avait essayé d'organiser la résistance. Le 9 mars, une ordonnance mettait les militaires en semestre ou en congé en demeure de rejoindre leurs régiments [1]. L'article 16 organisait, sous la dénomination de gardes du roi, des compagnies composées d'officiers en demi-solde. Le même jour, une autre ordonnance [2] s'occupait de l'organisation des gardes nationales. Au fond, et avant même que des défections éclatantes eussent montré le peu de confiance que l'on pouvait avoir dans l'esprit des troupes, Louis XVIII sentait que les gardes nationales, — Paris en donnait l'exemple, — lui étaient plus attachées que l'armée. « Les gardes nationales sédentaires, disait le roi, constituent une force locale universellement répandue qui, partant, peut envelopper et harceler les rebelles et redevient maîtresse partout où ils cessent d'être en force. » On avait même pensé à faire sortir de cette masse formidable des corps volontaires pour former des colonnes mobiles ou prendre rang avec l'armée. Mais Louis XVIII avait beau, dans cette ordonnance, proclamer son amour pour la charte, « point de ralliement et signe d'alliance de

1. *Journal militaire*, 1815, 1re partie, p. 26.
2. *Ibid.*, p. 29.

tous les Français; » il avait beau édicter des mesures pour la prompte réunion et l'armement rapide de ces gardes nationales, l'ordonnance demeura presque lettre morte. Le 11 mars, nouvelle ordonnance aussi stérile, qui punit de mort les embaucheurs et les soldats qui se seront laissé embaucher.

Le comte Ferrand avait proposé en conseil que le roi, usant de l'article 14 de la charte, prît en mains le pouvoir absolu, et paralysât les velléités de défection par des mesures énergiques, en arrêtant par exemple les généraux et autres individus dont on pouvait se méfier [1]. Mais Louis XVIII, suivant l'inspiration de son conseiller le plus intime, Blacas, ne voulut pas, par cette suppression des libertés publiques, mécontenter l'opinion moyenne qui semblait se déclarer pour lui. Les Chambres, convoquées d'urgence, manifestèrent ardemment leurs sympathies pour le roi; les libéraux lui prêtèrent leur concours; Benjamin Constant publia dans le *Journal de Paris* un appel aux armes en faveur de la monarchie constitutionnelle; Saint-Simon lança une brochure contre Bonaparte; le parti de Fouché, dont le retour de l'île d'Elbe ne faisait point l'affaire, afficha des sentiments royalistes en même temps qu'il tentait un coup de main; le duc d'Otrante, qui songeait à détrôner Louis XVIII par une conspiration militaire, résolut de hâter l'éclosion du complot; le général Lallemand, à Paris sans permission régulière, repartit pour Lille sur les indications de Fouché; Drouet d'Erlon, qui remplaçait le maréchal Mortier, transmit aux troupes l'ordre, comme émané du ministre de la guerre, de marcher sur Paris : on ne devait qu'en route leur indiquer le

1. *Mémoires*, p. 121.

véritable but de cette manœuvre. Mortier revint à l'improviste et Drouet d'Erlon dut révoquer les ordres donnés; mais Lefebvre-Desnoettes, à la tête des chasseurs royaux, continua sa marche, essayant de débaucher sur sa route d'autres régiments. L'attitude des dragons à Chauny, des canonniers à la Fère, du major et du colonel du 7e chasseurs à Compiègne, fit avorter le mouvement. Douze officiers abandonnèrent Lefebvre-Desnoettes et vinrent offrir leurs services au roi; le général lui-même, un peu embarrassé des suites de son équipée, envoya un de ses aides de camp à Paris, « pour savoir ce qui se passait à la cour et sur quoi il devait régler sa conduite. » Le duc de Berry fit désarmer le colonel et le fit conduire chez le général Maison, commandant la division de Paris, pour y être gardé à vue. Tel est, du moins, le récit du comte de Semallé dans ses *Souvenirs* [1]. C'est alors que les frères Lallemand et Lefebvre-Desnoettes essayèrent de se soustraire par la fuite au châtiment qui les menaçait; si le dernier put échapper, caché chez un ami, les deux premiers furent arrêtés et conduits à Laon, tandis que Drouet était emprisonné à Lille.

L'attitude des troupes dans cette occasion donnait au roi quelques espérances; pour les encourager, il prit une série de décrets accordant des récompenses nationales aux maréchaux Mortier et Macdonald, aux garnisons de la Fère, Lille, Cambrai et Antibes (15 mars) [2]. Dans sa proclamation du 12 mars aux armées [3], le roi faisait allusion à la conduite des troupes dans l'affaire Lefebvre-Desnoettes et la proposait comme exemple à l'imitation des

1. P. 214-216.
2. *Journal militaire*, p. 34.
3. *Ibid.*, p. 33.

soldats « redevenus ses enfants, qu'il portait tous dans son cœur; » il allait jusqu'à dire qu'il « s'associait à la gloire de leurs triomphes alors même qu'ils n'étaient pas pour sa cause. »

Louis XVIII crut trouver dans la Légion d'honneur une autre prime à la fidélité. Il fit voter une loi, promulguée le 15 mars, pour assurer à tous les militaires membres de cet ordre les arrérages qui leur étaient dus sur le pied de 1813 [1]; il s'empressa, par une ordonnance en date du 16 mars [2], de suspendre l'article 8 de l'ordonnance du 17 février qui fixait le nombre des grades de la Légion d'honneur.

« Informé, disait-il dans le préambule de cet acte, de l'empressement avec lequel tous les Français répondent en ce moment à l'appel que nous avons fait à leur dévouement et à leur courage, et voulant nous ménager les moyens de récompenser les preuves qu'ils nous donneront de leur attachement à notre personne, » il chargeait les ministres de lui présenter *immédiatement* les listes qui, régulièrement, auraient dû lui être soumises le 24 avril, et il se réservait la faculté de faire des promotions extraordinaires. Et pour bien marquer le cas qu'il faisait de la Légion d'honneur, il en porta ostensiblement les insignes à la séance royale du 15 mars, à la Chambre des députés, ce qu'il n'avait point encore fait. Croyait-il vraiment à l'empressement dont il parlait? L'attitude des Chambres, l'enthousiasme que souleva son discours à la séance royale, pouvaient peut-être lui donner des illusions. La formation de corps de volontaires sur certains

1. *Journal militaire*, p. 35.
2. *Ibid.*

points et les rapports de police pouvaient aussi les entretenir. Voici, par exemple, ce qu'on lit dans un rapport de police sur l'esprit politique à Paris, en date du 13 mars [1] :

« L'agitation produite par les circonstances est extrême, mais l'expression de l'opinion publique est toujours et constamment en faveur du roi. Quelques criminels, qu'on serait tenté de croire insensés, ont osé faire entendre isolément le cri de « vive l'Empereur! » aux Tuileries et au Palais-Royal; le public en a fait sur-le-champ justice lui-même.

« Les bureaux sont encombrés d'officiers à demi-solde qui se présentent en foule pour demander des directions et de l'emploi, et tout semble confirmer cette opinion qu'il y avait chez beaucoup d'entre eux plus de sentiment du besoin que d'éloignement pour le gouvernement.

« Malgré le zèle de la police militaire et de toutes les autorités, en dépit même de cette calomnie qui s'attache à propager le soupçon sur tous les militaires en masse, et de l'envie funeste qu'on semble avoir de trouver des coupables parmi eux, la garnison reste vierge, et pas un fait, pas une seule plainte n'ont été articulés contre elle. »

Les monarchistes étaient moins rassurés que le roi; ils voyaient partout la trahison; leur esprit soupçonneux leur faisait voir dans tous les généraux des complices secrets de Napoléon. A la nouvelle des défections de Grenoble et de Lyon, Blacas avait dit à Ferrand que Bonaparte serait à Paris avant Pâques, et, en homme prudent, il avait fait filer en Angleterre sa femme et ses effets précieux. Dès le 10 mars, Semallé signalait à la police des conciliabules secrets; les agents de d'André faisaient en hâte une

1. Archives de la guerre.

enquête et revenaient avec un rapport sur une réunion nombreuse de militaires et d'officiers, tenue rue du Doyenné; mais cette réunion était celle d'un corps de volontaires royaux sous les ordres du marquis de Tourzel: les royalistes, qui ne pouvaient pardonner à Soult sa proclamation sur « le nommé d'Angoulême, » feignaient de le considérer comme un traître; ces insinuations perfides, qui se glissèrent jusqu'à la Chambre, obligèrent le maréchal à donner sa démission de ministre de la guerre (11 mars). On le remplaça par Clarke, qui avait rempli les mêmes fonctions sous le précédent régime. On avait cru faire par là un coup de maître; on crut en faire un autre en offrant à Fouché le ministère général de la police. Fouché répondit à Dambray, chargé des négociations et qui le vit le 12 mars: « Si j'avais été ministre de la police, jamais Bonaparte n'aurait mis le pied en France. Aujourd'hui aucune puissance humaine ne l'empêcherait de venir jusqu'à Paris; il n'y entrerait cependant pas si vous aviez seulement à lui opposer quatre bons régiments bien sûrs; mais vous ne les avez pas et, d'après cela, un seul parti vous reste à prendre, c'est de quitter Paris et d'aller à Toulouse. Surtout ne tournez pas du côté du Nord et ne vous approchez pas des frontières de Belgique [1]. » Une démarche personnelle du comte d'Artois, le 15 mars, ne réussit pas mieux, et ne pouvant avoir le concours du duc d'Otrante, on voulut s'assurer de sa personne. Mais il trouva moyen de s'échapper. Semallé avait fait échelonner sur la route que devait suivre l'Empereur douze gardes déguisés en négociants; il avait fait envoyer au-devant de lui un homme sûr, de Villeneuve d'Arifat. Ce furent les renseignements

1. Ferrand, *Mémoires*, p. 125-126.

qu'il apporta le 19 mars qui décidèrent Louis XVIII à quitter précipitamment Paris [1]. Ses conseillers n'étaient pas d'accord sur ce qu'il devait faire. L'opinion de Vitrolles, que le roi devait se retirer en Vendée, au milieu des chouans fidèles, n'avait pas trouvé d'écho. Blacas avait proposé — était-ce sérieusement? — que le roi allât à la rencontre de l'usurpateur en calèche découverte, accompagné des membres des deux Chambres à cheval, la majesté de ce spectacle devant, à son sens, suffire à frapper Napoléon et à lui faire renoncer à son projet. Marmont voulait que le roi se fortifiât aux Tuileries. La plupart des gens sensés se rattachaient à l'avis qu'avait donné Fouché. Louis XVIII crut être plus en sûreté en allant au Nord, près de la frontière, où les alliés, selon leur déclaration du 13 mars, devaient concentrer leurs forces pour écraser Napoléon. Les généraux ne lui inspiraient pas une entière confiance, et il voyait trop qu'il fallait leur payer à deniers comptants leur fidélité douteuse. Quand le duc de Berry avait parlé de se concentrer à Melun pour arrêter Napoléon avec quelques troupes grossies des volontaires, les généraux Dessoles et Maison avaient demandé chacun deux cent mille francs, qui leur furent remis sur l'heure, prévoyant une défaite qui pourrait compromettre leur situation et l'avenir de leur famille. Aussi bien Maison se rendait-il singulièrement suspect à Semallé par l'accueil cordial qu'il avait fait à l'aide de camp de Lefebvre-Desnoettes.

C'est dans la nuit du dimanche au lundi, vers une heure du matin, au milieu d'une foule émue de serviteurs et

1. Cependant, à en croire le comte Ferrand (*Mémoires*, p. 128), la volonté du roi était déjà arrêtée, car dès le 18, Hue était parti pour Lille, emportant la caisse et les papiers du roi.

de royalistes, dont l'émotion le gagna lui-même, que Louis XVIII quitta les Tuileries. Le gouvernement impérial se substitua comme par enchantement au gouvernement royal. Lavalette prit sur lui de s'emparer du service des postes, qu'il avait administré sous Napoléon, et qui, dans les circonstances, offrait une importance exceptionnelle. L'un des gardes du corps qui était venu prendre son service ignorait le départ du souverain; il l'apprit d'une manière piquante : il vit venir la femme d'un des serviteurs du palais, portant sous son bras un paquet dont elle retira la livrée impériale qu'elle fit endosser à son mari; puis elle enveloppa religieusement dans le même paquet la livrée royale, prête à l'en retirer à la première occasion. Que de gens, dans cette époque troublée, du haut en bas de l'échelle sociale, changèrent de livrée avec la même désinvolture!

Cependant, dès quatre heures et demie du matin, à chaque coin des rues des hommes apposaient des affiches portant comme titre, en gros caractères : *Le vœu de l'armée* [1]. Exelmans, aussitôt connu le départ du roi, fit relever sur les Tuileries le drapeau tricolore. Paris était à l'Empereur ; il pouvait y venir coucher dans les appartements chauds encore de la présence du roi. Comme il l'avait proclamé, il y entrait les mains dans ses poches, ayant reconquis son trône sans verser une goutte de sang, sans tirer un coup de fusil.

1. Semallé, *Souvenirs*, p. 219.

CHAPITRE PREMIER

POLITIQUE GÉNÉRALE DES CENT-JOURS

L'Empereur était entré aux Tuileries dans la soirée du 20 mars ; ce n'est pas assez dire, il y avait été porté par une foule enivrée de joie qui, dans son enthousiasme, se pressait autour de lui au risque de l'étouffer. Mais cette course facile sur Paris, où les obstacles s'aplanissaient d'eux-mêmes, où les régiments envoyés contre l'Empereur ne semblaient marcher à sa rencontre que pour le saluer et se ranger sous ses étendards, où les voix hostiles se perdaient dans le tonnerre d'acclamations qui retentissaient de toutes parts, ce triomphe de l'entrée aux Tuileries sur les bras d'un peuple qui semblait retrouver son Messie, toutes ces joies étaient comme les épisodes d'un rêve heureux. Il fallait maintenant songer à la réalité brutale, voir la situation face à face, en peser les exigences, en examiner les difficultés, apporter aux questions qui se soulevaient une solution prompte et efficace. Le mot de Ney ne manquait pas de vérité : cette expédition vertigineuse de l'Empereur à travers la France avait étourdi tout le monde, amis, adversaires et indifférents. L'étourdissement passé, que ferait la France ? Il fallait, sans tarder, organiser le pouvoir, rendre sympathiques ou impuissants les éléments indifférents ou hostiles de l'opinion, régulariser la situation extérieure par le maintien de la paix, si la chose était possible; à défaut de paix, rendre la guerre moins pesante pour la France, en jetant la désunion parmi les ennemis, se tenir prêt contre toute agression ou au besoin la devancer, enfin préparer la victoire.

Tâche peu facile, assurément, et pour laquelle il fallait à Napoléon des collaborateurs tout ensemble dévoués et actifs. Les hommes de 1814 étaient encore là, et la plupart reprirent leurs portefeuilles : le duc de Bassano, la secrétairerie d'État; le duc de Gaète, les finances; le comte Mollien, le Trésor; le duc Decrès, la marine. Mais Molé refusait la justice; Rovigo, la police générale; Clarke n'était plus là pour prendre la guerre, ayant suivi le roi; et l'Empereur jugeait Montalivet au-dessous de sa tâche à l'intérieur. Lavalette, auquel il offrit ce dernier portefeuille, préféra garder les postes, où il s'était installé dès avant l'arrivée de Napoléon et où la connaissance qu'il avait de ce service, naturellement fort important, lui permettait d'être fort utile à son souverain. Celui-ci, cédant à différents conseils, fit appel à Carnot, dont l'honnêteté ne pouvait être mise en doute et dont la présence aux affaires ne pouvait qu'être agréable aux libéraux. Carnot reçut, pour la circonstance, le titre de comte. Il fut aisé de faire accepter à Cambacérès la justice. Pour la police générale, Napoléon se rabattit sur Fouché, qu'il savait être un coquin, prêt à tourner au moindre souffle, n'ayant pour règle de ses actions et pour mesure de sa fidélité que l'intérêt de son ambition; mais c'était, après tout, un habile homme et un homme puissant. Mieux valait essayer de le mettre dans son jeu que de l'avoir contre soi; et puis, l'on aurait pour le surveiller deux serviteurs fidèles : Rovigo comme premier inspecteur général de la gendarmerie, et Réal comme préfet de police.

Pour la guerre, l'Empereur ne voyait de possible que Davout — surtout Masséna n'ayant point adhéré à l'Empire — et il lui arracha du premier coup une acceptation. Camarade de Napoléon à l'école de Brienne, lié à sa fortune depuis l'expédition d'Égypte, Davout lui avait donné maintes preuves de son attachement; comme tout le monde, il avait adhéré au régime bourbonien, lui jurant obéissance et fidélité; mais il était demeuré à l'écart des affaires, retiré loin du bruit, loin des palinodies peu glorieuses de tant d'hommes cependant d'esprit et de cœur, dans sa petite terre de Savigny. Et si Napoléon pouvait compter sur son dévouement, il pouvait compter aussi sur ses éminentes qualités : Davout n'était pas seulement un vaillant soldat et un habile général, qui avait assuré le succès des victoires d'Iéna et d'Eckmühl, qui y avait conquis les glorieux titres de duc d'Auerstædt et de prince d'Eckmühl; c'était encore un administrateur hors ligne, qui avait fait ses preuves en Pologne, à la veille de la campagne de Russie. Mais le prince d'Eckmühl ne pouvait se dissimuler ni les menaces de guerre qui pesaient sur la France ni la difficulté de son rôle quand il fallait organiser la victoire en si peu de temps; son dévouement à l'Empereur et son patriotisme firent taire les objections de sa raison.

Napoléon eut plus de peine à décider Caulaincourt à reprendre les affaires étrangères. Là où il avait échoué en 1814, le duc de Vicence ne voyait guère les moyens de réussir en 1815, après la déclaration du 13 mars où l'Europe avait juré d'exterminer le revenant de l'île d'Elbe. Mais qui pouvait tenter cette partie difficile que celui qui était le mieux au courant des dernières négociations et dont la souplesse d'esprit s'était si brillamment manifestée jadis dans l'ambassade de Russie? Comme Davout, il avait passé dans la retraite le temps de la première Restauration ; comme Davout, il ne put refuser aux prières de l'Empereur le concours de son dévouement actif.

Trois décrets du 20 mars, parus au *Bulletin des lois* du 21, un autre relatif à Carnot, antidaté du 20 mars également, mais publié seulement le 22 [1], constituèrent le nouveau ministère.

Le lieutenant général comte Heudelet, commandant la 1re subdivision de la 18e division, écrivait de Troyes le 20 mars au duc de Feltre : « L'armée se prononce ; elle se rallie à son chef chéri.... Les généraux Curial, Boyer, Poiret et d'autres rejoignent aussi l'Empereur. Je me joins à eux. La nation entière se lève pour la même cause : c'est aujourd'hui le parti de l'honneur et de la patrie [2]. »

La chose était vraie pour l'armée en général ; ceux des officiers supérieurs qui avaient été les plus violents contre l'Empereur ne furent ni les moins empressés à reconnaître ses droits ni les moins exagérés dans l'expression de leurs sentiments. Ceux qui retardèrent le plus leur adhésion — Masséna ne proclama l'Empire que le 11 avril — finirent pourtant par la donner.

L'Empereur avait promis d'effacer de sa mémoire tout ce qui avait été fait contre lui avant son retour. Il ne négligea rien pour ramener à lui-même les officiers qui

1. *Bulletin des lois*, VIe série, tome unique (Paris, Impr. royale, août 1815), n° 2, p. 20, 21, 23 ; n° 3, p. 25. — Le *Moniteur* avait tellement maltraité l'Empereur que celui-ci lui retira le titre de journal officiel et déclara que seul le texte du *Bulletin des lois* ferait foi (*Correspondance de Napoléon*, t. XXVIII, n° 21704).

2. Archives guerre. Le lieutenant général comte Heudelet au duc de Feltre, 20 mars 1815.

avaient cru devoir passer la frontière. Clarke, qui avait accepté le ministère le 11 mars, Bordesoulle, le principal agent de la défection de Marmont, Marmont lui-même, reçurent des avances de ce genre. Le duc de Feltre répondit par une lettre assez digne, où il représentait qu'il serait le plus méprisable des hommes s'il violait un seul de ses serments. Son langage restait, en somme, mesuré, sauf peut-être dans la phrase suivante, la plus vive de toute sa lettre : « Je manquerais à l'honneur et à ma qualité de Français si je servais désormais l'homme dont la présence à Paris indigne la nation française, trahie par une partie de l'armée, et arme spontanément contre la France tous les peuples de l'Europe [1]. » Le duc de Raguse, au contraire, s'emporta dans un langage violent qu'il eut soin de laisser publier dans la *Gazette de Berlin* du 5 avril : « Dites à l'assassin du duc d'Enghien et de Pichegru, écrivait-il dans des phrases déclamatoires, dites au perturbateur de l'Europe, dites à celui qui a plongé la France dans le sang et dans les larmes, dites au violateur du droit des gens et de tous les traités, dites au plus parjure, au plus perfide, au plus coupable des mortels, que le serment que j'ai prêté à mon roi sera dans peu de jours scellé du sang des traîtres ; qu'il n'y a plus rien de commun entre moi et le persécuteur de la patrie ; que mon bras va bientôt conduire l'étendard du lis jusque dans la capitale du monde [2].... »

Mais si l'armée, dans son ensemble, se prononçait pour Napoléon, si le peuple l'acclamait, est-il vrai que la nation entière se soulevât en sa faveur ? Non, il y avait dans

1. Cette lettre, qui ne fut point publiée, a été insérée p. 242, n. 1, des *Souvenirs* du comte de Semallé, par l'éditeur de cet ouvrage.

2. D'après un extrait de la *Gazette* conservé dans les archives de la guerre.

la nation quelques hostilités et beaucoup d'hésitations.

Les sentiments de Paris importaient beaucoup à l'Empereur. L'esprit de la capitale influait trop sur une partie au moins de la province pour qu'il pût négliger de se le rendre favorable. Aussi, pour s'attacher la garde nationale, rendit-il, dès le 26 mars [1], un décret d'après lequel « l'Empereur commande en chef la garde nationale de sa bonne ville de Paris », et lorsque le 27 mars il donnait ordre au général Drouot de faire faire par la garde impériale une invitation à dîner « à la garnison de Lyon et à la garnison de Grenoble, officiers et soldats, » il eut bien soin d'ajouter : « Il sera bon d'inviter un ou deux bataillons de la garde nationale, de ceux qui étaient de service le jour de mon arrivée, ainsi que quelques chefs de ladite garde [2]. »

Les préparatifs de ce banquet présentèrent quelques difficultés dont la correspondance de l'Empereur avec Drouot a conservé la trace et qui sont assez piquantes pour mériter d'être relevées ici. Le rapport de Drouot, en date du 28 mars, estimait qu'au dîner de la troupe, au Champ de Mars, il y aurait douze mille hommes, pour lesquels l'Empereur devrait payer vingt-quatre mille francs. Le dîner des officiers devait avoir lieu à l'École militaire. L'Empereur avait accordé vingt francs par tête. Un nouveau rapport de Drouot, en date du 30 mars, nous donne cette curieuse indication : « La somme de vingt francs par tête accordée par Votre Majesté pour le dîner des officiers est insuffisante, et aucun traiteur de Paris ne veut l'entreprendre à moins de trente-sept francs par per-

1. *Bulletin des lois*, n° 7, 31 mars, p. 46.
2. Archives de la guerre. Correspondance de l'Empereur, 27 mars 1815.

sonne. Mais si les mille officiers qui doivent prendre part à ce repas, au lieu d'être réunis dans le local de l'École militaire, pouvaient être disséminés chez les différents restaurateurs de Paris, il est probable qu'alors la somme accordée par Votre Majesté serait suffisante. » On ne comprend pas bien pourquoi les restaurateurs de l'époque demandaient relativement plus pour un nombre de convives plus grand. Quoi qu'il en soit, l'Empereur exprima son désir que les officiers « dînassent tous ensemble », et le banquet, d'abord fixé au jeudi 30 mars, eut lieu le dimanche 2 avril [1].

Tandis qu'il faisait suspendre les travaux de Versailles, « ce beau monument des arts, mais devenu aujourd'hui un objet accessoire [2] », il donnait ordre, au contraire, de faire commencer sans délai les travaux de Paris, « en donnant la préférence à l'utilité [3]. » Il voulait que l'on employât à ces travaux 400,000 francs par mois, 200,000 francs au compte de la ville, 100,000 à celui du ministère de l'intérieur, et 100,000 sur les fonds de la liste civile. Les nécessités de l'armement, la confection et la réparation des armes, donnèrent encore du travail à nombre d'ouvriers. Il est vrai que malgré les efforts de l'Empereur, ses intentions ne furent pas pleinement exécutées. Il avait fixé le lundi 27 mars pour la reprise des travaux. Un rapport de police de Réal, en date du 29 [4], constatait : « Les ouvriers étaient nombreux ce matin sur la place de Grève ; peu ont été embauchés. Les travaux reprennent

1. Archives de la guerre. Correspondance de l'Empereur. Rapports du comte Drouot à l'Empereur, 28 et 30 mars 1815.
2. *Correspondance de Napoléon*, n° 21720.
3. *Ibid.*, lettre du 25 mars à Carnot, n° 21710.
4. Arch. nat., AF IV, 1934.

lentement : on craint la guerre et l'on n'ose faire travailler.... Les constructions sont suspendues.... Les ouvriers des faubourgs sont plus occupés que ceux de l'intérieur de Paris. » Bientôt l'affluence à Paris d'ouvriers des provinces, et particulièrement de Normandie, vient encore nuire aux ouvriers parisiens, malgré la marche plus active des travaux [1]. Cela n'empêchait pas d'ailleurs tous ces ouvriers de manifester hautement leurs sympathies et leur confiance pour l'Empereur qu'ils appelaient leur père [2].

En même temps qu'il faisait travailler, l'Empereur s'efforçait de rendre la vie aux spectacles et aux réjouissances publiques. Il se faisait acclamer au théâtre.

La suppression, par décret du 8 avril [3], du droit de circulation sur les boissons et du droit de consommation générale sur l'eau-de-vie, ne pouvait qu'être bien accueillie de la population.

Napoléon faisait étudier les moyens d'établir dans le pays trois ou quatre ports francs, mesure qui aurait eu le double avantage de punir Marseille de son long attachement à la royauté déchue et de favoriser le commerce d'autres cités [4]. Chaptal était nommé au ministère de l'intérieur [5] ; des chambres de commerce étaient établies à Metz [6] et à Sarrebrück [7] ; des chambres consultatives des manufactures, fabriques, arts et métiers étaient créées dans les villes de Marseille, de Rouen et d'Amiens [8].

1. Arch. nat., ibid. Rapport du 3 avril,
2. Ibid. Rapport du 31 mars. Cf. rapport du 3 avril.
3. *Bulletin des lois*, cité, n° 13, du 11 avril, p. 93.
4. *Correspondance de Napoléon*, n° 21797.
5. *Bulletin des lois*, cité, n° 9, du 3 avril, p. 65.
6. *Ibid.*, décret du 19 mai, n° 31, du 25 mai, p. 228.
7. *Ibid.*, décret du 4 juin, n° 36, du 22 juin, p. 270.
8. *Ibid.*, décret du 10 juin, n° 39, du 26 juin, p. 284.

L'Empereur s'occupait en même temps des moyens de rattacher à son trône les libéraux, toujours en soupçon contre lui, par une série de mesures, dont la première fut la suppression de la censure [1]. Il est vrai que, comme correctif, il faisait établir auprès des journaux des rédacteurs officieux, que tous acceptèrent. Mais cela n'empêcha point journaux hostiles et pamphlets de se multiplier et de n'épargner pas leurs critiques au gouvernement, et par moments, l'Empereur impatient voulait prendre des mesures de rigueur. C'est ainsi qu'en un seul jour, le 29 mai, il donnait à Fouché l'ordre d'arrêter l'imprimeur Dentu, Kergorlay, et le sieur Beaucé, directeur du *Censeur des censeurs*, et son imprimeur [2]. Il se rendait trop bien compte d'ailleurs, avec sa haute intelligence, de l'importance de la presse pour ne pas lutter contre les publications hostiles par d'autres publications.... C'est ainsi qu'il écrivait le 28 mai à Caulaincourt : « Je désire que vous chargiez Bignon de faire une histoire du Congrès de Vienne. On imprimerait à la suite toutes les pièces et les extraits convenables des dépêches de Talleyrand. Cet ouvrage peut être utile, en faisant voir l'avidité et l'injustice de l'étranger.... J'attache aussi beaucoup d'importance à faire faire l'histoire de tous les traités de mon règne.... avec les pièces originales, mes lettres et les réponses des souverains.... Il est nécessaire que vous envoyiez tous les jours au *Moniteur* des articles, datés de différents pays, pour faire connaître ce qui se passe. Il faut ainsi alimenter la curiosité publique [3]. » Après le désastre de Murat, il demandait encore à Caulaincourt, dans la

1. *Bulletin des lois*, décret du 24 mars, n° 5, du 26 mars, p. 35.
2. Lecestre, *Lettres inédites de Napoléon* (Paris, 1897, in-8), t. II, p. 353, n° 4216.
3. *Correspondance de Napoléon*, t. XXVIII, n° 21739.

pensée de le faire imprimer au besoin, un rapport sur le roi de Naples, rapport qui devait être fait « dans toute la vérité [1]. »

Une autre mesure qui devait, en même temps que les sympathies libérales, conquérir à l'Empereur les bonnes grâces de l'Angleterre, fut la suppression de la traite des noirs par décret en date du 29 mars [2].

Enfin Napoléon s'efforça de modifier dans un sens libéral les constitutions impériales sur lesquelles était fondé tout son gouvernement.

Les décrets du 13 mars qui portaient abolition de la noblesse et des titres féodaux, expulsion des émigrés et mise sous séquestre de leurs biens, les encouragements donnés par Napoléon, sur son parcours du golfe Jouan à Paris, aux revendications du peuple contre les anciens partis, quelques paroles qui lui étaient échappées dans ses allocutions aux troupes ou à la population, semblaient marquer chez l'Empereur une vague intention non seulement de se rattacher aux principes de la Révolution française, — il l'avait toujours fait, — mais de recourir aux moyens révolutionnaires dans toute leur énergie. Peut-être, en effet, le régime de la terreur, en courbant un moment toutes les résistances sous le poids de la crainte, en exaltant les passions de la foule, aurait-il entraîné les masses dans un mouvement où leur courage surexcité aurait triomphé comme jadis de toutes les coalitions et balayé comme un vent d'orage toutes les forces de l'Europe monarchique. Quelques-uns le comprirent ainsi, et le retour de l'Empereur amena sur certains points des

1. *Ibid.*, n° 21809.
2. *Bulletin des lois*, cité, n° 8, du 1er avril, p. 55.

scènes de violence. Sur son parcours, il dut manifester énergiquement aux troupes qui se joignaient à lui sa volonté d'éviter tout désordre et toutes représailles, pour empêcher les soldats de punir ceux dont les sentiments impérialistes ne se manifestaient pas assez tôt. Dans divers endroits, même à Paris, l'on cassait les vitres des maisons qui n'illuminaient pas. Le peuple, dans les campagnes surtout, montrait une exaltation dangereuse ; on alla jusqu'à incendier des châteaux.

Ces violences ne pouvaient faire l'affaire de Napoléon. Homme d'ordre, il n'entrait point dans ses idées d'employer, à tout le moins d'une manière générale, les procédés de la Terreur et de faire alliance avec l'anarchie. Ne voulant point pactiser avec les éléments de désordre, il fut amené à se rejeter du côté des constitutionnels. De tous côtés on lui faisait sentir que l'empire dictatorial ne pouvait avoir la confiance du pays. La Bédoyère, Ney, l'adjuraient de renoncer à l'autorité absolue. Les libelles que la suppression de la censure avait naturellement multipliés l'avertissaient que, s'il ne donnait pas la liberté, il aurait des rebelles au lieu de sujets. L'adresse même que lui présenta le conseil d'État rappelait sa promesse de convoquer la nation en Champ de Mai ; et celle de ses propres ministres proclamait comme maximes nécessaires du nouveau gouvernement : « Point de guerre au dehors, si ce n'est pour repousser une injuste agression ; point de réaction au dedans ; point d'actes arbitraires ; sûreté des propriétés ; libre circulation de la pensée [1]. » L'Empereur se laissa entraîner à ce courant : « J'ai renoncé aux idées du grand empire [2], » disait-il non sans une teinte de

1. *Correspondance de Napoléon*, t. XXVIII, p. 30, n. 1 ; 31, n. 1.
2. *Ibid.*, p. 32.

mélancolie, dans une réponse à l'adresse du conseil d'État.

Mais pour que l'empire fût constitutionnel, il fallait une constitution. Qui la ferait ? De convoquer la nation en une vaste assemblée au Champ de Mai, de l'appeler à délibérer sur cette constitution, c'était évidemment une irréalisable chimère. Il ne pouvait même pas être question de soumettre un à un à la discussion ou même au simple vote de la masse des citoyens les articles de la charte impériale. Napoléon ne jugeait guère plus pratique de confier à une Constituante élue *ad hoc* la rédaction de cet acte ; il faudrait du temps pour élire cette assemblée, pour la réunir, et une fois réunie, ce c'est qu'au bout de semaines et de mois, après des délibérations oiseuses, des discussions futiles, qu'elle viendrait à bout de mettre tant bien que mal sur pied les bases du nouveau gouvernement. Or, le temps, on n'en avait pas ; l'on ne pouvait pas attendre ; ni la guerre qui menaçait aux frontières ni l'impatience fiévreuse d'une partie de la France ne laissaient place aux longues délibérations.

L'Empereur crut faire un coup de maître en faisant de Benjamin Constant le principal ouvrier du projet de constitution nouvelle. A coup sûr, le célèbre publiciste ne pouvait s'attendre à cet excès d'honneur, après ce qu'il avait écrit dans les trois premières semaines de mars. Si Comte, malgré son titre de défenseur d'Exelmans, avait lancé le 17 mars dans le public sa brochure : *De l'impossibilité d'établir un gouvernement constitutionnel sous un chef militaire, et particulièrement sous Napoléon Bonaparte* [1],

1. M. Houssaye dit que la brochure parut le 15 mars : la *Biographie des hommes vivants* (Paris, octobre 1816-février 1817), généralement bien renseignée, dit trois jours avant l'entrée de Napoléon à Paris.

Benjamin Constant avait écrit dans les *Débats*, après le débarquement de l'Empereur, après ses proclamations libérales : « Auteur de la constitution la plus tyrannique qui ait régi la France, il parle aujourd'hui de liberté; mais c'est lui qui, durant quatorze ans, a miné et détruit la liberté.... Il n'avait pas hérité de la puissance; il a voulu et médité la tyrannie. Quelle liberté peut-il nous promettre? » Et il avait pompeusement ajouté le 19 mars : « Je n'irai pas, misérable transfuge, me traîner d'un pouvoir à l'autre, couvrir l'infamie par le sophisme et balbutier des mots profanés pour racheter une vie honteuse. »

Il suffit à Joseph de l'assurer des bonnes intentions de l'Empereur pour changer ses dispositions. Il ne se refusa pas à une entrevue. Il accepta de faire partie de la commission constitutionnelle. Il consentit même que la nouvelle constitution que, malgré ses dénégations, les contemporains regardèrent comme essentiellement son œuvre et décorèrent en conséquence du nom de Benjamine, portât simplement le titre d'acte additionnel à ces mêmes constitutions impériales que naguère il flétrissait avec tant d'âpreté.

Par l'acte additionnel paru le 23 avril dans le *Bulletin des lois* [1], l'Empereur se résignait à voir son pouvoir limité par deux Chambres, l'une des pairs, l'autre des représentants. Il est vrai que la première, composée de membres héréditaires, demeurait dans sa main, puisqu'il se réservait le droit d'y faire des nominations en nombre illimité. Mais les six cent vingt-neuf membres de la seconde étaient élus par le peuple et l'électoral n'était pas restreint, comme dans la Charte royale, à un nombre déri-

1. Nº 19, p. 131 et suiv.

soirement réduit d'électeurs. Si l'initiative des lois demeurait au gouvernement, les Chambres n'ayant que le droit d'amendement et pouvant tout au plus signaler au pouvoir par un vœu l'urgence de proposer une loi sur tel ou tel objet, la Chambre élue avait du moins la prérogative de voter l'impôt, les emprunts, les levées d'hommes. Il est vrai que comme compensation aux sacrifices qu'il imposait à son autorité, Napoléon proclamait, dans l'article 67 et dernier de l'article additionnel, l'interdiction de jamais rappeler sur le trône un membre de la famille des Bourbons. S'illusionnait-il au point de croire qu'une formule écrite aurait la vertu magique d'enchaîner à jamais la liberté de la nation et de mettre un terme aux jeux de la fortune?

La Benjamine n'eut pas l'approbation de tout le monde, même des constitutionnels. Il est vrai que, soumise à l'approbation des Français par voie de plébiscite, elle recueillit, dans un scrutin qui dura dix journées, 1,500,000 oui contre 4,800 non, en chiffres ronds. Mais il y eut des abstentions en masse, et parmi les votes négatifs, quelques-uns furent caractéristiques et durent surprendre douloureusement l'Empereur. Il avait appelé à voter — peut-être dans l'espérance de recueillir plus de suffrages — les militaires même en activité. Et ce fut tout un régiment, le 1er d'infanterie légère, qui refusa en masse et à l'unanimité son adhésion à l'acte constitutionnel, entraîné par un ordre du jour de son colonel où se résumaient en ces termes les reproches à faire à la nouvelle constitution: « L'on vous a dit que la noblesse ne s'acquérait que par des services rendus, qu'elle n'était pas transmissible, et l'on vous propose l'hérédité des pairs; l'on vous parle d'une représentation nationale, et l'Empereur s'arroge le pouvoir de nommer seul les membres de la Chambre des pairs, d'en rendre le nombre illimité, de dissoudre la Chambre des députés! Il stipule un président à vie inamovible et à son choix dans chaque collège électoral! Enfin, lorsqu'il s'agit de partager les pouvoirs, de fonder la liberté, l'on se contente d'une addition à l'ensemble incohérent des constitutions de l'Empire, et cette addition est présentée à une acceptation pure et simple, sans avoir été soumise à aucune discussion [1] ! » Il est piquant de remarquer que le colonel qui signait cet ordre du jour, qui, en voyant l'armée appelée à délibérer, trouvait « effrayant pour tous l'exercice de ce pouvoir tout nouveau, » n'était autre que le trop fameux Despans de Cubières qui, entré plus tard dans la vie publique, devenu pair de France et ministre de la guerre, se vit, en 1847, condamné, pour concussion, à la dégradation.

Mais il est certain que les reproches formulés par le colonel du 1er régiment d'infanterie légère contre l'acte additionnel n'étaient que l'écho de reproches analogues que lui faisaient d'autres citoyens. Au surplus, en dépit des critiques en sens divers que souleva la nouvelle constitution, elle se heurta surtout à l'indifférence de la masse. Mais il ne semble pas qu'elle ait beaucoup servi à modifier en mieux ou en pis les dispositions de la France vis-à-vis du nouveau régime.

La restauration impériale n'avait pas été accueillie partout avec faveur. Sur certains points, l'esprit était nettement hostile; sans doute, parmi ceux qui s'étaient déclarés d'abord contre l'Empereur, plus d'un dut faire comme ce curé poitevin, qui, après avoir engagé le 19 mars ses pa-

1. Ce curieux ordre du jour, demeuré inconnu à M. Houssaye, nous a été conservé par le capitaine Mauduit, dans son ouvrage déjà cité, p. 390-391.

roissiens « à prendre les armes pour venger l'héritier légitime de la couronne de France » et s'être proposé pour « se mettre à leur tête », les réunissait dès le lendemain, à la nouvelle que Napoléon était sur le point d'entrer à Paris, pour leur demander pardon et les exhorter « en faveur de l'Empereur, en leur disant que c'était Dieu qui nous le renvoyait [1]. » Sans doute aussi, ce que l'on disait de Bordeaux pouvait être vrai pour d'autres lieux qui tenaient contre l'Empereur, à savoir que « toute la population serait bientôt calmée si l'on pouvait la rassurer sur la crainte qu'elle a que l'Empereur ne veuille venger sur la ville entière la trahison commise en 1814 par un très petit nombre de personnes [2]. » Il n'en est pas moins vrai qu'il y avait dans presque tout le Midi, comme en Vendée, un centre puissant d'agitation royaliste, assez puissant pour déterminer un commencement de guerre civile.

Partout, d'ailleurs, les royalistes s'agitaient, essayaient de provoquer la fermentation des esprits, semaient les bruits les plus propres à désaffectionner le public de l'Empereur. Dans les villes maritimes comme Calais, on répand « le bruit que tous les vaisseaux anglais sont sortis des ports pour fondre sur notre marine marchande [3]. » A Lyon, on murmure « que tout le monde est levé en masse et qu'un fort parti veut s'ériger en république; que les Anglais sont débarqués près de Marseille et qu'ils marchent avec les Marseillais sur Lyon; que les Autrichiens ont passé le Rhin; que le roi de Naples est sur la frontière

1. Archives nationales, AF IV 1934. Déclaration du conducteur de la diligence de Bordeaux (rapport de police du 30 mars).
2. Ibid., rapport du 1er avril.
3. Ibid., rapport du 30 mars.

de France contre Napoléon..., que Bonaparte a été pris et qu'il est au château de Vincennes [1]. »

De Gand, Louis XVIII ne se contentait pas de lancer des ordonnances pour licencier l'armée et défendre le paiement de l'impôt, il cherchait à soulever le nord de la France, où les royalistes comptaient de nombreuses intelligences. C'est ainsi que le général baron de Blaumont écrivait le 26 mars au ministre de la guerre [2] : « L'esprit des habitants d'Abbeville est un des plus mauvais pour le gouvernement actuel.... On a poussé l'indécence aujourd'hui, à la messe, lorsqu'on a chanté : *Domine, salvum fac Imperatorem*, jusqu'à siffler. »

Le général baron Teste, commandant la 21e division d'infanterie, à Senlis, remarquait [3] « que cette ville et la campagne sont entachées de royalisme » et que « le gouvernement n'est point aimé de la très grande majorité de la population, y compris même le peuple des campagnes. » Le conducteur de la diligence de Lille remarquait, dès le début d'avril, que l'enthousiasme se refroidissait dans le pays et que l'esprit y devenait moins bon [4]. Le comte de Blacas croyait pouvoir écrire le 23 mars à lord Castlereagh que « trente mille hommes entrant actuellement en France avec la cocarde blanche réuniraient tous les habitants, qui ne demandaient que des armes [5]. » Dans une autre lettre du 15 mai à Wellington, il annonçait que « des députés des communes d'Armentières, d'Aire, d'Hazebrouck,

1. Archives nationales, AF IV 1934, rapport du 30 mars.
2. Archives guerre. Blaumont au ministre, 26 mars 1815.
3. Ibid., Teste au ministre, 18 mai 1815.
4. Arch. nationales, AF IV 1934. Rapport de police du 3 avril.
5. *Louis XVIII et les Cent-Jours à Gand*. T. I (Paris, Picard, 1898, in-8), p. 100. Ce volume, paru après le *1815* de M. Houssaye, contient des renseignements curieux que le célèbre historien n'a pas connus

de Cassel » étaient « venus offrir au roi leur sang et leur fortune [1]. » « La faiblesse des garnisons, ajoutait-il, nous donne l'assurance de surprendre Calais ou Dunkerque. Une autre correspondance non moins active est établie entre le Boulonnais, l'Artois et la Picardie. » Le lieutenant général comte Leval, gouverneur de Dunkerque, écrivait, de son côté, le 22 mai, au ministre de la guerre : « J'ai passé la revue de la garnison, qui est animée du meilleur esprit ; elle a défilé aux cris de *Vive l'Empereur!* quelques habitants criaient à voix basse : *Vive le Roi!*.... Les habitants ne veulent prendre les armes que dans le cas où la ville serait attaquée, et ils ne veulent pas être commandés par des officiers de la ligne [2]. »

Les royalistes faisaient, en sous-main, des efforts pour débaucher les troupes, et le 3 mai, le prince d'Eckmühl était obligé de donner ordre aux généraux commandants des départements et aux préfets d'appliquer et de faire appliquer les lois répressives de l'embauchage [3]. Une autre circulaire du 12, rappelant les démarches par lesquelles des parents invitaient leurs enfants à la désertion, recommandait aux officiers de traiter leurs hommes « avec bonté, de communiquer beaucoup avec eux, d'exciter leur confiance et leur amitié envers leurs chefs [4]. » On écrivait aux généraux en les menaçant, comme ce fut le cas pour le maréchal Brune, de mettre leur tête au haut d'un clocher [5]. Une lettre anonyme qu'il transmit au ministre lui disait : « Vous pouvez mieux que personne juger quel est l'esprit

1. *Ibid.*, p. 102.
2. Archives guerre. Leval au ministre, 22 mai 1815.
3. Archives guerre. Circulaire imprimée ; le ministre aux commandants et préfets.
4. Archives guerre. Le ministre aux colonels et commandants de dépôts ; circulaire du 12 mai 1815.
5. Archives guerre. Brune au ministre, 22 mai 1815.

de Marseille et de la Provence, il est le même à Bordeaux, au Havre, dans la Flandre, l'Artois et la Picardie; il est le même à la Vendée et dans la Bretagne.... Je ne vous dis rien de Paris où Napoléon n'a plus d'autre titre que celui d'Empereur de la canaille.... Traitez.... Le roi saura récompenser vos services. »

La crainte des actes arbitraires avait empêché de prendre des mesures contre les serviteurs de la monarchie, en dehors des décrets du 13 mars. C'est à peine si un décret du 25 mars éloigna à trente lieues de Paris les individus qui avaient accepté des fonctions ministérielles sous le dernier gouvernement [1], et si un décret daté du 12 mars, mais qui ne parut au *Bulletin des lois* que le 6 avril [2], exclut nommément de l'amnistie quelques personnages trop compromis. M. Houssaye commet à ce sujet une erreur. Pour prouver que cette mesure a été prise par Napoléon, contre la volonté de ses ministres, il remarque que le décret parut au *Bulletin des lois* avec cette formule *inusitée :* « Par l'Empereur, pour expédition conforme, le 22 mars 1815, le secrétaire d'État duc de Bassano. » Cette formule n'était point si étrange; Bassano, n'étant point auprès de Napoléon le 12 mars, ne pouvait contresigner l'acte ; il ne pouvait qu'en signer une expédition en la déclarant conforme à l'original. C'est ainsi que chaque numéro du *Bulletin des lois* est certifié conforme par le comte Boulay. M. Houssaye semble aussi faire un reproche au gouvernement impérial d'avoir laissé le comte Ferrand « tranquillement dans sa terre de l'Orléanais ». Or, Ferrand, dans ses *Mémoires*, se plaint aigrement que son successeur aux

1. *Bulletin des lois*, cité, n° 11, du 9 avril, p. 75.
2. *Ibid.*, n° 10, du 6 avril, p. 67.

postes ne lui ait pas permis d'émigrer, en ne lui donnant de passeport que pour Orléans.

Au reste, ceux qui semaient les mauvaises nouvelles, ceux qui montraient à l'Empire une hostilité sourde ou qui, par leur inertie, lui mettaient des bâtons dans les roues, c'étaient ses propres agents civils : les préfets. Aussi, après les nominations du 6 avril, Napoléon se vit-il à diverses reprises obligé de modifier ses choix. L'esprit des maires était encore plus mauvais, et, malheureusement, lorsqu'ils furent soumis à la réélection, ils retrouvaient presque tous la majorité des voix électorales.

Une des raisons qui avaient facilité le retour de l'Empereur, c'était la persuasion que ce retour n'amènerait pas la guerre. Les bruits que l'Empereur avait laissé semer sur son passage laissaient croire que l'Angleterre avait fermé les yeux sur son départ de l'île d'Elbe ; que la cour de Vienne était prête à s'allier avec lui ou décidée, du moins, à ne pas le combattre. La chute des illusions amena naturellement celle de l'enthousiasme. La crainte de la guerre avec ses fléaux, les menaces d'invasion, la certitude de l'isolement de la France au milieu de la coalition qui l'enserrait, provoquèrent un refroidissement.

Malheureusement, en effet, ni les déclarations pacifiques de l'Empereur ni ses démarches ne réussirent à maintenir la paix. Le Congrès de Vienne n'était pas encore dissous, et ce fut certainement un atout de moins dans le jeu de Napoléon. Il aurait eu peut-être plus de chance de réussir dans ses démarches auprès des gouvernements isolés ; la réunion à Vienne des souverains ou de leurs plénipotentiaires permit de concerter rapidement les mesures à prendre contre la France. De là la déclaration du 13 mars ; de là aussi le traité du 25, par lequel l'Autriche, la Prusse, l'Angleterre et la Russie s'engageaient à tenir chacune 150,000 hommes sous les armes tant que Bonaparte ne serait pas mis hors d'état d'exciter des troubles en Europe.

Un moment, cependant, Caulaincourt eut une lueur d'espoir. Avant le départ des ambassadeurs accrédités auprès du roi à Paris, il put avoir un entretien avec Vincent, le ministre d'Autriche, et un autre avec Boudiakin, qui représentait la Russie, entrevues non pas officielles, et qui eurent lieu simplement chez de tierces personnes. Vincent consentit à se charger d'une lettre pour Marie-Louise — lettre que, d'ailleurs, elle ne lut pas — et à transmettre à son souverain les intentions pacifiques de Napoléon et sa résolution de respecter le traité de Paris. Mais il ne cacha pas que les alliés étaient irrévocablement déterminés à l'action ; à Boudiakin, Caulaincourt put communiquer une pièce de premier ordre, le traité secret du 3 janvier, par lequel l'Autriche, l'Angleterre et les Bourbons s'unissaient pour faire pièce aux projets de la Prusse et de la Russie, imprudemment laissé par Jaucourt dans les bureaux des affaires étrangères. Bien que Boudiakin n'ait pas été dupe des dénégations de Vincent, cette révélation ne changea rien aux sentiments du tsar contre Napoléon. Il était même si décidé à ne pas se rapprocher du nouveau gouvernement qu'il écarta de sa personne le prince Eugène, qu'il aimait beaucoup, mais par l'affection duquel il craignait de se laisser influencer. Napoléon ne réussit pas mieux avec les lettres qu'il écrivit directement aux souverains ou celles qu'il fit écrire par Caulaincourt. Les alliés avaient établi autour de la France comme une sorte de cordon sanitaire, où l'on empêchait de passer, comme des pestiférés, les courriers du gouvernement impérial. La lettre que l'Empereur écrivit le 1er avril à François Ier, pour réclamer le retour de Marie-Louise et du roi de Rome, parvint bien à son destinataire. Mais François Ier ne se laissa toucher ni par l'assurance que lui donnait son gendre de faire tendre ses efforts « uniquement à consolider ce trône que l'amour de mes peuples, disait-il, m'a conservé et rendu et à le léguer un jour, affermi sur d'inébranlables fondements, à l'enfant que Votre Majesté a entouré de ses bontés paternelles », ni à l'appel qui était fait aux sentiments d'un prince fort attaché à ses affections de famille [1]. On crut bien un moment au retour de Marie-Louise ; une de ses dames avait écrit à Paris pour faire préparer en hâte ses appartements. Mais l'illusion fut de courte durée ; loin de faciliter le rapprochement entre l'époux et l'épouse, entre le père et le fils, on éloigna de celui-ci tout ce qui pouvait entretenir dans son cœur le souvenir d'un père mis au ban de l'Europe.

Les négociations avec l'Angleterre semblèrent un moment susceptibles d'un meilleur succès. Napoléon avait en Angleterre de fervents admirateurs. L'on avait attaqué dans le Parlement la déclaration du 13 mars; malgré l'hostilité presque unanime de la presse, l'opinion publique était partagée.

Un Français, rentré à Paris par la diligence de Calais du 29 mars et venant de Londres, assure que « dans les tavernes et partout on parle des affaires de France et que, ce qui l'a surpris, c'est de voir que le peuple anglais a l'air d'être satisfait de ce changement de gouvernement et manifeste presque de l'enthousiasme pour Napoléon [2]. »

1. *Correspondance de Napoléon*, t. XXVIII, n° 21753.

2. Archives nationales, AF 1934, rapport de police du 1er avril.

Les symptômes de l'opinion en Angleterre inquiétaient la cour de Gand, qui envoya, le 29 mars, Gain de Montagnac en mission à Londres. Gain de Montagnac écrivait le 3 avril au comte de Blacas qu'il y avait incertitude dans les membres du Conseil sur le parti à prendre, que lord Liverpool penchait pour traiter, que lord Castlereagh était incertain, mais que le prince régent, le chancelier, lord Harrowby, lord Bathurst, étaient très vifs sur les intérêts du roi [1]. Les hésitants se demandaient surtout, si l'on faisait rentrer le roi, quelle assurance l'on aurait que dans un an pareille chose n'arriverait pas. Gain de Montagnac fut assez habile ou assez heureux pour les convaincre « de la faiblesse réelle de Bonaparte » et de « la vraie disposition de la majorité des esprits dans les départements [2]. »

Le 8 avril, Castlereagh écrivait à Caulaincourt que le prince régent avait refusé de lire la lettre qui lui avait été remise. Seulement, si l'Angleterre était décidée à la guerre, elle se souciait médiocrement de faire remonter Louis XVIII sur le trône et elle était toute prête à appuyer la candidature possible du duc d'Orléans [3]. L'important pour Napoléon était la volonté où l'on était de le détrôner.

Comme en Angleterre, de même dans le reste de l'Europe, une partie de la population était secrètement ou même ouvertement sympathique au gouvernement impérial [4]. C'est ainsi que, d'après le témoignage d'un inspecteur des messageries, « on se méfie des troupes belges, qu'on les a envoyées sur les derrières et que ce sont les Ha-

1. *Louis XVIII et les Cent-Jours à Gand*, t. I, p. 148-149.
2. *Ibid.*
3. *Ibid.*, p. 159, lettre de Gain de Montagnac du 11 mai.
4. M. Houssaye a relevé plusieurs faits qui le prouvent. Nous nous attachons de préférence à ceux qu'il n'a pas cités.

novriens qui bordent la ligne;.... que tous les militaires belges qui ont servi en France conservent de l'attachement pour l'Empereur et qu'ils crient dans les rues : Vive Napoléon! et que plusieurs même sont venus rejoindre les avant-postes français [1]. » Une autre information nous apprend que « les Liégois (*sic*).... désirent ardemment l'arrivée des Français et une insurrection est sur le point d'éclater dans la ville [2]. » Les Bruxellois « annoncent hautement le désir qu'ils auraient de redevenir Français [3]. » A Mons, il y a également un fort parti français. Mais la présence des troupes étrangères, qui arrivent par masses épaisses, terrorise le pays, qui n'ose se prononcer. A Liège, la police est si sévère que chacun craint d'être arrêté ; les journaux français sont devenus si rares qu'on va jusqu'à offrir deux louis d'un exemplaire. « On ne laisse passer à Liège, à Bruxelles et à Mons aucun paquet ni lettres ; les voyageurs sont questionnés dans chaque ville sur les motifs de leur voyage et on ouvre les lettres qu'ils ont sur eux. On visite les portemanteaux et les portefeuilles des voyageurs; on va jusqu'à garder les lettres cachetées [4]. »

Le roi de France prenait part à cette inquisition. Le comte de Semallé avait été désigné par lui pour interroger tous les Français arrivant de France à Bruxelles.

Nous savons, par le « résumé d'une conversation qui a eu lieu le 31 mars 1815 sur le bord du Rhin avec une personne de la rive droite qui exerce un emploi public et qui ne veut pas être nommée [5], que « le retour miraculeux de

1. Arch. nat. AF 1934. Rapport de police du 29 mars 1815.
2. Ibid. Même rapport.
3. Ibid. Rapport du 30 mars 1815.
4. Ibid. Rapports du 1er et du 3 avril 1815.
5. Arch. nationales. AF IV, 1933.

l'empereur Napoléon a excité dans toute l'Allemagne du sud une fermentation des esprits qui rend très probable une révolution prochaine et favorable à la France. » Dans la Souabe, la Franconie, la Bavière, « on lit publiquement les proclamations et discours de Napoléon et le peuple, particulièrement les paysans, applaudissent avec enthousiasme ses maximes contre la monarchie féodale. » Les mêmes sentiments se manifestent parmi les troupes de la Confédération du Rhin. On préfère les hommes de la landwehr aux troupes de ligne et les Prussiens aux Bavarois, à cause de la partialité que ceux-ci manifestent pour Napoléon. L'on attendait avec une impatience fiévreuse les résultats du Champ de Mai et l'exemple de la France se donnant une nouvelle constitution poussant la population, notamment dans le Wurtemberg et le pays de Bade, à proclamer le principe de la souveraineté de la nation. Dans ce dernier État, le gouvernement était réduit à la détresse par les dissipations du prince régnant. S'il n'était guère douteux que tous ces petits princes suivraient l'exemple des puissants États et marcheraient avec eux contre la France impérialiste, l'on pouvait du moins espérer que le soulèvement de la population et la désertion des troupes aideraient singulièrement les Français [1].

La Suisse donnait moins d'espérance. Une lettre de M. de Watteville [2] nous montre dans les cantons de Berne, Fribourg, Soleure, Lucerne et les petits cantons « un zèle très prononcé pour la cause des Bourbons, » cette maison

1. Arch. nat. AF IV, 1983. Voir ce curieux document aux pièces justificatives, n° 3.

2. Emar de Watteville de Montbagney, landamman de Suisse, d'une vieille famille bernoise ; général en chef des troupes suisses en 1805. Une proclamation de lui, en date du 13 mars, affichée et distribuée aux autorités, dénonçait le retour de l'île d'Elbe comme une calamité et annonçait que la diète se joindrait contre lui aux grandes puissances.

ayant « toujours été bienfaisante pour la Suisse dans tous les temps. » Mais l'on pouvait constater, surtout dans les cantons d'Argovie et de Vaud, l'existence d'un parti bonapartiste qui fit « scandaleusement retentir sa joie [1]. »

Quant aux dispositions de l'Italie en faveur de Napoléon, elles ne faisaient guère de doute. Il fallait profiter de ces éléments de succès. Et l'Empereur rappelait à Caulaincourt, le 3 avril, la nécessité d'envoyer en Suède, auprès des princes d'Allemagne, dans les cantons suisses sur lesquels on pouvait compter, en Italie, et aussi en Espagne, des agents secrets qui stimuleraient le zèle des partisans de l'Empereur, répandraient en cachette ses proclamations; des mesures étaient prises pour provoquer des désertions parmi les troupes ennemies. En même temps, pour lutter contre la mauvaise impression que causait dans le pays la certitude de plus en plus évidente de l'isolement de la France contre l'Europe coalisée, surtout après l'aventureuse équipée de Murat, dont l'échec misérable avait presque irrémédiablement perdu l'Italie pour nous, l'Empereur demandait le 7 avril à Caulaincourt un rapport « qui fera connaître, disait-il, les relations que nous avons eues avec l'Angleterre et ses réponses; les relations que nous avons eues avec la Suisse et ses réponses; ce que nous savons sur les projets des alliés; nos relations avec le roi de Naples, les avantages qui doivent en résulter, et ce que nous savons sur ses opérations. »

Murat n'avait pas encore subi les désastres de Ferrare (12 avril) et de Tolentino (2 mai). L'Empereur voyait à ce rapport l'avantage « de mettre la nation au fait de la

1. Arch. nationales. AF IV 1933. Cette lettre non datée est vraisemblablement antérieure à l'arrivée de Napoléon à Paris.

situation des choses, en insinuant ce que nous avons appris des dispositions de l'ennemi et du projet qu'il avait de partager et d'affaiblir la France [1]. »

Ainsi, tandis que Napoléon avait eu le désir et l'espoir de la paix, tout le poussait et le contraignait à la guerre. La guerre ! Elle lui était imposée par l'attitude menaçante en même temps qu'injurieuse de l'Europe ; la meute des alliés aboyait contre l'aigle et l'obligeait à sortir du repos où elle aurait voulu se complaire. Mais puisqu'il fallait faire la guerre, mieux valait la faire sans retard. La rapidité de l'action était seule capable de déconcerter les projets de l'ennemi, de ranimer au sein même de ses troupes cet amour et cet enthousiasme pour le grand Empereur et d'y provoquer des mouvements et des défections qui grossiraient les rangs des Français et diminueraient ceux de ses ennemis ; de rendre courage, dans les divers pays, aux nombreux partisans de l'Empire, que la terreur seule empêchait de se prononcer ; de rendre à la nation calme et confiance et d'imposer silence par d'éclatantes victoires à toutes les pusillanimités, à toutes les calomnies, aux révoltes ouvertes et aux sourdes menées de la trahison. C'est l'exposé des efforts prodigieux tentés par l'Empereur et ses collaborateurs pour tout préparer et organiser en quelques semaines qui fait l'objet propre de notre travail.

1. *Correspondance de Napoléon*, t. XXVIII, n° 21777.

CHAPITRE II

ORGANISATION DE L'ARMÉE ROYALE

Avant d'examiner les mesures prises par l'Empereur pour mettre la France en état de résister à l'invasion qui la menaçait, il est nécessaire, si l'on veut bien se rendre compte de l'effort que la situation exigeait de lui et de ses collaborateurs, de voir ce que le gouvernement royal avait fait et dans quel état militaire il léguait la France à Napoléon.

Les luttes perpétuelles soutenues par la France sous l'Empire avaient eu naturellement pour résultat de donner à l'armée une importance considérable et aux services de la guerre une extension proportionnée. C'est ainsi que l'armée ressortissait à deux ministères. Le département de la guerre proprement dit avait dans ses attributions la levée, l'organisation, l'inspection, la surveillance, la discipline, la police et le mouvement des armées de terre; le personnel et le matériel de l'artillerie et du génie; la gendarmerie impériale; la police militaire; les écoles spéciales impériales et militaires d'infanterie et de cavalerie; la solde, les traitements extraordinaires et les indemnités; les retraites; l'admission dans les corps de vétérans et à l'hôtel impérial des Invalides; les prisonniers de guerre. Du ressort d'un autre ministère, le département de l'administration de la guerre, étaient l'administration et la comptabilité des services, des vivres, des fourrages et des remontes, les hôpitaux, les habillements, les lits militaires, les indemnités de logement et de fourrages, le chauffage, le gîte et geôlage, les convois et transports, la surveillance des commissaires des guerres, agents de l'administration militaire et officiers de santé, et dans une certaine mesure, les revues et les règlements de comptes y afférents.

Avec la royauté, à un état de guerre succédait un état de paix. Il semblait naturel et même nécessaire que cette nouvelle situation amenât dans l'armée et dans l'administration militaire des remaniements et des suppressions. Le ministère de l'administration de la guerre fut supprimé et les services en furent rattachés au ministère de la guerre. Cette mesure n'eut point d'ailleurs pour conséquence de diminuer sensiblement le personnel; les deux ministères de l'Empire comptaient quarante-cinq bureaux, déduction faite d'une division spéciale relative à l'Espagne et qui n'avait plus de raison d'être après les traités de 1814; sous la monarchie, le ministère unique ne compta pas moins de quarante-neuf bureaux; il est juste de dire que l'on avait rattaché directement au ministère le bureau des déserteurs, qui faisait primitivement partie de la direction générale de la conscription militaire, désormais supprimée. Le tableau ci-annexé, emprunté à l'Almanach impérial de 1813 et à l'Almanach royal de 1814-1815, fera sauter aux yeux les modifications apportées à l'administration centrale et la répartition ancienne et nouvelle des différents bureaux.

ORGANISATION DES BUREAUX DE L'ADMINISTRATION DE LA GUERRE

SOUS L'EMPIRE

DIVISIONS	BUREAUX
Secrétariat général.	Dépêches. Lois et archives. Écoles militaires. Dépenses intérieures. Demandes d'emplois civils.
1re division. Fonds de revues.	Solde. Ordonnances. Indemnités. Comptabilité de la garde impériale. Liquidation. Bureau particulier (solde arriérée).
Subdivision de la 1re division.	Revues. Décomptes de solde. Comptabilité des corps.

SOUS LA ROYAUTÉ

DIVISIONS	BUREAUX
Secrétariat général.	Lois et archives. Dépenses intérieures. Dépêches ministérielles.
1re division. Infanterie.	États-majors. Infanterie. Inspection de l'infanterie. Grâces. État militaire.
2e division. Cavalerie.	Cavalerie. Inspection de cavalerie. Maison militaire du roi. Remontes et harnachement.
3e division. Solde et indemnités.	Solde. Indemnités. Revues et décomptes. Comptabilité des corps.

ORGANISATION DES BUREAUX DE L'ADMINISTRATION DE LA GUERRE

SOUS L'EMPIRE

DIVISIONS	BUREAUX
2e division. Nominations.	États-majors. Infanterie. Troupes à cheval. Gendarmerie. Personnel de la garde impériale.
3e division. érationsmilitaires	Opérations militaires. Mouvement.
4e division. Organisation des troupes.	Organisation et inspection. État civil et militaire.
5e division. Retraites.	Pensions. Vétérans et invalides. Prisonniers de guerre.
6e division. Artillerie.	Personnel. Matériel.
7e division. Génie.	Personnel. Matériel.

SOUS LA ROYAUTÉ

DIVISIONS	BUREAUX
3e division. Solde et indemnités.	Liquidation des dépenses de l'ancienne garde. Solde arriérée.
4e division. Fonds.	Ordonnances. Fonds et comptes arriérés. Inspecteurs aux revues.
5e division. Retraites.	Soldes de retraite et traitements de réforme. Pension, secours, prisonniers. Vétérans et Invalides.
6e division. Artillerie.	Personnel. Matériel. Train, équipages, transports.
7e division. Génie.	Personnel. Matériel. Couronnement. Écoles militaires.

ORGANISATION DES BUREAUX DE L'ADMINISTRATION DE LA GUERRE

SOUS L'EMPIRE		SOUS LA ROYAUTÉ	
DIVISIONS	BUREAUX	DIVISIONS	BUREAUX
8e division. Police militaire.		8e division. Police militaire.	Police militaire. Gendarmerie royale. État civil et militaire. Déserteurs.
Secrétariat général du ministère de l'Administration de la guerre.	Dépêches. Dépenses intérieures. Bureau particulier du ministre.	9e division. Administration.	Vivres. Fourrages. Hôpitaux. Personnel de l'administration.
1re section.	Vivres. Fourrages et remontes. Casernement.	10e division. Liquidation.	Contentieux; matériel. Revision de la solde. Indemnités arriérées. Arriéré des décomptes. Personnel des commissaires des guerres.
2e section.	Fonds et comptabilité. Personnel. Hôpitaux.	11e division. Opérations militaires.	Mouvement. Correspondance générale. Étapes et canons.
Division de l'habillement.	Bureau administratif. Comptabilité. Étapes. Revues et décomptes.	12e division. Organisation des troupes.	Habillement. Recrutement.

Ces modifications, pas plus que le changement de régime, ne portèrent guère atteinte au personnel. La comparaison des deux almanachs permettra aux lecteurs curieux de constater que sur une soixantaine de chefs de division et de chefs de bureau, il y en a eu au moins les deux tiers qui gardèrent leur poste ou reçurent de l'avancement.

L'armée elle-même fut moins favorisée. Elle fut réorganisée ou, pour mieux dire, désorganisée par une série de décrets.

C'est d'abord, le 6 mai 1814 [1], la constitution d'un conseil de guerre où figuraient trois maréchaux (Ney, Augereau et Macdonald); le ministre de la guerre (comte Dupont, commissaire provisoire); puis, pour l'infanterie, deux généraux de division (Compans et Curial); pour la cavalerie, un général de division (Latour-Maubourg) et un général de brigade (Préval); pour le génie, un général de division (Lery); pour l'artillerie, un général de division (Sorbier) et un général de brigade (Évain); pour la garde, un général de division (Kellermann); pour l'administration de la guerre, un commissaire ordonnateur (Marchand); pour l'administration militaire, un inspecteur aux revues (général de brigade Félix).

L'infanterie vit réduire, par ordonnance du 12 mai 1814 [2], ses régiments de cent-cinquante-six à quatre-vingt-dix pour la ligne et de trente-sept à quinze pour l'infanterie légère. Le régiment comprenait trois bataillons, le bataillon six compagnies : quatre de fusiliers, une de voltigeurs et une soit de grenadiers (ligne), soit de carabiniers (infanterie légère). Les trente premiers régiments de ligne, les quinze premiers d'infanterie légère, conservaient leurs

1. *Journal militaire*, 1814, 2e partie, p. 23.
2. *Ibid.*, p. 28.

numéros; les soixante autres régiments de la nouvelle organisation de la ligne étaient formés par les anciens 32e à 37e, 39e, 40e, 42e à 48e, 50e à 67e, 69e, 70e, 72e, 75e, 76e, 79e, 81e, 82e, 84e à 86e, 88e, 92e, 93e, 95e, 96e, 100e à 108e, 111e.

Les autres régiments étaient répartis entre les régiments subsistants. Chaque régiment devait recevoir un nom particulier; les neuf premiers seuls en reçurent pour la ligne (1er régiment, du roi; 2e régiment, de la reine, etc.); il faut y ajouter le 10e qui reçut le nom de Colonel général; les six premiers régiments d'infanterie légère eurent des appellations analogues. Disons de suite, pour n'avoir point à y revenir, que semblable mesure fut prise pour tous les autres corps.

Le tableau ci-joint, emprunté à l'article 6 de l'ordonnance, donne la composition de l'état-major et des compagnies dans chaque régiment d'infanterie tant légère que de ligne.

ÉTAT-MAJOR	OFFICIERS	TROUPE	COMPAGNIES	OFFICIERS	TROUPE
Colonel	1	»	Capitaine	1	»
Major	1	»	Lieutenant	1	»
Chefs de bataillon	3	»	Sous-lieutenant	1	»
Adjudants-majors	3	»	Sergent-major	»	1
Quartier-maître	1	»	Sergents	»	4
Porte-drapeau	1	»	Fourrier	»	1
Chirurgiens — Major	1	»	Caporaux	»	8
Chirurgiens — Aide-major	1	»			
Chirurgiens — Sous-aide	1	»	Grenadiers, fusiliers, ou voltigeurs	»	56
Adjudants sous-offic.	»	3	Tambours	»	2
Tambour-major	»	1			
Caporal-tambour	»	1			
Musiciens, dont 1 chef	»	8			
Maîtres — Tailleur-guêt.	»	1			
Maîtres — Cordonnier	»	1			
Maîtres — Armurier	»	1			
Totaux	13	16	Totaux	3	72

L'on arrive ainsi à un total de 1,379 hommes, dont 67 officiers, par régiment, et de 144,795 hommes pour toute l'infanterie; encore l'ordonnance spécifiait-elle que « un quart au moins » devait être en congé. Les appointements et la solde étaient maintenus au même taux (art. 10). L'article 11 conservait aux régiments, avec la solde d'activité, les sous-officiers, caporaux et tambours excédant le complément, et faisait bénéficier de la même mesure ceux qui reviendraient des prisons, en garantissant aux uns et aux autres les emplois au fur et à mesure des vacances. L'article 16 conservait, à la suite de chaque régiment, sur le pied d'activité, un chef de bataillon, un adjudant-major, six capitaines, six lieutenants et six sous-lieutenants, c'est-à-dire le cadre d'un 4e bataillon. L'article 15, en vue de faciliter l'avancement, décidait la mise à la retraite de tous les officiers qui y avaient des droits acquis. L'avancement était réglé pour deux tiers à l'ancienneté et pour un tiers au choix du roi.

Trois autres ordonnances, à la même date du 12 mai, portèrent organisation de la cavalerie [1], de l'artillerie [2] et du génie [3].

La cavalerie se trouve réduite de 110 régiments à 56 : les carabiniers restant sur le pied de 2 régiments; les cuirassiers portés de 14 à 12, les dragons de 30 à 15, les lanciers de 9 à 6, les chasseurs de 31 à 15, les hussards de 14 à 6. Les régiments supprimés (cuirassiers, 13-14; dragons, 1, 3, 8 à 10, 21 à 30; lanciers, 7 à 9; chasseurs, 16 à 31; hussards, 7 à 14) furent distribués parmi ceux que l'on conservait, ainsi que les deux régiments d'éclaireurs,

1. *Journal militaire*, 1814, 2e partie, p. 33.
2. *Ibid.*, p. 38.
3. *Ibid.*, p. 51.

administrés, le 1er par les grenadiers à cheval, le 2e par les dragons de la garde, et les 10 escadrons de jeune garde attachés aux grenadiers (1), aux chasseurs (4) et au 2e lanciers (5) de la garde.

Réduction analogue pour l'artillerie. L'état-major fut abaissé de 485 membres à 200. Les troupes perdirent un régiment à pied (8 pour 9), deux à cheval (4 pour 6), un bataillon de pontonniers (1 pour 2); les dix-neuf compagnies d'ouvriers et les cinq d'armuriers furent fondues en douze compagnies d'ouvriers; les vingt-sept bataillons du train furent transformés en huit escadrons. Les cent quarante-cinq compagnies de canonniers gardes-côtes, les trente de canonniers sédentaires et les dix-neuf de canonniers vétérans ne furent pas conservées, non plus que l'artillerie de la garde, qui fut amalgamée parmi le corps d'artillerie. L'état-major général ne perdit que soixante et onze membres (400 au lieu de 471). Les deux bataillons de mineurs, les huit de sapeurs furent réorganisés en trois régiments de deux bataillons, composés chacun de six compagnies, l'une de mineurs et les cinq autres de sapeurs; s'il y eut toujours une compagnie d'ouvriers, le bataillon du train fut ramené à une seule compagnie.

L'ordonnance sur la cavalerie réglait suivant le tableau ci-joint l'état-major et les compagnies (art. 3).

ÉTAT-MAJOR	OFFICIERS	TROUPES	CHEVAUX d'officiers	CHEVAUX de troupe
Colonel	1	»	3	»
Major	1	»	3	»
Chefs d'escadron	2	»	4	»
Adjudants-majors	2	»	4	»
Quartier-maître	1	»	1	»
Porte-étendard	1	»	1	»
Chirurgien-major	1	»	1	»
Aide-chirurgien	1	»	1	»
Adjudants sous-officiers	»	2	»	2
Maréchal vétérinaire en 1er	»	1	»	1
Maréchal vétérinaire en 2e	»	1	»	1
Brigadier-trompette	»	1	»	1
Maîtres — Tailleur	»	1	»	»
Maîtres — Sellier	»	1	»	»
Maîtres — Bottier	»	1	»	»
Maîtres — Culottier [1]	»	1	»	»
Maîtres — Armurier-éper	»	1	»	»
	10	10	18	5

COMPAGNIES	OFFICIERS	TROUPES	CHEVAUX d'officiers	CHEVAUX de troupe
Capitaine	1	»	2	»
Lieutenant	1	»	1	»
Sous-lieutenants	2	»	2	»
Maréchal des logis chef	»	1	»	1
Maréchaux des logis	»	4	»	4
Fourrier	»	1	»	1
Brigadiers	»	8	»	8
Carabiniers, cuirassiers montés	»	42	»	42
Dragons, lanciers, chasseurs ou hussards, non montés	»	16	»	»
Trompettes	»	2	»	2
	4	74	5	58

[1] N'existait pas pour les lanciers, les chasseurs et les hussards.

Les régiments se composaient donc de 644 ou de 643 hommes, dont 42 officiers, avec 58 chevaux d'officiers et 469 de troupes. Ce qui portait la force totale de la cavalerie à 36,037 hommes et 29,512 chevaux. L'article 4 constituait dans chaque régiment de dragons, lanciers, chasseurs et hussards une compagnie d'élite, la première du régiment. . . . .

L'escadron était à deux compagnies. Les appointements et indemnités, les cadres à la suite, les mises à la retraite, l'avancement, étaient réglés comme pour l'infanterie, et des dispositions analogues s'appliquèrent aux autres corps, si ce n'est que la solde des sous-officiers et soldats de l'artillerie fut réduite, ainsi que celle du génie, maintenue cependant au-dessus de celle des autres corps.

L'ordonnance relative à l'artillerie arrêtait ainsi (titre Ier, art. 2) la liste des établissements de ce corps : huit écoles du régiment, une d'élèves, huit arsenaux de construction, trois fonderies de bouches à feu, sept manufactures d'armes, quatre arrondissements de forges pour la fonte des projectiles, trente directions territoriales et quarante sous-directions.

Les tableaux ci-annexés empruntés au titre II de l'ordonnance donnent la composition de l'état-major général et des troupes, sur le pied de paix. . . .

Un comité central, « chargé d'examiner, discuter et présenter ses vues sur les améliorations, projets, etc., concernant le service de l'arme, » devait être formé par le ministre de : un général de division, deux généraux de brigade, deux colonels, un major ou chef de bataillon, choisis dans l'état-major général sur la présentation du premier inspecteur général de l'artillerie. Les inspecteurs généraux présents à Paris à ce comité avaient voix délibérative.

ÉTAT-MAJOR		
N° 1. ÉTAT-MAJOR GÉNÉRAL	Premier inspecteur général	1
	Généraux de division	9
	Généraux de brigade	12
	Colonels	36
	Majors	10
	Chefs de bataillon	42
	Capitaines en 2e	40
	Élèves	50
	Total des officiers	200
	Employés de toute espèce	424

N° 2. RÉGIMENT D'ARTILLERIE A PIED COMPOSÉ DE 21 COMPAGNIES

ÉTAT-MAJOR		FORMATION D'UNE COMPAGNIE	
Colonel	1	Capitaine en 1er	1
Major	1	Capitaine en 2e	1
Chefs de bataillon	5	Lieutenant en 1er	1
Quartier-maître	1	Lieutenant en 2e	1
Adjudants-majors	2	Total des officiers	4
Total des officiers	10	Sergent-major	1
Adjudants sous-officiers	4	Sergents	4
Artificier chef	1	Fourrier	1
Tambour-major	1	Caporaux	4
Caporal tambour	1	Artificiers	4
Musiciens	8	Ouvriers (dont 2 en fer et 2 en bois)	4
Maîtres Tailleur	1	Canonniers de 1re classe	12
Maîtres Cordonnier	1	Canonniers de 2e classe	30
Maîtres Armurier	1	Tambours	2
Total des sous-officiers et ouvriers	18	Total des sous-officiers et soldats	62

N° 3. RÉGIMENT D'ARTILLERIE A CHEVAL COMPOSÉ DE 6 COMPAGNIES

ÉTAT-MAJOR		FORMATION D'UNE COMPAGNIE	
Colonel	1	Capitaine en 1er	1
Major	1	Capitaine en 2e	1
Chefs d'escadron	3	Lieutenant en 1er	1
Quartier-maître	1	Lieutenant en 2e	1
Adjudant-major	1	Total des officiers	4
Total des officiers	7	Maréchal des logis chef	1
Adjudants sous-officiers	2	Maréchaux des logis	4
Brigadier trompette	1	Fourrier	1
Artiste vétérinaire	1	Brigadiers	4
Maîtres : Tailleur	1	Artificiers	4
Maîtres : Bottier	1	Ouvriers (dont 2 en fer et 2 en bois)	4
Maîtres : Sellier	1	Canonniers de 1re classe	12
Maîtres : Armurier-éper.	1	Canonniers de 2e classe	29
Total des sous-officiers et ouvriers	8	Maréchal ferrant	1
		Trompettes	2
		Total des sous-officiers et canonniers	62

N° 4. BATAILLON DE PONTONNIERS COMPOSÉ DE 8 COMPAGNIES

ÉTAT-MAJOR		FORMATION D'UNE COMPAGNIE	
Major	1	Capitaine en 1er	1
Quartier-maître	1	Capitaine en 2e	1
Adjudant-major	1	Lieutenant en 1er	1
Total des officiers	3	Lieutenant en 2e	1
Adjudant sous-officier	1	Total des officiers	4
Maître constructeur (sergent-major)	1	Sergent-major	1
Caporal tambour	1	Sergents	4
Maîtres : Tailleur	1	Fourrier	1
Maîtres : Cordonnier	1	Caporaux	4
Maîtres : Armurier	1	Maîtres ouvriers	4
Total des sous-officiers et ouvriers	6	Pionniers	46
		Tambours	2
		Total des sous-officiers et pontonniers	62

	FORMATION D'UNE COMPAGNIE	
N° 5. Ouvriers d'artillerie, composés de 12 compagnies	Capitaine en 1er	1
	Capitaine en 2e	1
	Lieutenant en 1er	1
	Lieutenant en 2e	1
	Total des officiers	4
	Sergent-major	1
	Sergents	4
	Fourrier	1
	Caporaux	4
	Maîtres ouvriers	4
	Ouvriers de 1re classe	8
	Ouvriers de 2e classe	16
	Apprentis	22
	Tambours	2
	Total des sous-officiers et ouvriers	62

	ÉTAT-MAJOR		FORMATION D'UNE COMPAGNIE	
N° 6. Escadron du train d'artillerie composé de 4 compagnies	Chef d'escadron	1	Capitaine	1
	Adjudant-major	1	Lieutenant	1
	Quartier-maître	1	Sous-lieutenant	1
	Total des officiers	3	Total des officiers	3
	Adjudant sous-officier	1	Maréchal des logis chef	1
	Artiste vétérinaire	1	Maréchaux des logis	4
	Brigadier trompette	1	Fourrier	1
	Maîtres: Sellier-bourrelier	1	Brigadiers	4
	Maîtres: Tailleur	1	Soldats de 1re classe	12
	Maîtres: Bottier	1	Soldats de 2e classe	35
	Maîtres: Culottier	1	Maréchaux ferrants	2
	Maîtres: Armurier-éperonnier	1	Ouvrier bourrelier	1
			Trompettes	2
	Total des sous-officiers et ouvriers	8	Total des sous-officiers et soldats	62

Les régiments d'artillerie à pied étaient composés chacun

de vingt et une compagnies, ceux d'artillerie à cheval de six, le bataillon de pionniers de huit. Dans l'artillerie à cheval, la moitié seulement des sous-officiers et soldats étaient montés en temps de paix.

L'ordonnance arrêtait le nombre et les fonctions des employés à la suite du corps, comme il est marqué dans le tableau ci-dessous.

Pour les écoles régimentaires d'artillerie.	8	professeurs de mathématiques;
	8	répétiteurs de mathématiques;
	8	professeurs de dessin;
	8	conducteurs d'artillerie;
	8	artificiers;
Pour l'école des élèves d'artillerie.		L'organisation de l'école des élèves d'artillerie restera telle qu'elle est aujourd'hui, si elle reste commune à l'artillerie et au génie; dans le cas contraire, il sera fait une organisation pour l'école spéciale d'artillerie;
Pour les arsenaux de construction.	8	gardes d'artillerie de 1re classe;
	8	gardes d'artillerie de 3e classe;
	8	conducteurs d'artillerie;
	8	chefs ouvriers d'état;
	8	sous-chefs ouvriers d'état;
	80	ouvriers d'état;
Pour les fonderies.	3	contrôleurs de fontes;
	3	gardes d'artillerie de 3e classe;
Pour les manufactures d'armes.	9	contrôleurs de 1re classe;
	24	contrôleurs de 2e classe;
	56	reviseurs;
	4	gardes d'artillerie de 3e classe;
Pour les directions territoriales.	30	gardes d'artillerie de 2e classe;
	151	gardes d'artillerie de 3e classe.
Total. . . .	424	employés.

Avec ses régiments de 1,414 hommes, dont 94 officiers, pour l'artillerie à pied, et de 411 hommes, dont 31 officiers, pour l'artillerie à cheval, ce corps comprit dans sa totalité, en y comprenant les 424 employés, 15,993 hommes [1].

L'ordonnance constitutive du génie en fixait ainsi (art. 1er) les attributions en temps de paix : inspection générale des frontières et des troupes de l'armée ; direction des travaux d'entretien et d'augmentation des places fortes, des batteries et du casernement ; surveillance des canaux qui intéressent la défense des frontières. Les établissements de ce corps étaient énumérés au même article : comité central des fortifications, dépôt des plans et archives des fortifications du royaume et des colonies ; galeries des reliefs des places fortes du royaume, brigade topographique, vingt-six directions sur le continent et trois dans les îles, y compris la Corse, direction de l'arsenal du génie, trente sous-directions, écoles régimentaires.

L'état-major général comprenait :

1	premier inspecteur général	faisant partie de l'état-major général de l'armée ;
4	généraux de division	
6	généraux de brigade	
20	colonels directeurs ;	
20	colonels sous-directeurs ;	
20	majors sous-directeurs ;	
40	chefs de bataillon ingénieurs en chef dans les places de 1re classe ;	
20	chefs de bataillon ingénieurs en chef dans les places de 2e classe ;	
120	capitaines de 1re classe ;	
100	capitaines de 2e classe ;	
40	lieutenants ;	
20	élèves sous-lieutenants ;	

Nous donnons, dans les tableaux ci-dessous, également empruntés à l'ordonnance, la composition 1° des régiments

1. Une lecture inattentive du tableau de récapitulation contenu à l'ordonnance a fait donner comme chiffre total par le capitaine Mauduit le nombre de 14,350 hommes, qui est celui des sous-officiers et soldats.

du génie; 2° de la compagnie d'ouvriers; 3° de la compagnie du train.

RÉGIMENT DU GÉNIE

ÉTAT-MAJOR	OFFICIERS	TROUPE
Colonel	1	»
Major	1	»
Chefs de bataillon	3	»
Adjudants-majors	2	»
Quartier-maître	1	»
Porte-drapeau	1	»
Chirurgien-major	1	»
Aide-major	1	»
Sous-aide-major	1	»
Adjudants sous-offic.	»	2
Tambour-major	»	1
Caporal-tambour	»	1
Musiciens, dont un chef	»	8
Maître tailleur-guêtr.	»	1
Maître cordonnier	»	1
Maître armurier	»	1
	12	15

COMPAGNIES DE MINEURS OU DE SAPEURS	OFFICIERS	TROUPE
Capitaine en 1er	1	»
Capitaine en 2e	1	»
Lieutenant en 1er	1	»
Lieutenant en 2e	1	»
Sergent-major	»	1
Sergents	»	4
Fourrier	»	1
Caporaux	»	4
Artificiers ou maîtres ouvriers	»	4
Mineurs ou sapeurs de 1re classe	»	30
Mineurs ou sapeurs de 2e classe	»	50
Tambours	»	2
	4	96

COMPAGNIE D'OUVRIERS	OFFICIERS	TROUPE
Capitaine en 1er	1	»
Capitaine en 2e	1	»
Lieutenant en 1er	1	»
Lieutenant en 2e	1	»
Sergent-major	»	1
Sergents	»	4
Fourrier	»	1
Caporaux	»	6
Maîtres ouvriers	»	6
Ouvriers de 1re classe	»	20
Ouvriers de 2e classe	»	28
Apprentis	»	54
Tambours	»	2
	4	122

COMPAGNIE DU TRAIN DU GÉNIE	HOMMES.		CHEVAUX	
	Officiers	Troupe	d'officiers	de troupe
Lieutenant commandant la compagnie . .	1	»	1	»
Sous-lieutenants	2	»	2	»
Maréchal des logis chef	»	1	»	»
Maréchaux des logis	»	4	»	»
Brigadier-fourrier	»	1	»	»
Brigadiers	»	8	»	»
Soldats	»	74	»	25
Maréchaux ferrants	»	2	»	»
Sellier-bourrelier	»	1	»	»
Bottier	»	1	»	»
Tailleur	»	1	»	»
Trompettes	»	2	»	»
	3	95	3	25

Auprès de chaque régiment se trouvait établie (titre II, art. 8) une école régimentaire, à laquelle étaient attachés trois professeurs de mathématiques, de dessin, de lecture et d'écriture. Enfin les trois classes de gardes du génie étaient fortes respectivement de 120, 180 et 200 gardes (art. 9).

La force totale de l'arme du génie, y compris les neuf professeurs des écoles régimentaires, était donc de 4,824 hommes.

Pour avoir une idée exacte des forces militaires maintenues en France sur le pied de paix par le gouvernement de Louis XVIII, il faut ajouter à ces corps qui formaient le gros de l'armée, indépendamment de la gendarmerie royale, réorganisée par ordonnance du 11 juillet 1814 [1], en huit inspections, vingt-quatre légions (au lieu de trente-quatre [2]) et quatre-vingt-quinze compagnies, plusieurs

1. *Journal militaire*, 1814, 2e partie, p. 228.

2. La suppression porta sur les légions des pays annexés à l'Empire et que les

autres troupes, parmi lesquelles le corps d'élite de l'ancienne garde impériale. Si Louis XVIII ne crut pas devoir confier le soin de sa personne aux mêmes hommes qui avaient veillé sur les jours de l'Empereur, il jugea nécessaire de maintenir ces corps dans une situation privilégiée et avec une solde supérieure, bien que réduite.

C'est encore une ordonnance du 12 mai 1814 qui fixa le sort de la garde impériale [1]. L'article 1er formait de l'infanterie deux corps de trois bataillons chacun, sous le nom de corps royal des grenadiers et de corps royal des chasseurs à pied de France. L'article 2 répartissait la cavalerie en quatre régiments, dont chacun avait aussi le titre de corps royal, cuirassiers, dragons, chasseurs à cheval, chevau-légers lanciers. L'article 4 leur assurait, avec une haute solde, la jouissance des prérogatives individuelles et du rang dont ils étaient déjà en possession. Bien que l'article 3 eût spécifié que la composition de ces régiments serait semblable à celle des régiments de la même arme dans les troupes de ligne, on laissa aux régiments d'infanterie un quatrième bataillon, et une ordonnance du 21 juin [2] attribuait à chaque régiment de cavalerie quatre escadrons de deux compagnies.

Nous empruntons encore à l'ordonnance deux tableaux qui donnent la composition de l'état-major et des compagnies de ces régiments et la correspondance des grades avec ceux de la ligne.

traités venaient de détacher de la France. Sur l'état et l'organisation de la gendarmerie royale, il y a aux archives de la guerre un intéressant rapport du duc de Rovigo à l'Empereur, en date du 12 avril 1815, d'où il résulte que la force totale de la gendarmerie avait été réduite de 19,866 hommes à 13,309.

1. *Journal militaire*, 1814, p. 27.

2. *Ibid.*, p. 110.

ÉTAT-MAJOR			PETIT ÉTAT-MAJOR		
OFFICIERS		GRADES correspondant dans la ligne	TROUPE		GRADES correspondant dans la ligne
Colonel	1	Lieutenant général.	Adjudants sous-officiers	2	Lieutenant en 2e.
Major	1	Maréchal de camp.	Maréchal-vétérinaire	1	Maréchal des logis.
Chefs d'escadron	2	Majors.	Maréchal-vétérinaire en 2e	1	
Adjudant-major-capitaine	1	Chef d'escadron	Brigad. trompette.	1	
Quartiers-maîtres.	2	Idem.	Maîtres: Tailleur	1	Idem.
Porte-étendard, lieutenant en 2e.	1	Lieutenant.	Maîtres: Sellier	1	Idem.
Chirurgien major.	1		Maîtres: Bottier	1	Idem.
Aide-chirurgien	1		Maîtres: Culottier	1	Idem.
			Maîtres: Armur.-éper.	1	Idem.
Total.	10		Total.	10	

	DÉSIGNATION DES GRADES	OFFICIERS	TROUPE	GRADES CORRESPONDANT dans la ligne
COMPAGNIE	Capitaine commandant	1	»	Chef d'escadron.
	Lieutenant en 1er	1	»	Capitaine.
	Lieutenants en 2e	2	»	Lieutenant.
	Maréchal des logis chef	»	1	Adjudant sous-officier.
	Maréchaux des logis	»	4	Maréchal des logis chef.
	Fourrier	»	1	Idem.
	Brigadiers	»	8	Maréchal des logis.
	Cuirassiers, dragons, chasseurs ou chevau-légers lanciers.	»	56	Brigadier.
	Maréchaux ferrants	»	2	Idem.
	Trompettes	»	2	Brigadier trompette.
	Totaux.	4	74	

Chacun des deux corps d'infanterie de la garde était de 2,400 hommes, les régiments de cuirassiers et de dragons étaient de 644 hommes, ceux de chasseurs et de chevau-légers de 643. La garde formait donc un ensemble de

7,374 hommes. Les marins et les sapeurs de la garde avaient été dissous comme l'artillerie.

Le gouvernement royal se préoccupa également de l'organisation des vétérans. Une ordonnance en date du 18 mai [1] régla la question. Ils durent former 100 compagnies, 10 de sous-officiers, 80 de fusiliers et 10 de canonniers, chacune de 120 hommes, dont 2 capitaines, 2 lieutenants, 1 sergent-major, 3 sergents, 1 caporal-fourrier, 6 caporaux et 2 tambours.

Les vétérans de la garde furent organisés par une ordonnance spéciale du 21 octobre [2], sous le nom de corps royal des vétérans de France. La composition dut en être la même que celle des autres corps de vétérans. Cette compagnie demeura sous le commandement du chef de bataillon Charpentier, qui était alors à sa tête.

De même qu'on avait attribué à la Corse une légion entière de la gendarmerie (la 24e), l'on jugea nécessaire pour maintenir dans ce pays « l'ordre, la tranquillité et la sûreté des personnes » — tant le voisinage de l'île d'Elbe semblait inquiétant ! — d'y constituer « une force armée constituée des naturels du pays. » C'est ainsi que fut prise l'ordonnance du 10 octobre [3], créant, sous le nom de chasseurs corses, deux bataillons d'infanterie légère, le 1er à Bastia, le 2e à Ajaccio. Chaque bataillon se composait de 9 compagnies, dont une de carabiniers et 8 de chasseurs. La force des bataillons était de 549 hommes, dont 31 officiers.

Une ordonnance du 28 septembre [4] organisa 2 batail-

1. *Journal militaire*, 1814, 2e partie, p. 60.
2. *Ibid.*, p. 392.
3. *Ibid.*, p. 380. La troupe seule et les sous-officiers durent être pris, aux termes de l'ordonnance, parmi les naturels du pays.
4. *Ibid.*, p. 283.

lons coloniaux, l'un à Belle-Isle, l'autre à Oléron ; le premier, formé des anciens 1er et 4e bataillons coloniaux et du 1er bataillon de pionniers coloniaux, le second des 2e et 3e bataillons coloniaux et du 2e pionniers. Les bataillons devaient comprendre 4 compagnies de fusiliers, mais l'ordonnance ne donnait que le cadre des officiers, laissant indéterminé le nombre des hommes, qui serait fixé selon les besoins du service. Ces cadres comprenaient pour l'état-major 4 officiers et 5 hommes de troupe (1 adjudant sous-officier, 1 caporal-tambour, 3 maîtres ouvriers), et pour chaque compagnie 3 officiers et 16 sous-officiers.

A cette armée nationale étaient adjointes des forces étrangères : 3 régiments étrangers créés par ordonnance du 16 décembre [1] et composés comme les régiments d'infanterie de ligne, et 1 régiment colonial étranger, aussi créé par ordonnance du 16 décembre [2], qui devait se recruter parmi les Espagnols et les Portugais et avoir la même force que les régiments français, avec en plus un aumônier à l'état-major.

Enfin, au-dessus de toutes ces troupes, étaient groupées autour du roi d'autres forces qui constituaient sa maison militaire et celle de son frère. Une ordonnance du 25 mai [3], trois du 15 juin [4], deux du 15 juillet [5], rétablirent respectivement les gardes du corps répartis en 6 compagnies, une écossaise et cinq françaises, de 477 hommes chacune, avec un état-major de 28 membres, six escouades d'artillerie formant une compagnie, et un état-major général de 8 personnes, sans cesse au service du roi ; 1 compagnie

1. *Journal militaire*, 1814, 2e partie, p. 406.
2. *Ibid.*, p. 405.
3. *Ibid.*, p. 218.
4. *Ibid.*, p. 97, 101 et 106.
5. *Ibid.*, p. 244, 235 et 240.

de 2 escadrons ou 4 brigades des chevau-légers de la garde, comprenant 237 hommes avec un état-major de 19; deux compagnies de mousquetaires dont la composition ne différait de celle des chevau-légers que parce qu'elles ne comportaient à l'état-major qu'un porte-étendard; — une compagnie de gendarmes, composée comme les chevau-légers; — les grenadiers à cheval formant une compagnie de 204 hommes, état-major compris; — les Cent-Suisses, qui comptaient, état-major, officiers et troupes, 134 hommes; — enfin les gardes du corps de Monsieur, en deux compagnies de 184 hommes, dont 10 officiers, avec un état-major commun, composé de 8 officiers.

Pour être admis dans ces corps privilégiés, il fallait remplir des conditions spéciales de fortune (par ex., garde du corps, 600 fr. de pension; chevau-légers, mousquetaires ou gendarmes, 1,500 fr.), et de taille (5 pieds 6 pouces pour les gardes du corps et les grenadiers; 5 pieds 4 pouces pour les autres corps); mais, même pour les gardes du corps, aucuns services militaires antérieurs n'étaient exigés.

Sans y comprendre ces quelque 5,000 hommes groupés autour du roi et de Monsieur, ni les régiments coloniaux constitués en cadres, ni les 13,309 hommes de la gendarmerie, l'armée se trouvait donc forte de 230,810 hommes.

Telle était l'armée en théorie et sur le papier; en réalité, il en était autrement. D'une part, les cadres devaient se grossir, — la loi elle-même le prévoyait, — par la rentrée en masse des prisonniers de guerre. Et s'il faut en croire l'*Exposé de la situation du royaume fait par les ministres à la Chambre des députés*, paru dans le *Moniteur* du

13 juillet 1814 [1], il y avait, dès cette époque, plus de 160,000 rapatriés.

Mais, d'autre part, l'on a vu que les ordonnances déclaraient qu'un quart au moins des troupes seraient envoyées en congé. L'on avait eu soin de renvoyer dans leurs foyers tous les conscrits de la dernière levée et l'on avait mis à la demi-solde un nombre considérable d'officiers. Les ordonnances mêmes n'avaient pas été intégralement exécutées. En ce qui concerne les vétérans, par exemple, il résulte d'un rapport présenté par Davout à l'Empereur le 24 mars 1815 [2] que, par des raisons d'économie, on n'organisa que 71 compagnies au lieu de 100, savoir la compagnie de la garde, 10 de sous-officiers, 45 de fusiliers et 15 de canonniers (ce chiffre, au lieu de 10 adopté primitivement, avait été fixé par ordonnance du 20 février 1815). Encore, un état de situation de ces compagnies au 20 mars [3] nous montre combien l'on s'était peu soucié des prescriptions de l'ordonnance pour leur formation. Deux compagnies de fusiliers n'avaient pas même pu être constituées. 42 n'atteignaient pas le chiffre réglementaire, allant de 52 hommes (garde impériale) à 119 (3e fusiliers, 4e et 8e canonniers); 28 le dépassaient, allant de 122 (4e fusiliers) à 198 hommes (3e canonniers). Une seule, la 15e canonniers, était bien de 120 hommes. Elles offraient ainsi un total de 8,170 hommes au lieu de 8,520 qu'elles auraient dû présenter et des 12,000 prévus par l'ordonnance.

Les considérations pécuniaires qui avaient fait décider le renvoi dans leurs foyers de 12,000 officiers non compris

1. Extrait du *Moniteur* (Paris, impr. de Herhan, s. d. In-4 de 8 p.), p. 7.
2. Pièces justificatives, n° 4.
3. Pièces justificatives, n° 5.

dans la nouvelle organisation poussèrent l'administration à donner des congés illimités à tous sous-officiers et soldats qui seraient au-dessus du complet de paix, et des congés limités d'un an aux officiers, sous-officiers et soldats qui excéderaient les trois quarts du complet. Un intéressant rapport de Davout, conservé aux Archives de la guerre et que l'on trouvera aux pièces justificatives [1], nous fait connaître le nombre des congés accordés de ce chef : 8,000 illimités, 18,000 limités, en sorte que dès le mois d'août il manquait 26,000 hommes au complet de paix.

Un mal plus grave, et qui l'était d'autant plus qu'il avait été fomenté en sous-main par les autorités civiles, était la désertion. En deux mois, depuis le 1er avril 1814, il n'y eut pas moins de cent quatre-vingt mille déserteurs, et si l'on essaya d'enrayer les progrès de ce mal, sans y réussir complètement, l'on crut habile de considérer les déserteurs comme se trouvant en congé régulier. Ce sont eux que frappa l'ordonnance du 3 novembre, qui rappela soixante mille hommes sous les drapeaux; et en même temps l'on soumit à des revues de rigueur tous ceux qui restaient dans leurs foyers. La rentrée des prisonniers de guerre eut d'ailleurs un double effet. En même temps qu'elle augmentait l'effectif des corps, elle grossissait aussi le nombre des déserteurs. Beaucoup de prisonniers, au lieu de rejoindre leurs corps, se crurent autorisés à retourner dans leurs foyers. Si l'on consulte aux Archives de la guerre les situations par *ordres numériques de l'armée*, on constate en effet une progression singulière, que nous relevons seulement depuis novembre, c'est-à-dire depuis le moment où fut fait l'appel de 60,000 hommes.

1. N° 6.

Au 1er novembre, l'armée, gendarmerie, vétérans et corps hors ligne compris, comptait 16,066 officiers et 213,028 hommes ; en plus desquels il y avait 76,742 hommes rentrés dans leurs foyers sans permission.

Au 1er décembre et au 1er janvier les proportions sont les suivantes :

Officiers	Troupes	Dans leurs foyers
15,980	231,805	99,980
16,104	242,083	100,503 [1]

Dans ce chiffre de 16,104 officiers et 242,083 sous-officiers et soldats au 1er janvier sont compris les hommes en congé limité ou illimité. En les défalquant, on arrive au chiffre de 13,382 officiers et 203,595 hommes, qui dépasse de 1,147 officiers et de 24,223 hommes le complet de paix déterminé par les ordonnances.

La situation de l'armée au 15 janvier porte les effectifs à 16,087 officiers et 250,856 hommes, ou déduction faite des hommes en congé régulier, 13,390 officiers et 213,944 sous-officiers et soldats [2]. M. Houssaye [3] évalue à 200,000 hommes environ le chiffre de l'armée au retour de l'Empereur. Le total qu'il donne de 195,883 officiers et soldats pour les troupes, non compris les vétérans, la gendarmerie et les corps coloniaux, d'après l'état du 15 janvier, provient

1. Naturellement, dans ces derniers chiffres sont compris les déserteurs réels, ceux qui ont quitté leurs corps. On remarquera la forte proportion d'officiers déserteurs, 86 de novembre à décembre, d'octobre à novembre la proportion est encore plus effrayante, 589. — L'ordre numérique du 1er janvier est le dernier qui existe pour cette époque. Nous lui empruntons un tableau des effectifs des corps à cette date (Pièces justificatives, n° 7).

2. Ces chiffres sont ceux que fournit l'état des divisions militaires au 15 janvier (Archives guerre).

3. *1815*, t. II, p. 1 et note.

d'une double erreur: premièrement, la non-prise en considération des hommes en recrutement et détachés et des hommes aux hôpitaux; secondement, une erreur d'addition pour les présents sous les armes, les seuls dont il tienne compte : 12,113 officiers et 183,870 sous-officiers et soldats, ce qui donne un total non pas de 195,883, mais de 196,083 [1]. En réalité, l'armée comprenait au 15 janvier, toujours après déduction de la gendarmerie et des vétérans, 205,776 hommes, et en y ajoutant les hommes en congé, l'effectif se trouvait porté à 245,248 hommes. Comme la rentrée des 60,000 rappelés (qui d'ailleurs ne donna guère plus de 35,000 hommes) continua de s'opérer en février, il faudrait augmenter ces chiffres pour avoir l'état exact en mars.

D'autre part, l'ordonnance du 9 mars 1815 [2] rendit à l'activité les 12,000 officiers renvoyés précédemment dans leurs foyers.

Que valait l'organisation donnée ainsi à l'armée ? Fondée sur des considérations politiques et pécuniaires, elle put attirer sur plus d'un point la critique de ceux que préoccupait la question militaire. Le régime de paix qui avait succédé à vingt années de guerre permit à l'armée de se recueillir et offrit à ses chefs l'occasion de méditer sur les enseignements du passé pour en tirer les perfectionnements de l'avenir. C'est ainsi que le lieutenant général Préval fit imprimer en février 1815 [3] une critique fort étudiée de l'ordonnance sur la cavalerie de mai 1814, critique que les événements qui se précipitèrent empêchèrent de

1. On trouvera annexé à notre pièce 7 le résumé de la situation au 15 janvier.

2. *Journal militaire*, 1815, 1re partie, p. 26.

3. *Mémoire sur l'organisation de la cavalerie*. Paris, Imp. royale, février 1815, in-4, 31 pages. Le mémoire est daté du 23 février.

publier à cette époque et qui ne le fut qu'en 1816 [1], mais dont il ne saurait être hors de propos de parler ici, à l'occasion des mesures qui la provoquèrent. La compétence de Préval en ces matières ne saurait être contestée; tous les gouvernements rendirent hommage à ses capacités en l'appelant à siéger soit au conseil de la guerre, soit dans les bureaux mêmes du ministère. Dans ce mémoire, il se plaignait que la cavalerie, telle que l'organisait l'ordonnance, fût insuffisante même pour le pied de paix. L'escadron constitutionnel de deux compagnies lui paraissait offrir de graves inconvénients; il ne voyait pas qu'il y eût intérêt à séparer pour la police, le service et l'administration ce qui devait être réuni pour la marche, les manœuvres et le combat; trop éloigné du principe de l'escadron de bataille, il était trop coûteux pour qu'il fût possible d'en avoir régulièrement cinq ou six, nombre indispensable pendant la guerre. L'escadron d'une seule compagnie [2], ou escadron-compagnie, que la France avait connu avant 1788, avait au contraire à ses yeux le double avantage de rétablir l'unité et de permettre, en augmentant le nombre des escadrons, d'avoir plus d'unités de combat. Rien ne serait plus facile que de tirer des quatre escadrons à deux compagnies de l'ordonnance six escadrons-compagnies. Assurément cette organisation nouvelle entraînerait la création de 2 sous-lieutenants, 3 maréchaux des logis et 3 brigadiers de plus par escadron. Mais cette minime augmentation ne serait-elle pas contre-balancée par

1. *Mémoires sur l'organisation de la cavalerie et sur l'administration des corps*, par M. le lieutenant général Préval, imprimés en février 1815, par ordre de Son Excellence le ministre de la guerre. Paris, Magimel, Anselin et Pochard, 1816. In-8, 136 p.

2. Préval avait déjà soutenu les mêmes doctrines en 1811 dans d'autres mémoires qui ne paraissent pas avoir été imprimés.

l'avantage de doter la cavalerie de 114 escadrons de plus? C'était, en somme, revenir à la constitution donnée par M. de Saint-Germain en 1776 à la cavalerie, et abandonnée en 1788; mais, au lieu que dans le système de M. de Saint-Germain, le 6e escadron n'était qu'auxiliaire et de dépôt et ne remplissait ses cadres qu'en temps de guerre, Préval voulait qu'il fût complet, même en temps de paix. Les idées de Préval trouvèrent un écho presque unanime dans l'armée. Son mémoire soumis, avec l'approbation de Soult, à l'appréciation des officiers généraux de cavalerie, alors présents à Paris, recueillit l'appui de quatorze officiers sur seize : les lieutenants généraux Tilly, Grouchy, Fregeville, Clément de la Roncière, Saint-Germain, Defrance, Bordesoulle, d'Hurbal, Digeon, Margaron, Briche, Laferrière, Dejean et le maréchal de camp Clerc. Le retour de l'Empereur ne permit pas d'appliquer ces idées, mais lorsque la royauté sera de nouveau rétablie, l'un des premiers soins de Gouvion Saint-Cyr, comme ministre de la guerre, sera de prescrire l'exécution de ces mesures.

Si la cavalerie était défectueuse dans l'organisation de ses escadrons, elle offrait aussi le flanc à la critique dans l'opération de la remonte. Or, si une cavalerie vaut par son instruction, ses qualités manœuvrières, son entrain, son élan, il faut bien reconnaître que la qualité de ses chevaux fait aussi une partie de sa valeur : l'élan du cavalier, l'énergie du cheval, ne font qu'un, et l'on ne saurait séparer ces deux éléments dans l'appréciation d'une cavalerie.

Nous aurions voulu pouvoir étudier avec le lecteur, d'une manière un peu approfondie, la remonte en 1814 et au début de 1815, rechercher la valeur des chevaux de différentes armes, leurs qualités, leur degré de sang, l'importance de la production chevaline, questions pour lesquelles les documents ne font que trop défaut. Nous savons seulement que le mode d'achat des chevaux n'était pas soumis à une réglementation fixe et définitive, mais variait, au contraire, au gré des circonstances.

Sans doute, la réduction des effectifs délivrait la cavalerie momentanément de toute inquiétude pour l'achat de ses chevaux; mais il eût été d'une sagesse prévoyante de se préoccuper des moyens de donner à la remonte l'organisation définitive qui lui était indispensable et que les difficultés des guerres perpétuelles n'avaient pas permis jusqu'alors d'élaborer.

Ce sont les corps qui paient eux-mêmes leurs chevaux, au moyen d'une masse de remonte alimentée par des primes annuelles variant de 40 à 60 fr., suivant les armes. Les chevaux achetés soit par des marchés, soit par la régie, coûtent de 350 à 500 fr., suivant les armes [1].

Depuis quelques années, les inspecteurs généraux formulaient des plaintes sur la remonte; ils indiquaient l'utilité qu'il y aurait de créer des dépôts. Leurs propositions portaient sur cinq endroits :

Cologne, pour les chevaux venant du nord;

Strasbourg, pour ceux du Midi et de l'Allemagne;

Alençon, pour ceux de la Normandie et de la Bretagne;

Moulins, pour ceux du Limousin, de l'Auvergne et de la Franche-Comté;

Pau, enfin, pour ceux de la Navarre.

1. *L'Exposé de la situation du royaume*, déjà cité, dit que les remontes coûtaient au gouvernement de 400 à 450 fr. par cheval. Ce document nous rappelle qu'on établit en 1806 six haras et trente dépôts d'étalons, qui renfermaient, à la fin de 1813, 1,364 étalons, mais que la réquisition faite dans cette même année, sans ménagement et sans choix, de 80,000 chevaux porta un coup à ces établissements. L'on évalue la perte en chevaux depuis le 1er janvier 1812 à 230,000 fr.

Ils signalaient l'avantage qu'on trouverait à soumettre les chevaux à un second examen éliminatoire, mesure nécessaire pour mettre un terme aux spéculations. Ils se plaignaient du renchérissement des chevaux, causé par la concurrence que se faisaient les corps en dirigeant leurs achats vers les mêmes pays, par l'épuisement des races qui provenait de cette concurrence et de la manie d'acheter des chevaux trop jeunes, usés avant d'avoir pu donner leur mesure de travail. La jalousie des corps entre eux, la prétention des dragons d'avoir des chevaux de grosse cavalerie, ou des hussards d'avoir des chevaux de dragons, contribuaient encore à cette surenchère. Une des propositions les plus notables faites pour porter remède à cet état de choses émane des bureaux de la guerre et mérite d'autant plus d'être relevée qu'elle est l'embryon d'une organisation rationnelle : il s'agissait de réunir les dépôts des corps en un certain nombre d'arrondissements sous la surveillance et la direction d'un officier général, et d'obliger les corps d'un arrondissement à faire leur remonte par les marchands du pays ou, à leur défaut, par ceux des contrées qui leur seraient assignées.

Il semblait que le régime de paix de 1814 aurait dû permettre de faire une tentative en ce sens. Il n'en fut rien, et ce n'est qu'en 1826 que l'organisation des dépôts permanents fera faire à la remonte un pas décisif.

L'administration des corps, dont le comte de Saint-Germain disait que rien ne pouvait la remplacer, prêtait aussi le flanc à la critique. Les inspecteurs généraux formulaient des griefs, parmi lesquels nous en relèverons quelques-uns : ici, l'on force le soldat à demeurer en tenue d'écurie et à ne revêtir son habillement qu'au moment de la revue; on obtient ainsi pour la parade une belle tenue qui entraîne les compliments d'observateurs trop superficiels pour aller au fond des choses ; là, on inscrit sans scrupule sur le livre des recrues, comme fournis par le régiment, des effets que les hommes apportent de chez eux, on va jusqu'à les fouiller pour appliquer l'argent qu'ils possèdent à l'achat des objets dont on doit les pourvoir. Dans les dépôts, on répare de vieilles selles et autres objets hors d'usage, on les compte comme neufs et on les envoie comme tels aux escadrons.

Le gouvernement, qui se trouve lésé par des manœuvres de ce genre plus que le soldat, auquel elles profitent parfois, se discrédite à son tour en ne payant pas comptant : les allocations de la masse d'habillement, déjà fort insuffisantes, ne sont même pas régulièrement payées.

Les revues ne se font pas [1]. La même irrégularité se rencontre dans la comptabilité des corps, qui a parfois un arriéré considérable et irréparable ; ce malheureux état de choses tient en grande partie au choix défectueux des majors, trop souvent jeunes, sans expérience, sans pratique, sans habitudes d'ordre et de méthode. Les conseils d'administration des corps semblent mal comprendre leur rôle et se soucier peu de la responsabilité qui leur incombe. La quasi-inamovibilité des officiers des dépôts, auxquels revient la direction des affaires, major, quartier-maître, capitaine d'habillement, n'est pas une des moin-

1. Sur les attaques dirigées contre les inspecteurs aux revues et contre l'inutilité de leurs fonctions, voir les *Notes sur l'administration militaire*, par un anonyme qui signe A. (Paris, impr. de Valade, s. d. (1814), in-8, 26 p.) ; la *Lettre écrite à Son Exc. le ministre de la guerre le 24 février 1815, par M.***, inspecteur aux revues* (S. l. (Paris), impr. P.-N. Rougeron, 1815, in-8, 8 p.), et l'*Examen d'un mémoire sur les bases de l'administration militaire*, par J.-B. Flandin, commissaire des guerres (Paris, Magimel, 1815, in-4, 92 p.).

dres causes du mal. Réduits à ne s'occuper presque que d'affaires commerciales, ils se dédommagent de la gloire que des actions d'éclat à l'armée peuvent attirer à leurs camarades en s'efforçant de soigner leurs intérêts propres au détriment des intérêts généraux.

Le nouveau gouvernement ne se désintéresse peut-être pas absolument de la question, mais absorbé par d'autres soucis, il ne fait pas grand'chose pour la résoudre. Sans doute, le 20 janvier 1815, il paraît une ordonnance royale sur les conseils d'administration des corps de troupes [1], complétée le 24 février par une ordonnance spéciale relative aux conseils d'administration des escadrons du train et des compagnies d'ouvriers des équipages [2]. Mais ces ordonnances se contentent d'organiser le personnel et ne contiennent rien de décisif ni de définitif sur ses attributions. Et le ministre, qui avait demandé à Préval un mémoire sur la cavalerie, lui en réclame un autre sur ces questions administratives qu'il a étudiées depuis longtemps. Imprimé aussi en février 1815, publié en 1816 [3] avec le mémoire sur la cavalerie, le mémoire de Préval sur l'administration des corps énumère d'abord les efforts tentés sur ce terrain : création des inspecteurs aux revues ; — création du major qui servira de contrepoids à l'omnipotence du colonel ; — institution passagère et sans succès possible d'un trésorier relevant tout ensemble du trésor et des inspecteurs aux revues. Pour lui, le peu de succès des efforts tentés jusqu'alors provient de ce qu'on a cherché le remède en dehors des corps, dans une action extérieure de surveillance, au lieu de le demander à une sage

1. *Journal militaire*, 1815, 1re partie, p. 8.
2. *Ibid.*, p. 24.
3. Il a été donné une autre édition en 1841.

combinaison du pouvoir en matière administrative et du pouvoir purement militaire.

Sans analyser dans le détail le mémoire de Préval, nous noterons qu'il défend les inspecteurs aux revues contre les attaques formulées contre leur existence même[1]. Il établit que l'argument tiré de la similitude de leur rôle avec celui des inspecteurs généraux repose sur un malentendu ; qu'il y a entre les rôles respectifs de ces deux fonctionnaires toute la différence qui existe entre l'administration et la comptabilité : l'administration, qui est « l'emploi de toutes les ressources pécuniaires et matérielles calculé sur les besoins et les droits des individus ; » la comptabilité, dont l'objet se borne à « l'observation des formes soit pour obtenir des fonds, soit pour les justifier. » La première appartient aux inspecteurs généraux, la deuxième aux inspecteurs aux revues, et le rôle de ceux-ci se limite à « vérifier les recettes et la légitimité des dépenses. » Il voudrait que les pouvoirs des inspecteurs généraux fussent étendus de façon à rendre définitives et irrévocables leurs décisions en matière administrative ; au lieu que le système qui consiste à revenir sans cesse sur ce qu'ils ont décidé ne peut que les pousser à exécuter sans soin et superficiellement le travail qui leur est confié. Il se plaint qu'il y ait « le plus souvent un tel éloignement entre ce qui est praticable et les ordres du ministre, qu'on ait été forcé, dans les corps, d'avoir une administration fictive à présenter au dehors, tandis qu'au dedans on en tient une nécessairement différente. »

1. Cf. la note 1, page 100. On s'est surtout efforcé de vouloir faire concentrer entre les mains des commissaires des guerres les fonctions des inspecteurs aux revues.

Dans l'examen du rouage des inspections des revues, il nous montre les pièces mettant trois ans à revenir à leur point de départ : et quelles pièces? celles par exemple qui redressent des erreurs dans les feuilles d'appel; le personnel qui nécessite ce travail revient plus cher à l'État que les sommes dont elles le font bénéficier.

Préval formule les réformes qu'il propose en vingt et une propositions dont nous ne relevons que les plus intéressantes. Nous avons dit déjà qu'il voudrait voir donner plus d'autorité aux inspecteurs généraux, il voudrait également qu'ils fussent chargés trois ans au moins du même corps. Au lieu des majors actuels, qui lui paraissent des officiers d'avenir et dont il demande que l'on fasse des lieutenants-colonels, il voudrait la création de majors susceptibles, après quatre ans d'emploi, d'être nommés inspecteurs aux revues. Il réclame l'adjonction aux membres du conseil d'autres officiers pour la passation des montres. Notons encore la demande relative à l'établissement de deux caisses, l'une pour les besoins ordinaires du trimestre, l'autre de réserve pour les fonds en excédent; le quartier-maître étant seul responsable de la première, les membres du conseil l'étant collectivement de la seconde; et pour mettre un terme aux malversations, il veut que cette responsabilité ait pour sanction la privation d'avancement et au besoin la destitution et la mise en jugement. Les quartiers-maîtres prendraient le titre de trésorier, obtiendraient rapidement le grade de capitaine, avec la perspective du titre de major, puis de sous-inspecteur aux revues; ils seraient autorisés à avoir un premier secrétaire avec traitement de 600 fr. et les grades successifs de caporal, sergent, sergent-major. Les capitaines d'habillement devraient être changés tous les deux ans [1]. Les masses administrées par les corps seraient réunies en fonds communs soumis à une seule comptabilité. Les sous-inspecteurs aux revues soumettraient les deux caisses des corps à des vérifications périodiques, mais inopinées.

Il est piquant de remarquer combien sont demeurées actuelles certaines questions soulevées par Préval. L'on a vu récemment les terribles griefs articulés par un rapporteur du budget de la guerre, M. Pelletan (1900), déterminer le ministre de la guerre, M. de Galiffet, à mettre à l'étude le projet d'un corps d'officiers comptables. Sans rechercher où en est ce projet, l'on ne peut s'empêcher de remarquer que la question s'agitait en 1815, lorsqu'on songeait à donner aux quartiers-maîtres et aux majors un avancement spécial et à en faire une catégorie à part. De même la proposition de Préval, de donner aux trésoriers un premier secrétaire avec traitement de 600 francs et les grades de caporal à sergent-major, répond aux préoccupations formulées depuis quelques années par le député de la Vienne, M. Bazille, pour faciliter le recrutement des officiers comptables en améliorant leur situation.

Le gouvernement avait bien essayé, par des instructions et circulaires ministérielles, de porter quelque remède aux désordres de l'administration. C'est ainsi qu'une circulaire du 10 septembre 1814 enjoint aux inspecteurs aux revues de mettre plus de soin, de diligence et d'exactitude dans l'exercice de leurs fonctions [2]. Mais il ne semble pas que leur zèle en ait été beaucoup plus ac-

1. L'ordonnance du 20 janvier donnait satisfaction à cette demande formulée par Préval lorsqu'il rédigeait son mémoire, c'est-à-dire longtemps avant l'époque où il fut imprimé pour la première fois.

2. *Journal militaire*, 1814, 2e partie, p. 372.

tif. Le ministre avait demandé en décembre qu'on lui fournît dans les dix jours le relevé général de l'approvisionnement en fourrages. Le 20 janvier, il dut renouveler ses ordres, dont on n'avait tenu aucun compte [1]. La question de l'habillement est une de celles qui préoccupèrent davantage les bureaux de la guerre à cette époque; du moins ces préoccupations ont-elles laissé plus de trace. Les déserteurs avaient souvent emporté avec eux les effets qui leur avaient été remis. Le ministère dut réclamer, le 11 octobre, un état nominatif des déserteurs dans ces conditions [2].

Lorsque l'on se résolut à porter l'effectif des régiments au complet de paix, il fallut songer à fournir aux recrues les effets nécessaires, et c'est ainsi que fut ordonnée dans chaque corps la formation d'un approvisionnement de réserve pour l'habillement et la coiffure [3].

Dans les derniers temps du gouvernement impérial, les nécessités de pourvoir à l'habillement avaient fait faire un approvisionnement considérable d'objets confectionnés ou de matériaux de confection, qui se trouvaient encore dans les magasins. Le ministre jugea à propos de tout utiliser; et bien qu'il reconnût que l'extrême nécessité où l'on s'était trouvé de pourvoir rapidement à tout avait obligé d'accepter même des effets de qualité inférieure, les principes d'économie qui guidaient en ces matières le nouveau gouvernement le conduisirent à donner ordre aux corps, par sa circulaire du 3 janvier, de recevoir même ces effets de mauvaise qualité [4]. Nous aurons occasion de

1. *Journal militaire*, 1815, 1re partie, p. 72.
2. *Ibid.*, 1814, 2e partie, p. 419.
3. Instruction du 9 décembre. *Ibid.*, p. 504.
4. *Ibid.*, 1815, 1re partie, p. 50.

voir les résultats de ces mesures et la fâcheuse situation de l'armée sous ce point de vue de l'habillement et de l'approvisionnement [1].

1. Nous signalerons encore le tarif général de l'habillement arrêté par le ministre le 8 février. *Journal militaire*, 1815, 1re partie, p. 83.

CHAPITRE III

ESPRIT DE L'ARMÉE ROYALE

Après avoir expliqué ce qu'étaient l'organisation et l'administration de l'armée au moment du retour de Napoléon, après avoir montré tout ce qu'elles avaient de défectueux, il nous reste à examiner ce qu'était le personnel et quel esprit l'animait.

Le nombre d'anciens soldats entrés avant 1806 au service dans les différents corps de troupes était relativement fort restreint. Quelques relevés faits un peu au hasard sur les contrôles dans les archives de la guerre en fourniront la preuve.

Les régiments d'infanterie, nous l'avons vu, se composaient, officiers non compris, de 1,312 hommes; sur ce nombre, le 2e de ligne n'a qu'un ancien soldat entré au service en 1802; le 4e en a 78, dont un entré en 1782 et 19 en 1809; le 57e en a 133, dont un entré en 1773 et 34 en 1805; le 5e léger en a 141 entrés de 1776 (1 caporal) à 1805 (84 hommes); le 7e léger 159, sur lesquels 95 datent de 1803, 1804 ou 1805, dont un remonte à 1775; le 42e de ligne, l'un des plus riches, en compte 212 de 1771 à 1805; encore près de la moitié sont-ils postérieurs à 1802 (1803, 22; 1804, 19; 1805, 52).

Dans la cavalerie, il en est de même. Sur 602 hommes de troupe, le 7e cuirassiers n'a que 38 soldats entrés au service de 1777 à 1805 (10) ; le 11e n'en a que 14 de 1793 à 1805 (5); le cas du 2e dragons est exceptionnel : 349 hommes entrés au service de 1784 à 1805, dont, il est vrai, 43 en 1803, 114 en 1804 et 111 en 1805; encore faut-il noter que ce régiment en représente, en réalité, deux par la fusion qui a été faite du 1er et du 2e dragons en 1814. Il en est de même du 2e hussards. Si son effectif est de 141 anciens soldats (1 de 1780, 26 de 1803, 22 de 1804, 31 de 1805), c'est qu'on y a incorporé un autre régiment. Par contre, le 14e chasseurs ne compte que 39 hommes de 1791 à 1805, le 4e lanciers 24 de 1792 à 1805. Dans l'artillerie à pied nous trouvons pour un régiment de 1,320 hommes, officiers non compris, que le 8e nous offre une proportion d'un douzième environ d'anciens soldats entrés au service entre 1787 et 1805 : 119, dont les deux tiers entrés depuis 1803 (35 en 1803, 34 en 1804 et 18 en 1805). Pour l'artillerie à cheval, dont les effectifs étaient de 380 hommes de troupe par régiment, le 4e nous présente 13 anciens soldats de 1795 à 1805. Pour le génie, il nous suffira d'indiquer le relevé d'un des trois régiments, le 2e, qui, sur 1,167 hommes de troupe, comprenait 202 soldats entrés au service de 1785 (1) à 1805 (60).

D'autre part, l'appel de novembre avait fait rentrer sous les drapeaux 35,000 hommes, dont le plus grand nombre — Davout le constate dans le rapport que nous avons déjà cité [1] — n'avait pu encore acquérir l'esprit militaire. Et cet esprit militaire, les ordonnances de mai, qui avaient fondu entre eux plusieurs régiments, étaient propres à le

1. Pièces justificatives, nº 6.

faire perdre. Napoléon ne s'y trompait pas : « Je répugne, disait-il, à tout ce qui ôte un soldat au corps dont il fait partie, car chez les hommes le moral est tout, et qui n'aime pas son drapeau n'est pas vraiment soldat. C'est l'oubli de ce principe qui a produit la désertion et la désorganisation de l'armée [1]. »

Où l'on vit bien le désarroi causé par les ordonnances de mai, c'est quand l'appel fit rentrer les 35,000 hommes sous les drapeaux ; beaucoup de corps les avaient rayés des contrôles ; et bien souvent les corps auxquels ils appartenaient ayant été supprimés, l'on demeurait dans l'incertitude de ceux où on devait les incorporer.

La rentrée en France et l'incorporation dans les troupes des prisonniers de guerre y amena des éléments sinon de désordre, du moins d'hostilité au nouveau régime. Un ordre du jour de Dupont, alors ministre de la guerre, en date du 5 juillet 1814, est caractéristique à cet égard. Bien que le ministre affecte de proclamer qu' « un sentiment général de reconnaissance anime ces militaires, » il ne peut s'empêcher de remarquer que « il est toutefois possible qu'aigris par une longue détention et affranchis des liens de la discipline militaire dans des prisons de guerre où les soldats étaient séparés de leurs officiers immédiats et ceux-ci de leurs officiers supérieurs, quelques-uns de ces militaires rentrés ne se soumettent pas sur-le-champ à la subordination et se livrent à des mouvements condamnables. Il est même possible qu'ayant connu imparfaitement les grandes et heureuses circonstances où s'est trouvée la France, dont ils étaient éloignés, quelques-uns d'entre eux n'aient pas été de suite pénétrés de cet amour

1. Pièces justificatives, n° 6.

et de cet enthousiasme avec lesquels toute la nation a reçu son roi [1]. »

L'amour et l'enthousiasme pour le roi n'étaient pas ce qui animait les troupes. On a vu des preuves de leurs sentiments dans l'introduction de ce travail; M. Houssaye les a multipliées dans son *1814*. Quand le duc de Berry passe la revue des troupes, on ne voit d'autre moyen de faire sortir des poitrines des Vive le Roi! que de distribuer de l'argent aux soldats, comme le fait, par exemple, le colonel du 15e dragons (ancien 20e) Desargus, qui donne en un coup six cents francs; ses hommes, d'ailleurs, boivent bien son argent, mais ne laissent pas échapper un cri qui s'arrêterait de lui-même dans leur gorge [2]. La plupart des régiments restent dévoués à leur Empereur, et quand il paraîtra, ils n'hésiteront pas à se ranger de son côté : leur entêtement sur ce point va jusqu'à l'indiscipline; c'est par exemple le 14e de ligne, à Orléans, que Gouvion-Saint-Cyr veut désarmer et qui se barricade au quartier [3]. Il est vrai que le colonel de ce régiment, Bugeaud, le futur héros de l'Algérie, apprenant que des malveillants ont répandu le bruit que plusieurs de ses soldats avaient crié Vive l'Empereur! s'indigne de cette « calomnie qui n'a pas de nom [4]. » Il se flatte que son régiment sera toujours dans le « sentier de l'honneur et du devoir. » Mais deux jours après, il

1. *Moniteur* du 5 juillet. Je cite d'après un extrait du *Moniteur* du 5 juillet (Paris, impr. d'Herhan, s. d., in-4 de 2 p.).

2. Archives guerre, notes de Koller, sous-inspecteur aux revues de l'arrondissement d'Arras, pour le général inspecteur de cavalerie comte de Saint-Germain, 24 mars 1815.

3. Archives guerre, le maréchal de camp Barbanègre au comte Lobau, 6 avril 1815.

4. Archives guerre, Bugeaud au baron de Talleyrand, préfet du Loiret, 10 mars 1815.

est obligé de reconnaître que si son régiment se trouve en présence de Napoléon, il passera de son parti [1]. Deux jours encore plus tard, il demande lui-même au ministre [2] de faire rétrograder ses troupes. A l'appel du soir, des soldats se hasardent à crier : A bas la cocarde blanche [3] ! Et quand, le 16 mars, le ministre envoie au colonel l'ordre de sévir contre les coupables [4], la mesure est déjà trop tardive. L'arrivée du baron Gérard a décidé le régiment, alors à Avallon, à passer tout entier à l'Empereur, entraînant son colonel, fort contrarié d'ailleurs de cette défection [5]. A Bordeaux, l'éloquente énergie de la duchesse d'Angoulême ne réussira pas mieux ; l'on songera aussi à désarmer les troupes et elles ne se laisseront pas faire davantage. C'est d'ailleurs le sentiment unanime que les troupes ne se battront pas contre Napoléon. Le mot d'un soldat du 61e de ligne à M. de Lucé résume la situation : « Jamais aucun soldat français ne se battra contre l'Empereur pour votre Louis XVIII [6]. » C'est aussi la conclusion de Koller dans son rapport déjà cité : « L'état habituel du soldat sous les armes m'a donné l'assurance qu'en cas de guerre le roi n'aurait pas d'armée. »

La vieille garde surtout donne des inquiétudes. Ce ne sont pas seulement les chasseurs qui prennent part, avec Lefebvre-Desnoettes à l'échauffourée de Compiègne, ni les lanciers et les dragons, dont le ministre recommande à

1. Archives guerre, Boudin, maréchal de camp, commandant le département de l'Yonne, au ministre, 12 mars 1815.

2. Archives guerre, Bugeaud au ministre, 14 mars 1815.

3. Archives guerre, Moncey au ministre, 14 mars 1815.

4. Archives guerre, le ministre à Bugeaud, 16 mars 1815.

5. Archives guerre, Dupont au ministre, 19 mars 1815.

6. Archives guerre, M. de Lucé au maréchal de camp Gérard, commandant la Sarthe, 16 mars 1815.

Dupont de ne se servir qu'avec une extrême prudence [1] et que l'on est obligé de séparer en plusieurs groupes [2]; ni même les grenadiers ou les chasseurs de Metz, très prononcés pour l'Empereur [3], qui, lorsque le roi se décide à les rappeler auprès de lui « pour en faire sa garde, avec tous les avantages dont ils jouissaient autrefois, » répondent qu'il est trop tard et témoignent « poliment au maréchal Oudinot » leurs regrets « de ne plus pouvoir lui obéir [4]; » ce sont les troupes mêmes de Paris qui manifestent l'esprit le plus antiroyaliste. Vingt-cinq hommes de la vieille garde partent pour embaucher les troupes de Melun [5], tandis que d'autres font des démarches analogues auprès des Écoles polytechnique et de Saint-Cyr et auprès du 4e régiment d'infanterie légère [6]. Ce régiment n'avait guère besoin d'être travaillé, puisque, dès le 7 mars, des soldats de ce corps insultaient et assaillaient sur le Pont au Change un jeune homme qui portait la décoration du Lis, et tenaient les propos les plus menaçants contre les passants qui prenaient sa défense [7]. Les vétérans casernés à Paris ne sont pas mieux disposés que la vieille garde; on en charge, le 15 mars, d'escorter de l'artillerie qui quitte Paris; ils manifestent « la ferme volonté de la conduire à Bonaparte [8]. »

1. Archives guerre, le ministre à Dupont, 9 mars 1815.
2. Archives guerre, rapport au ministre du chef du bureau du mouvement, d'Amersbach, 18 mars 1815.
3. Archives guerre, Durutte, commandant la 3e division militaire, au ministre, 15 mars 1815.
4. Archives guerre, bruits de Bar transmis par le général Hulot, 20 mars 1815.
5. Archives guerre, Duras au ministre, 15 mars 1815.
6. Ibid.
7. Archives guerre, le maître des requêtes délégué pour la police de sûreté de Paris au comte Maison, 8 mars 1815.
8. Archives guerre, le ministre au gouverneur de la 1re division militaire, 18 mars 1815.

Ce n'est pas que l'esprit des corps se manifeste toujours aussi hostile. Le lieutenant général Ambert parle du bon esprit de la garnison de Nîmes; le général comte Pacthod vante « la sincérité des sentiments de dévouement et de fidélité que portent à la personne auguste de Sa Majesté toutes les troupes de la division (la 4e) »; le baron Lahure assure le ministre du bon esprit de la garnison de Douai; le comte de Bergendal n'est pas moins affirmatif pour la 2e division; le duc de Bellune juge, d'après les 12e et 32e d'infanterie de ligne, 8e cuirassiers, 5e hussards et 12e chasseurs, que « le roi doit compter en toute occasion sur la fidélité et sur le dévouement de son armée; » le sous-préfet de Péronne fonde les plus belles espérances sur les régiments de lanciers-Dauphin, 4e lanciers et 3e chasseurs [1], mais quel fond faire sur ces belles paroles? Ne sont-ce pas le plus souvent de pures illusions ou des mensonges volontaires? Bugeaud lui-même s'y est bien trompé; et trop souvent, sous les protestations ronflantes, on sent les restrictions qui en diminuent étrangement la valeur. Bergendal doit « prescrire aux chefs de corps et aux commandants d'armes les mesures propres à empêcher tout mauvais effet qu'aurait pu produire sur l'esprit des troupes la nouvelle de la présence de Bonaparte sur le territoire de la France [2] »; le baron Lahure annonce [3] que « si quelques malveillants osaient se permettre le moindre mouvement ou des cris séditieux, des mesures sont prises pour les arrêter sur-le-champ; » et il

1. Archives guerre, Ambert au ministre, 6 mars 1815; Pacthod au même, 10 mars; Bergendal au même, 10 mars; Bellune au même, 10 mars; sous-préfet de Péronne au même, 16 mars.

2. Lettre citée dans la note précédente.

3. Ibid.

juge nécessaire, dans un ordre du jour [1], de dire aux troupes : « Nous avons juré fidélité au meilleur des rois, rien ne pourra nous détourner de la ligne de nos devoirs, parce qu'un honnête homme et un bon Français n'est jamais ni traître ni parjure. » Mais le soldat ne pense pas ainsi; il est décidé, en dépit de tous les serments nouveaux, à reprendre les serments anciens. Et ses chefs le savent bien : la fidélité des troupes, ils y comptent peut-être, mais tant qu'elle ne sera pas mise à de trop fortes épreuves [2].

Les vrais dévouements que le roi trouvera dans son armée, ce sont ceux des étrangers, du régiment suisse, par exemple, qui est persuadé que Napoléon ne pardonnera jamais à la Confédération helvétique d'avoir laissé le passage à l'ennemi [3]; ou encore du 2e régiment étranger, qui, « à peine organisé par le roi, ne peut offrir que peu de guerriers armés et équipés, mais un grand nombre d'officiers pleins de zèle et de courage [4]. » Mais dans les troupes proprement françaises, ils étaient rares les corps qui, comme le 11e régiment de dragons, étaient « unanimement pénétrés du sentiment de leur devoir [5] », ou qui, comme la 10e compagnie de sous-officiers à Saint-Brieuc, pouvaient écrire [6]: « Sire, de vieux soldats restent fidèles à leur serment. Liée par celui qu'elle a prêté à Votre Majesté, la 10e compagnie de sous-officiers vous renouvelle

1. Archives guerre, ordre du jour de Lahure, 19 mars 1815.

2. Archives guerre, La Hamelinaye, commandant la Mayenne, au ministre, 15 mars 1815.

3. Rapport du sous-inspecteur Koller déjà cité.

4. Archives guerre, le colonel du 2e régiment étranger au ministre, 16 mars 1815.

5. Archives guerre. Note extraite d'une lettre de l'ex-préfet de la Haute-Marne (baron Jerphanion), du 20 mars.

6. Archives guerre, adresse de la compagnie au Roi, 18 mars 1815.

l'assurance de son dévouement. Ordonnez et nous sommes prêts à répandre la dernière goutte du sang qui nous reste pour la cause de Votre Majesté et la défense de la patrie. »

D'ailleurs le soldat a le culte et l'amour de son drapeau ; et le drapeau blanc qu'on lui présente, qu'on lui impose comme signe de ralliement, il ne le connaît pas, il ne le reconnaît pas ; il lui manque deux des trois couleurs. Sans doute il porte dans ses plis le souvenir de bien des triomphes et d'une gloire qui a été celle de la France ; mais c'est un passé mort, dont il ne peut se souvenir ; cette gloire n'est pas faite, comme celle du drapeau tricolore, de ses sueurs et de son sang ; et ce drapeau tricolore qu'il aime, avec lequel il a appris à identifier l'âme de la patrie, on lui a dit de le brûler, on l'a brûlé parfois, mais les cendres en sont restées dans son cœur pour y couver l'incendie de la révolte quand il verra paraître à l'horizon la silhouette de son empereur.

Et maintenant que sont les officiers et les chefs de cette armée royale ? En général, les officiers, — cela résulte des notes d'inspection générale conservées aux archives de la guerre, — sont des hommes instruits et ayant les qualités requises pour leurs fonctions. De la plupart l'on peut dire ce qu'Exelmans écrivait de ceux du 1er régiment de cuirassiers : « Je n'ai en général que du bien à dire des officiers de ce corps, ils sont d'un bon choix et tous animés d'un grand zèle pour le service du roi. » Quelques-uns, comme Larre, chef de bataillon au 61e de ligne, savent plusieurs langues, ou comme Cotte, capitaine au 7e de ligne (le régiment de Labédoyère), présentent une instruction peu commune. Le même régiment offre un des types les plus accomplis de major : Henry qui, « dans toutes les circonstances, a toujours fait preuve en guerre de la plus grande bravoure, du plus grand sang-froid ; il a montré des talents supérieurs ; en temps de paix, il est infatigable pour le service, constamment à son travail ; son intégrité généralement reconnue le rend en ce moment infiniment précieux au 7e, où les finances sont en désordre. » En général, les officiers dont l'instruction est moins développée rachètent ce défaut par des qualités de zèle et de dévouement comme le lieutenant Boucher, du 61e de ligne, et surtout par leur bravoure. « Brave, » « d'une bravoure distinguée, » sont des termes qui reviennent sans cesse dans les notes d'inspection générale. Et il n'est pas rare de voir l'inspecteur hausser davantage la note, comme pour Morgan, capitaine au 61e : « a déployé une bravoure éclatante ; » comme pour Chausseprat, capitaine au même corps, « d'une intrépidité rare ; » comme pour Carona, lieutenant au 7e de ligne, « brave jusqu'à l'héroïsme. » Les mœurs sont généralement bonnes ; il est rare de voir comme pour le sous-lieutenant Étienne, du 61e de ligne, la remarque « conduite à surveiller. » La note d'ivrognerie est encore plus rare.

Si quelques-uns de ces officiers ont de la fortune personnelle, un plus grand nombre n'a pour vivre que son métier. Ils en ont donc besoin, et si cela les met dans une certaine dépendance vis-à-vis du gouvernement, si la crainte d'être destitués ou à tout le moins retardés dans leur avancement doit les engager à se montrer circonspects dans leur conduite et leurs paroles et à témoigner un empressement extérieur envers le nouveau régime, ne doivent-ils pas être portés d'autre part à lui en vouloir de ne pas tenir compte suffisamment de leurs besoins et des services qu'ils ont rendus? Car enfin l'auteur des *Notes sur l'administration militaire*, que nous avons déjà citées, ne reproduisait que l'opinion générale de l'armée quand il écrivait [1] : « La France se trouve dans cette position particulière d'être obligée de calculer le pied militaire qu'elle continuera d'entretenir moins sur les besoins réels que sur la nécessité de ne point abandonner les braves officiers qui l'ont si loyalement servie. » N'avaient-ils pas sacrifié leur corps et leur vie au service de la patrie sans se préoccuper de leur avenir, sans se préparer des ressources dans un métier ou dans une fonction civile? Combien doivent regretter leur patriotique insouciance quand ils voient les susceptibilités de la politique primer les considérations militaires? quand ils voient réserver à des gens qui n'ont rien fait, rien du moins pour le pays, les faveurs d'un avancement que l'on refuse à la valeur et au mérite des plus vaillants officiers.

C'est Dupont, dans son ordre du jour du 5 juillet déjà cité, qui « prescrit aux inspecteurs généraux de n'admettre dans la formation nouvelle des régiments aucun officier dont les principes seraient en opposition avec l'opinion universelle et qui ne donnerait aucun gage de ce noble et ardent dévouement que tout véritable soldat français a toujours professé pour ses rois. »

C'est Soult qui ne craint pas d'étendre dans une large mesure aux officiers conservés à la suite des corps la mise à la demi-solde qui avait frappé déjà tant d'officiers. Et l'on réduisait ainsi à la non-activité, l'on chassait des corps, l'on jetait sur le pavé, ou peu s'en faut, qui? Ce n'étaient pas seulement des officiers n'ayant charge que

1. Ouvrage cité, p. 5.

de leur personne, mais aussi des hommes accablés d'une nombreuse famille, comme le capitaine Michel [1]. Ce n'étaient pas toujours des malheureux comme le sous-lieutenant Villain de Saint-Hilaire, dont des manquements continuels à ses devoirs avaient poussé ses chefs à demander la mise en non-activité, ou des hommes dont les bonnes qualités étaient ternies par un penchant trop vif pour la boisson, comme le capitaine Leclaire, ou dont la moralité restait douteuse, comme le lieutenant Naviset. On ne pouvait pas toujours non plus la couvrir du prétexte de l'incapacité dans laquelle de graves blessures ou les fatigues de la guerre jetaient d'excellents militaires d'être bien propres à un service actif. Cette mesure frappait impitoyablement des hommes irréprochables : le chef de bataillon Desgodins, qui « réunit à beaucoup de connaissances les qualités qui constituent le bon officier supérieur en paix et en guerre; » le chef de bataillon Léony, « excellent officier supérieur, proposé plusieurs fois pour la décoration, qu'il a méritée dans la campagne de Russie en prenant une redoute à l'affaire du 7 septembre à Moscou; » le capitaine Colpaert, « précieux pour un régiment, étant bon comptable et rempli de moyens. » Il est vrai que plusieurs officiers réclament eux-mêmes leur mise en non-activité, outrés, comme les capitaines Ducantel et Lavergne, de se voir refuser la confirmation d'un titre que leur valeur et leur mérite leur ont acquis dans la dernière campagne, tandis qu'on n'hésite pas à faire sonner bien haut comme une action d'éclat les services rendus à l'armée de

1. Ce détail et la plupart de ceux qui suivent sont tirés des notes d'inspection générale.

Condé [1], que l'on se montre plein de prévenances pour des officiers que le gouvernement antérieur avait eu de sérieuses raisons de tenir à l'écart, et que le choix du roi pour le tiers des nominations qu'il s'est réservé porte le plus souvent sur des hommes sans passé dans l'armée. Et le système s'étend jusqu'aux plus hauts grades : du 4 juin au 31 décembre 1814, quatre-vingt-deux lieutenants généraux sont nommés, et sur le nombre, les trois quarts sont d'anciens émigrés qui, depuis la Révolution, n'ont pas fait une heure de service dans l'armée française. Le reste à l'avenant. Et encore s'il ne s'agissait que de leur donner des vêtements de parade et des titres ronflants! Mais il faut que les troupes apprennent à obéir à ces chefs qu'elles n'ont jamais connus et qui n'ont pas gagné leurs galons au milieu d'elles, en les conduisant au feu de l'ennemi; dans la 1re division, c'est le comte Dillon qui a le commandement supérieur à Saint-Germain; dans la 10e, c'est le comte de Montesquiou-Fezensac auquel on confie le commandement du département du Gers; dans la 11e division, c'est le duc de Grammont qui a le commandement supérieur des troupes stationnées dans le département des Basses-Pyrénées, et ainsi de suite. Est-ce en l'honneur de ces nouveaux venus, ou plutôt de ces revenants du temps passé, que l'on a repris les titres anciens de lieutenant général au lieu de général de division, et de maréchal de camp au lieu de général de brigade (ordonnance du 16 mai 1814)?

Les principes sont foulés aux pieds. Il était de règle de mettre à la tête des divisions militaires des généraux de division et de confier les subdivisions à de simples géné-

1. Voyez par exemple dans les notes d'inspection du 7e de ligne ce qui concerne les capitaines Bergeret, de Mœrschwiller et Pitanbert.

raux de brigade. Sous la première Restauration, on dote les divisions de gouverneurs qui sont presque partout des maréchaux de France, mais si on continue de confier habituellement les commandements des divisions à des lieutenants généraux, l'on n'hésite pas à confier celui de la Corse à un simple maréchal de camp : il est vrai que c'est le fameux Bruslart ; et par manière de compensation, l'on réduit des lieutenants généraux, comme le comte Pajol et tant d'autres, au simple rôle de commandants de subdivisions !

Ce qu'on fait pour les émigrés, comment ne le ferait-on pas pour les princes du sang ? Une ordonnance du 15 mai 1814 leur attribue un rang supérieur dans l'armée avec le titre de colonels généraux. Monsieur, frère du roi, est colonel général des Suisses ; le prince de Condé, de l'infanterie de ligne ; le duc d'Angoulême, des cuirassiers et dragons ; le duc de Berry, des chasseurs et chevau-légers-lanciers ; le duc d'Orléans, des hussards, et le duc de Bourbon, de l'infanterie légère.

Le 16 janvier 1815, une ordonnance complémentaire [1] attribue le titre de régiment du colonel général au 7e d'infanterie légère, au 6e de cuirassiers, au 9e de chasseurs à cheval et au 7e de hussards. Déjà une mesure analogue a été prise (10 mai 1814) pour le 10e de ligne. Ces corps privilégiés ont, en sus de l'organisation habituelle, un officier pris parmi les lieutenants, chargé de la garde de l'enseigne (infanterie) ou de la cornette blanche (cavalerie) du colonel général. L'enseigne ou la cornette ne salue que le roi, les princes du sang, les maréchaux, et reçoit au contraire le salut de tous les autres étendards. Peut-être y a-

1. *Journal militaire*, 1815, 1re partie, p. 4.

t-il là une mesure capable de flatter les troupes et de les attacher à la famille du souverain. Mais ce bon effet n'est-il pas contre-balancé par la maladresse hautaine et trop souvent cassante avec laquelle les princes du sang exercent leurs charges, traitant les plus vaillants officiers et les plus hauts gradés d'une manière qui ne peut qu'exciter leur sourde irritation, surtout quand ils sentent que ceux qui leur parlent ainsi n'y sont pas autorisés par leur génie militaire ?

La manière dont les ducs de Berry et d'Angoulême dirigèrent les opérations aux manœuvres d'octobre 1814, quand, à défaut d'une guerre véritable, on voulut leur donner le plaisir de la petite guerre, excita les risées des gens du métier.

Néanmoins nombre d'officiers, — de ceux du moins qui sont en activité de service, — acceptent franchement le nouveau régime et s'attachent à lui assez facilement. Les chefs de l'armée tout les premiers ne sont pas fâchés d'approcher un souverain qui descend d'une des plus vieilles maisons de l'Europe, de frayer à la cour, eux qui pour la plupart ne sont que des parvenus, avec la noblesse authentique ; de se voir élevés aux honneurs de la pairie. Malheureusement, il y a un revers à la médaille, et c'est le plus souvent ce revers qui se montre. Les vrais nobles regardent avec quelque dédain leurs nouveaux collègues et leur font bien sentir la différence qu'il y a entre eux. Cela se faisait d'instinct et sans s'en rendre compte ; si bien que, même lorsque le roi se fut enfui à Gand, alors qu'il avait un si grand besoin d'attirer, de grouper autour de lui toutes les bonnes volontés, le même système continuait et Bordesoulle, annonçant à Semallé son intention d'écouter les invitations de Napoléon qui le rappelait en France, ajoutait mélancoliquement : « Que voulez-vous ? ma situation ici n'est pas agréable. Il semble que chez Monsieur et chez le roi on mette une ligne de démarcation entre nous et les personnes qui entourent les princes [1]. »

Une autre maladresse, commise par l'entourage du roi et qui ne pouvait qu'exciter les mécontentements et décourager les bonnes volontés, fut la suspicion dont on frappait les officiers et la tendance à interpréter malignement leurs actions. C'est ce qui amena, par exemple, la démission de Soult, et ce système d'insinuations et de délations perfides était si bien entré dans les habitudes de la cour qu'il persévéra à Gand.

Pourtant nombre de généraux et de maréchaux étaient tout disposés à demeurer fidèles au nouveau monarque, soit pour ne pas manquer au serment qu'ils lui avaient prêté, soit par ambition, soit par crainte de Napoléon ; mais il faut bien constater que si quelques-uns, comme Clarke, suivirent le roi jusqu'au bout, la fidélité de la plupart d'entre eux fut surtout bruyante tant que le succès de la démarche de Napoléon demeura incertain.

Malgré la décision dont nous avons parlé de n'admettre dans les corps que des officiers qui donneraient des preuves de leur dévouement, beaucoup ne cachaient guère soit leur attachement à l'ancien gouvernement, soit leur hostilité contre le nouveau. En plein jour de la Saint-Louis, quand les officiers se trouvaient réunis à un repas pour célébrer la fête du roi, un jeune sous-lieutenant au 15e dragons, Allier, élève de l'École militaire, que sa belle conduite dans une ville bloquée avait fait proposer pour le grade de capitaine, n'hésitait pas à dire à

1. *Souvenirs* du comte de Semallé, p. 243.

son voisin, à voix basse, il est vrai : « Buvons à la santé du plus grand homme de l'Europe. » Le voisin, qui se doutait bien qu'il ne s'agissait pas du roi, but, mais alla reporter le propos au colonel. Et sur cette simple délation, le malheureux Allier, après avoir été mis aux arrêts de rigueur, fut renvoyé en demi-solde [1]. Mais pour un colonel comme celui du 15e dragons, le baron Désargus, « arsouille, indélicat, espion de la police royale, délateur, » il y en avait vingt qui pensaient autrement, comme Peyris, cloonel du 4e régiment d'infanterie légère. On prétendait, le 12 mars 1815, qu'après avoir appris le retour de Bonaparte, il allait « depuis trois jours dans une maison de filles située dans le carrefour de Bussi, » avec un chef de bataillon de ce corps, et qu'après des orgies, « ils se sont mis à genoux, ont porté la santé de Bonaparte comme empereur et ont dit que nonobstant tous leurs serments, dès qu'il serait à vingt-cinq lieues, ils iront le rejoindre [2]. »

Combien parmi eux faisaient comme d'Eslon, colonel à la suite du 9e léger, et le major titulaire de ce régiment, qui avaient soustrait le drapeau tricolore au lieu de le brûler et qui le firent acclamer le 26 mars par les troupes de Longwy [3], ou comme le colonel Paolini, du 41e régiment de ligne, qui, en passant à Limoges le 14 mars pour se rendre à Orléans, ne se gênait pas pour dire « qu'il portait l'aigle dans son portemanteau [4]. »

Lorsque Napoléon eut débarqué, de tous les côtés, à

1. Rapport de Koller, déjà cité.

2. Archives guerre, le ministre au directeur général de la police, 12 mars.

3. Archives guerre, le colonel Baume au ministre, 26 mars.

4. Archives guerre, préfet de la Haute-Vienne au ministre de la guerre, 16 mars.

Auch comme à Rouen, il se trouva des officiers pour fouler aux pieds le ruban blanc et la fleur de lis [1].

Ce n'est pas que dans le corps des officiers il n'y eût aucun dévouement au Roi. Et ce dévouement ne se rencontrait pas seulement chez de jeunes officiers, comme le comte de Saint-Mars, colonel du 3e chasseurs, dont la famille avait reçu beaucoup de promesses du duc de Berry [2].

Mais au temps même du malheur et de l'abandon, il se trouva de vieux officiers pour écrire des lettres comme la suivante [3]:

« Tarbes, le 18 mars 1815.

« Rentré dans mes foyers à demi-solde, depuis le 1er novembre dernier, après avoir commandé le 34e de ligne, organisé le brave 38e...., j'avais l'espoir de jouir en paix, après trente années de service, du bonheur dont la France jouit....

« Quelle a été mon indignation, en apprenant que Bonaparte, qui, dans le tems, n'a pas sçu mourir en soldat, vient de souiller de sa présence le sol de ma patrie, dans le dessein d'y exciter la guerre civile, et renverser le gouvernement d'un prince chéry et adoré.... Malgré que mes blessures et infirmités m'empêchent de continuer un service actif, je me sens encore assez de forces pour aller partout où je pourrai être utile.

« J'ai un fils unique, qui est dans sa dix-septième année, élève au collège royal de Pau, qui me suivra partout pour défendre mon Roy et ma patrie. »

1. Archives guerre, Bonnin, habitant d'Auch, au ministre; 19 mars. Jourdan au ministre, 10 mars.

2. Rapport de Koller déjà cité.

3. Archives guerre, le chevalier Faure au ministre, 18 mars 1815.

Mais ce ne sont guère là que des exceptions; dans l'ensemble l'on peut dire des officiers ce que le commandant d'armes à Rocroy disait des troupes [1] : « L'esprit et l'imagination des soldats sont encore tourmentés d'opinions contraires au système actuel. » Et si, en rentrant dans ses domaines, l'Empereur trouve une armée réduite et en train de se désorganiser, il peut compter sur l'enthousiasme du gros des troupes, sur la fidélité de la majorité des officiers et sur la soumission prompte des chefs.

Le Roi ne peut même plus avoir confiance dans la gendarmerie; ce n'est pas qu'à Dijon qu'elle se montre nettement hostile [2].

Les sentiments généraux des troupes notoirement déclarées contre la monarchie royale, l'attitude de la plupart des officiers, dont ceux mêmes qui manifestaient le plus d'attachement à leurs nouveaux serments se sentaient incapables de résister au courant qui emportait leurs hommes, bien loin de pouvoir les entraîner eux-mêmes, réduisaient le Roi à n'appuyer la tentative de résistance qu'il allait faire en divers points du territoire que sur la fidélité des populations représentées par la garde nationale et par les volontaires. Car, hélas! les gardes du corps eux-mêmes, dont les privilèges auraient dû stimuler le courage et le dévouement, se montrèrent presque aussi nuls pour un service effectif que brillants pour la parade. Une fois parti le Roi qu'ils n'ont point accompagné, la plupart se montrent fort embarrassés de leurs uniformes et cherchent à les échanger contre des habits bourgeois [3]. Quelques-uns iront

1. Archives guerre, Bergendal au ministre, 16 mars 1815.

2. Archives guerre, Heudelet de Bièvre au préfet de la Côte-d'Or, 13 mars 1815.

3. Archives nationales, AF IV 1934, rapport de police : extrait des déclarations des conducteurs de diligences, 31 mars.

jusqu'à offrir leurs services à l'Empereur, peut-être, il est vrai, dans l'intention de le trahir.

Louis XVIII qui, à son retour à Paris, en attendant la formation de ses gardes du corps, avait confié le soin de veiller sur sa personne à la garde nationale de Paris (jusqu'au 26 juin 1814), rendit, le 16 juillet, une ordonnance concernant les gardes nationales [1]. Les gardes nationales sont toutes sédentaires et divisées en gardes urbaines et rurales : aucune garde urbaine, composée des cohortes formées dans les villes, ne peut être déplacée de la ville, ni aucune garde rurale, composée des cohortes formées dans les campagnes, déplacée du canton, que pour les cas et dans les formes qui seraient déterminés par une loi spéciale. Le comte d'Artois était mis à la tête de toutes les gardes nationales avec le titre de colonel général, assisté du général comte Dessoles comme major général. La constitution même de ces corps ne permettait donc pas d'en tirer un service bien actif. Encore trouva-t-on moyen de ne pas organiser, armer ou équiper les gardes nationales. C'est ce que constate la fameuse ordonnance du 9 mars [2]. Cette ordonnance, pour tirer parti de ces forces, leur attribue la garde spéciale des places fortes, la répression des factions, le soin d'envelopper les rebelles, d'intercepter leurs communications. Mais en outre l'ordonnance décide la formation dans les gardes nationales de compagnies, cohortes et légions volontaires destinées à faire un service extérieur et momentané ; ces corps devaient être employés soit dans les départements en colonnes mobiles destinées à détruire les rassemblements, soit en ligne

1. *Journal militaire*, 1814, 2e partie, p. 251.
2. *Journal militaire*, 1815, 1re partie, p. 29.

avec les corps de l'armée, suivant que le dévouement des volontaires les porterait à s'offrir pour l'un ou l'autre service.

Mais dans bien des endroits les sympathies réelles pour les Bourbons, ou, pour mieux dire, l'aigreur accumulée contre l'Empereur, n'allaient pas jusqu'à faire pour défendre le trône des sacrifices considérables. A Lille même, où cependant la population était plutôt favorable au Roi, Demaraize, chef de la 6e légion de la garde, avait beau offrir de l'argent à plusieurs grenadiers de sa compagnie pour marcher contre l'Empereur, il n'obtenait aucun succès, et le 20 mars une députation de la 6e légion venait le sommer d'être plus réservé [1]. A Lyon, M. de Précy, que le gouvernement royal avait mis à la tête de la garde nationale, ne trouvait en elle aucun concours et se plaignait d'être resté seul comme en 1793 [2]. A Nantes, à Valenciennes, à Paris, et de mille autres côtés, la garde nationale fraternise avec les troupes dévouées à Napoléon. Les maires mêmes, qui croient au dévouement entier et aux bonnes dispositions de leur garde nationale, n'en sont pas si assurés qu'ils ne craignent le contact de troupes bonapartistes [3].

En somme, le gouvernement royal n'avait su ni organiser solidement l'armée et les gardes nationales ni créer ou affermir en elles l'esprit de dévouement. Si cette situation devait faciliter à Napoléon la répression des troubles intérieurs et des tentatives de résistance à son autorité, elle lui rendait plus difficile la tâche de préparer la mise en état de défense du pays contre les menaces de l'invasion.

1. Archives nationales. Rapport de police du 3 avril, 2e partie.

2. Ibid., 1er avril.

3. Archives guerre, Baron, maire de Neufchâtel, au duc de Castries, commandant de la 15e division militaire.

CHAPITRE IV

LES DERNIÈRES RÉSISTANCES

La mauvaise organisation des troupes par Louis XVIII, le peu d'adresse qu'il avait mis à gagner leur confiance, l'impuissance où il avait été de créer parmi elles un courant favorable à la monarchie dont il était le représentant, l'avaient à peu près réduit au rôle de souverain sans armée. Après avoir vu fondre au contact de Napoléon, comme fond la neige aux rayons du soleil, tous les corps qu'il avait envoyés pour arrêter ou retarder la marche de l'envahisseur, il avait dû quitter précipitamment sa capitale sans combat, sans même songer à attendre de pied ferme son adversaire.

De Lille, où il avait d'abord fait mine de vouloir faire face aux événements, il se retira sans délai en Belgique, demandant à une terre étrangère une sécurité qu'il ne croyait plus trouver même au milieu des plus fidèles de ses sujets. Sa fuite, sous la conduite de Macdonald, ne fut guère inquiétée. Il est vrai que dès le 21 mars, Napoléon avait donné ordre à Exelmans de « suivre et joindre les débris de l'armée royale » avec quatre régiments : 1er chasseurs, 1er dragons, 6e chasseurs et 6e lanciers [1];

1. Arch. guerre. Exelmans au ministre, 21 mars 1815.

mais il ne s'agissait que: 1° de reprendre, si possible, les trésors emportés par la famille royale; 2° d'empêcher la remise aux princes de places fortes d'où ils pourraient entraver la défense de l'Empire [1]. Et le 23 mars, Davout écrivait à Exelmans de laisser le roi, s'il le trouvait à Lille, se retirer en Belgique, avec les princes et ceux qui le voudraient suivre [2]. Ce jour-là même Louis XVIII franchissait la frontière à Menin.

« Les débris de l'armée royale, » c'est-à-dire la maison militaire et les volontaires royaux conduits par les princes, furent moins heureux. Dès le 21, Monsieur prévoyait que des « marches longues achèveraient par elles-mêmes la destruction totale de la maison [3]. » Entrés le lendemain dans Abbeville, à cinq heures du soir, avec leurs 2,500 hommes commandés par le duc de Raguse, le comte d'Artois et le duc de Berry en partirent dès quatre heures du matin, non sans avoir enlevé l'argent des caisses et une partie du magasin d'habillement et armement du 89e de ligne [4]. Mais le duc de Berry ne put obtenir que les troupes restées dans la ville le suivissent; quelques hommes seulement furent entraînés, soit de force, soit de gré, après qu'on les eut enivrés et qu'on leur eut donné quelque argent.

Le 24 mars, il faillit y avoir une collision entre la maison du roi et le 3e lanciers envoyé par le général Teste, d'Arras, où il venait d'arriver, à son ancienne garnison d'Aire, et qui se rencontra à Béthune avec les hommes du duc de Berry [5].

1. *Correspondance de Napoléon*, n° 21692.
2. Houssaye, *1814*, p. 383.
3. *Louis XVIII à Gand*, p. 112.
4. Arch. guerre, Blanmont au ministre, 28 mars 1815.
5. M. Houssaye dit que Teste avait envoyé le régiment à Arras; c'est une erreur

Ni le duc de Berry ni les officiers supérieurs qui l'accompagnaient ne purent ébranler la fidélité à l'Empereur de ce régiment.

Après cette rencontre, les princes et leurs conseillers n'eurent qu'un désir, celui de « franchir la frontière au plus vite. » Dans leur affolement, ils n'hésitèrent pas à prendre un chemin qu'un homme du pays leur indiquait comme le plus court pour aller à Ypres, mais en ajoutant qu'il était peu praticable pour la cavalerie. Quand le duc de Berry vit de ses yeux les bourbiers où l'on s'engageait, il dut se résigner à envoyer contre-ordre à ce qui restait de ses troupes à Béthune. Il avait encore avec lui un peu plus de 1,500 hommes. Quand il fut à la frontière, il n'y en avait plus qu'une cinquantaine. Des délégués des différents corps vinrent prendre ses ordres. Il les laissa libres de demeurer en France; c'est ainsi que la maison du roi rentra par Armentières, et les compagnies rouges par Saint-Pol, pour être licenciées par le général Teste. Des cinquante qui avaient accompagné le duc au milieu des marais, le plus grand nombre profita de la permission de se retirer. Il n'y en eut que onze qui voulurent partager jusqu'au bout le sort des princes [1].

En fuyant la France, Louis XVIII y avait laissé quelques dévouements et quelques éléments d'opposition à l'Empereur.

Il y eut la résistance de quelques maréchaux ou généraux. Celle d'Oudinot, à Metz, ne fut pas très sérieuse. S'il résista jusqu'au 23 mars au désir des soldats et du peuple, s'il ne

manifeste. Le rapport du colonel Desfosses, qui commandait le régiment (Arch. guerre, rapport du 25 mars), rétablit les faits tels que nous les donnons.

1. Tel est du moins le récit de Semallé, dans ses *Souvenirs*, p. 221-224. Il était à ce moment avec les princes, et son récit parait mériter créance dans l'ensemble.

se décida que devant les menaces d'une sédition à arborer le drapeau tricolore, il essaya du moins de rentrer en grâce auprès de l'Empereur, et ce n'est que quand il fut convaincu de l'inutilité de ses démarches qu'il se rattacha définitivement à Louis XVIII. Victor, duc de Bellune, qui avait essayé de ranimer à Châlons la fidélité des troupes envers le roi, refusa d'obtempérer aux ordres de l'Empereur et de venir à Paris. Un mandat d'arrêt fut décerné contre lui [1].

A Orléans, c'est Gouvion-Saint-Cyr qui cherche, par ses proclamations et par des actes de vigueur, à retenir les soldats dans le devoir vis-à-vis du gouvernement royal. Il met le général Pajol aux arrêts de rigueur, essaie de cacher les événements qui se sont passés à Paris. Quand le chef de bataillon Maisonneuve lui apporte, le 22 mars, les ordres du prince d'Eckmühl d'avoir à venir à Paris, il le traite « avec indignation » et le fait arrêter. Mais il ne peut résister à l'entraînement des troupes. Le général Bonet, envoyé par Davout à Orléans, et qui avait été dissuadé en chemin par le général Pajol de continuer sa route, ne tarde pas à apprendre que Gouvion-Saint-Cyr s'est enfui d'Orléans. C'est le 23, à neuf heures du soir, qu'il partit en toute hâte, poursuivi par les troupes qui, à la vérité, le laissent échapper, mais qui du moins mettent la main sur deux voitures de sa suite, dont l'une contenait 75,000 francs [2]. Gouvion-Saint-Cyr emmenait avec lui Dupont, qui avait d'abord demandé à rentrer en grâce auprès de l'Empereur [3].

1. Arch. guerre. Ministre à Lobau, 24 mars.

2. *Corresp. de Davout*, 1494; Arch. guerre. Maisonneuve au ministre, 24 mars; le chef d'escadron Benard au grand maréchal major général, 26 mars.

3. Arch. guerre. Saunier au ministre, 25 mars.

La nécessité de mettre fin à de semblables velléités de résistance qui pouvaient produire un mauvais effet et sur la troupe et sur le pays, et qui pouvaient entraîner de graves conséquences, obligeait Napoléon à des mesures de sévérité. De là les ordres d'arrestation lancés contre les généraux rebelles. De là l'ordre donné le 23 mars à Davout de faire destituer « tous les colonels qui se seront mal comportés ; » d'écrire à Saint-Cyr « que, s'il ne se rend pas à Paris, il sera déclaré traître à la patrie ; » de prévenir sa femme que, s'il s'obstine dans sa rébellion, « ses biens seront confisqués [1]. » Sévérité qui fit bientôt place à l'indulgence puisque, dans le même temps qu'il manifestait son intention de le rayer de la liste des maréchaux, il annonçait aussi sa volonté de lui accorder une pension de retraite [2].

Aux portes mêmes de Paris, Louis XVIII avait laissé un fidèle qui faillit causer de graves ennuis au gouvernement impérial. Il est vrai que le marquis de Puyvert, auquel le roi avait confié la garde du château de Vincennes avec le 3e bataillon des volontaires royaux, était un vieil ennemi de Napoléon ; l'un des chefs de l'agitation royaliste dans le Midi au commencement du siècle, la part qu'il avait prise à la conspiration de Malet l'avait fait jeter dans les cachots de Vincennes et transférer de là dans les prisons d'Angers, où il avait gémi jusqu'au retour du roi. La simple perspective de retomber entre les mains de l'Empereur et de passer de la condition de gouverneur à celle de prisonnier devait l'encourager à la résistance. Mais ses préparatifs de défense ne servirent pas à grand'chose.

1. *Lettres inédites*, 1151.
2. A Davout, 26 mars. *Lettres inédites*, 1154.

Quand le général baron Merlin se présenta devant le château avec son aide de camp, quatre officiers et deux gendarmes, les volontaires royaux étaient rangés sur les glacis en deux bataillons, l'un à droite, l'autre à gauche de la barrière. Les cris de Vive l'Empereur! poussés par la population jetèrent quelque hésitation dans le bataillon de gauche, dont le colonel, le marquis de l'Étang, à la première réquisition de Merlin, se mit en devoir de faire mettre les armes en faisceaux et sa troupe en marche vers Paris. A la vérité, le bataillon de droite se montra plus disposé à la résistance. Mais les sentiments de la majeure partie des officiers de la garnison qui avaient des cocardes tricolores cachées, les cris de Vive l'Empereur! dont les soldats ne tardèrent pas à faire retentir les cours, et les représentations du conseil de défense, obligèrent le marquis de Puyvert de céder sans plus de résistance aux circonstances. Mais du moins il obtint une capitulation honorable qui fut signée à huit heures du soir [1].

Si, au lieu de gagner la frontière belge, le roi s'était retiré dans l'Ouest, comme plusieurs de ses conseillers le lui recommandaient, peut-être eût-il réussi à soulever les populations en sa faveur. On a vu comment la crainte de s'aliéner les constitutionnels, dont le concours lui semblait nécessaire pour lui rattacher la France et pour mettre un terme aux succès de Napoléon, avait empêché le roi de donner les mains à un soulèvement des chouans. La clef de la situation est donnée par Michelot Moulin dans ses *Mémoires sur la chouannerie normande* [2]. Quand, à l'annonce du débarquement de Napoléon, il alla proposer au

1. Rapport de Merlin au comte Bertrand, major général, 21 mars 1815, publié par Mauduit, ouvr. cité, I, p. 288-292.

2. Paris, Alph. Picard et fils, 1893, in-8.

duc de Berry de se rendre en Normandie pour y lever un corps de ses anciens compagnons de guerre, on lui répondit que cette mesure était inutile, qu'il y avait des forces bien suffisantes pour arrêter Bonaparte et la poignée d'hommes qui l'accompagnaient et qu'on recevrait sous peu la nouvelle que « ces brigands étaient tous pris ou détruits. » Et quand, quelques jours après, il renouvela son offre, on lui dit qu'il était trop tard et que le seul moyen pour lui de servir le roi était de s'enrôler parmi les volontaires royaux [1].

Quand le roi eut passé la frontière, le vieux duc de Bourbon, qui était allé, le 13 mars, prendre le commandement des divisions militaires à l'ouest, jugea le moment venu de mettre à exécution le projet d'armement en masse des chouans ; il avait comme second dans cette tentative Charles Beaumont, comte d'Autichamp, commandant pour le roi la subdivision militaire de Maine-et-Loire. L'attitude des troupes d'Angers, le peu de fond que l'on pouvait faire sur la fidélité de la garde nationale, déterminèrent le duc, le 23 mars, à se retirer d'Angers à Beaupréau, pour diriger de là tout le mouvement insurrectionnel.

Mais l'Empereur prit sans retard des mesures énergiques pour étouffer dans l'œuf cette tentative de rébellion à son autorité. Toutes les troupes d'infanterie et de cavalerie qui avaient été mises en marche des départements de l'ouest sur Paris reçurent l'ordre de s'arrêter, et le 23 mars, le ministre de la guerre annonçait au général Morand que l'Empereur l'avait désigné pour le commandement de ces troupes, composées des deux premiers bataillons de chacun des régiments suivants : 15e, 26e, 45e

1. P. 369 et suiv.

et 65e de ligne, et des trois premiers escadrons du 13e chasseurs et des 3e et 11e dragons. Morand devait prendre Alençon pour son centre d'opérations et de là balayer toutes les oppositions [1].

La décision et l'habileté d'un simple colonel de gendarmerie mirent fin à cette première menace de guerre civile. Noireau était à la tête de la 6e légion de cette arme à Angers. Quand le comte d'Autichamp, qui voyait bien l'état de la population et qui s'était décidé, aussitôt après le départ du duc de Bourbon, à licencier les volontaires, vint demander à Noireau un sauf-conduit pour se rendre, lui aussi, à Beaupréau, le colonel en profita pour le prier de remettre au duc de Bourbon une lettre qui est demeurée célèbre et que les journaux de l'époque s'empressèrent de publier [2]. « Vous pouvez d'un mot, lui disait-il, calmer une effervescence dont les premiers résultats peuvent encore une fois ensanglanter la trop malheureuse Vendée ; ce mot, Votre Altesse le prononcera et tout rentrera dans l'ordre. » Il l'invitait en même temps à quitter l'arrondissement de Beaupréau, où sa présence pourrait compromettre la sûreté du pays et où la sûreté de sa propre personne se trouverait à son tour compromise. Porteur d'une pareille missive, d'Autichamp fut fort mal reçu par l'entourage du prince, qui soufflait feu et flamme et criait à la guerre, plein de fanfaronnade. Mais il fallut vite en rabattre. Les troupes régulières étaient en masse pour Napoléon. L'on ne trouvait guère d'officiers prêts à déclarer, comme le colonel de la 9e légion de la gendarmerie à Niort, Bourgeois, ancien officier de la garde impé-

1. Arch. guerre. Ministre à Morand, 23 mars 1815.

2. Cette lettre se trouve notamment reproduite dans la *Biographie des hommes vivants*, t. IV, p. 549.

riale cependant, qu'il aimerait mieux se jeter dans la Vendée que de revenir à la place de colonel d'armes de la ville de Paris [1]. Sans doute l'on pouvait compter sur des hommes comme le comte Rivaud de la Raffinière, commandant la 12e division militaire à la Rochelle. Brillant officier des guerres de la Révolution et de l'Empire, s'étant notamment couvert de gloire à Marengo, Rivaud avait accueilli avec enthousiasme les Bourbons; caractère froid et mesuré, son enthousiasme n'était pas de l'emballement, mais du calcul. Son mariage avec une femme de l'ancienne noblesse, les faveurs dont l'avait comblé Louis XVIII, qui l'avait tour à tour nommé chevalier de Saint-Louis (27 juin 1814), grand officier de la Légion d'honneur (23 août), comte (31 décembre), l'amitié du duc d'Angoulême, avec lequel il entretenait une correspondance intime, en enflant sa vanité, l'avaient irrévocablement attaché au parti du roi. Aussi ne répugnait-il pas à l'idée de confier la garde de la Rochelle à un corps de Vendéens [2]. Mais là où les chefs étaient royalistes, ils étaient à peu près sûrs de ne pas trouver d'écho dans leurs soldats. Les soldats ne témoignaient leur confiance et leur dévouement qu'aux généraux dont la fidélité à l'Empereur ne leur semblait pas douteuse. A Rennes, par exemple, quand les troupes apprirent que le commandant de la 13e division venait d'être mandé (19 mars, deux heures du matin) à Angers, auprès du duc de Bourbon, elles ne dissimulèrent pas l'inquiétude que leur inspirait cette mesure, la crainte où elles étaient de voir arrêter un chef aimé et de recevoir « des ordres contraires aux intérêts

1. Arch. guerre. Général comte de France au ministre, le 28 mars 1815.
2. Arch. guerre. Ibid., et le duc d'Otrante au ministre de la guerre, 6 avril 1815.

de l'Empereur et de la France ; » et elles s'empressèrent de protester entre les mains des généraux Piré et Bigarré de leur attachement à Napoléon. L'arrivée de la Trémouille, le 20 mars, ne changea rien à l'attitude des troupes, ni de la population en accord avec elles. Cette attitude était si nette que les femmes du peuple venues crier « Vive le Roi! » sous les fenêtres du duc ne s'y méprirent pas et insultèrent des officiers comme le major Roize, du 9e dragons. Ces procédés n'étaient assurément pas faits pour ramener l'esprit du militaire à des sentiments plus royalistes ; et le 22 mars, après que le duc eut passé la revue de la garnison, les généraux et chefs de corps vinrent le trouver et lui notifier « la résolution de la garnison et le vœu des habitants de proclamer l'Empereur. » Le retour de Napoléon fut acclamé aux cris de « Vive l'Empereur! » et son buste promené en triomphe au milieu d'une population enthousiaste [1].

Et dans toute la région à peu près il en était de même. A Nantes, les chefs de chouans s'enfuirent à la nouvelle de l'entrée à Paris de Napoléon, et le peuple brisait les vitres des fenêtres qui n'étaient pas illuminées. Là où les chouans essayaient de se montrer, comme à Vitré, et d'exciter du désordre, il suffisait de l'approche des troupes régulières pour les faire rentrer sous terre [2].

Les chefs suivaient, quand ils ne le dirigeaient pas, le mouvement des troupes. A Caen, Augereau, qui avait commencé par approuver la rédaction par Frotté, l'ancien chef de la chouannerie normande, d'un appel aux armes, le poursuivit dès qu'elle fut affichée et il fit entendre au

1. Arch. guerre. Caffarelli à l'Empereur, 23 mars ; le même au ministre de la guerre, 24 mars.

2. Arch. nat. Bulletins de la préfecture de police déjà cités, 29 et 30 mars.

gouverneur de la 14ᵉ division, le duc d'Aumont, qu'il n'était plus en sûreté dans la ville [1]. Le duc ne se le fit pas dire deux fois et abandonna prestement le poste que lui avait confié le roi ; il en fut de même du prince de Broglie, que le duc de Feltre avait envoyé le 17 mars prendre le commandement de l'Orne. Vedel lui signifia l'ordre d'abandonner ce poste, et le prince s'enfuit, échappant à l'arrestation dont le menaçait le général Merlin.

Dans ces circonstances, que pouvait faire le duc de Bourbon ? Ayant contre lui l'armée, il ne pouvait même pas compter sur les chouans, mal préparés à la lutte. Comme l'observait pour le Morbihan le baron de Valori, les citoyens des villes se prononçaient fortement pour l'Empereur ; les campagnes étaient plutôt hésitantes que déterminément hostiles ; et, désireuses de leur tranquillité, elles ne se soulèveraient que si elles s'y trouvaient à peu près contraintes par la force [2]. L'assurance que les départements de la Loire-Inférieure et de la Vendée ne prendraient pas les armes, les prières de délégués des communes des environs de Beaupréau, déterminèrent le duc de Bourbon à quitter la partie. Il n'aurait pu recruter des hommes qu'en les payant fort cher : à Nantes, ils refusaient de s'enrôler à 6 fr. ; à Rennes, les chouans qui s'étaient armés se plaignaient de s'être mis en frais considérables et de n'avoir reçu que 15 fr., et parfois rien du tout [3]. Le duc envoya donc d'Auteuil, son aide de camp, s'entendre avec Noireau, et il quitta la France, après avoir obtenu quarante passeports en blanc.

1. *Mémoires* de Moulin, p. 372.

2. On trouvera ce mémoire, assez intéressant par les renseignements qu'il fourni sur les hommes influents du département, aux pièces justificatives, nº 8.

3. Arch. nat. Rapports de police du 29 mars et du 2 avril.

Aussi le général Morand n'eut-il pas grand'chose à faire. Bien que ne pensant pas qu'il y aurait ni trouble ni soulèvement nulle part, il crut cependant devoir, pour plus de sûreté, envoyer à Angers le général Belair avec le 3e dragons, le 26e et le 65e de ligne; au Mans le général Latour avec le 9e dragons et le 61e de ligne; à Laval le général Estève, avec un bataillon du 15e, qui détachait à Alençon un autre bataillon [1]. A Nantes, le 31 mars, il lança une proclamation violente, où il disait entre autres choses : « Nobles enfants de la victoire, vous avez vu et vous en avez frémi, vous avez vu des traîtres infâmes, des assassins, des voleurs de grands chemins, revêtir les marques de l'autorité sur vous pour humilier les peuples, pour les attacher au joug de quelques nobles avilis. Des nobles? Eh quoi! tous les Français libres et victorieux ne le sont-ils pas également [2]? »

L'avortement de cette première tentative d'insurrection dans l'Ouest, Noireau en reporta l'honneur à d'Autichamp et au noble usage qu'il fit de son influence sur le duc de Bourbon. Et cette opinion, le gouvernement impérial y fut confirmé par bien des témoignages, notamment par celui du général Schramm [3].

Si l'Ouest restait tranquille, l'agitation du Midi était pour le nouveau régime un objet de soucis cuisants. La présence dans ces contrées du duc et de la duchesse d'Angoulême, qui y déployaient l'énergie et l'activité qui avaient fait défaut à Louis XVIII, y excitait le courage et l'enthousiasme des partisans nombreux de la royauté.

Partis en février de Paris pour un voyage dans le Midi,

1. Arch. guerre. Morand au ministre, 27 mars 1815.
2. Cité par la *Biographie des hommes vivants*, t. IV, p. 497.
3. Arch. guerre. Schramm au ministre, 28 mars.

le prince et la princesse étaient à Bordeaux lorsqu'une dépêche de Louis XVIII leur apprit l'arrivée de Bonaparte et la désignation du duc d'Angoulême pour diriger les opérations de l'aile droite de l'armée royale. Le duc partit sans tarder, laissant sa femme à Bordeaux.

L'attitude correcte des troupes, l'accueil enthousiaste de la population, semblaient des garanties de sécurité ; et l'expédition à peine commencée de l'Empereur n'apparaissait encore aux princes que comme un mauvais cauchemar dont l'on serait bientôt délivré. Le lieutenant général comte Harispe, qui commandait la 11e division militaire, avait écrit le 6 mars au ministre que « les troupes de toutes armes, dans la plus brillante tenue, ont mêlé leurs cris d'allégresse à ceux des citoyens [1]. » Et le colonel des chasseurs d'Angoulême, en garnison à Libourne, recevait du duc et de la duchesse des témoignages de satisfaction « sur le bon état du régiment et sur l'excellent esprit dont il est animé [2]. »

Fidèles, les soldats l'étaient, non à la personne même du monarque ou aux principes de l'ancienne monarchie, mais à la patrie et à ceux qui en constituaient le gouvernement régulier. Que l'ennemi paraisse sur les frontières, et ils s'y élanceront pour le balayer, forts de leur amour pour la France, forts du souvenir de leurs nombreuses victoires. Mais la guerre civile, ils en ont horreur ; mais la pensée de se battre contre leurs compagnons d'armes de la veille, de faire couler le sang de ceux qu'hier encore ils appelaient leurs frères, les fait frémir et leur tourne la

1. Arch. guerre. Cf. Lettre du même au même, 8 mars : « Les troupes, officiers et soldats, ont fait de nouveau éclater les transports de leur joie en défilant devant les princes. »

2. Arch. guerre. Colonel du Chastel au ministre, 5 mars 1815.

tête. Leur fidélité n'est ébranlée, leur dévouement n'est chancelant, leurs serments ne perdent leur force que du jour où ils savent que Napoléon a mis le pied sur la terre de France avec un noyau de fidèles soldats. Où est la légitimité ? dans celui qui proclame son intention de reconquérir la France sans tirer un coup de fusil, dans celui qui défend à ceux qui l'accompagnent de porter à leurs armes une main homicide, dans celui qui offre comme toute arme sa poitrine aux troupes envoyées contre lui ? ou dans ceux qui, de toute part, cherchent à assembler une multitude pour traquer comme une bête fauve l'homme dont le malheur a fait l'objet de leur dérision et dont le coup d'audace excite leurs insultes, dans ceux qui vont allumant la guerre civile et appelant à la rescousse contre des poitrines françaises des baïonnettes étrangères ?

L'insurrection monarchiste du Midi a cela de caractéristique qu'elle met en évidence ce patriotisme des troupes, cette horreur instinctive de la guerre civile qui les honore et qui doit faire au moins leur excuse auprès de ceux mêmes qui voient surtout dans leur défection un manque de fidélité à leurs serments.

L'exaltation même des royalistes ne pouvait que produire sur les soldats un mauvais effet. Quand ils voyaient des groupes parcourir Bordeaux avec un mannequin qu'ils disaient être Napoléon et s'amuser à le brûler [1], comment n'auraient-ils pas senti l'indignation leur emplir le cœur à ce traitement infligé au héros qui les avait conduits naguère à la victoire ?

En vain pour relever l'esprit des troupes, le général Ha-

1. Arch. nat. Bulletins de police déjà cités, 29 mars.

rispe avait-il, dans son ordre du jour du 16 mars [1], annoncé que la garde nationale de Marseille avait, dans « une adresse pleine d'énergie, » sollicité « la faveur de marcher et d'aller combattre l'audacieuse entreprise d'un proscrit qui a abdiqué volontairement. » Les troupes se souciaient assez peu de se mêler aux gardes nationales ou aux volontaires royalistes. Quand la duchesse d'Angoulême voulut faire adjoindre des gardes nationales de Bordeaux à la garnison de Blaye, dont le commandant avait refusé de renouveler entre ses mains son serment de fidélité, la garnison refusa de les laisser entrer. Ce fut bien pis quand, après avoir appris l'entrée à Paris de l'Empereur, l'on songea, sur les conseils de Lainé et de Vitrolles, à désarmer le 8ᵉ léger et le 62ᵉ de ligne ; le général Decaen protesta que la garnison ne se laisserait sans doute pas faire.

L'on avait beau arrêter les courriers à Saint-André-de-Cubzac, on ne pouvait empêcher les nouvelles de transpirer à Bordeaux. Les soldats, comme la population, savaient que l'Empereur était entré à Paris, et que le général Clausel approchait, pour prendre en son nom le commandement de la 11ᵉ division militaire. La garnison de Blaye fut la première à se joindre à lui ; et quand la duchesse d'Angoulême, sachant qu'elle ne pouvait compter sur l'armée régulière, demanda qu'on envoyât contre lui les volontaires royaux et les gardes nationales, Harispe et Decaen furent d'accord pour lui dire que les défenseurs du roi se trouveraient pris entre deux feux, la garnison semblant déterminée à ne pas laisser tirer sur ses frères d'armes sans voler à leur secours.

L'on connaît la dernière et vaine tentative faite par la

1. Arch. guerre.

duchesse d'Angoulême pour ramener par ses exhortations les soldats à se grouper autour d'elle. Quand elle eut bu jusqu'à la lie ce calice d'amertume, force lui fut bien de céder aux circonstances et de quitter la terre française. Peut-être eût-elle tenté de se retirer plus au sud, du côté de Bayonne : mais là encore l'appui des soldats français lui faisait défaut. Elle avait fait proposer par le général Baurot, commandant la place de Bayonne, à la garnison de cette ville de la laisser occuper par un corps d'Espagnols. L'accueil fait à cette proposition par les troupes (3e léger et 78e de ligne) fit naître la pensée de les disséminer; mais quand le général Lamothe arriva le 31 mars pour prendre le commandement supérieur de la place, il se heurta à la volonté très ferme des troupes de ne pas se laisser disperser; en dépit des nouvelles que l'on répandait sur l'état de la France et sur l'avortement de la tentative de Napoléon, les soldats ne se laissèrent point tromper; la garnison de Pau était prête à venir au secours de celle de Bayonne quand la nouvelle de l'entrée à Bordeaux de Clausel vint éclaircir la situation [1].

Mais si l'arrivée de Clausel entraîna le ralliement à l'Empereur de toute l'armée et d'une partie de la population, il ne put que comprimer, sans le changer, l'esprit royaliste de la ville. Le 5 mai, le baron d'Armagnac, commandant la 11e division au nom de l'Empereur, déclarait « indispensable au maintien de l'ordre » la présence d'au moins 2,000 à 3,000 hommes d'infanterie et 200 chevaux [2].

La prise de Bordeaux n'avait pas mis fin d'ailleurs à l'a-

1. L'on trouvera sur ce fait, aux pièces justificatives, n° 9, de larges extraits d'un rapport du colonel Bruc, colonel à l'époque du 3e léger.

2. Arch. guerre. Armagnac au ministre, 5 mai.

gitation royaliste dans le Midi ; le duc d'Angoulême tenait encore la campagne.

Parti de Bordeaux le 10 mars pour se rendre à Nîmes, le duc avait rencontré sur son passage, à défaut de l'enthousiasme des troupes, celui des populations. De tous côtés la garde nationale, comme à Montauban par la bouche de MM. Dubreil et de Gironde, s'offrait à marcher contre Bonaparte [1]. A Nîmes, où le duc avait établi son quartier général, comme à Bordeaux, il fallait surtout compter sur les gardes nationales, et l'on s'occupait de les organiser. Des troupes, on pouvait généralement dire ce que le général Ambert écrivait le 16 mars [2] du 13e de ligne : qu'on « doutait de sa fidélité. » Après l'avoir fait partir, on dut le faire rentrer à Montpellier.

Aussi, en quittant Marseille le 18 mars pour retourner à son quartier général à Nîmes, le duc d'Angoulême donna-t-il l'ordre à Masséna d'expédier sur cette dernière place « 3,000 fusils, 400,000 cartouches, l'équivalent de 60,000 cartouches en plomb et en poudre pour les gardes qui seraient armés de fusils de chasse, et les munitions nécessaires pour servir 6 pièces de campagne [3]. »

Le prince met d'ailleurs tout en œuvre pour se concilier l'esprit des troupes ; peine perdue : s'il fait distribuer de l'argent aux soldats, ils le boivent à la santé de l'Empereur ; s'il propose des décorations pour les hommes et la croix de Saint-Louis pour les officiers supérieurs, on lui répond qu'en sollicitant des faveurs « le régiment aurait l'air de demander par anticipation le prix des services qu'il pourrait rendre par la suite à la maison des Bour-

1. Arch. guerre. Laplane au ministre, 11 mars.
2. Arch. guerre. Ambert au ministre, 16 mars.
3. Arch. guerre. Masséna au ministre, 21 mars.

bons ; » s'il fait présenter par son aide de camp une adresse à signer, on la refuse en disant que le régiment « n'a pas besoin » qu'on prenne « la peine à l'état-major du duc de travailler pour son compte [1]. »

Néanmoins l'armée royale s'organisait pour opérer en trois colonnes dont l'objectif était la reprise de Lyon. Le corps du centre, sous les ordres du duc d'Angoulême, fort d'environ 5,500 hommes (10e de ligne, 14e chasseurs, 1er étranger, 4 escadrons de volontaires à cheval, 6 bataillons de volontaires à pied, 2 batteries du 3e d'artillerie), devait remonter le Rhône jusqu'à Vienne. Le corps de droite, commandé par Ernouf et composé d'une batterie d'artillerie, des 58e et 83e de ligne et de 3,000 gardes nationaux, devait remonter par Sisteron sur Grenoble et se joindre à Vienne au duc d'Angoulême. Le corps de gauche se formerait sous la direction de Rey pour remonter la rive droite du Rhône, tandis que le général Compans organiserait un corps à l'extrême gauche pour soutenir l'armée d'opération en cas de besoin. Le duc d'Angoulême, qui avait auprès de lui des royalistes ardents, le baron de Damas, le duc de Guiche, le vicomte de Saint-Priest, avait choisi comme chef de son état-major un homme tout dévoué à sa cause, le général d'Aultanne. Ernouf, auquel il avait confié la direction de son aile droite, devait lui être d'autant plus attaché, qu'accusé de concussion sous l'Empire, demeuré en disgrâce et mis en surveillance pendant plusieurs années, il avait été tiré de cette situation misérable par le retour des Bourbons qui l'avaient créé chevalier de Saint-Louis et inspecteur général d'infanterie. A la

1. Arch. guerre. Rapport au ministre du colonel Teulet sur les événements du 3 avril à Nîmes. 4 avril 1815.

tête de la 8e division, Masséna paraissait d'autant plus sûr que tous ses mouvements étaient surveillés par le marquis de Rivière, ancien complice de Georges, et que ses velléités possibles de se rattacher à l'Empereur semblaient contenues par l'exaltation royaliste de la région qu'il commandait. A Nîmes même, les généraux Briche et Pélissier étaient tout dévoués. Mais le duc avait chargé du commandement de la troupe de ligne le général Gilly et du commandement de la garde nationale le général Merle, que, dans les notes adressées à Bertrand, Jean-Baptiste Teste, avocat nîmois, frère du général, désigne l'un et l'autre comme « fidèles à l'honneur, à la France et à l'Empereur [1]. »

L'on attribuait au duc d'Angoulême le même dessein qu'avait eu à Bordeaux la princesse sa femme : celui de disséminer les corps dont on était peu sûr et ensuite de les désarmer et de les licencier [2].

Les troupes ne formaient pas d'ailleurs, dans le Midi, le seul élément qui fût hostile aux Bourbons. Des villes, comme Toulon, étaient un foyer d'esprit antiroyaliste; à Nîmes, la garde urbaine était toute disposée à aider au rétablissement de l'autorité impériale; dans les campagnes, une bonne partie de la population était prête aussi à se déclarer en sa faveur.

Pourtant, dans les premiers moments, les opérations des troupes royalistes furent couronnées de succès.

L'Empereur avait confié le département de la Drôme au général Debelle, qui, mis en non-activité en 1809, rallié l'un des premiers aux Bourbons, venait de faire à Marchand des offres empressées de service contre Bonaparte,

1. Arch. guerre. Notes adressées par Teste à Bertrand, 30 mars 1815. Teste avait quitté Nîmes le 24 mars.

2. Ibid.

quand il reçut de celui-ci l'ordre de prendre le gouvernement de ce département, ce qu'il fit aussitôt. Entré à Valence le 15 mars, il écrivait une semaine après à Mouton-Duvernet [1] : « La position malheureuse dans laquelle je me trouve, prêt à être envahi d'un moment à l'autre par les insurgés de l'Ardèche et du Midi..... me force à vous soumettre l'impossibilité où je me trouve de pouvoir tenir si je suis attaqué par des masses.... Je ne puis compter sur les gardes nationales que je n'ai pu encore organiser, vu le mauvais esprit des chefs; cependant, général, je ferai mon devoir jusqu'à la dernière extrémité et je saurai mourir, s'il le faut, au poste qui m'a été confié par l'Empereur. »

Dans les Hautes-Alpes, il en était de même. Le 28, le 58e de ligne, escorté de six compagnies franches, était arrivé à Sisteron, suivi à quelques heures de marche du 83e de ligne et de six compagnies franches [2].

La Salcette, qui commandait la 7e division militaire à Grenoble, en transmettant ces nouvelles au ministre [3], exprimait l'espoir que le 58e et le 83e étaient animés de sentiments impérialistes, et annonçait qu'il leur envoyait « un major homme sûr » pour sonder leurs dispositions. Au reste, les Hautes-Alpes avaient à leur tête un homme énergique et habile, Théodore Chabert, décidé à employer la persuasion pour ramener aux sentiments qui animaient l'armée en général les troupes qui venaient contre lui, et, si la persuasion était inutile, à défendre à outrance le passage des Travers de Corps (Isère) [4]. C'était justement le point sur lequel Ernouf avait donné ordre au général Gar-

1. Arch. guerre. Debelle à Mouton-Duvernet, 22 mars 1815.

2. Arch. guerre. Procès-verbal d'interrog. par le préfet Farnoud du conducteur des voitures publiques de Gap à Aix, 28 mars 1815.

3. Arch. guerre. La Salcette au ministre, 28 mars 1815.

4. Arch. guerre. Chabert à la Salcette, 28 mars 1815.

danne de se porter avec le 58e de ligne et quatre compagnies franches, tandis que le 83e, sous les ordres de Loverdo, avec six compagnies franches, devait tenter d'occuper la Mure et que le général Guillot garderait les derrières de l'armée [1].

Le 28 mars, Chabert informait le général Gardanne des événements et lui disait notamment que le roi s'était enfui en Angleterre. « Si, continuait-il, comme on doit l'attendre d'un militaire tel que vous, la lecture de ces pièces influent (*sic*) sur vos déterminations, je vous prie de me le dire franchement, et alors il serait aisé de nous entendre pour éviter des déchirements à la patrie. » Gardanne, tout en acceptant de faire passer à Loverdo les dépêches analogues que lui expédiait Chabert, déclarait son intention de remplir « avec franchise » les ordres qu'il avait reçus d'Ernouf. Mais il ajoutait que lui aussi pensait que « dans tous ces mouvements contraires, le meilleur Français est celui qui apporte des dispositions de paix et la sécurité aux habitants des villes qu'il traverse ». Il en référait d'ailleurs au général Ernouf. Chabert riposta le 29 mars en lui rappelant l'abandon de la France par Louis XVIII, en l'invitant à reconnaître pour son souverain légitime « ce grand homme auquel se rattachent tant de glorieux souvenirs; » et il ajoutait ces belles paroles : « Le Français ne doit se battre que contre les ennemis de son pays, et de braves gens comme nous doivent se réunir pour le défendre [2]. »

Mais n'ayant environ que 300 hommes, Chabert dut laisser occuper Gap par les troupes marseillaises [3].

1. Arch. guerre. Ernouf à d'Aultanne, 28 mars 1815.

2. Arch. guerre. Chabert à Gardanne, 28 et 29 mars 1815; Gardanne à Chabert, 29 mars.

3. Arch. guerre. Ernouf à d'Aultanne, 29 mars 1815.

La nouvelle de l'entrée à Gap des généraux Gardanne et Loverdo, de l'occupation par le duc d'Angoulême de Montélimar, obligeait Dessaix, qui commandait la 19e division à Lyon, à envoyer contre les insurgés toutes les troupes de cette place et à demander au ministre l'autorisation, qui lui fut donnée télégraphiquement, de faire venir de Lons-le-Saunier le 6e léger [1].

Ce même jour, Napoléon, qui suivait avec anxiété les mouvements du Midi, donnait ordre au ministre de faire organiser la défense par Dessaix et la Salcette ; il voulait que le général Morand, chargé de marcher sur Bordeaux, pour faciliter le mouvement de Clausel, se dirigeât sur Toulouse dès qu'il le pourrait ; enfin il donnait à Grouchy le commandement supérieur des 7e et 19e divisions militaires [2]. On adjoignait à Grouchy les généraux Piré, Le Sénécal et Le Tellier, l'adjudant commandant Petiet et le colonel Roger [3].

La défection du 58e et du 83e facilita beaucoup les choses. Gardanne, à la réception de la seconde dépêche de Chabert, avait beaucoup hésité sur le parti à prendre et avait demandé à Ernouf des instructions nouvelles. Ernouf lui avait interdit de communiquer à nouveau avec Chabert [4]. Mais il était trop tard. Les troupes, par les émissaires de ce dernier, avaient eu connaissance des événements de Paris, et le 58e, officiers, sous-officiers et soldats, avait pris la résolution, le 30 mars, de partir à cinq heures du soir pour se réunir à Corps aux hommes du général Chabert [5]. Gardanne

1. Arch. guerre. Dessaix au ministre, 30 mars.
2. *Corresp. de Napoléon*, nos 21746 et 21749.
3. Arch. guerre. Le ministre à Grouchy, 31 mars (2 lettres).
4. Arch. guerre. Ernouf à d'Aultanne, 30 mars.
5. Arch. guerre. Le chevalier Regnault, colonel du 58e, au général Gardanne, 30 mars 1815, Saint-Bonnet.

ne se contenta pas de suivre ses soldats, mais il promit à la Salcette d'user de son influence sur Loverdo pour le déterminer à imiter son exemple [1].

Loverdo s'engagea en effet par écrit à suspendre le mouvement de ses troupes, mais il subordonnait sa soumission à un ordre direct du ministre [2]. Déjà le maire de la Mure faisait préparer pour le 83ᵉ un drapeau tricolore, quand Loverdo se retira brusquement en Provence avec son corps, après une fausse alerte sur les Monestiers de Clermont (cinq à six lieues de Grenoble [3]). Pourtant au 58ᵉ de ligne, fort de 62 officiers et 810 sous-officiers et soldats, s'étaient réunis 110 sous-officiers et soldats du 87ᵉ de ligne et 2 officiers et 28 sous-officiers et soldats du 83ᵉ, qui avaient abandonné la colonne de Loverdo [4].

Cependant le corps du duc d'Angoulême s'était rendu maître de Montélimar le 29 mars, à dix heures du matin. Debelle s'était empressé de se porter sur le pont de la Drôme avec deux pièces de canon et quatre cents hommes, composés de militaires en retraite et de gardes nationales. Il s'était heurté en avant de Montélimar aux forces supérieures du vicomte d'Escars et, après un combat acharné, avait été obligé par le nombre de battre en retraite. Mais tandis que les royalistes avaient perdu plus de soixante hommes, tués ou blessés, ses propres pertes n'avaient été que de cinq; encore, soixante chasseurs à cheval du 14ᵉ avaient-ils déserté pour se joindre à lui [5]. Quelque

1. Arch. guerre. Gardanne à la Salcette, la Mure, 31 mars; la Salcette au ministre, Grenoble, 31 mars; Gardanne au ministre, 1ᵉʳ avril.

2. Arch. guerre. Gardanne à la Salcette, 1ᵉʳ avril.

3. Arch. guerre. La Salcette au ministre, 2 avril; Grouchy au ministre, 5 avril.

4. Arch. guerre. La Salcette au ministre, 3 avril.

5. Arch. guerre. Debelle à la Salcette, 31 mars; la Salcette au ministre, 2 avril. Il représente cette affaire comme une victoire.

honorable que fût la journée pour les impériaux, ils n'en avaient pas moins dû battre en retraite et céder la place aux royalistes.

Le 2 avril, d'Escars et l'avant-garde du duc d'Angoulême se heurtèrent à Loriol à la petite armée de Debelle. Tandis que celui-ci était attaqué sur la route de Crest, le colonel d'artillerie Noël défendait avec opiniâtreté le pont de la Drôme ; mais son infériorité numérique l'obligeait à battre en retraite, quand une trahison du 10e de ligne, ou peut-être un simple malentendu [1], amena l'écrasement des impériaux, qui se retirèrent en désordre, laissant à l'ennemi trois cents prisonniers et leur artillerie, composée de huit pièces. Le retraite fut si précipitée que non seulement Debelle ne put s'opposer à l'entrée du duc d'Angoulême à Valence, mais qu'il perdit la tête au point de ne pas songer à couper le pont de Romans [2].

Quand une dépêche de Grouchy annonça cette triste nouvelle à Paris [3], en même temps que celle du retour de Loverdo avec les insurgés, l'Empereur et son ministre de la guerre conçurent un étonnement et une indignation qu'ils ne songèrent pas à dissimuler. Le prince d'Eckmühl écrivit à Grouchy [4] une lettre dont nous détachons les passages suivants :

« Si vous n'avanciez pas ces faits aussi positivement, on ne pourrait y croire, surtout en lisant les rapports du général la Salcette du 31 mars, transmis par une lettre du

1. Rien n'est plus obscur que cette affaire. M. Houssaye penche visiblement vers la culpabilité du 10e. Les pièces du procès — il vise dans ses notes toutes celles qui ont quelque importance — sont trop contradictoires pour qu'on puisse rien affirmer.

2. Arch. guerre. Rapport de Grouchy, Pont-Saint-Esprit, 11 avril.

3. Arch. guerre. Dépêche de Grouchy au ministre, 3 avril ; lettre du même au même, même date.

4. *Corresp. de Davout*, 1534.

général Dessaix du 1er avril, et en outre l'imagination ne peut pas se représenter des généraux français allumant la guerre civile dans notre patrie et marchant sous les étendards d'un Bourbon, dont la famille, depuis vingt-quatre ans, n'a fait que provoquer des guerres étrangères et civiles en France. Quoi qu'il en soit, il est important de faire échouer ces tentatives dès leur principe. En conséquence, la division Girard part demain à la pointe du jour en poste pour Lyon, où elle arrivera en quatre jours. Le général Girard vous préviendra de la marche de ses colonnes pour que vous puissiez envoyer au-devant. Je donne l'ordre également à un bataillon d'artillerie du 4e régiment et à un bataillon de sapeurs, qui sont partis ce matin pour Lyon, de prendre la poste pour vous rejoindre au plus vite.

« .... L'Empereur ne peut pas croire que le général Loverdo, qui a de l'honneur, après avoir reconnu l'erreur dans laquelle on le tenait, ait faussé la parole qu'il a donnée. »

En apprenant l'envoi de Grouchy dans le Midi, le comte d'Artois écrivait à Louis XVIII [1] : « C'est M. de Grouchy qui marche contre (le duc d'Angoulême), et le soir même de votre départ il a renouvelé ses serments de fidélité et juré que sa conduite prouverait la pureté de ses sentiments. » Cette espérance des royalistes dans la possibilité d'une trahison excita-t-elle la méfiance de l'Empereur? les nouvelles du Midi lui firent-elles ajouter quelque foi à ces racontars? Il crut en tout cas nécessaire de confier la haute direction des affaires au maréchal Suchet [2], qui partit le 5 avril pour Lyon.

1. *Louis XVIII à Gand*, p. 130.

2. *Corresp. de Davout*, 1537 (à Grouchy, 3 avril), et 1538 (à Suchet, 4 avril).

Mais le succès de l'armée royale à Loriol devait être le dernier; c'était l'éclat de la flamme près de s'éteindre. De toutes parts les troupes se déclaraient pour l'Empereur. A Carcassonne, c'est le colonel Faverot, qui reçoit, le 3 avril, de d'Aultanne « l'ordre de licencier sur-le-champ » son régiment, le 15e chasseurs à cheval; il jette l'ordre au feu, se procure du pain et de l'avoine, et se dispose à marcher dans la nuit du 4 au 5 sur Rodez, où il sait que flotte le drapeau tricolore, quand le général Chartran lui propose de le faire arborer dès le lendemain à Carcassonne, ce qui a lieu en dépit de l'opposition des autorités civiles [1]. Un détachement du 10e chasseurs, envoyé par ordre du duc dans la Lozère, en fait autant tandis que Compans se rallie également à l'aigle impériale [2]. Le 3 avril, Ambert annonce au ministre que « tous les départements de la 9e division sont réunis sous le gouvernement de l'Empereur. » Le 2 avril, le 69e d'infanterie de ligne, que le duc tenait à Béziers, quitte cette ville pour revenir à Toulouse, où le général Delaborde met fin le 4 avril au court proconsulat du baron de Vitrolles. Le retour de Toulouse sous le drapeau impérial amène ou facilite la défection de Montauban, d'Auch, de Tarbes, de Foix. Le général Maransin, dans le Gers et les Hautes-Pyrénées, le général Lafitte dans l'Ariège, le général Laplane dans le Tarn-et-Garonne, rivalisent de zèle pour le service de l'Empereur, comme le général Chartran à Carcassonne, comme dans le Lot le major Goutefrey, du 45e d'infanterie, qui électrise la garde nationale, qui groupe autour de lui cent trente officiers espagnols « prêts à faire le

1. Arch. guerre. Faverot à Berton, à Montpellier. Narbonne, 14 avril
2. Arch. guerre. Merle au duc d'Angoulême, 3 avril.

service en rivalisant de dévouement avec les militaires français », comme à Nîmes, le général Gilly et surtout le colonel Teulet [1]. C'est à la nouvelle de l'entrée à Valence du duc d'Angoulême que Teulet jugea « qu'il était temps d'agir pour le service de l'Empereur. » D'accord avec le chef de bataillon Montjean, commandant la garde urbaine de cette place, les chefs de bataillon Lafond et Guillaume, chargés d'organiser à Nîmes une compagnie des officiers en demi-solde, il fit crier : Vive l'Empereur ! aux troupes et arborer le drapeau tricolore sur les trois pavillons de la caserne, à la mairie, à la tour Magne, au Cirque, et dans tous les endroits publics, en dépit du général Briche, qui essaya de haranguer les troupes, et du général Pélissier, qu'il fit garder à vue, puis expédier sur Montpellier [2]. Mais ce ne fut pas tout. Le général Gilly fit partir de Nîmes, le 6 avril, pour le Pont-Saint-Esprit, le 10e chasseurs, et quitta lui-même la ville le lendemain avec le 63e de ligne. Le duc d'Angoulême allait se trouver pris entre deux feux, car Grouchy, déployant toute l'activité possible, devant l'impuissance de la Salcette d'envoyer des troupes de Grenoble au secours de Debelle, avait mis en mouvement le général Piré avec le 6e léger pour aller prendre position à Saint-Rambert. Le 4 avril, le duc d'Angoulême se trouvait à Valence et Piré estimait ses forces à 4,000 ou 5,000 hommes, dont plus de la moitié comprenaient les gardes nationaux [3]. L'état officiel de ce corps d'armée nous est fourni par l'ordre de marche en retraite en date du 7 avril 1815,

1. Arch. guerre. Ambert au ministre, 3 avril, et même date, onze heures soir ; Delaborde au ministre, 6 avril ; Lucotte au ministre, 7 avril ; Goutefrey au ministre, 4 avril.

2. Arch. guerre. Rapport de Teulet au ministre, 4 avril.

3. Arch. guerre. Note de Piré, 5 avril.

conservé aux archives de la guerre. Voici cet ordre de marche :

« Le 2e corps d'armée partira de Valence à deux heures du matin, et marchera dans l'ordre suivant pour se porter sur Montélimar :

2e escadron du 14e chasseurs.

2e bataillon du 10e de ligne.

La trésorerie.

L'artillerie.

Le 1er bataillon du 10e de ligne.

Le 5e bataillon du Gard.

Le 3e — —

Le 2e — —

Le 1er bataillon de l'Hérault.

2 pièces de 4.

Les 1er et 2e bataillons de Vaucluse.

Arrière-garde

Le 1er étranger.

Le 1er escadron du 14e chasseurs. »

En outre, le colonel Magnier, avec une bande de royalistes forte d'un millier d'hommes, occupait la rive droite du fleuve près de Tournon, et la colonne d'Ernouf menaçait Grenoble. Sous l'impulsion énergique de Grouchy, Piré agit avec activité ; grossissant ses troupes de celles qui se trouvaient à Saint-Marcellin, il fit au port Saint-Jacques une fausse attaque, trompant les royalistes par une canonnade et une vive fusillade, et par une marche rapide de nuit se porta sur Valence. Mais le duc, prévenu, s'était déjà enfui, ne laissant que des blessés ou des traînards. A Loriol, le 14e chasseurs se réunit aux troupes impériales aux cris de : Vive l'Empereur ! Obligé par l'occupation du Pont-Saint-Esprit par Gilly de se replier sur la Palud, réduit à des forces dérisoires par la défection d'une partie de ses troupes et par la débandade de quelques compagnies de volontaires, le duc d'Angoulême se décida, le 7 avril, à capituler et à traiter avec le général Gilly. Celui-ci convint de le laisser sortir de France. Le duc licenciait ses troupes, qui ne se composaient plus que du 10e léger, de 10 bouches à feu et de 1,500 gardes nationaux.

Mais Grouchy refusa de ratifier la capitulation et prit les ordres de l'Empereur, qui, comme on le sait, hésita un moment s'il ne retiendrait pas son ennemi prisonnier [1]. Le 11 avril il envoyait à Grouchy une lettre insérée au *Moniteur* du 12 avril, l'autorisant à laisser sortir de France le duc d'Angoulême, à condition qu'il s'engageât à restituer les diamants de la couronne; il lui faisait renouveler cet ordre par Davout, en ajoutant que le prince devait également s'engager à ne jamais porter les armes contre la France [2].

La capitulation du duc d'Angoulême entraîna immédiatement la soumission d'Avignon, qui, le 8 avril, arbora le drapeau tricolore, et bientôt celle de Loverdo. Avec Ernouf, il avait attaqué le général Proteau, chargé par Grouchy de la défense des Hautes-Alpes avec le 49e de ligne, le 7 avril, sur la route de Sisteron; Loverdo avait été blessé dans l'engagement, et le lendemain quelques gardes nationaux de Vitrolles avaient suffi pour repousser 500 Marseillais. Le 12, Loverdo demanda la suspension des

1. Archives guerre. Rapport de Grouchy, du 11 avril; Ambert au ministre, 9 avril; Grouchy à l'Empereur, 9 avril (deux lettres); le même au même, 10 avril.

2. Napoléon à Grouchy, 11 avril. *Correspond.*, n° 21796; le même à Davout, 13 avril. *Lettres inédites*, n° 1167. Davout à Grouchy, 13 avril. *Corresp.*, 1578.

hostilités, annonçant qu'il se soumettrait aux ordres du prince d'Essling [1].

Masséna, qui s'était rendu à Toulon pour empêcher l'exécution du plan du duc d'Angoulême, qui voulait livrer la place aux Anglais, arbora le drapeau tricolore le 11 avril. Rey, envoyé par le ministre de la guerre avec un pli à son adresse, était parvenu à le rejoindre le 8 avril. Et c'est alors, et après avoir appris la capitulation du duc d'Angoulême, que Masséna se décida. Le 12, Marseille, menacée par lui, se soumit et arbora le drapeau tricolore. Mais ce ne fut pas sans peine. Le marquis de Rivière, fougueux royaliste, y commandait ; il avait envoyé le 12 même une lettre impertinente à Grouchy, le menaçant de 30,000 Marseillais. Grouchy, sans répondre, avançait sur Marseille, écrivant à Masséna pour se concerter avec lui sur les mesures à prendre pour amener la prompte soumission de la place. La rentrée d'Ernouf à Marseille le 13 amena la reprise de la cocarde blanche. Mais le 16 avril, la guerre civile était véritablement terminée. Bruslart et le marquis de Rivière s'étaient enfuis de Marseille ; et à Cette le duc d'Angoulême s'était embarqué avec quelques fidèles : le duc de Guiche, le vicomte d'Escars, le baron de Damas, le comte de Polignac, le vicomte de Lévis, Giresse de La Beyrie, sans compter neuf domestiques et l'huissier du cabinet du duc, Ascher de Montgascon [2].

Napoléon récompensa Grouchy en le nommant maréchal de France (17 avril). Il destitua les généraux d'Aultanne,

1. Arch. guerre. Proteau au ministre, 3 avril ; le même au même, 10 avril ; le même au même, 12 avril.

2. Arch. guerre. Rey au ministre, 1er et 14 avril ; Masséna au ministre, 14 avril ; Grouchy à l'Empereur, 12 avril ; le même à Suchet, 12 avril ; le même à Masséna, 13 avril ; Grouchy à Gilly, 14 avril ; Suchet au ministre, 15 avril.

Ernouf, Monnier, Loverdo, Briche, le colonel d'Ambrugeac, les préfets des Bouches-du-Rhône, du Var, des Basses-Alpes et du Gard. Il faisait en outre donner l'ordre à Grouchy de suspendre de leurs fonctions tous les officiers qui avaient montré un mauvais esprit [1]; il chargeait Rœderer et Bourdon de se rendre le premier à Marseille, le deuxième dans le Var, pour reformer « la garde nationale de Marseille, celle de Toulon, celle de Grasse, d'Antibes et de tous ses départements [2]. »

Plus encore peut-être qu'à Bordeaux, des mesures énergiques étaient nécessaires pour maintenir la tranquillité dans ces contrées et imposer silence aux agitateurs, en un moment où la France avait si grand besoin d'être unie pour faire face à l'ennemi. Il était temps que les discordes civiles fissent place à l'union, et que l'amour de la patrie triomphât enfin des intérêts de partis et des querelles particulières. Les troupes l'avaient en général compris et avaient donné aux populations un exemple qui malheureusement ne trouva pas partout l'écho nécessaire.

1. Arch. guerre. Ministre à Grouchy, 13 avril.
2. Napoléon à Carnot, 17 avril. *Lettres inédites*, n° 1172.

CHAPITRE V

DEUXIÈME INSURRECTION DE L'OUEST ET ARMÉE DE LA LOIRE

La façon misérable dont avait échoué la tentative insurrectionnelle de l'Ouest, la facilité et la rapidité avec laquelle elle avait été comprimée, pouvaient faire espérer à l'Empereur que de ce côté la tranquillité de l'Empire ne serait plus troublée, et que les troupes envoyées contre les insurgés de l'Ouest pourraient être employées contre ceux du Midi et bientôt envoyées à la frontière. Quand la capitulation de la Palud eut fait disparaître le danger du Midi, quand le décret d'organisation des gardes nationales eut permis à l'Empereur de penser que ces troupes sédentaires et la gendarmerie suffiraient à maintenir l'ordre et à assurer la défense de provinces qui semblaient pacifiées, il prit des mesures pour faire « partir le 73e de Cherbourg, le 74e de Brest, le 65e, le 45e, le 11e de dragons, le 9e et le 3e de dragons, le 71e et le 67e, » en supprimant les séjours et en doublant, autant que possible, les étapes 1.

Mais l'esprit de l'Ouest n'était pas aussi calme qu'il le

1. *Correspondance*, n° 21841.

croyait. Ceux qui étaient sur les lieux relevaient des symptômes menaçants. Les troupes elles-mêmes, ou du moins leurs officiers, n'échappaient pas à tout soupçon. Nous en avons déjà donné des preuves ; nous en pourrions citer d'autres : le 5 avril, par exemple, le comte de Saint-Sulpice, chargé du commandement de la 22e division militaire à Tours, croyait « urgent » d' « éliminer de suite » de l'état-major « le commissaire des guerres Maccartin, qui a toujours été chouan et qui, dans les derniers événements, s'est fort mal conduit, » et « le capitaine Guillot de la Poterie, dont la famille a toujours été du parti de la chouannerie [1]. » Des bruits sinistres circulaient sur l'exaltation de quelques individus qui ne reculaient pas devant des projets d'assassinat. Le 4 avril, c'est le maréchal de camp de gendarmerie baron Saunier qui annonce à Davout, d'Angers, « qu'une femme nommée Langevine, qui a figuré par ses atrocités dans la guerre de la Vendée et qui a été présentée à l'ancienne cour, a quitté le pays dans l'intention de se rendre à Paris et d'attenter aux jours de Sa Majesté [2]. » Le 18 avril, c'est le général Charpentier qui écrit « qu'un nommé Leroux-Duminhey de Saint-Brieux, ex-chef de chouans, nommé il y a quelques mois chevalier de Saint-Louis, domicilié à Guérande depuis quelque temps, a dit que trente chevaliers de Saint-Louis, dont il faisait partie, avaient juré sur parole d'honneur qu'ils assassineraient l'Empereur, » et que ledit individu a quitté Guérande on ne sait pour quelle destination [3].

A côté de ces forcenés, il y a les chouans qui organisent

1. Archives guerre. Saint-Sulpice au ministre, 5 avril.

2. Archives guerre. Le ministre au duc d'Otrante, au duc de Rovigo, au préfet de police, au comte Hullin, 7 avril (donation Davout).

3. Archives guerre. Charpentier au ministre, 18 avril (donation Davout).

l'insurrection; des bandes parcourent le pays, prêtes à se transformer en armée, épiant le départ des soldats. Caffarelli écrit au ministre que la révolte fera explosion si l'on retire les troupes. De tous côtés c'est le même cri, c'est la même menace. L'Empereur, l'œil fixé à la frontière, ne voit que l'ennemi du dehors contre lequel il faut concentrer tout l'effort de la France; il dédaigne, il refuse de voir tout d'abord l'ennemi du dedans qui rôde prêt à le poignarder par derrière. Tout ce qu'il consent à faire, c'est à envoyer dans l'Ouest (30 avril) le lieutenant général comte Delaborde, en qualité de gouverneur des 12e, 13e et 22e divisions militaires, avec « des pouvoirs civils et militaires dont l'étendue met cet officier général en mesure de maintenir le bon ordre dans ces contrées [1]. » Delaborde est à coup sûr un brave général qui s'est distingué jadis contre les Marseillais insurgés, au siège de Toulon, à l'armée des Pyrénées, à l'armée du Rhin, en Espagne; qui connaît le pays pour avoir un temps commandé la 15e division à Rennes, et dont le dévouement à l'Empereur vient de se manifester par sa conduite à Toulouse, où il a fait arrêter Vitrolles et arborer le drapeau tricolore. Mais son nom et sa présence suffisent-elles contre les insurgés qui se multiplient, qui deviennent plus menaçants à mesure que les troupes s'éloignent? Il est vrai que l'on a ordonné la formation de colonnes mobiles, et qu'on met à leur tête l'énergique Travot, l'un des aides de Hoche en 1796, époque à laquelle il sut prendre Charette, qui se distingua encore contre les chouans en 1799 et 1800 et qui, s'il commença par offrir ses services au duc de Bourbon, lors du débarquement de l'Empereur, se rallia franchement

1. Archives guerre. Ministre à Bonnaire, préfet de la Loire-Inférieure, 5 mai. Cf. *Corresp. de Davout*, 1648 et 1650.

après le départ de ce prince et exhorta les Vendéens à reconnaître Napoléon. Mais qu'est-ce que ces colonnes mobiles? « Je suis bien commandant des colonnes mobiles, écrit-il avec mélancolie le 9 mai, mais je n'ai aucun homme à ma disposition pour agir. » Et il ajoute que « l'agitation est générale, » que « ce n'est point le concours d'un régiment qui puisse aujourd'hui rétablir la tranquillité, » que « la situation de ce pays est on ne peut plus critique, et le mal ne fera qu'augmenter [1]. »

Delaborde prend sur lui de retenir les 15e et 26e de ligne; Charpentier n'ose en faire autant pour le 65e, il le laisse filer; mais son obéissance aux ordres du ministre excite contre lui les vociférations des Nantais. La situation est d'autant plus grave que la chouannerie menace de gagner la Normandie : « Il s'y prépare, écrit Lemarois, quelque coup d'éclat.... Beaucoup d'anciens gardes du corps qui étaient rentrés chez eux depuis les derniers événements viennent de disparaître sans que l'on sache où ils se sont retirés [2]. » La Rochejaquelein a débarqué le 15 mai à Saint-Gilles; d'Andigné donne le 16 à Vallon d'Ambrugeac le commandement de la Sarthe [3]. Travot réussit bien à organiser un corps de chasseurs de la Vendée, mais il doit renoncer à son projet de réunir les anciens militaires « en compagnies d'infanterie uniquement destinées à maintenir l'ordre et à repousser les débarquements. » Et Delaborde, qui nous donne ces renseignements, ajoute [4] : « J'ai tout lieu de craindre aujourd'hui que les mêmes difficultés ne s'opposent à la

1. Archives guerre. Travot au ministre, 9 mai.
2. Archives guerre. Lemarois au ministre, 12 mai.
3. Archives guerre. Armée royale, 12 mai.
4. Archives guerre. Delaborde au ministre, 17 mai.

réunion des anciens militaires sur beaucoup d'autres points, et que ces hommes séduits ou intimidés, au lieu de servir la cause de l'Empereur, ne deviennent, en se joignant aux bandes, de très dangereux ennemis.... Mon rapport d'hier a fait connaître à Votre Altesse que le tocsin avait sonné dans la journée du 15 sur une très grande étendue de pays à la fois, et que ce jour avait été marqué par les ennemis du gouvernement comme devant être celui de l'insurrection générale.... Les amis de la chose publique et les fonctionnaires ont été forcés de s'enfuir des points où le soulèvement a eu lieu, et où leur vie était menacée.... Il paraît incontestable que les insurgés se sont portés, en nombre extrêmement considérable, sur les bords de la mer pour y recevoir les hommes, les armes et les munitions que l'escadre anglaise doit débarquer. M. le général Travot, de qui je tiens ces derniers détails, était encore hier sans aucun moyen de s'opposer à cette funeste tentative, et il gémissait de son impuissance. Cependant il doit avoir reçu aujourd'hui une compagnie de 100 gendarmes à pied, 250 hommes du 61e, et 10 gendarmes à cheval.... Il doit aussi recevoir, le 19 au plus tard, les 15e et 26e régiments.... Il paraît hors de doute maintenant que M. d'Autichamp ne soit l'un des chefs de l'insurrection. Une lettre du commandant du 18e dragons annonce comme une nouvelle certaine que le duc de Bourbon est arrivé dans un château de la commune des Herbiers.... J'ai déjà eu l'honneur de le dire à Votre Altesse et je suis bien forcé de le répéter, la garde nationale, dans ces contrées, peut être tout au plus employée à la défense de ses foyers ; encore, sur beaucoup de points, ne sera-t-elle d'aucun secours.... Tenter de faire sortir la garde nationale de l'enceinte de ses murs, ce serait vouloir, dans les lieux les mieux disposés en apparence, produire un mécontentement général, et en définitive livrer aux insurgés des hommes et des armes. Les douaniers, qui désertent en foule ou qui donnent leur démission lorsqu'on les emploie en colonnes mobiles, ne présentent qu'une ressource extrêmement faible.... Ainsi le secours qu'on peut en attendre est complètement nul. Toute la force dont on peut disposer se réduit donc à la troupe de ligne et à la gendarmerie; encore dans cette dernière arme, les hommes établis et mariés dans le pays n'ont-ils pas toujours le dévouement et la résolution nécessaires. »

A la même date du 17 mai, l'inspecteur de gendarmerie Saunier donne des renseignements aussi alarmants [1]. Les insurgés prennent des places comme Bressuire et en menacent d'autres. Travot évalue à plus de 30,000 le nombre des fusils débarqués à Saint-Gilles par les Anglais; le tocsin sonne de la mer à Bressuire, Suzannet commande une partie du Bas Poitou et de la Bretagne, Sapinaud l'armée du centre, d'Autichamp l'Anjou. Travot demande un renfort d'au moins 10,000 hommes : « C'est un soulèvement général; c'est une population tout entière de plusieurs départements qui court aux armes. » Et dans cet état alarmant des choses, Delaborde perd patience et courage, et demande à être relevé de son commandement, alléguant l'épuisement de ses forces physiques [2]. L'Empereur s'impatiente, ne se laisse arracher les concessions que par lambeaux. Le 13 mai, il écrit à Davout [3] que « puisque le 43e a rejoint dans la Vendée, ce régiment, joint

1. Archives guerre. Saunier au ministre, 17 mai.
2. Archives guerre. Delaborde au ministre, 19 mai.
3. *Lettres inédites*, 1197.

à 500 gendarmes et à 300 hommes de marine, doit mettre à même le général Delaborde de laisser filer pour l'armée toutes les troupes de ligne. » Ces 1,800 hommes, partagés en trois colonnes mobiles de 600 hommes, doivent, selon lui, venir promptement à bout d'étouffer les mouvements séditieux. Le 20 mai, il se décide à permettre à Delaborde de garder le 26e de ligne; il l'autorise à se faire suivre d'une commission militaire, à faire fusiller tout homme pris les armes à la main, à exiler en Champagne, en Bourgogne ou en Dauphiné tous les suspects [1].

Il finit cependant par se rendre compte de la gravité de la situation. Le 21 mai, dans un conseil extraordinaire, auquel assistent avec les ministres des affaires étrangères, de l'intérieur, de la guerre, de la police, du trésor, de la marine et des finances, l'archichancelier et les princes Lucien et Joseph, il reconnaît « que la guerre civile éclate réellement dans la Vendée, et qu'il n'y a point à différer pour prendre des mesures militaires et organiser une armée pour combattre la rébellion; » que « si des mesures n'étaient pas prises dans la Normandie, on y verrait bientôt se développer les trames qui y sont ourdies en secret contre la tranquillité publique. » De Paris, de Lyon, de Poitiers, les partisans des Bourbons s'échappent pour aller grossir les rangs des rebelles, échauffer leur zèle, fomenter les troubles, et l'Empereur, en même temps que les troupes comprimeront les rebelles en armes, songe à une organisation policière qui surveillera les mal pensants, qui épiera leurs mouvements pour les mettre hors d'état de nuire : il faudra former dans les départements soupçonnés d'un mauvais esprit,

1. *Lettres inédites*, 1205. Cf. *Corresp. de Davout*, 1732.

dans ceux de l'Ouest d'abord, mais aussi dans ceux du Midi, et dans le Nord, le Pas-de-Calais, la Somme, des comités de trois membres chargés de faire arrêter les agents des trames contre la tranquillité publique, d'éloigner ceux qui agissent contre les intérêts du gouvernement; constituer au chef-lieu de chaque division militaire une commission de haute police composée du général commandant ou d'un lieutenant général désigné *ad hoc*, du procureur général et du préfet, avec pouvoirs de suspendre les maires, les sous-préfets et les agents des administrations, et mission d'étudier la question du désarmement des gardes nationales suspectes [1].

Plus que ces commissions, capables d'exciter des mécontentements par leur maladresse, ce qu'il faut dans l'Ouest, ce sont de bonnes troupes régulières, bien disciplinées et en nombre suffisant pour dissiper les rassemblements d'émeutiers et pour maintenir dans le devoir une population qui, au fond, ne demande que sa tranquillité. Ceux qui sont dans le pays se rendent bien compte — et ne se font pas faute de le dire à l'Empereur et à son ministre — que, si les nobles usent et abusent de leur influence pour entraîner les paysans dans le mouvement insurrectionnel, si le clergé marche en général la main dans la main avec eux, non seulement par les exhortations à ses paroissiens, mais même — comme cela a lieu pour les séminaristes de Vannes, — par une participation effective à la guerre, le peuple ne se laisse dominer que par un sentiment : la peur; s'il cède aux excitations de la noblesse, à l'appel des prêtres, aux supplications trop souvent des femmes plus fanatisées que les hommes, c'est

1. Archives guerre (donation Davout). Extrait du procès-verbal du conseil, 21 mai. Cf. *Corresp. de Nap.*, n° 21945.

beaucoup moins par conviction que sous la menace qui est faite d'être fusillés à ceux qui ne suivent pas le parti [1].

Penser, comme l'Empereur semblait s'obstiner à le faire, qu'il était aisé d'arrêter l'insurrection au moyen des gardes nationales, était mal connaître le pays, en Bretagne comme en Vendée. « Je connais le pays, disait Caffarelli pour la Bretagne; je suis assuré que les citoyens veilleront avec soin à la sûreté des villes et au maintien de l'ordre dans les campagnes, chose très importante; mais si on leur fait quitter le lieu de leur domicile, leurs familles et leurs affaires, il est à craindre que leur zèle ne s'affaiblisse sensiblement et même qu'ils ne refusent de marcher [2]. » D'ailleurs, dans certains endroits, comme à Mayenne et à Laval, les gardes nationales sont « sans bons principes [3]; » à Nantes, les deux tiers sont animés d'un mauvais esprit [4]. A Loudéac, les jeunes gens de ce canton et de celui de la Chèze, réunis pour la formation de deux compagnies de grenadiers de la garde nationale, se mutinent au cri de Vive le roi! lancent des pierres contre les vitres de la chapelle où se fait l'opération et en défoncent la porte; et ce n'est qu'à coups de fusil qu'on peut les disperser [5].

Et d'ailleurs comment même utiliser les bonnes volontés? Les armes, les munitions font défaut presque partout [6]. Le plus fâcheux, c'est qu'à recevoir tous ces

1. Archives guerre. Saunier au ministre, 19 mai; rapport de Delaborde, 21 mai; Meunier au ministre, 5 juin; Tarayre au ministre, 7 juin.

2. Archives guerre. Caffarelli au ministre, 24 mai.

3. Archives guerre. Bigarré au ministre, 31 mai.

4. Archives guerre. Charpentier à Bigarré, 1er juin.

5. Archives guerre. Note du lieutenant de la gendarmerie, Loudéac, 30 mai.

6. Cf. par ex. arch. guerre. Bigarré au ministre, 31 mai et 2 juin. Fouché au ministre de la guerre, 25 mai. Préfet d'Ille-et-Vilaine au ministre de la guerre, 26 mai. Préfet de la Sarthe au ministre de la police, 1er juin.

récits désolants, tous ces appels désespérés, le gouvernement perd confiance dans les hommes qu'il a envoyés là-bas. Le ministre accuse Bigarré de faiblesse, et cette accusation frappe au cœur le vaillant et actif général qui l'un des premiers a constitué et fait opérer dans son gouvernement des colonnes mobiles (8 mai), qui de son autorité privée a arrêté plusieurs personnages suspects, qui n'a pas craint même de suspendre la constitution dans la division soumise à ses ordres (3 juin). « Si avec cette conduite, écrit-il le 4 juin au ministre [1], je n'ai pas su mériter votre confiance, je suis prêt à remettre le commandement de la 13e division à qui bon vous semblera, car sans cette confiance, ma bonne volonté et le soin que je mets à remplir mes devoirs seraient toujours en défaut. » Delaborde, avec son insistance pour être remplacé, avec son effarement devant le danger croissant, ne pouvait pas n'être pas taxé, lui aussi, de faiblesse et de mollesse. Napoléon songea d'abord à le remplacer par le général Corbineau. Mais le dévouement de cet aide de camp, qui lui avait trouvé le passage de la Bérésina, qui lui avait sauvé la vie à Montmirail, lui était trop précieux dans la grande lutte qu'il allait avoir à soutenir contre les coalisés pour qu'il se résignât à s'en priver ainsi. Corbineau partit en poste le 21 mai pour seconder et surveiller Delaborde [2]; mais ce ne fut que pour quelques jours; et c'est au général Maximilien Lamarque, illustré par la campagne d'Espagne en 1793 et depuis par ses exploits dans le Napolitain, que fut confié le soin de réduire l'insurrection vendéenne.

1. Archives guerre.

2. *Correspondance de Napoléon*, 21944; *Corresp. de Davout*, 1736.

En faisant partir Corbineau, Napoléon se flattait qu'en réunissant le 15e et le 26e de ligne au bataillon de 500 gendarmes et 300 à 400 hommes des dépôts de cavalerie sur la Loire, auxquels se joindraient les fédérés de Nantes, il aurait, pour écraser les rebelles et « frapper un grand coup, » des troupes suffisantes que renforcerait au besoin une colonne envoyée par Clausel de Bordeaux [1].

Le 22 mai [2], il prend des mesures plus sérieuses ; il confie le commandement du château de Nantes au général comte de Hogendorp, qui lui est tout dévoué et dont la sévérité comme gouverneur de Hambourg est un garant qu'il sera sans faiblesse. Par l'organisation des gardes nationales qu'il ordonne de compléter, par l'appel de la gendarmerie, et par la réunion de quelques troupes de ligne, voici comme il calcule les forces dont on disposera contre l'insurrection : à Angers, une division de gardes nationales, avec une batterie de canons, deux bataillons de gendarmerie à pied et un escadron de gendarmerie à cheval ; à Poitiers, une division de gardes nationales, un bataillon de gendarmerie à pied, un escadron de gendarmerie à cheval ; à Niort, une colonne venue de la Rochelle, celle qu'enverrait de Bordeaux Clausel, un bataillon de gendarmerie à cheval ; à Saumur un bataillon de gendarmerie à pied. A Nantes se réunissaient trois bataillons de fédérés, un bataillon du 65e, les dépôts et les 3e et 4e bataillons de la 13e division militaire ; à Angers, les 3e bataillons de la 22e division ; à Poitiers, ceux de la 21e division ; à Napoléonville, ceux de la 12e. Le 15e, le 26e et le 25e de ligne formeraient une colonne active. En même

1. *Corresp. de Napoléon*, 21944.
2. *Correspondance*, 21948.

temps, pour subvenir au besoin d'équipement qu'on lui signalait, il donnait ordre à Davout de diriger sur l'Ouest des armes, d'organiser à Nantes un atelier de réparation et un atelier d'habillement, le premier devant réparer 5,000 fusils tirés de Bretagne, le second chargé de confectionner 2,000 habits complets.

Le 23 mai, Davout rendait compte à l'Empereur [1] qu'il faisait partir en poste pour Angers les 2es régiments de voltigeurs et de tirailleurs de la jeune garde, avec deux batteries d'artillerie et les 3e et 4e bataillons du 14e de ligne; il faisait concentrer sur Napoléon le 4e bataillon du 26e de ligne, alors à l'île de Ré, les 3e et 4e bataillons du 43e, à Rochefort; sur Niort, les 3e et 4e bataillons du 82e, les 4es escadrons du 12e et du 16e dragons et du 13e hussards. Le commandement de l'artillerie était confié au général baron Louis Tirlet, ancien chef d'état-major de l'artillerie de l'armée d'Orient, qui s'était distingué en Portugal et en Espagne, avait été élevé en 1813 au grade de lieutenant général et remplissait alors les fonctions d'inspecteur général de l'artillerie. Le commandement du génie était remis aux mains du général baron Dabadie, qui, après avoir pris part aux campagnes de la Révolution, avait rempli avec grande distinction les fonctions de colonel directeur des fortifications et avait mérité d'être élevé en 1807 au grade de général de brigade.

Si Delaborde continuait à demeurer au-dessous de sa tâche, si, abattu sans doute par les infirmités dont il se plaignait, il se laissait aller au découragement et continuait à agir, comme le disait l'Empereur [2], « dans un

1. Archives guerre. Rapport à l'Empereur, 23 mai. Cf. ministre à Delaborde, 24 mai; ministre à Clausel, 24 mai.

2. *Lettres inédites*, 1212 (25 mai).

système funeste, » Travot, lui, sans se dissimuler les difficultés de la situation, n'avait pas perdu de temps pour agir. Il avait eu vent que les Anglais devaient débarquer à Saint-Gilles des armes et des munitions pour les rebelles, et quoiqu'il s'attendît à y trouver 3,000 à 4,000 insurgés, il n'hésita pas à s'y porter avec la « poignée de monde » dont il disposait, moins de 900 hommes ainsi répartis : 280 du 43e de ligne, 250 du 61e, 142 canonniers de marine, 103 gendarmes d'élite et 80 hommes de cavalerie [1]. En réalité, Suzannet, à qui un officier de la Rochejaquelein avait annoncé le débarquement de 14,000 fusils, avec des munitions, des canons servis par 300 canonniers anglais, et de grosses sommes d'argent, et la prochaine arrivée d'un convoi de 20,000 fusils avec 15,000 hommes de troupe, était parti pour Saint-Gilles avec 5,000 hommes. Il y avait appris que, au lieu de 34,000 fusils, on n'en avait apporté que 2,000, dont 1,000 avaient déjà été distribués aux gens du Marais avec une partie des 800,000 cartouches [2].

Sur les hauteurs de Givrand, à l'Aiguillon, près Saint-Gilles-sur-Vic, Travot atteignit, le 19 mai, 1,500 hommes qui revenaient de la côte; ils se débandèrent à la première décharge, mais en laissant 600 des leurs tués ou blessés sur le champ de bataille. Travot fit aussi beaucoup de prisonniers, mais il se contenta de les désarmer et les renvoya chez eux. Sapinaud et Suzannet, qui avaient eu d'abord la pensée de marcher sur Napoléon-Vendée, furent entraînés à Aizenay par la Rochejaquelein. Par un coup hardi, sans se laisser intimider par son infériorité numérique, Travot surprit les Vendéens par une marche de nuit. La fusillade jeta le désarroi parmi les Vendéens, dont 700

1. Archives guerre. Travot à Delaborde, 18 mai.
2. Archives guerre. Relation de Suzannet.

demeurèrent sur le carreau, avec quatre de leurs chefs, dont Vaugiraud, Athanase de Charette et Guerry de Beauregard, beau-frère du marquis de la Rochejaquelein et beau-père du trop fameux Maubreuil. En outre, Travot mit la main sur 156 barils de poudre [1].

Outre l'importance matérielle de ces succès, ils eurent encore un effet moral considérable en jetant le découragement dans l'armée vendéenne, en même temps que les procédés humains de Travot, qui offraient, il est vrai, ce danger de permettre à plusieurs des prisonniers relâchés de reprendre les armes, avaient du moins pour résultat de lui gagner le cœur de la population. Travot profitait de la situation et, rentré le 21 à Napoléon, lançait aux habitants de la campagne une proclamation pour les rappeler à leur devoir.

Mais si les paysans rentraient en bandes chez eux, si les chefs étaient attristés et abattus, si la méfiance se mettait parmi eux, s'ils se reprochaient mutuellement leur incapacité, s'ils soupçonnaient des trahisons, si le bruit courait même qu'ils étaient prêts à écouter ou à faire des propositions de paix [2], la Rochejaquelein, lui, ne se tenait pas pour battu. Avec une audace un peu enfantine, il écrivait le 23 mai de son quartier général, à Cerizay, au général Travot [3] :

« Chargé par le Roi, mon maître, du commandement en chef de la grande armée dans la Vendée, revêtu par lui de l'autorité civile et militaire, je vous ordonne de vous rendre auprès de moi, afin de prendre mes ordres ; per-

1. Arch. guerre. Relation de Suzannet; et Travot à Delaborde, Machecoul, 24 mai; le directeur des postes de Fontenay au ministre de la guerre, 29 mai.

2. Rapport du directeur des postes de Fontenay cité ci-dessus.

3. Archives guerre.

sister plus longtemps dans votre erreur serait un crime ; le Roi pardonne à tous ceux qui se rallieront à sa cause, mais il punira comme traîtres et rebelles tous ceux qui persisteront dans leur défection. Envoyez-moi de suite un officier supérieur chargé par vous du pouvoir nécessaire pour dresser l'acte qui doit nous réunir tous et nous donner une garantie réciproque. »

Travot, comme l'on pense, fit à cette insolence l'accueil qu'elle méritait. Mais sa situation devenait assez critique; dans les deux affaires qu'il avait si brillamment menées, il avait perdu 120 hommes, et dans sa lettre déjà citée du 24 mai à Delaborde, il insistait sur la nécessité de recevoir des renforts. « Sans cela, je me verrai forcé, ajoutait-il, à une marche de prudence qui perdra tout. » C'est alors que Delaborde se décida à concentrer à Nantes, sous la direction du général Travot, des troupes qui lui permissent d'agir : le 26e qui y arriva le 26 mai, puis le 15e et un bataillon du 14e, tandis que lui-même prenait position en avant des Ponts-de-Cé, avec les deux régiments de la jeune garde [1]. Mais les troupes concentrées ainsi à Nantes sous le commandement de Travot ne montaient pas à 2,000 hommes ; le 26e, sous les ordres du colonel Prévost, comptait 45 officiers et 790 soldats ; le bataillon du 14e n'avait que 18 officiers et 408 hommes, en ayant laissé à Ancenis 150 ; les deux bataillons du 15e, à la tête desquels se trouvait le colonel Levasseur, n'étaient forts que de 27 officiers et 477 sous-officiers et soldats, ayant détaché 100 hommes à Fontevrauld et 100 à Doué [2]. Qu'était-ce que cela pour

1. Archives guerre. Delaborde au ministre, 25 mai.

2. Archives guerre. L'adjudant Gout, chef d'état-major de la 12e division, au ministre, 29 mai. Napoléon voyait avec mécontentement Delaborde éparpiller les troupes par petits détachements. *Lettres inédites*, 1212, du 25 mai.

lutter contre les forces des rebelles, que Travot estimait à 35,000 hommes : 10,000 sous d'Autichamp, autant sous le marquis de la Rochejaquelein et 15,000 sous Suzannet [1] ? Aussi écrivait-il à Delaborde : « Toutes les heures notre situation malheureuse ne fait que s'accroître. » Et s'il annonçait son départ pour Machecoul : « Je dois vous dire franchement, ajoutait-il, qu'avec ce que vous m'envoyez...., je ne puis me permettre de m'engager avec ces masses qui ne feront que s'accroître considérablement.... Je ne puis donc que manœuvrer pour couvrir Nantes [2]. »

Le jour même où Travot écrivait cette lettre (29 mai), des envoyés de Fouché étaient arrivés auprès de d'Autichamp pour l'inviter à la paix. L'habile coquin que Napoléon avait mis à la tête de la police montrait aux Vendéens l'inutilité de cette levée prématurée de boucliers : les opérations dans le Nord ne devant commencer que le 15 juin, il engageait les insurgés à déposer momentanément les armes, quitte à les reprendre quand l'armée française serait engagée sur la frontière ; continuer la lutte actuelle était s'exposer à se faire écraser par l'armée impériale. La Rochejaquelein ne l'entendait pas ainsi. Il se rendait bien compte sans doute du peu d'hommes dont on disposait contre lui et il pouvait constater avec quelle lenteur et quelle parcimonie le gouvernement central se décidait à envoyer des renforts. Il pouvait donc escompter un succès qui assurerait l'établissement du pouvoir royal dans l'Ouest et qui faciliterait les opérations au Nord des armées coalisées.

Quand Travot se mit en marche avec sa petite colonne, le 1er juin, les nouvelles des progrès de l'insurrection de-

1. Archives guerre. Travot à Delaborde, 29 mai, Nantes.
2. Ibid.

venaient de plus en plus inquiétantes. En Maine-et-Loire, Beaupréau, Cholet, Chemillé étaient aux mains des insurgés [1]. Une troupe d'entre eux, forte de 5,000 hommes, s'était attaquée le 27 mai aux soldats du 27e de ligne et aux quelques gendarmes qui gardaient le Pont Barré sous les ordres du major Bellancourt, du 15e léger; si Bellancourt avait réussi, par sa décision et grâce à l'entrain de ses troupes, à les culbuter, leur mouvement même prouvait leur confiance dans leur nombre toujours croissant [2]. Au nord de la Loire, Châteaubriant, Savenay, Guérande étaient menacés; et le général Charpentier se voyait cerné de tous côtés dans Nantes, où il avait à peine 350 hommes, y compris les ouvriers du dépôt du 65e; quelques jours avant, il avait bien reçu une troupe de fédérés bretons que Bigarré lui envoyait avec du canon, et l'arrivée de ces troupes pleines d'entrain avait produit sur les habitants une excellente impression; mais le commandant de la 13e division rappelait ces hommes à Rennes. Quant à la garde nationale, les deux tiers, disait Charpentier, étaient animés d'un mauvais esprit; lorsque, à son arrivée à Nantes, il avait voulu augmenter la garde en armant les compagnies de pompiers, les officiers avaient élevé la voix pour refuser les fusils; il pouvait constater « que, lorsqu'on commandait 80 hommes, il n'en venait que 40, qu'ils n'apportaient point leurs cartouches; qu'ils murmuraient d'être placés à l'entrée de la ville parce qu'ils trouvaient le poste dangereux »; cet esprit se répandait jusque sur la troupe; depuis le 1er avril, le 65e avait 50 déserteurs qui étaient allés rejoindre les Vendéens [3].

1. Archives guerre. Note de Fouché à Davout, 25 mai.
2. Archives guerre. Rapport à l'Empereur du 7 juin.
3. Archives guerre. Charpentier au ministre, 31 mai; le même à Bigarré,

Dans la Mayenne, la situation était la même. La préfecture de Laval était devenue « une caserne ». Le général comte d'Héricourt, commandant le département, se voyait menacé d'être cerné dans Laval par une troupe d'insurgés sous les ordres du comte d'Andigné. Ce n'était pas un bien fort rassemblement qui s'était formé à Pouancé, à quelque distance de Chateaubriand, et qui s'avançait sur Laval par la route de Craon. Mais d'Héricourt avait des moyens de défense presque nuls. Il ne resta cependant pas inactif. Prévenu le 29 à sept heures du soir de la marche de d'Andigné, il voulut user du système de l'attaque de nuit qui avait si bien réussi à Travot dans l'affaire d'Aizenay. Il forma une petite colonne sous les ordres du commandant Duvivier et du capitaine Favas, et l'expédia sur Cossé-le-Vivien, où campait d'Andigné. Le mouvement réussit d'abord : en dix minutes la colonne Duvivier culbuta les Vendéens, mais, la première surprise passée, ceux-ci se reformèrent et leur nombre accabla la petite troupe impériale; une nouvelle attaque menée avec furie rendit bien encore Duvivier maître de Cossé-le-Vivien; mais à un contre dix à peine, ces 166 hommes [1] ne pouvaient tenir plus longtemps et il dut battre en retraite. Une autre bande, forte aussi de 1,400 à 1,500 hommes, commandée par d'Ambrugeac, frère de l'ancien colonel du 10ᵉ, et par le vicomte de Beaumont, marchait sur Marannes (28 mai), s'y emparait de l'argent des contributions et menaçait Précigné et Daumeray [2].

1ᵉʳ juin ; le même à Lamarque, 1ᵉʳ juin. Une note anonyme, datée de Nantes 29 mai et signée : Un ami de son pays, réclame la présence dans cette ville de 2,000 à 3,000 hommes.

1. 56 gendarmes, 50 chasseurs démontés du 4ᵉ, une trentaine d'officiers volontaires, le reste formé par les gardes nationaux.

2. Archives guerre. Préfet de la Mayenne au ministre, 28 mai ; Noirot à Lamarque, 1ᵉʳ juin ; d'Héricourt au ministre, 30 mai.

Cette bande menaçait la Sarthe, où opérait déjà Tranquille et où la population était, sinon hostile au gouvernement impérial, au moins apathique. Les procédés maladroits des corps dirigés sur la Vendée, qui passaient sans payer tout ce qu'ils prenaient, les réquisitions de charrettes et de paysans pour le transport de troupes qui prenaient ensuite un autre chemin sans même envoyer de contre-ordre, risquaient d'exaspérer les habitants; et au moment où le général Mocquery s'occupait d'organiser en bataillons sédentaires les militaires en retraite, on lui donnait ordre de les faire partir pour Tours [1]. D'ailleurs la Hamelinaye, qui commandait la 22e division militaire à Tours, était effrayé des progrès des rebelles et demandait que l'on laissât dans la division au moins 6,000 hommes de troupes [2].

Ce qui rendait la situation plus terrible, c'est que l'incendie se propageait à travers la Bretagne. Nous avons déjà vu combien l'on pouvait peu compter sur la garde nationale, quand il s'agissait de la déplacer et de l'employer en colonnes. Le soulèvement du Morbihan, l'invasion de la Bretagne par les bandes des départements limitrophes, obligeaient à prendre des mesures défensives, et Bigarré donnait ordre de fortifier tous les endroits susceptibles de résistance. Auray, Ploërmel, Malétroit tombaient aux mains des rebelles commandés par Cadoudal, Penhoët et le marquis de la Boissière ; le général Brennier, commandant à Brest, donnait contre-ordre aux troupes dirigées sur Nantes [3].

1. Archives guerre. Préfet de la Sarthe à Fouché, 1er juin.

2. Archives guerre. La Hamelinaye au ministre, 2 juin.

3. Archives guerre. Caffarelli au ministre, 24 mai ; préfet d'Ille-et-Vilaine au ministre, 26 mai ; ordre du jour de la 13e division, 27 mai ; Bigarré au ministre, 31 mai, 2 juin, 4 juin ; ministre à Bigarré, 25 mai.

Telle était la situation quand Lamarque arriva le 29 mai à Angers pour prendre le commandement supérieur et assumer la direction de la guerre. Sans plus attendre il lança aux habitants de la Vendée une belle proclamation pour les exciter à la soumission, leur rappelant que cet empereur qu'ils se préparaient à combattre, contre lequel ils faisaient le jeu des ennemis de la France, était celui-là même qui les avait comblés de bienfaits, qui, après les horreurs d'une sanglante guerre civile, avait reconstruit leurs villages, réédifié leurs temples, paré leurs autels longtemps dépouillés, qui les avait longtemps exemptés de la conscription dont le poids retombait lourdement sur le reste du pays, et il terminait par ces mots : « Dites à ceux qui vous égarent que leur présence vous fut toujours funeste, et qu'il est maudit de Dieu et des hommes celui qui déchire le sein de sa patrie. »

En même temps il s'occupait d'organiser les troupes, de former des gardes nationales, talonnait les chefs militaires, les administrateurs; mais il ne lui fallait pas trois jours pour se rendre compte que les 10,000 hommes dont le ministre croyait qu'il pouvait disposer n'existaient que dans son imagination. L'insurrection bretonne, tout d'abord, le privait de tous les 3e et 4e bataillons qu'il comptait tirer de cette division. Lariboisière, officier d'ordonnance de l'Empereur, qui venait de parcourir les dépôts de la 22e division, lui donnait la triste assurance qu'il n'y avait quasiment rien à en tirer : « Toute l'armée se borne à la colonne du général Travot, dont le général Estève fait partie, et aux deux régiments de la jeune garde. » Et cependant il estimait nécessaire de former « deux fortes colonnes débouchant l'une par Angers et l'autre manœuvrant le long de la mer.... Ce n'est pas en traversant le pays qu'on finit cette guerre; il faut stationner, désarmer les habitants, les séparer des chefs chouans. » Ces opérations, il n'y pouvait suffire avec les quelque 5,000 hommes laissés à sa disposition, en y comprenant les 3,000 de Travot, et dont quelques-uns étaient en bonnet de police. Pas plus que les troupes, il n'avait les armes nécessaires : il n'avait trouvé à Saumur que 4,800 fusils qu'il distribuait avec parcimonie [1].

Le plus pressé était de soutenir le mouvement entrepris par Travot. Lamarque était décidé, s'il le fallait et bien que son expérience de cette sorte de guerre lui eût appris qu'un tel parti ne terminerait rien, à se joindre à lui pour former une colonne assez forte pour poursuivre l'ennemi partout. En attendant, il donnait ordre au général Brayer, nommé au commandement de la cavalerie de l'armée de la Loire, de faire un mouvement sur Chemillé en annonçant hautement qu'il formait l'avant-garde d'une armée de 12,000 hommes. Mais Brayer n'avait avec lui que les soldats peu instruits et mal formés de la jeune garde, et Lamarque, qui ne pensait pas qu'il fallût compromettre de telles troupes dans des affaires douteuses, restreignait l'action de Brayer et ne lui permettait pas de s'éloigner de plus d'une journée de marche des Ponts-de-Cé, en tout cas de ne se laisser jamais séparer d'Angers [2].

L'arrêté pris à Falleron le 31 mai par Sapinaud et Suzannet, auxquels s'était joint d'Autichamp, par lequel ils refusaient d'exécuter le mouvement concerté avec la Rochejaquelein, facilita singulièrement la tâche de Travot. Il avait percé à Legé le corps de Suzannet, qui ne tenta pas

1. Archives guerre, Lamarque au ministre, 2 juin.
2. Archives guerre, Lamarque à Brayer, 2 juin.

de combattre. Tandis que le général Grosbon allait occuper Saint-Gilles pour empêcher un débarquement, Travot occupait la route de Riez au Bocage pour couper la retraite à la Rochejaquelein. Le général Estève, qui venait le rejoindre et qui s'était saisi de 20 caisses de 25 fusils chacune, de plusieurs autres remplies de pistolets, et de 25 tonneaux de gibernes et de buffleteries, se heurta aux 3,000 hommes de la Rochejaquelein fortement retranchés dans des fossés sur le chemin de Saint-Jean-des-Monts. Par une feinte retraite, Estève les attira en plaine, et les mit en déroute, perdant assez peu de monde (15 tués, 58 blessés), tandis que la perte de l'ennemi était d'autant plus considérable que parmi les tués se trouvait la Rochejaquelein, le général en chef et l'âme de la rébellion. En même temps on arrêtait à Fontenay un cousin de la Rochejaquelein, M. de Sivrac [1].

A la même date du 4 juin où tombait sur le champ de bataille la Rochejaquelein, les impériaux remportaient en Bretagne un autre succès. Un rassemblement considérable venu du Morbihan menaçait de s'emparer de Redon et de couper les communications de la Bretagne avec la Loire-Inférieure. La place n'avait pour défense que 100 hommes placés là par Bigarré sous le commandement du chef de bataillon Cagnazzoli, du 11ᵉ léger. Le sous-préfet de Redon, Ropert, ancien chef d'escadron, se joignit avec 20 hommes à ces 100 soldats, et cette petite troupe, enfermée dans une vieille tour mise en état de défense, tint tête pendant douze heures aux 4,000 à 5,000 hommes de Desol de Grisolles et les obligea de battre en retraite. Cette héroïque défense produisit naturellement une excellente im-

1. Archives guerre. Lamarque au ministre, 9 juin.

pression; 400 rebelles abandonnèrent Desol de Grisolles [1].

Cependant tout n'était pas terminé et la situation continuait d'exiger des précautions sévères et des mesures énergiques. Les chefs vendéens, naguère enclins à un accommodement, mais sur qui la fin tragique de la Rochejaquelein faisait peser comme le remords d'une trahison, refusaient de mettre bas les armes et désignaient Sapinaud comme général en chef. Du moins l'inaction dans laquelle ils demeurèrent jusqu'après le départ de l'Empereur pour l'armée, terme de notre travail, permit à Lamarque d'organiser la défense du pays.

Convaincu que « c'est à coups de pioche autant qu'à coups de fusil qu'il faut terminer cette guerre, » le général en chef fait retrancher les fédérés et les gardes nationaux dans chaque bonne position, il fait fortifier, ou du moins mettre en état de résister à un coup de main tous les chefs-lieux, tous les villages, tous les bourgs; le château de Nantes était mis en état et fourni des approvisionnements nécessaires; on travaillait activement dans la ville à la fabrication des cartouches et à l'établissement d'un matériel d'artillerie; l'on ne négligeait point les châteaux d'Angers et de Saumur et ceux des bords de la Loire; à Laval on réquisitionnait la poudre partout où elle se trouvait, on achetait du plomb, on fabriquait des cartouches; les ports où l'on craignait une descente des Anglais étaient fournis d'hommes, de vivres et de munitions [2].

Lorsque l'armée sera engagée sur les frontières et que

1. Archives guerre. Bigarré au ministre, 7 juin; le capitaine de la gendarmerie, à Rennes, au maréchal de camp commandant le département d'Ille-et-Vilaine, 6 juin.

2. Archives guerre. Lamarque au ministre, 5 juin; Lariboisière à l'Empereur, 7 et 9 juin; le préfet de Laval au ministre, 8 juin; ministre à Lamarque, 10 juin.

les insurgés reprendront une action plus vive, Lamarque pourra les réduire et les obliger à l'armistice de Cholet du 26 juin. Mais le but principal des Vendéens aura été atteint. Le général baron Meunier, commandant l'école militaire de la Flèche, voyait clair quand il écrivait le 5 juin : « L'objet des chefs de chouans est de faire une diversion en attirant ici beaucoup de troupes pour affaiblir l'armée sur les frontières [1]. » De tous côtés, de Bretagne, de Maine-et-Loire, de la Sarthe comme de Vendée, l'on continuait, après les affaires de Redon et de Saint-Jean-des-Monts, à réclamer des troupes, et beaucoup de troupes, au gouvernement [2] ; et malgré leur répugnance, force est bien à Napoléon et à son ministre de céder à ces appels réitérés.

La guerre civile s'était faite la servante et l'auxiliaire de la guerre étrangère.

1. Archives guerre. Meunier au ministre, 5 juin.

2. Archives guerre. Lamarque au ministre, 15 juin ; Tarayre au même, 7 juin; préfet de Maine-et-Loire au même, 7 juin ; la Hamelinaye au même, 7 et 9 juin; Bigarré au même, 11 et 12 juin.

CHAPITRE VI

ORGANISATION GÉNÉRALE DE LA DÉFENSE

A peine installé à Paris, bien qu'il espérât que le fait accompli serait reconnu par les puissances ou que du moins leurs dissentiments les rendraient incapables de s'unir pour écraser la France sous la masse compacte de leurs armées, l'Empereur se préoccupa de mettre le pays sur un pied militaire qui lui permît de résister triomphalement à des attaques possibles. Il ne pouvait oublier la vieille maxime latine qui recommande de se tenir prêt à la guerre si l'on veut conserver la paix. Il pensait bien que l'étranger serait d'autant plus disposé à respecter les droits et les volontés du peuple français, s'il les voyait soutenus par des forces imposantes. Jusqu'au dernier moment ce fut l'une de ses préoccupations, et même lorsqu'il eut abdiqué, le 23 juin, il disait encore dans sa réponse aux députations des Chambres : « Je recommande à la Chambre de renforcer les armées et de les mettre dans le meilleur état de défense : qui veut la paix doit se préparer à la guerre. Ne mettez pas cette grande nation à la merci de l'étranger [1]. »

1. Extrait du *Moniteur* du 23 juin (Paris, impr. de Moronval, s. d., in-4).

Sans attendre la pacification du Midi, Napoléon jugea nécessaire de former sur toutes les frontières de terre des corps d'observation, qui épieraient les mouvements de l'ennemi, le tiendraient en respect et s'opposeraient à ses premières attaques. Dès le 26 mars il donnait là-dessus ses instructions à Davout [1]. Ces corps d'observation se composaient des troupes cantonnées dans les divisions qui formaient frontière : le 1er, réuni à Lille, des corps de la 16e division ; le 3e, réuni à Mézières, de ceux de la 2e ; le 4e, concentré à Thionville, des troupes des 3e et 4e divisions ; le 5e, réuni à Strasbourg, des troupes d'Alsace ; le 6e, réuni à Chambéry, des troupes des 7e et 8e divisions ; le 7e, sur les Pyrénées, des troupes du Midi ; le 8e, concentré autour de Paris, formait la réserve. Le 2e seul, qui s'ajoutait au 1er pour la surveillance du Nord, était composé de troupes spécialement réunies sous le commandement de Reille pour poursuivre l'armée royale. Dès le 31 mars, le 6e et le 8e corps avaient permuté leur numéro d'ordre [2].

Les 105 régiments dont se composait l'infanterie depuis la réduction qui y avait été opérée par le gouvernement royal étaient répartis entre les corps d'observation : 16 au 1er corps et au 6e en quatre divisions ; 12 au 4e, au 5e et au 7e en trois divisions ; enfin le 8e corps comptait 9 régiments répartis en trois divisions, plus faibles que les autres d'un régiment.

Les 57 régiments de cavalerie étaient aussi répartis, par divisions de 3 régiments, entre les divers corps d'observation : 6 régiments au 1er et au 5e corps, 9 au 2e, 3 au 3e, au 4e, au 7e et au 8e. Les 24 régiments restants formaient 6

1. *Correspondance*, 21723.
2. *Correspondance de Napoléon*, 21747.

divisions de réserve, de 4 régiments chacune [1]. Ces divisions de réserve ne se composaient que de grosse cavalerie, c'est-à-dire des douze régiments de cuirassiers et de 12 régiments de dragons sur 15 [2].

Chaque division, soit d'infanterie, soit de cavalerie, devait avoir une batterie d'artillerie à pied ou à cheval ; et le génie était également réparti entre les différents corps.

Cette organisation d'une surveillance armée sur la frontière ne pouvait guère convenir qu'à un état de choses incertain entre la paix et la guerre. L'Empereur avait bien soin de faire rappeler par Davout aux commandants de ces différents corps que l'on était en paix avec les pays avoisinants ; que les corps ne devaient pas être placés sur la frontière d'une manière hostile ; que l'on pouvait les mettre à l'aise dans leurs cantonnements.

Mais il fallait être prêt à tout événement ; peu à peu la situation se dessina plus nettement. Les espérances de paix s'évanouirent en fumée, et à mesure que se dissipait cette fumée, la certitude de la guerre se montrait plus claire, plus inexorable. Alors aussi l'organisation des troupes se précisa. Les corps d'observation devinrent pour la plupart des armées ; de nouveaux corps se formèrent. C'est le décret du 30 avril [3] qui régularisa cette organisation : les 3 premiers corps se réunirent au 6e pour former l'armée du Nord ; le 4e corps devenait armée de la Moselle ; le 5e armée du Rhin ; le 7e armée des Alpes. Entre l'armée du Rhin et l'armée des Alpes prenait place un des trois

1. Archives guerre. Rapport au ministre du chef du bureau du mouvement, J. d'Amersbach, 17 avril.

2. *Correspondance de Napoléon*, 21731 (27 mars), 21747 (30 mars), 21765 (3 avril). On trouvera dans les chapitres suivants des renseignements sur chacun des corps d'observation.

3. *Correspondance de Napoléon*, 21855.

nouveaux corps d'observation, celui du Jura; le 2e, corps d'observation du Var, était détaché de l'armée des Alpes; le 3e, corps d'observation des Pyrénées, n'était autre chose que l'ancien 8e corps. D'ailleurs, à son tour, à la fin de mai il se scinda en deux corps, l'un des Pyrénées orientales, l'autre des Pyrénées occidentales.

Mais ce n'était pas tout que de décréter la formation de corps d'armée. Pour les former, pour les mettre en état de résister à la coalition possible et bientôt certaine de toutes les forces de l'Europe, il fallait autre chose que les quelque 200,000 hommes que le pied de paix, augmenté par les dernières mesures du gouvernement royal, mettait à la disposition de l'Empereur, surtout quand la seconde insurrection de la Vendée exigea la présence de troupes désormais rendues inutiles pour la défense nationale.

Aussi bien, dès le premier jour, l'Empereur songea-t-il au moyen d'augmenter ses effectifs. Si en créant, le 26 mars, les corps d'observation, il ne mettait en activité de service que les 1er et 2e bataillons de chaque régiment, il se proposait dès lors de compléter les 3e et 4e bataillons et même, si possible, d'en créer de 5es [1]. Le 26 mars, il dictait à un des chefs du ministère des ordres pour le rappel des militaires en semestre et en congé illimité : « Il faut que l'une et l'autre classe rejoigne ses drapeaux, afin de pouvoir compléter les 3es et 4es bataillons. Les officiers à la demi-solde serviront à former les 5es bataillons qu'on cherchera ensuite à compléter [2]. » C'est le 28 mars que fut signé le

1. C'est le 13 avril seulement que fut signé le décret qui portait les régiments d'infanterie à 5 bataillons, dont 4 de ligne et 1 de dépôt, et composait chaque bataillon de 6 compagnies (1 de grenadiers ou carabiniers, 1 de voltigeurs, 4 de fusiliers) ; les bataillons de 600 hommes devaient être portés à 840 (Arch. guerre).

2. *Corresp. de Napoléon*, 21731.

décret conforme [1], que le *Moniteur* ne publia que le 9 avril, selon l'observation de M. Houssaye [2].

Il est à noter que l'Empereur marquait nettement dans l'article 1er de ce décret qu'il ne se considérait pas comme en état de guerre : « L'Empereur appelle tous les sous-officiers et soldats qui ont quitté l'armée, pour quelque raison que ce soit, à rejoindre leur corps et à courir à la défense de la patrie. Il leur donne la promesse spéciale que, aussitôt que la *paix actuelle* sera consolidée, ceux qui auront rejoint en conséquence du présent décret seront les premiers qui obtiendront des congés pour rentrer dans leurs foyers. » L'article 5 portait que dans chaque régiment d'infanterie les deux premiers bataillons seraient complétés par le 3e; dans chaque régiment de troupes à cheval, les trois premiers escadrons par le 4e. Les militaires rappelés serviraient à compléter les 3es bataillons et 4es escadrons, à former successivement des 4es et 5es bataillons et des 5es escadrons (art. 6), qui resteraient dans les dépôts jusqu'à nouvel ordre; les bataillons devaient être complétés d'abord à cinq cents hommes, puis à six cents.

Mais l'Empereur ne se faisait pas d'illusion sur l'effet de cette mesure : « Il est probable, avouait-il à Davout le 3 mai, que nous ne retirerons pas plus de cent mille hommes de l'appel des vieux militaires, ce qui complétera tout au plus les 2es et 3es bataillons [3]. » Il ne pouvait guère attendre davantage du décret du 19 avril [4], qui portait que « les volontaires royaux levés depuis le 1er mars 1815 dans

1. *Corresp. de Napoléon*, 21737.

2. *1815*, II, p. 3. Le 4 avril, Davout remettait à l'Empereur les états de répartition des anciens militaires (*Correspondance*, 1541). Le 8 avril, il réclamait encore des instructions sur la destination à leur donner (*ibid.*, 1555).

3. *Correspondance*, 21874.

4. Archives guerre.

les différentes villes des 8e, 9e, 10e et 11e divisions » seraient « mis en réquisition pour servir dans les armées, » et que les hommes seraient dirigés sur les dépôts de Dijon, Grenoble, Belfort, Strasbourg, Metz et Mézières.

Il fallait donc trouver un autre moyen d'alimenter les dépôts; il était « indispensable d'avoir une réserve pour nourrir la guerre. » Cette réserve, Napoléon ne crut pouvoir la trouver que dans un appel à la conscription de 1815. Il comptait que cette levée lui fournirait cent vingt mille hommes pour remplir les cadres des 4es et 5es bataillons [1]. M. Houssaye a montré comment il leva les scrupules du Conseil d'État qui refusait de sanctionner le décret, en assimilant les conscrits de 1815 à des militaires en congé.

Dans le plan de Napoléon, les troupes de ligne devaient servir uniquement à former des armées mobiles à opposer aux troupes ennemies. Si le décret du 28 mars indiquait que les 3es et 4es bataillons resteraient aux dépôts, ce n'était là qu'une mesure transitoire pour leur permettre de se compléter. C'était aux gardes nationales réorganisées qu'il comptait confier la défense des places; et il songeait aussi à utiliser leur concours pour coopérer avec la ligne à la défense du territoire.

Un décret du 23 mars, annulant toutes les mesures prises par le gouvernement royal, remettait la garde nationale dans les attributions du ministère de l'intérieur, « conformément aux lois [2]. » Quatre jours après, il donnait à Carnot ses instructions : « Mon intention est d'organiser la garde nationale dans toutes les parties de l'Empire,

1. *Correspondance*, 21874. Voir aussi la lettre du 26 mai, citée par Houssaye, *1815*, II, p. 15, n. 2.

2. *Bulletin des lois*, p. 33, n° 33.

mais surtout dans les bonnes provinces, en Dauphiné, en Franche-Comté, en Alsace, en Lorraine, dans les Vosges, dans les 3e et 4e divisions militaires, dans la 2e, dans la Champagne, dans la Picardie, et dans les départements du nord. Il faut qu'une partie soit armée et puisse servir à protéger le territoire, mais il faut la faire commander par des officiers réformés ou par des personnes sur le patriotisme desquelles on n'ait aucun doute [1]. »

Le 3 avril, en envoyant à Andréossy un projet de décret, l'Empereur manifestait que son intention était de demander 30,000 gardes nationaux sur 300,000 habitants; un tiers serait organisé en grenadiers et en chasseurs [2]. Le 13 avril paraissait au *Bulletin des lois* [3] le décret d'organisation. La garde était formée en bataillons de six compagnies, dont une de grenadiers et une de chasseurs; chaque compagnie était de 120 hommes. Le tableau du contingent annexé au décret indiquait un total de 3,130 bataillons de 2,255,040 hommes, sur lesquels 188,070 étaient répartis entre les différentes places fortes. En réalité, l'Empereur n'avait pas l'intention de mettre cette énorme masse en activité de service. Un autre décret, qui ne parut pas au *Bulletin des lois* [4], se contentait de mettre en activité de service : dans la 16e division militaire, 41 bataillons de grenadiers (Nord, 14; Pas-de-Calais, 10; Aisne, 7, et Somme, 10); dans la 5e, 35 bataillons de grenadiers et de chasseurs (Haut-Rhin, 14; Bas-Rhin, 21); dans la 6e, 16 bataillons de grenadiers, à raison de 3 pour chacun des départements du Doubs, du Jura et de la Haute-Saône, et

1. *Correspondance*, 21728.
2. *Ibid.*, 21767.
3. N° 96, p. 107.
4. Archives guerre. Décret du 10 avril.

de 7 pour l'Ain; dans la 4e, 28 bataillons de grenadiers et de chasseurs, également répartis entre les Vosges et la Meurthe; dans la 3e, 14 bataillons de grenadiers et de chasseurs de la Moselle; dans la 2e, 28 bataillons de grenadiers et de chasseurs, à raison de 7 pour les Ardennes et pour la Meuse, et de 14 pour la Marne; dans la 7e, 42 bataillons de grenadiers et de chasseurs, 7 pour chacun des départements du Mont-Blanc, de la Drôme et des Hautes-Alpes, et 21 pour l'Isère.

Cela faisait un total de 204 bataillons mis à la disposition du ministre de la guerre « pour former les garnisons des places frontières comprises dans les divisions militaires auxquelles ces bataillons appartiennent et y occuper tous les défilés, passages de rivières, postes et ouvrages de campagne, qui seront indiqués par le comité de défense. » L'Empereur avait bien soin de spécifier que chaque bataillon aurait son chef tiré de la ligne et nommé par le ministre.

Des décrets analogues furent pris pour mobiliser 30 bataillons de garde nationale dans la 18e division militaire (Côte-d'Or et Yonne, 7; Saône-et-Loire, 10; Aube et Haute-Marne, 3) [1]; 27 dans la 1re division (Seine-et-Marne, Seine-et-Oise et Oise, 7; Loiret et Eure-et-Loir, 3) [2]; 21 dans la 15e (14 pour la Seine-Inférieure et 7 pour l'Eure) [3]; 27 dans la 14e (Calvados et Manche, 10; Orne, 7) [4]; 8 dans la 12e (Charente-Inférieure, 4; Vienne, 2; Deux-Sèvres et Loire-Inférieure, 1) [5].

1. Décret du 15 avril (archives guerre).
2. Décret du 15 avril (archives guerre).
3. Décret du 19 avril (archives guerre).
4. Même décret.
5. Décret du 12 mai (archives guerre).

La façon dont avait été dressé par le Conseil d'État le tableau annexé au décret du 10 avril obligea d'ailleurs à des remaniements ; il présentait en effet des irrégularités choquantes qui n'échappèrent pas à la sollicitude vigilante de Napoléon. C'est ainsi que pour une population de 311,000 habitants on avait imposé à la Marne la levée de 42 bataillons, tandis que la Meuse, avec ses 284,000 âmes, n'était appelée à en fournir que moitié moins, et que les Ardennes avec 275,000 habitants n'étaient taxées aussi qu'à 21 bataillons. Enfin des départements étaient complètement passés sous silence, comme les Pyrénées-Orientales. Ce ne fut que le 12 mai quand, dans certains départements, les opérations étaient déjà quelque peu avancées, que l'Empereur s'aperçut de cet état de choses et en ordonna la rectification [1].

Si la plus grosse partie des gardes nationales était appelée à défendre les places, l'Empereur avait cependant l'intention d'en tirer des armées de réserve destinées à soutenir les opérations des troupes de ligne. Une première division de réserve de grenadiers de gardes nationales (10 bataillons) devait se réunir dans la première division, à Sainte-Menehould, avec 8 pièces de canon. Une 2e division (10 bataillons), réunie à Nancy, avait pour objet de défendre les Vosges. La réserve de l'armée du Rhin, qui se réunissait à Colmar, n'était que de 6 bataillons, qui ne formaient pas une division. Au contraire, au corps d'observation du Jura étaient attachées deux divisions, la 3e réunie à Vesoul et la 4e concentrée devant Besançon, de 12 bataillons chacune. Les 5e, 6e et 7e divisions, les deux premières de 12 batail-

1. *Correspondance*, 21898.

lons, la 3e de 14, étaient attachées à l'armée des Alpes [1].

Pour faciliter la levée des gardes nationales, Carnot crut devoir autoriser les préfets et même les inviter à recourir à une mesure sur laquelle le décret du 10 avril était demeuré muet : les remplacements [2]. Il était bien certain en effet que tel citoyen qui ne quitterait qu'avec murmure son travail pour aller remplir son devoir militaire accepterait avec joie de payer un remplaçant ; et l'on ne pouvait douter de trouver en France des hommes que les périls de la guerre ne rebuteraient pas et pour lesquels l'argent du remplacement serait une précieuse ressource.

Sur certains points, la garde nationale recevait une organisation spéciale qui lui permettait de concourir plus efficacement à la défense du territoire. C'est ainsi qu'un décret du 22 avril organise dans le Haut et le Bas-Rhin deux régiments de cavalerie, de l'arme des lanciers, de quatre escadrons chacun [3].

La troupe de ligne et la garde nationale active devaient trouver en cas de danger un appui dans la levée en masse qui se compose du reste de la garde nationale, des gardes forestiers, des douaniers, de la gendarmerie et des citoyens ou employés de bonne volonté qui voudraient s'y adjoindre [4].

La bonne volonté des citoyens, on y faisait appel sous plusieurs formes. Il faut citer en première ligne le décret du 22 avril portant organisation des corps francs [5], à

1. *Correspondance de Napoléon*, 21860 (1er mai). Voir aux pièces justificatives, n° 10, la répartition des gardes nationales aux différentes armées.

2. Archives guerre. Carnot aux préfets, 18 avril.

3. Archives guerre. Décret du 22 avril. Voir plus loin le chapitre de l'armée du Rhin.

4. Voir notamment les instructions de l'Empereur à Davout en date du 1er mai (*Correspondance*, 21861).

5. *Correspondance de Napoléon*, 21831.

raison d'un ou plusieurs par département. Les corps francs, levés par des officiers brevetés par l'Empereur, organisés comme la cavalerie ou l'infanterie des troupes légères, se recrutaient parmi les gardes nationaux non actifs, les soldats en retraite, les employés et les personnes de bonne volonté. Ils s'équipaient et s'armaient à leurs frais, n'étaient astreints d'ailleurs à aucun uniforme, mais devaient être munis de poudre et de balles pour 600 coups. Toutes les prises faites par eux sur l'ennemi leur appartenaient, les canons et effets militaires et les prisonniers leur étaient achetés par l'État. Une décision de l'Empereur leur fit accorder les vivres de campagne [1].

A côté des corps francs, il faut faire une place aux bataillons de chasseurs de montagne organisés pour les Pyrénées par décrets du 5 mai et du 9 juin [2], et pour les Alpes par un autre décret du 5 mai [3]. Ils étaient assimilés aux bataillons de ligne et se composaient d'enrôlés volontaires ou de ceux qui, n'étant pas encore dégagés du service militaire, se trouvaient n'appartenir à aucun corps.

On comptait moins sur la bonne volonté pour l'organisation des chasseurs de la Vendée dont le rôle, plus spécial, était de ramener la tranquillité dans les pays de l'Ouest troublés par l'insurrection. Le décret qui les constituait appelait à les composer non seulement « les citoyens que leur zèle.... porterait à prendre les armes », mais aussi les militaires retirés et ceux qui n'avaient point rejoint leurs drapeaux sous quelque prétexte que ce fût [4]. Aux chasseurs de la Vendée s'ajoutait, pour écraser l'in-

1. *Correspondance*, 21970.
2. *Bulletin des lois*, p. 206, n° 147, et p. 271, n° 258.
3. *Bulletin des lois*, p. 207, n° 148.
4. Arch. guerre. Décret du 5 juin.

surrection, la légion de l'Ouest [1] composée de fantassins, tandis que les chasseurs étaient à cheval.

Il faut mentionner également les compagnies d'hommes de couleur, organisées à Bordeaux par décret du 26 mai [2].

Enfin il y eut les bataillons de fédérés. La fédération avait commencé en Bretagne. Elle se répandit un peu partout. L'Empereur organisa en bataillons de tirailleurs les fédérés des faubourgs de Paris, dont il reçut une délégation le 14 mai. Bien que le décret qui les organise ne soit daté que du 15 mai [3], la formation en était décidée depuis quelques jours au moins, puisque, dès le 12 mai, l'Empereur désignait le général Darricau pour les commander [4] et que Davout faisait part de cette nomination au général le 15 mai même. Les 24 bataillons de tirailleurs des fédérés de Paris, institués par le décret du 15 mai, devaient être composés, aux termes du décret, « des habitants et ouvriers de Paris et de la banlieue qui ne feront pas partie de la garde nationale de Paris, et voudront se faire inscrire pour la défense de la capitale et pour le service des ouvrages sur les hauteurs. » Comme pour la garde nationale, ces bataillons comportaient 6 compagnies à 120 hommes, soit 720, ce qui donnait une force totale de 16,680 hommes. Dans les instructions que Davout donnait à Darricau, il exprimait le désir que cette organisation fût terminée sur le papier en deux ou trois jours [5]. La même organisation eut lieu ailleurs, à Lyon, par exemple, où on leva 12 puis 15 bataillons de tirailleurs.

1. Archives guerre. Décret du 5 juin.
2. Archives guerre.
3. Archives guerre.
4. *Correspondance*, 21894.
5. *Correspondance de Davout*, 1714.

Le défaut de ces troupes, de la garde nationale aussi bien que des tirailleurs, était de n'offrir que des soldats bien novices et qui risquaient par là même de céder au premier effort de l'ennemi. Si le danger était grand surtout pour les corps qui devaient tenir la campagne, il existait néanmoins aussi pour ceux auxquels était confiée la défense des places. C'est l'avis unanime des chefs de corps qu'il est téméraire de laisser dans les places les gardes nationales seules, tant parce que souvent, se trouvant près de chez eux, les hommes sont tentés de déserter, que parce que leur inexpérience et leur isolement leur ôtent toute confiance et n'en font que de bien médiocres défenseurs. Mais l'Empereur ne veut rien entendre; il faut absolument que les garnisons militaires quittent les places pour renforcer les troupes de campagne, hélas! bien peu nombreuses, même avec cet appoint. Pour remédier à ce désavantage évident, Davout ne vit qu'un moyen qu'il proposait à l'Empereur au commencement de mai: « Pour donner de la confiance au bataillon de gardes nationales, plusieurs généraux m'ont proposé de faire entrer dans la défense des places des soldats en retraite ou en réforme que l'on choisira parmi ceux capables de faire encore ce genre de service [1]. » L'Empereur adopta cette idée, et le 18 mai il rendait un décret [2] ordonnant la levée dans tout l'empire de 56 bataillons de militaires en retraite. Les bataillons étaient de 500 hommes, comprenant 4 compagnies à 124 hommes chacune, avec, à sa tête, un chef de bataillon, un adjudant-major et deux adjudants sous-officiers. Voici, d'après l'article 5 du décret, la répartition de ces 56 bataillons :

1. *Correspondance*, 1681.
2. Archives guerre.

« Il sera formé :

Dans la 16e division,	4 bataillons.	Ces sept bataillons seront distribués entre Lille, Dunkerque, Valenciennes et autres places où leur présence sera jugée le plus nécessaire.
— 15e —	3 —	
— 2e —	4 —	qui seront distribués entre Charlemont et autres places de la Meuse.
— 3e —	2 —	qui seront distribués entre Thionville, Longwy, Metz et autres.
— 4e —	2 —	
— 5e —	4 —	qui seront distribués entre Landau, Strasbourg et Huningue.
— 6e —	3 —	qui seront placés à Besançon.
— 7e —	2 —	qui seront envoyés à Marseille.
— 19e —	2 —	— Lyon.
— 8e —	2 —	— Marseille.
— 9e —	3 —	— Nîmes et Montpellier.
— 10e —	3 —	qui seront envoyés à Toulouse.
— 11e —	2 —	— Bordeaux.
— 20e —	2 —	— —
— 12e —	1 —	qui sera envoyé à Nantes.
— 13e —	2 —	qui seront envoyés à Rennes.
— 14e —	2 —	— Caen.
— 18e —	4 —	qui seront envoyés, savoir : 2 à Lyon. 1 à Auxonne. 1 à Dijon.
— 21e —	2 —	qui seront placés à Montauban.
— 22e —	2 —	— Angers.
— 1re —	4 —	— Paris. »

Comme on demandait à ces hommes non seulement de donner l'esprit militaire aux gardes nationaux, mais de les surveiller, « de faire le service de police dans les garnisons et dans les grandes villes,» on recommandait de ne choisir que « des officiers d'une énergie et d'un patriotisme éprouvés. » L'article 11 du décret ordonnait la formation de 36 autres compagnies de militaires en retraite pour faire le service de canonniers et qui ne devaient être levées que parmi les hommes ayant servi dans l'artillerie.

Pour augmenter ses troupes, l'Empereur ne fit pas seulement appel aux Français, mais aux étrangers. Il faudrait, écrivait-il le 3 avril à Davout, organiser cinq régiments étrangers [1]. Il comptait pour y réussir sur les déserteurs des troupes ennemies. Dès que le décret du 11 avril eut organisé ces cinq régiments : italien, suisse, polonais, allemand et belge, on inonda la frontière de petits papiers appelant à rentrer sous les aigles françaises les étrangers qui y avaient déjà servi [2].

Un nouveau décret du 15 avril portait formation d'un sixième régiment étranger pour les Espagnols.

Un décret du 2 mai, qui déclarait dissous les 1er et 2e régiments étrangers de Louis XVIII [3] et en incorporait les hommes dans les 6 nouveaux régiments, conservait le 3e régiment pour y faire entrer les Irlandais et les Anglais. Ce régiment recevait le numéro 7. Enfin, un 8e régiment, composé comme le premier d'Italiens, mais qui devait s'organiser dans la 8e division militaire, fut créé par un autre décret du 20 mai [4]. En outre, l'Empereur songeait à organiser une cavalerie belge. D'ailleurs tous les déserteurs qui se présentaient aux frontières n'étaient

1. *Correspondance*, 21765.
2. *Ibid.*, 21782.
3. C'est donc à tort que M. Houssaye, *1815*, II, p. 7, déclare que l'Empereur conserva aussi le 2e régiment.
4. Voir ces décrets aux archives de la guerre.

pas nécessairement incorporés dans les régiments étrangers; beaucoup étaient d'anciens soldats de l'Empereur qui avaient servi dans les troupes françaises, et il ne semblait pas qu'il fût juste de les empêcher de rejoindre, s'ils le désiraient, les régiments dans lesquels ils avaient déjà servi. Et des ordres furent donnés en conséquence. Mais il y avait un intérêt pratique à tenir groupés par pays un certain nombre de soldats étrangers. C'est ce qu'explique l'Empereur, dans une lettre du 12 juin à Davout, en lui donnant ordre de procurer au plus tôt des chevaux à 500 chevau-légers polonais qui se trouvaient à Soissons sans monture: « J'attache une grande importance à avoir les 500 Polonais à cheval le plus tôt possible.... L'importance que j'y attache est, en les plaçant aux avant-postes, d'aider beaucoup la désertion des Polonais [1]. »

Malheureusement, toutes ces mesures ne répondirent pas aux espérances de l'Empereur. Sur bien des points les militaires en congé ou en retraite mirent autant de mauvaise volonté à obéir aux ordres de l'Empereur que les gardes nationales. Certaines mesures prises par Napoléon ou par ses ministres jetaient de la tiédeur, sinon du froid, même parmi des hommes d'ailleurs bien disposés. C'est ainsi que sur les rapports notamment de Gérard et de Rapp, Davout fut amené à signaler à son souverain le mauvais effet produit par un article du décret du 18 mai sur le rappel des militaires en retraite.

L'article 7, en leur donnant la solde d'activité, suspendait leur solde de retraite; or Davout avait laissé entendre qu'ils toucheraient cumulativement l'une et l'autre; le décret leur faisait bien espérer après la guerre une aug-

1. *Correspondance*, 22046.

mentation de retraite ; mais ce n'était pas une compensation à la perte actuelle d'une pension qui était souvent leur unique ressource pour soutenir leurs familles. Il fallut que Davout insistât auprès de l'Empereur pour obtenir qu'on donnât satisfaction à ces hommes, dont le mécontentement aurait pu refroidir l'enthousiasme des provinces les plus généreuses à contribuer au salut de la patrie [1].

C'est aussi dans les provinces les mieux disposées que la mesure recommandée par Carnot aux préfets, qui encourageait le remplacement dans les gardes nationales, excitait les mécontentements ; ceux qui n'avaient pas le moyen de se faire remplacer murmuraient du privilège accordé aux riches et dont eux-mêmes ne pouvaient jouir. Sur les difficultés que rencontra l'organisation de la garde nationale et la concentration des troupes de ligne, le lecteur trouvera dans les chapitres consacrés aux différentes armées et corps d'observation des renseignements qui compléteront ceux qu'a déjà donnés M. Houssaye dans son *1815*. C'est un cri unanime qui s'élève de tous les points de la frontière, et qui vient frapper comme un glas de mort les oreilles de l'Empereur, que les moyens dont on dispose pour la défense sont hors de toute proportion avec ceux que l'ennemi va mettre en jeu pour l'attaque.

A l'infériorité numérique à laquelle il ne peut pas toujours remédier par l'excellence des troupes, puisque les gardes nationales actives auxquelles il est forcé de faire appel ne sont que trop souvent sans expérience et sans endurance, l'Empereur peut du moins remédier dans une certaine mesure par le choix des chefs.

1. Archives guerre. Davout à l'Empereur, 28 mai.

Ah! sans doute la tâche n'était pas facile. Napoléon ne pouvait se dissimuler que si, dans l'ensemble, la troupe lui restait fidèle, l'officier, l'officier supérieur surtout, ne présentait pas toujours les mêmes garanties. Le soldat, même s'il rechignait, il fallait ordinairement peu de chose pour l'électriser. Voyez par exemple les trois cents militaires retraités à Versailles, dont les sentiments paraissent hostiles au milieu d'une population sourdement irritée contre l'Empereur. Que le maréchal de camp Porson leur donne un drapeau tricolore « avec l'accent de la franche confiance à leur dévouement au prince et à patrie, » et voici du coup ces trois compagnies électrisées, qui « avec un enthousiasme indescriptible, aux cris mille fois répétés de vive l'Empereur! jurent de se rallier au drapeau tricolore et de mourir pour la défense de Sa Majesté! » C'est que la troupe sait élever son cœur et son esprit au-dessus de toutes les mesquineries, à la hauteur d'un dévouement absolu à la patrie. Pour l'officier, hélas! il n'en était pas toujours de même. Un égoïsme plus ou moins irréfléchi voile parfois en lui le patriotisme, son intérêt soit personnel, soit de parti, fausse, même contre sa volonté, sa conscience et son jugement. Si le soldat déserte peu, s'il ne déserte guère qu'à l'intérieur pour retrouver sa famille qui l'y sollicite, pour reprendre le travail qui est son gagne-pain, l'officier, lui, ne rougit pas de passer à l'ennemi. C'est du rang des officiers que sortent les traîtres, comme Jallot, qui ne revient au corps que pour espionner ce qui s'y passe et pour faciliter aux Wellington et aux Blücher le massacre des soldats français.

Même lorsqu'ils servent, même lorsque leur dévouement est au-dessus du soupçon, les officiers supérieurs n'ont pas la pensée assez haute pour faire litière de leurs sentiments personnels, pour ne voir que la France en détresse qui les appelle à son secours et pour jeter loin derrière eux, afin d'être plus allègres à l'action, leurs ambitions et leurs querelles, comme faisaient jadis de leur pain les héroïques soldats de Malplaquet. C'est le général Mouton-Duvernet qui refuse de servir sous Vandamme. C'est le général Matthieu qui demande sa mise à la retraite pour ne pas être sous les ordres de son cadet Clausel. C'est Grouchy lui-même qui supporte avec impatience d'avoir au-dessus de lui quelqu'un, fût-il son ami et fût-il maréchal de France comme Suchet.

Le ministre lui-même a parfois quelque peine à faire respecter son autorité. Il lui faut pour cela cette énergie un peu rude qui le rend antipathique à beaucoup. Il est obligé d'écrire à Rapp, qui se le tint pour dit : « Mon cher Rapp, je vous déclare d'amitié que si je recevais une seconde lettre de ce style, je cesserais d'être ministre de la guerre ou vous cesseriez de commander un corps d'armée [1]. »

Il écrit de la même encre à Soult, nommé par l'Empereur major général de l'armée du Nord : « Si vous donnez des ordres de votre côté et moi du mien, comme il ne peut qu'en résulter les plus graves inconvénients, je vous déclare que je remettrai le portefeuille à l'Empereur [2]. »

A côté des ambitions et des jalousies, il y a les querelles et les dénonciations : c'est Vandamme accusant publiquement le maréchal Mortier d'avoir envoyé un détachement du 4e lanciers à Cassel pour le faire massa-

1. *Correspondance de Davout*, 1672 (6 mai).
2. *Ibid.*, 1739 (22 mai).

crer [1]; c'est Ameil versant le soupçon sur Dumonceau, sur le duc de Plaisance, sur Vandamme; ce sont les généraux sous les ordres de Rapp l'accusant d'un commun accord d'une parfaite incapacité; ce sont, dans l'entourage même de l'Empereur, des insinuations ou des calomnies contre Davout [2].

Davout, lui, en honnête homme tout dévoué à son souverain et à l'honneur, s'efforce d'oublier ses rancunes et ses préventions. Il a été autrefois l'un des personnages hostiles à Lecourbe, aujourd'hui il est des premiers à conseiller à Napoléon de l'employer; il insiste dès l'abord pour lui faire donner une gratification de 12,000 francs qui lui permette de monter ses équipages [3]; il n'hésite pas à reconnaître son dévouement et ses services et il met tout son cœur à les signaler au souverain : « Je me plais à vous annoncer, Sire, qu'il est difficile de mieux servir Votre Majesté que ne le fait M. le général Lecourbe, et je la prie de m'autoriser à lui en témoigner sa satisfaction [4]. »

Mais la bienveillance à laquelle il s'exerce ne l'empêche pas d'être clairvoyant : la clairvoyance n'est pas seulement une qualité, c'est un devoir que lui imposent également et la justice et l'intérêt de l'Empereur. Il demande qu'on retire le 3e corps à Lebrun, dont le mérite est inférieur à la tâche qu'on veut lui imposer. S'il refuse de prêter attention aux soupçons de secrète entente entre Soult et les royalistes [5], il ne peut s'empêcher de manifester ses

1. Archives guerre. D'Erlon au ministre, 12 avril.
2. *Correspondance de Davout*, 1746.
3. *Ibid.*, 1601.
4. *Ibid.*, 1726 (10 mai).
5. *Correspondance*, 1530 (1er avril).

craintes sur la fidélité de Bourmont, et s'oppose de toutes ses forces à son emploi à l'armée. Quand les choix de l'Empereur lui semblent prêter matière à la critique, il n'hésite pas à la formuler; il proteste par exemple contre la nomination à la tête des lanciers d'Alsace d'un général « trop déconsidéré par les plaisanteries faites de son ignorance [1]; » il fait échouer la nomination à Lyon du général Rampon, « militaire dont les moyens sont nuls [2], » et quand il reçoit les lettres de service de Bailly de Monthyon comme chef d'état-major de l'armée, il adresse à Bertrand la lettre suivante : « Il est de mon devoir envers l'Empereur de vous faire des observations sur le choix de M. le général Monthyon pour chef d'état-major général que je regarde comme très mauvais. Ce général est méprisé dans l'armée; il est inepte; ses campagnes de 1812, 1813, 1814, malheureusement en ont donné la preuve. Je le considère comme peu sûr; ceci peut tenir à l'imagination, mais ce qui n'y tient pas, c'est sa conduite dans les armées. Je vous prie, monsieur le comte, de mettre mes observations sous les yeux de Sa Majesté; j'ajouterai que si le choix des officiers d'état-major a été fait par le général Monthyon, il est à désirer que vous preniez des informations auparavant de donner des lettres de service [3]. »

Mais le ministre n'a pas le libre choix des hommes, et les nominations doivent passer sous les yeux de l'Empereur; Davout fait des propositions, mais l'Empereur les rend

1. *Correspondance*, 1675 (7 mai).
2. *Ibid.*, 1686 (9 mai).
3. Archives guerre (don. Davout). Davout à Bertrand, le 8 mai 1815. On voit que l'opinion de Davout n'était pas aussi favorable à ce général que celle de M. Houssaye, qui semble regretter qu'on ne l'ait pas pris comme major général (*1815*, II, p. 60).

définitives. Sans doute Napoléon délègue parfois ses pouvoirs à son ministre; sans doute aussi il trouve « ridicule » qu'il pense avoir besoin de son consentement pour disposer de quelques officiers [1]; mais il n'admet pas que des dispositions importantes puissent être prises sans qu'il en ait eu d'abord connaissance. « Il est de principe qu'un général ne peut pas recevoir une destination sans mon approbation; on ne donne le commandement d'une division militaire ou d'un département que par un décret [2]. » D'une manière générale, c'est donc à l'Empereur qu'incombe la responsabilité des choix faits pour les hauts commandements à cette époque critique, et il faut reconnaître que dans la plupart de ses choix l'Empereur ne se laisse guider que par des intérêts supérieurs, et que ces intérêts, il les démêle avec une remarquable clairvoyance. Il ne tient compte ni des préventions ancrées et qui sembleraient en lui indéracinables, comme celle dont a si longtemps pâti Lecourbe, ni des rancunes qu'il pourrait légitimement avoir contre des hommes qui naguère vomissaient l'injure ou la menace contre lui, comme le général Cassagne, comme le maréchal Ney, comme tant d'autres, dont l'énumération, hélas! serait longue. Sans doute il ne peut admettre à servir auprès de sa personne, dans la garde, des hommes qui se sont prononcés trop ouvertement contre lui; c'est ainsi qu'il trouve très mauvais que Drouot ait mis à la tête des chasseurs de la garde le général Curial, qui a servi glorieusement dans ce corps depuis de longues années, mais qui a eu le tort, dans la 19e division, de lancer une

1. *Correspondance de Napoléon*, 21811.
2. *Ibid.*, 21963.

proclamation contre Napoléon : « Je ne puis admettre, écrit-il [1], le général Curial pour commander les chasseurs. J'ai nommé le général Morand [2]. Faites venir le général Curial ; vous lui direz que ma confiance en lui est entière, mais qu'ayant fait une proclamation contre moi, à laquelle je n'eusse fait aucune attention dans la ligne, il est suffisant qu'il soit dans ma garde pour que je ne puisse l'y conserver. Qu'il demande le commandement qu'il désirera dans la ligne, il lui sera donné. » On voit que l'Empereur s'efforce de mettre une compensation à ses sévérités. Il en est de même dans d'autres circonstances. S'il est obligé de destituer des maréchaux, il s'enquiert de leur état de fortune pour leur accorder, s'il est besoin, des pensions de retraite [3]. Naturellement l'Empereur, dans ses choix, est obligé à certaines mesures de précaution. C'est ainsi qu'il semble adopter comme règle ce principe de ne pas laisser les officiers supérieurs dans les endroits où ils se trouvaient sous le gouvernement royal. La raison en est claire et saute aux yeux d'abord : la présence de ces hommes est intolérable ou dangereuse au milieu des troupes qu'ils ont excitées naguère à marcher contre l'Empereur et dont ils doivent aujourd'hui réchauffer le zèle en sa faveur, ou au sein d'une population dont les sentiments douteux pourraient ébranler leur fidélité incertaine ou dont le dévouement enthousiaste serait un sanglant reproche à leur récente tiédeur. Le seul fait d'avoir commandé une division au nom du roi semble

1. Archives guerre. L'Empereur à Drouot, 13 avril.

2. Celui de la Vendée.

3. Voir, par exemple, *Correspondance*, 21790. Davout entrait tout à fait à cet égard dans les vues de l'Empereur et s'efforçait de plaider les circonstances atténuantes. Voir dans sa *Correspondance*, par exemple, les lettres 1632 et 1633.

même à Davout, lui aussi fort sévère sur ce point, un motif suffisant pour être envoyé ailleurs, même quand on a toute confiance en un général, comme c'est le cas pour le général Ambert [1]. L'on doit aussi tenir compte de l'esprit des populations: « Le général Laroche a épouvanté tout le Dauphiné, écrit par exemple Napoléon à Davout [2]; je vous ai mandé de l'envoyer dans le Var. »

Mais ce qui dicte avant tout les choix de l'Empereur, ce sont les qualités personnelles de ceux qu'il veut nommer. S'il charge Ney de le renseigner sur l'esprit des officiers dans le Nord, il veut aussi connaître leur habileté et leur valeur [3]. Aussi n'hésite-t-il pas à laisser aux postes qu'ils occupaient sous le roi ceux qu'il ne pense pas pouvoir y remplacer avec avantage. Qui mettre à Bayonne qui connût mieux le pays, qui pût exercer plus d'action sur les habitants et qui pût rendre plus de services que le général Harispe? Aussi l'Empereur n'hésite-t-il pas à le maintenir dans ce poste. Qu'on examine les choix faits par Napoléon des commandants de corps d'armée, et l'on admirera le soin qu'il a pris de mettre dans chaque endroit l'homme qui semblait le mieux convenir à la situation. Et nous ne saurions partager l'opinion émise par M. Houssaye que Napoléon eût dû prendre comme major général Suchet et envoyer dans les Alpes Soult, où il aurait « remplacé sans désavantage le duc d'Albuféra [4]. » C'est un peu oublier les états de service de l'un et de l'autre; sans doute Suchet avait de hautes qualités administratives qui le rendaient plus apte peut-être que Soult aux fonctions de

1. *Correspondance de Davout*, 1566.
2. Archives guerre. L'Empereur à Davout, 18 avril.
3. *Correspondance*, 21734.
4. *1815*, t. II, p. 61.

major général; mais Soult, né dans le Tarn, n'était pas comme Suchet un enfant de Lyon, n'avait pas les mêmes raisons de piété filiale de se vouer corps et âme à la défense de ce pays, n'avait pas la connaissance profonde des Alpes dont pouvait se vanter le duc d'Albuféra, ne pouvait pas exercer le même prestige que lui sur les Piémontais qu'il était appelé à provoquer à la désertion.

D'ailleurs, si le choix de Soult a prêté à la critique, si le duc de Dalmatie ne s'était pas fait aimer des troupes pendant son passage au ministère, l'on ne saurait oublier quels soupçons les royalistes avaient fait peser sur lui, quels outrages ils lui avaient prodigués et l'acharnement qu'ils mettaient à le rendre complice du retour de l'île d'Elbe. Et d'ailleurs il faut tenir compte que le rôle de Soult était nettement défini et précisé. C'est un décret du 9 mai [1] qui nomme Soult major général, nomination qui ne fut portée que trois jours après à l'ordre du jour de l'armée; et dès le 16 mai une note spécifie que « le major général ne donnera des ordres qu'à l'armée du Nord, à moins qu'il ne mentionne qu'il transmet un ordre spécial de l'Empereur présent à l'armée [2]. » Quant au mot de Vandamme, déclarant qu'il considère comme non avenue la lettre où le duc de Dalmatie s'annonce comme major général avant la publication du décret impérial et ajoutant que le duc de Raguse pourrait lui donner le même avis, ce n'est qu'une boutade qui ne surprend guère chez un violent comme Vandamme, mais dont on ne peut tirer qu'une preuve de la maladresse incorrecte de Soult.

Cette sollicitude à envoyer les hommes là où ils pour-

1. Archives guerre.
2. *Correspondance de Napoléon*, 21918.

ront rendre le plus de services, Davout la partage avec Napoléon. C'est ainsi qu'il propose des changements « pour mettre chaque général dans le pays qu'il connaît le mieux [1]. » Le ministre d'ailleurs s'efforce, et il y réussit d'une manière singulière, à entrer de plus en plus dans la pensée de l'Empereur, à demeurer avec lui dans une parfaite communion d'idées. Quand on rapproche sa correspondance de celle de l'Empereur, on demeure frappé de la fidélité avec laquelle il transmet les instructions qu'il reçoit, transcrivant le plus souvent mot pour mot les lettres de Napoléon.

Ce n'est pas d'ailleurs que le prince et son ministre soient toujours et sur tout d'accord; nous avons vu que celui-ci fait des objections aux choix de celui-là. L'Empereur, d'autre part, ne donne pas toujours son approbation aux choix du ministre : le 22 mars, par exemple, Davout désigne Fressinet pour prendre le commandement à Rouen de la 15e division militaire [2]; ce général a beau avoir pour l'Empereur un dévouement qui se manifeste par la plus ardente des proclamations, Napoléon pense qu' « il faudrait là un général qui eût plus de réputation, » et il y envoie Lemarois, son ancien aide de camp à l'armée d'Italie [3]. Il fait même exercer par un de ses aides de camp, Flahault, sur les actes de Davout, un contrôle qui, heureusement, ne dure que quelque temps. Il est vrai qu'il y avait jusque dans les bureaux de la guerre des personnes mal disposées, et qu'au début de mai, Davout dut procéder à une épuration; quatre employés, dont deux de la division des mouvements et deux de celle du recru-

1. *Correspondance de Davout*, 1572.

2. Archives guerre. Davout à Fressinet, 22 mars.

3. *Correspondance de Napoléon*, 21703.

tement, furent chassés pour avoir tenu des propos condamnables [1]. Si l'on en croit Castellane [2], ces employés, parmi lesquels se trouvait le chef même du bureau du mouvement, Mazoyer, auraient été coupables de n'avoir pas accepté l'acte additionnel.

Un autre bureau du ministère, celui du personnel, qui avait dans cette période d'organisation hâtive une importance considérable, était demeuré sans chef depuis que celui qui en remplissait les fonctions, Tabarié, un vieux serviteur de l'Empire cependant, avait suivi le roi à Gand. Ce n'est que dans les premiers jours de mai que Davout put lui obtenir un successeur, après des efforts inutiles pour lui faire reprendre son poste : « On sent chaque jour, écrivait-il le 4 mai à l'Empereur, la nécessité de nommer un chef à la division du ministère de la guerre chargée du personnel de l'armée. M. Tabarié étant décidé à ne pas revenir, je propose à Votre Majesté, pour le remplacer, le général Compans ou le général d'Hastrel, tous deux grands travailleurs et bien capables de remplir cette place importante [3]. » Le lendemain, il se décidait à installer le second, bien que le beau-frère du duc de Feltre, mais d'ailleurs publiquement brouillé avec lui. « Le général d'Hastrel, qui a été mon chef d'état-major, est un très grand travailleur, très attaché à ses devoirs et très probe et très délicat [4]. » L'Empereur ne fit aucune objection à ce choix, jugeant sans doute préférable que son ministre pût choisir en toute liberté des collaborateurs dont il fût sûr et avec qui il fût dans une harmonie nécessaire pour rendre le travail plus

1. *Correspondance de Davout*, 1658 (2 mai).
2. *Journal* (Paris, Plon, 1895, in-8), t. II, p. 287.
3. *Correspondance de Davout*, 1666.
4. *Correspondance de Davout*, 1669.

prompt et plus facile. C'est ainsi que Davout s'attacha dès l'abord comme secrétaire général un homme également travailleur et dévoué, le général César de Laville, sur qui reposa en grande partie dans les premiers temps l'écrasant labeur de l'organisation de la défense. Et quand, à la fin de mai, les forces du général le trahirent, quand l'état de sa santé dut l'obliger de renoncer à ce travail continuel et sédentaire des bureaux, Davout manifestait le plus vif désir de le garder auprès de lui [1].

Les oppositions aux choix que faisait Davout des personnes dont il voulait s'entourer venaient d'ailleurs que de chez l'Empereur. C'est ainsi que Molé, qui ne l'aimait pas, et qui n'avait accepté qu'à contre-cœur, dit-on, la direction générale des ponts et chaussées [2], se donna le malin plaisir de mettre à la disposition de Soult, « comme connaissant les routes de la Belgique, » Jousselin, inspecteur divisionnaire des ponts et chaussées, qui depuis quelques jours avait été mis à la disposition de Davout pour les travaux de Paris. Le ministre de la guerre dut réclamer le 3 juin auprès de celui de l'intérieur pour obtenir qu'on lui rendît un homme qui pouvait lui rendre les plus grands services, tandis que, ne connaissant pas, en dépit de l'assertion de Molé, les routes de la Belgique, il ne pouvait guère être utile à l'armée du Nord [3].

La part personnelle et active que l'Empereur prend à la nomination du personnel, il la prend aussi à organiser toutes les parties de l'administration. Rien n'échappe à sa vigilance, et sans jamais perdre de vue l'ensemble, il sait descendre jusqu'aux plus petits détails.

1. Voir aux pièces justificatives, n° 11, la lettre de Davout du 28 mai.
2. Décret du 21 mars, paru au *Bulletin des lois* du 24, n° 89, p. 27.
3. Archives guerre (donation Davout). Davout à Carnot, 9 juin.

Comme il faut que les mesures de défense soient prises avec ensemble, il ne s'en remet pas absolument aux chefs qu'il envoie sur la frontière de décider des travaux à faire et des points à fortifier. Aussi fait-il établir (20 avril) un comité de défense, composé seulement de quatre officiers, qui à eux seuls « doivent connaître toute la France [1], » et qui doivent dresser une description des frontières afin de juger des ouvrages à faire et des points à utiliser. Il est vrai que de ces quatre hommes, trois étaient parmi les premiers officiers du génie que possédât alors la France, tous trois ayant rempli à tour de rôle les fonctions de premier inspecteur général de cette arme, tous trois s'étant distingués par les plus éminents services : le comte Marescot, dont la haute réputation n'était pas seulement fondée sur ses actes, mais aussi sur des mémoires d'une grande valeur, qui étaient entre les mains de tous les officiers du génie; le comte Dejean, qui dès 1793 était directeur des fortifications et qui se distinguait aussi par ses qualités d'administrateur; le baron Rogniat, écrivain, comme Marescot, sur les choses de son métier et que Napoléon estimait assez pour en faire le chef du corps du génie près de l'armée du Nord. Quant au colonel Bernard, il était là surtout comme intermédiaire naturel entre le comité et l'Empereur, au cabinet topographique duquel il se trouvait attaché et dont il transmettait au comité les demandes et les désirs. Le comité de défense ne se bornait pas à faire des travaux et des cartes qui permissent à Napoléon de saisir tout le système de défense du territoire; il rédigeait pour les commandants de corps d'armée des instructions sur les travaux à exécuter ; instructions parfois néces-

1. *Correspondance*, 21828.

saires, car il n'y avait pas sur tous les points des Lecourbe dont le génie concepteur voyait tous les endroits faibles, découvrait toutes les positions à utiliser, saisissait tous les travaux à faire et prévenait toutes les instructions.

Au nom des membres du Comité de défense, il faut joindre celui du général Haxo, qui n'en faisait pas partie, mais qu'on ne peut se dispenser de nommer quand il s'agit des travaux du génie. Neveu d'un général qui s'était illustré sous la Convention par une mort glorieuse, entré lui-même fort jeune dans les armées, il s'était distingué de bonne heure par ses talents dans l'art de la fortification; soit dans les travaux d'attaque comme à Saragosse, Lérida, Tortosa, soit dans ceux de défense comme à Bitche, aux Dardanelles, à Hambourg, il s'était annoncé comme une sorte de Vauban; l'un des premiers en Europe à voir les modifications qu'il fallait apporter aux systèmes vieillis de l'illustre ingénieur, il jouissait dans son arme d'une situation hors de pair. Louis XVIII n'avait cru pouvoir s'adresser à plus digne pour commander en chef le génie dans les troupes qu'il réunit contre Napoléon; et celui-ci ne tint pas rigueur au brillant officier d'avoir accepté contre lui une telle situation. Il n'est peut-être pas exagéré de dire qu'il fut, pendant les Cent-jours, l'âme des travaux de fortification. Et quand l'Empereur se décida à mener l'attaque contre l'ennemi, il adjoignit à Rogniat Haxo pour commander les troupes du génie [1].

Pour mieux connaître l'état des places, pour vérifier l'exécution des travaux et pour leur donner l'activité nécessaire, l'Empereur envoyait de tous côtés, surtout sur les frontières de l'Est et du Nord, des inspecteurs chargés

1. *Correspondance*, 22053.

de le tenir au courant par des rapports circonstanciés.

L'activité fiévreuse déployée de tous côtés, la somme considérable d'efforts dépensée par le génie[1] que soutenait souvent l'ardeur patriotique des populations, obtinrent des résultats admirables. Les travaux de défense mirent le pays dans un état redoutable, surtout au Nord et à l'Est. Les résultats auraient été plus complets, le système défensif eût été plus terrible, le Midi un peu négligé aurait mieux profité de ces efforts, si les fonds disponibles avaient été proportionnés aux besoins colossaux du moment. Pour tout faire dans le peu de temps dont on disposait, il fallait de l'argent, beaucoup d'argent. Là, comme ailleurs, le manque d'argent se fit douloureusement sentir.

Comme le génie, l'artillerie jouait un rôle considérable. Elle avait à pourvoir à l'armement des places, à la formation des batteries des différents corps, à la répartition des armes aux troupes de ligne et aux gardes nationales. Depuis que les traités avaient fait remettre aux puissances étrangères 53 places, il ne restait plus à la France que 54 places, dont 7 de première classe avec un armement de plus de 200 bouches à feu, et 21 de cinquième, comportant de 50 à 80 bouches à feu; 51 postes répartis en deux classes, suivant qu'ils comptaient moins de 25 bouches à feu ou de 25 à 50, complétaient la défense. On calculait qu'il fallait pour leur armement 7,668 bouches à feu: 2,143 canons de 24 et de 16 en bronze; 2,158 canons de siège de 12, de 8 et de 4; 930 canons de campagne de 12, de 8 et de 4; 300 canons en fer de 36 et de 24; 910 obusiers de 8, 6 ou 5 pouces 1/2; 1,092 mortiers de 12, 10, 8 et 6 pouces; et

1. On trouvera aux pièces justificatives, nº 12, l'état des officiers du génie, en juin 1815, aux différents corps d'armée.

135 pierriers. L'armement des forts et batteries de la côte exigeait 2,281 pièces ainsi réparties : 1,165 canons de 36 et de 24 en fer ; 574 de 18 et au-dessous en fer ; 21 obusiers, 294 mortiers de 12 et 10 pouces ; 227 canons de campagne. Enfin, pour les équipages de campagne, on évaluait les besoins à 1,200 bouches à feu environ. Or, le relevé des pièces existant dans l'empire ne montrait de déficit que pour les canons de 24 et de 16 en bronze (1,765 existants pour 2,143 nécessaires) et pour les obusiers (1,120 au lieu de 1,331). Pour tout le reste, il y avait pléthore; on avait en plus des besoins 26 canons de siège de 12 à 4; 121 mortiers, 169 pierriers, 395 canons de 36 et 24 en fer; 848 canons de 18 et au-dessous, 1,828 canons de campagne. Il est vrai que les canons en fer pouvaient suppléer à la disette de canons en bronze de même calibre. Mais les projectiles manquaient; il fallait, au rapport d'Évain, au moins 300,000 boulets de 6; 200,000 obus de 24 et 100,000 obus de 6 pouces. Plus encore que les projectiles, la poudre faisait défaut. L'on ne possédait que 61,000 kilos de poudre fine; 3,500,000 kilos de poudre de guerre en barils et 1,250,000 kilos en munitions confectionnées; 327,000 kilos de poudre provenant de démolitions et 194,000 kilos de poudre étrangère, ce qui faisait un total de 5,332,000 kilos, alors que le minimum du nécessaire pour l'approvisionnement des places était de douze millions de kilos, calculé au complet seulement pour les dix places les plus importantes, au 1/2 pour les places de première et de deuxième ligne; au 1/3 pour les places de troisième ligne et les places maritimes, et au 1/6 seulement pour les places de quatrième ligne [1].

1. Archives guerre. Rapport du baron Évain, fin mars.

Trois hommes, avec l'Empereur et Davout, prirent une part essentielle à l'organisation de l'artillerie : le général baron Évain, directeur du bureau de l'artillerie au ministère de la guerre ; le baron Ruty, que l'Empereur choisit comme commandant de l'artillerie de l'armée du Nord ; le baron Neigre, qui eut la direction générale des parcs.

Si le matériel pour les places de guerre existait à peu près, il n'était pas toujours bien réparti, et l'on dut, à diverses reprises, dégarnir des places armées au delà de leurs besoins, pour en mettre en état d'autres qui se trouvaient en pénurie ; il suffit de parcourir la correspondance de Napoléon et celle de Davout pour s'en rendre compte.

Quant à l'organisation des équipages de campagne attachés aux différents corps, une des difficultés qu'elle présenta fut dans le manque de chevaux. Sur le pied de paix, il n'avait été conservé que 150 chevaux par régiment, ce qui permettait à peine de monter deux compagnies. Il fut donc indispensable d'acheter 800 chevaux, dont 300 pour le 1er régiment à Douai, 300 pour le 2e à Metz, et 200 pour le 3e à Strasbourg. Quant au train, il n'avait que 2,800 chevaux disponibles, en faisant rentrer dans ce nombre 140 chevaux repris aux gardes du corps ; or, pour monter les équipages des 1,306 voitures du train, il ne fallait pas moins de 7,836 chevaux, et là encore Davout dut proposer à l'Empereur une dépense de 2,150,000 francs, pour l'achat de 5,000 chevaux à 430 francs l'un. Le personnel même du train était insuffisant : les cinq escadrons ne comptaient qu'un effectif total de 1,300 hommes : il fallait le quadrupler pour suffire aux besoins du service [1]. Le décret conforme ne se fit pas attendre. Dès le 2 avril, l'Empereur ordonna

1. Archives guerre. Rapport du ministre à l'Empereur, 31 mars.

que les escadrons du train seraient portés à huit compagnies de 100 hommes ainsi composées :

1 maréchal des logis chef,
4 maréchaux des logis,
1 fourrier,
4 brigadiers,
24 soldats de 1re classe,
60 soldats de 2e classe,
2 maréchaux ferrants,
2 ouvriers bourreliers,
2 trompettes,

et que, à chaque compagnie, seraient attachés 32 chevaux de selle et 158 de trait. Pour porter au complet les escadrons, les sous-officiers et soldats en congé étaient rappelés; les officiers en non-activité de service venaient prendre le commandement des nouvelles compagnies [1]. Cela même ne suffit pas, et le 4 mai un nouveau décret dut créer deux nouvelles compagnies aux dépôts des 1er, 2e, 3e, 5e, 6e et 8e escadrons du train [2]. Quelques jours après, pour répondre aux besoins croissants de l'armée, un nouveau décret organisait des équipages militaires auxiliaires qui devaient être levés par réquisition : 26 compagnies pour le service de l'armée du Nord ; 6 pour le service de l'armée du Rhin et autant pour l'armée de la Moselle. Chaque compagnie devait être composée de 40 voitures à 4 ou 2 colliers. Les réquisitions devaient être faites de manière que les voitures existassent aux parcs le 1er juin [3]. Des instructions envoyées aux préfets par l'intendant général de l'armée du Nord, il résulte que l'on s'attachait à choi-

1. Archives guerre. Décret du 2 avril.
2. Archives guerre. Décret du 4 mai.
3. Archives guerre. Décret du 16 mai.

sir parmi les militaires retraités les officiers et sous-officiers des compagnies, et que les hommes qui les formaient et chez lesquels on exigeait l'habitude de conduire les voitures ne pouvaient être pris parmi les hommes appelés à rejoindre les drapeaux [1].

En même temps que l'on augmentait le personnel du train, l'on cherchait à augmenter celui du corps de l'artillerie; ou du moins on suppléait à son insuffisance numérique en organisant parmi les gardes nationales des canonniers pour le service des places. On recourut à un moyen analogue pour la défense des côtes; et un décret du 21 avril [2] rétablissait les compagnies de canonniers gardes-côtes et de canonniers gardes côtes sédentaires supprimées en 1814, en réduisant d'ailleurs leur nombre à trente pour les premiers, à dix pour les seconds.

Plus urgente encore que la question de la formation de l'artillerie était celle de l'armement des troupes. En signant dès le 23 mars un décret que Davout lui proposait pour des commandes de fusils, l'Empereur disait : « Je ne connais rien de plus urgent [3], » et il insista à diverses reprises sur cette nécessité : « Songez que, dans la situation actuelle, le salut de l'État est dans la quantité de fusils que nous pourrons armer, » écrit-il le 2 avril [4]. « La fabrication des armes est le premier moyen de salut de l'État, » répète-t-il neuf jours plus tard [5]. « Le salut de l'État est attaché aux fusils, » remarque-t-il encore le 15 avril [6].

1. Archives guerre (armée du Nord). Daure aux préfets, 20 mai.
2. *Bulletin des lois*, n° 117, p. 158.
3. *Correspondance*, 21702.
4. *Ibid.*, 21755.
5. *Ibid.*, 21795.
6. *Ibid.*, 21811.

Cette insistance perpétuelle indique bien quelle est sa préoccupation. Et l'on peut penser s'il néglige rien pour assurer le succès d'une opération si importante. Aussi, à peine installé à Paris, il prend des mesures pour la fabrication et la réparation des fusils. Il veut qu'il y ait « constamment au moins cent mille fusils à Vincennes et cent mille fusils sur la Loire. » Il donne ordre que les manufactures de Tulle et de Versailles soient triplées, que tout l'emplacement à Vincennes soit converti en magasins d'artillerie, à l'exception du logement pour un bataillon [1]. Le 28 mars, un décret interdit sous peine de saisie l'exportation des armes à feu [2], un second ordonne à tout négociant ou fabricant d'armes de faire au maire de sa commune la déclaration des armes qu'il a en magasin, sous peine de confiscation, et oblige tout citoyen détenteur d'armes à feu, — sauf bien entendu les gardes nationaux, — à les remettre au maire de sa commune contre paiement d'un prix suivant tarif annexé au décret [3]. De même, pour faciliter aux manufactures d'armes leur travail, l'Empereur rend, le 4 avril, un décret aux termes duquel les droits d'entrée sur les aciers, fers, houille, meules à canon, cuivre et bois de noyer sont supprimés, ainsi que les droits de sortie sur le minerai de Saint-Pencrée et de Sapogne, qui alimente les forges de Berchiroé et de Claireau, où se fabriquent les fers et aciers nécessaires aux manufactures de Charleville, Maubeuge et Versailles [4].

1. *Correspondance de Napoléon*, 21702; Archives guerre, ministre à Lobau, 25 mars.

2. *Bulletin des lois*, n° 51, p. 46.

3. *Ibid.*, n° 57, p. 51. Ce prix va de 1 fr. pour les pistolets de cavalerie ou les fusils étrangers hors de service jusqu'à 12 fr. pour les fusils d'infanterie du modèle de 1777 corrigé et pour ceux de dragons, modèle de l'an IX, avec baguette et baïonnette.

4. *Bulletin des lois*, n° 77, p. 77.

Vincennes devant servir de dépôt central, c'est sur cette place et sur la Fère, qu'il en regarde comme la succursale, que l'Empereur fait diriger tous les fusils qui se trouvent ou se trouveront désormais dans les manufactures d'armes [1]. Des ateliers de réparation sont disposés à Paris, à Versailles, à la Fère, à Lyon, à Auxonne, à Strasbourg, à Metz, à Toulon, dans toutes les grandes places maritimes, dans toutes les places importantes du Nord. L'Empereur estime qu'il ne faudra pas quarante jours aux ateliers de Paris, de Versailles et de la Fère pour mettre en état, outre les 4,000 fusils qui sont en magasin, les 66,200 que l'on fait venir de Montpellier, de Perpignan, de Toulouse et de Bayonne. Il compte que la fabrication pourra fournir 24,000 fusils par mois. A Paris seulement, les ateliers doivent donner 400 fusils par jour. Enfin il avise au moyen de faire acquérir 100,000 ou 200,000 fusils en Angleterre ou en Suisse [2]. La fabrication des platines se fait surtout à Roanne et à Paris; celle des baïonnettes est confiée aux ateliers de coutellerie, à ceux, notamment, de Langres et de Moulins [3].

Mais les besoins s'augmentent d'heure en heure; le 27 mars, l'Empereur regardait comme un résultat satisfaisant d'avoir à la fin de mai un total de 144,000 fusils; le 13 avril, il estime qu'il faut avoir, *avant le 15 mai*, 240,000 fusils [4]. Aussi décide-t-il de donner aux gardes nationales des fusils ayant besoin de réparations auxquelles on pourvoira dans les places fortes [5]. Il indique

1. *Correspondance de Napoléon*, 21732.
2. *Ibid.*
3. *Correspondance*, 21755.
4. *Ibid.*, 21798.
5. *Ibid.*, 21785 et 21795.

comme moyen d'accélérer le travail le recours aux ateliers privés [1]. Il prescrit la surveillance de ces ateliers, l'inspection des manufactures [2], il s'inquiète de faire fournir des fonds aux ateliers pour accélérer le travail [3], il autorise Davout à ordonnancer pour les travaux de l'artillerie, par avance sur la distribution de juin, jusqu'à concurrence de deux millions [4]. Comme en dépit de la bonne volonté qu'on y apporte, l'on ne peut mettre en état que 900 fusils par jour tant réparés que montés, l'Empereur accueille favorablement un entrepreneur qui se charge de monter 50,000 armes à raison de 300 ou 400 par jour [5]. Pour l'armement des gardes nationales et de la levée en masse, il ordonne de se servir de toutes les armes qu'on rencontrera, fusils courts, fusils rognés, fusils de chasse, tout est bon; au besoin, on recourra aux piques, dont il prescrit à Carnot la fabrication [6].

Pour les fusils il fallait des cartouches. Or, au 1er mai, il existait dans les magasins de l'artillerie 60,400,000 cartouches d'infanterie et 1,390,000 kilos de poudre pouvant fournir 55 millions de cartouches. Si l'approvisionnement existant semblait suffisant pour 600,000 hommes, à raison de 100 cartouches par homme, il restait à pourvoir aux besoins des places. Un rapport du commencement d'avril à Davout [7] indique la nécessité de confectionner en cartouches les 1,390,000 kilos de poudre existant en magasin

1. *Correspondance*, 21798.
2. *Ibid.*, 21811.
3. *Ibid.*, 21887.
4. *Ibid.*, 21901. On trouvera aux pièces justificatives, nº 13, un important état des fusils au 11 juin.
5. *Ibid.*, 21958 (22 mai).
6. *Ibid.*, 21795, 21840, 21972.
7. Archives guerre.

et de se procurer un autre million de kilos de poudre, ce qui, à raison de 800,000 à 900,000 fr. pour la poudre et de 6,000 fr. pour la confection d'un million de cartouches, demandait une dépense de 1,100,000 à 1,200,000 fr.

Quand le plan de guerre se dessina davantage, quand l'ouverture des hostilités sembla s'approcher, des ordres furent donnés pour que chaque homme fût pourvu de 50 cartouches ; en outre, l'Empereur pensait à porter à 50 le nombre des cartouches en réserve dans les caissons de l'infanterie [1]. Mais à la fin de mai, Ruty jugeait cette provision insuffisante et calculait l'approvisionnement à former à raison de 100 cartouches par homme, indépendamment de celles qui existaient dans les gibernes [2].

Avec la question de l'armement, celle de la remonte est une de celles qui donnèrent le plus de préoccupation à l'Empereur. Elle tient dans sa correspondance une place considérable. Dès le 29 mars, il se plaignait de l'état peu satisfaisant de la cavalerie, ordonnait de prendre les chevaux de la maison du roi qu'il estimait de 3,000 à 4,000, pour les distribuer partie à la garde (1,000), partie aux carabiniers (610), partie aux cuirassiers ; sept régiments, le 2e à Sarrelouis, le 6e à Strasbourg, le 7e à Abbeville, le 9e à Colmar, le 10e à Schlestadt, le 11e à Thionville, le 12e à Lille, devaient compléter en dix jours l'achat de leurs chevaux. Un dépôt serait établi à Versailles pour recevoir contre argent comptant les chevaux que les paysans amèneraient [3].

Pour assurer la rentrée des chevaux de la maison du roi, qui n'avait donné d'abord que cinq cents chevaux, des

1. Archives guerre. Observations sur le rapport de Neigre du 14 mai.
2. Archives guerre. Rapport de Ruty au ministre, 31 mai.
3. *Correspondance de Napoléon*, 21741.

mesures sévères étaient prises; les maires, préfets et sous-préfets recevaient l'ordre d'arrêter partout les hommes des compagnies rouges, de prendre leurs armes et leurs chevaux et de les diriger sans délai sur Paris [1].

La centralisation à Versailles de l'opération des remontes eût pu sembler étonnante, si l'Empereur, qui ne se préparait qu'à la défensive en ce moment, n'eût été obligé de prévoir une attaque des ennemis et de prendre des mesures pour réunir sur Paris, en cas de nécessité, toutes les munitions, tous les dépôts, tous les magasins [2]. L'Empereur regardait l'organisation de ce dépôt comme si importante qu'en attendant l'arrivée du général Bourcier, auquel il en voulait confier le commandement, il donna ordre que la direction en fût prise par le général Roussel d'Hurbal [3]. Quatre officiers supérieurs et quatre officiers inférieurs devaient être attachés au dépôt. Des circulaires aux préfets et des affiches devaient faire connaître que l'on était prêt à acheter les chevaux à un prix fixe et comptant. Un million était mis à la disposition de Bourcier. Givet, Mézières et Paris devaient diriger sur Versailles des selles de cavalerie, de dragons, de hussards, de chasseurs et de lanciers; Paris devait en confectionner d'autres. Bourcier devait acheter neuf cents chevaux de grosse cavalerie, sept cent quatre-vingt-sept de dragons, mille quatre-vingt-quatre de lanciers, deux mille six cent trente-trois de chasseurs et onze cent cinquante-deux de hussards. Cela n'empêchait pas de donner commission aux commandants de dépôts d'acheter de leur côté des chevaux; mais on notifiait qu'ils ne devaient prendre que des

1. *Correspondance*, 21748.
2. *Ibid.*, 21754.
3. *Ibid.*, 21756.

bêtes ayant jeté leur gourme et capables d'entrer sous quinze jours en campagne [1]. Et pour faciliter les achats, un décret du 27 avril prohibe la sortie des chevaux [2].

Pour fournir aux besoins de chevaux de l'armée, les achats ne suffirent pas, et l'Empereur dut recourir à un expédient. Il voulut que la gendarmerie fournît quatre mille deux cent cinquante chevaux pour la troupe; les gendarmes seraient tenus de se remonter dans les quinze jours; ces chevaux serviraient à monter la grosse cavalerie, tandis que le dépôt de Versailles ne servirait que pour la remonte de la cavalerie légère [3]. Napoléon estimait, le 18 avril, que grâce à cette opération sur la gendarmerie, aux achats faits par les corps ou par les préfets, aux marchés conclus par Bourcier, on aurait rapidement treize mille chevaux auxquels il fallait en ajouter huit mille que fournissaient les départements [4]. Au milieu de mai, la nécessité se fit sentir de faire un nouvel appel à la gendarmerie [5]. Mais ce ne fut que le 14 juin que le ministre envoyait aux commandants des divisions militaires une circulaire pour leur transmettre le décret impérial du 31 mai et pour leur donner les instructions nécessaires [6].

Un rapport de Bourcier au ministre, en date du 10 mai [7], nous fait connaître la situation à cette époque. Les 5e, 10e, 14e et 15e régiments de chasseurs et le 4e de hussards, ayant reçu l'ordre de se remonter eux-mêmes dans le Midi,

1. *Correspondance*, 21756.

2. *Bulletin des lois*, n° 123, p. 167.

3. *Correspondance*, 21810. Cf. Archives guerre, le ministre aux commandants des corps d'observation et des divisions militaires, 8 mai.

4. *Correspondance*, 21823.

5. *Ibid.*, 21910.

6. Archives guerre. Davout aux commandants des divisions, 14 juin.

7. Archives guerre.

le 2e de lanciers, le 5e de hussards, les 11e et 12e de chasseurs trouvant facilement à se pourvoir eux-mêmes de chevaux, le dépôt de Versailles n'avait à s'occuper que de l'achat de huit mille chevaux, dont mille de cuirassiers, mille de dragons et six mille de cavalerie légère. Mais les marchands semblaient s'être entendus pour exiger des prix exorbitants, et ce n'est que le 30 avril que Bourcier put passer un marché pour sept mille cinq cents chevaux, dont cinq cents de trait à fournir à la garde. Mais le traité n'assurait du 10 mars au 31 mai que la fourniture de deux mille chevaux, trois mille en juin et le reste en juillet. En dehors de ce marché, le dépôt de Versailles avait reçu cent deux chevaux prétendument de la maison du roi, et sept cent un chevaux de paysans. Encore, aux chevaux de la maison du roi avait-on substitué frauduleusement, au dire de Bourcier, des chevaux de paysans en partie incapables de rendre aucun service.

Le comte de Bourcier était un des bons officiers généraux de cavalerie. Divisionnaire depuis 1794, chef d'état-major général de l'armée du Rhin, inspecteur général de cavalerie en 1798, membre du conseil d'administration de la guerre en 1803, aussi bon administrateur que valeureux à l'action, il s'était vu chargé, après la prise de Berlin, de la direction générale du grand dépôt des chevaux pris sur l'ennemi. Nul plus que lui ne semblait désigné pour les fonctions que l'Empereur lui confia à Versailles. Mais ce général avait des qualités qui, dans la situation d'urgence où l'on se trouvait, devenaient des défauts. La méthode avec laquelle il voulait procéder à son travail exigeait une lenteur qui n'était pas de mise; sa sévérité sur le choix des bêtes était exagérée à un moment où il valait assurément mieux avoir des instruments médiocres que d'en être absolument privé. Ce sont ces considérations qui amenèrent l'Empereur à créer un nouveau dépôt à Beauvais pour la remonte de l'armée du Nord et à réorganiser au ministère de la guerre les bureaux de la cavalerie [1]. Un décret du 25 mai réunit en une division, sous la direction de Préval, les bureaux du personnel, de l'inspecteur et des remontes de la cavalerie [2]. Le choix de Préval était un des meilleurs que pût faire l'Empereur; nous avons eu occasion déjà de dire en quelle estime tous les gouvernements ont tenu ce remarquable officier. C'était le seul moyen, selon l'Empereur, de faire aller la cavalerie qui, jusque-là, n'avait fait « d'autres progrès que ceux résultant des chevaux pris à la gendarmerie. » « L'artillerie et le génie ne vont bien que parce qu'ils sont dirigés par des généraux de l'arme, qui savent les détails et s'occupent de la pensée de cette partie [3]. »

En même temps l'Empereur, par un autre décret, organisait ainsi les dépôts de cavalerie : le dépôt de Versailles, sous les ordres de Bourcier, continuait ses opérations. Les dépôts des 1er, 2e, 3e et 6e corps (c'est-à-dire de l'armée du Nord) formaient un dépôt général sous les ordres d'un lieutenant général inspecteur général. Un second dépôt général était établi pour les armées de la Moselle et du Rhin, et les 2e, 4e et 6e divisions de réserve. Les com-

1. *Correspondance*, 21961. Voir au chapitre de l'armée du Nord. Sur le général Bourcier, voir aussi 21982.

2. Archives guerre. Décret du 25 mai. Nous ne savons sur quoi se fonde M. Houssaye pour accuser l'Empereur d'avoir tenu Préval en disgrâce pendant quelque temps. Le passé de Bourcier le désignait au choix de l'Empereur ; en confiant à Préval l'inspection générale de la cavalerie, en l'appelant à Beauvais à réparer les retards de Bourcier, Napoléon ne lui témoignait aucune défaveur. Rien dans les documents que nous avons eus entre les mains n'autorise l'assertion de l'éminent historien de *Waterloo*.

3. *Correspondance*, 21961.

mandants des dépôts généraux devaient correspondre journellement avec les officiers généraux chargés des remontes; tous les quinze jours ils adressaient un rapport au ministre et un autre au major général, et tous les trois jours un rapport particulier [1]. Le premier dépôt était celui de Beauvais; le second fut installé à Troyes. Provisoirement les dépôts du 1er lanciers, du 9e chasseurs et du 4e cuirassiers restèrent dans leurs garnisons de Chartres, de Caen et d'Évreux et les détails qui les concernaient étaient centralisés par le général de Laville; de même l'insurrection de l'Ouest obligeait de prescrire la réunion à Ancenis et à Poitiers des dépôts des 4e, 5e, 12e, 14e et 17e régiments de dragons pour pourvoir aux besoins de l'armée de la Loire [2].

La sollicitude de l'Empereur se portait aussi sur les autres parties du service : habillement, approvisionnements de toute sorte. Mais si, dès le 2 avril, il attirait l'attention de Davout sur la nécessité de pourvoir à la fourniture en vêtements des corps [3], il se rendait bien compte de la difficulté qu'il y aurait à réunir promptement tous les effets nécessaires. C'est ainsi que pour la garde nationale, la première pensée de l'Empereur était de réduire l'uniforme à une blouse bleue et à une giberne noire [4]. Dans le décret d'organisation du 10 avril, il resta quelque chose de cette pensée : les comités départementaux étaient autorisés à déterminer pour les cantons ruraux un vêtement uniforme pareil à celui que portaient habituellement les habitants des campagnes (titre II, article 26). D'ailleurs une partie

1. Archives guerre. Décret du 26 mai.
2. Archives guerre. Le ministre à Soult, 28 mai.
3. *Correspondance*, 21754, 21756.
4. *Ibid.*, 21767.

des gardes nationaux étaient astreints à se pourvoir eux-mêmes de l'habillement nécessaire. On réduisit les effets au strict nécessaire, ainsi déterminé par Carnot : une capote, 25 fr. 20; un havresac, 8 fr. 30; un shako, 8 fr. 60; une coiffe de shako, 1 fr. 60; une giberne, 4 fr. 40; un porte-giberne, 4 fr. 15; une paire de souliers, 5 fr.; un pantalon de toile, 3 fr. 16; une chemise, 4 fr. 75; demi-guêtres, 1 fr. 85; sac de distribution, 3 fr. 70; bonnet de police, 3 fr. 91; tournevis, 0 fr. 30; épinglette, 0 fr. 10 [1]. D'ailleurs, on reçut l'ordre de faire partir les bataillons de garde nationale même non équipés.

Il n'en fut pas autrement pour les troupes de ligne. Le 18 avril, Napoléon donnait ordre à Davout d'utiliser, pour l'habillement de la cavalerie, « tous les habits qui sont en magasin provenant des régiments supprimés, » en choisissant ceux qui approcheraient le plus de l'uniforme de chaque régiment [2]. Trois jours auparavant, c'était Davout qui, signalant à Daru, attaché au ministère comme ministre d'État depuis dix jours [3], les réclamations qui arrivaient de toutes parts sur l'habillement, les uns se plaignant de l'absence de draps, les autres de leur mauvaise qualité, d'autres encore du manque de fonds pour s'en procurer, lui suggérait l'idée d' « habiller les soldats avec une bonne capote, pantalon, veste et guêtres, » en attendant qu'on eût le drap bleu nécessaire. « Le plus important, ajoutait-il, est de mettre de l'uniformité au moins par régiment dans la couleur des draps pour capotes [4]. » L'Empereur, jugeant urgent de réunir les effectifs les plus nombreux possible,

1. Archives guerre. Ministre de l'intérieur aux préfets, 18 avril.
2. *Correspondance*, 21874.
3. *Bulletin des lois*, n° 78, p. 78. Décret du 5 avril.
4. *Correspondance de Davout*, 1590.

l'essentiel était que les hommes eussent une tournure militaire quelconque [1]. Des cuirassiers ne rejoignent pas, n'ayant pas de cuirasses ; « on peut se battre sans cuirasse, » « les cuirasses ne sont pas indispensables pour faire la guerre », dit l'Empereur, qui ordonne aux dépôts d'envoyer tout ce qu'ils ont de disponible à l'armée, sans se soucier des cuirasses [2]. Ce n'est pas d'ailleurs qu'il renonce à pourvoir du mieux possible à l'habillement des hommes ; il fait établir à Paris des ateliers qui confectionnent douze cent cinquante habits par jour, ce qui, à cent cinquante francs l'habit, représente une dépense quotidienne de cent quatre-vingt-sept mille cinq cents francs. Il mettait à la disposition de Davout, au milieu d'avril, quatorze millions, rien que pour payer l'arriéré aux fabricants de drap ; quatre millions devaient être distribués en premier acompte aux régiments pour habiller leurs hommes [3]. Pour habiller les conscrits qui devaient former les quatre armées de réserve, quatre magasins d'habillement devaient être établis à Lyon, à Bordeaux, à Toulouse et à Paris [4]. Pour la seule distribution du mois de mai, treize millions étaient accordés aux corps pour l'habillement [5]. L'Empereur réclamait un état par corps et par division militaire des crédits affectés depuis janvier à l'habillement. Il chargeait l'un de ses aides de camp, Caffarelli, de faire des visites aux ateliers pour contrôler la qualité des vêtements dont on se plaignait un peu partout [6].

1. Archives guerre. Davout à Vandamme, 9 mai.
2. *Correspondance de Napoléon*, 21991, 21999.
3. *Correspondance de Davout*, 1603.
4. *Correspondance de Napoléon*, 21874.
5. *Ibid.*, 21938. Un seul régiment, le 9e chasseurs, recevait 39,424 fr. 74, sans compter les draps et tricots (Archives guerre, Davout à Soult, 26 mai). — Cf. *Correspondance*, 21885, 21886.
6. *Correspondance*, 21891.

La question de l'approvisionnement ne pouvait laisser l'Empereur indifférent. Chaque corps d'armée avait son ordonnateur en chef et son payeur général chargés de correspondre directement avec le ministre. Les corps faisant partie de l'armée du Nord étaient réunis dans les attributions de l'intendant général [1]. En déclarant en état de siège les cinquante places fortes de première ligne qui s'échelonnaient sur la frontière du nord de Dunkerque à Landau, et sur celle de l'est, de Landau au Var, le décret du 1er mai ordonnait qu'elles fussent approvisionnées pour six mois pour un effectif total de 238,000 hommes. Les habitants qui voulaient demeurer dans les places étaient obligés à se pourvoir également de vivres pour six mois. Cet approvisionnement fut réduit par la suite à trois mois [2]. Un décret du 15 mai accordait les vivres de campagne non seulement aux troupes de ligne et aux bataillons de garde nationale mobilisée qui formaient les armées du Nord, de la Moselle, du Rhin et des Alpes et les corps d'observation du Jura, du Var et des Pyrénées; mais à ceux qui se trouvaient placés dans les départements de l'Aisne, des Ardennes, de la Meuse, de la Moselle, de la Meurthe, des Vosges, du Bas et du Haut-Rhin, du Jura, du Doubs, du Mont-Blanc, de l'Isère, des Hautes et Basses-Alpes, du Var, des Pyrénées-Orientales, de l'Ariège, des Hautes et Basses-Pyrénées, du Nord et du Pas-de-Calais [3]. Bientôt on résolut aussi de les accorder aux corps francs.

Pour hâter l'approvisionnement des places, les préfets durent opérer des réquisitions ; le ministère de la guerre garantissait d'ailleurs le paiement de toutes les avances

1. Voir au chapitre de cette armée.
2. Archives guerre. Décrets des 1er, 13, 25 et 27 mai et 11 juin.
3. Archives guerre. Décret du 13 mai.

faites par les habitants [1]. Pour pourvoir à la nourriture des troupes, des fours de campagne sont construits de tous côtés.

Pour assurer le service des vivres, l'on dut recourir à une entreprise. Il existait un marché conclu entre le munitionnaire Doumerc et le gouvernement royal. Mais le marché s'exécutait mal; Davout pensa que la faute en était peut-être au peu d'empressement que mettait l'Empereur à le confirmer. Frère du général de cavalerie que Napoléon avait mis dans la commission de revision des grades, Doumerc semblait présenter des garanties; et d'ailleurs le ministre se rendait bien compte qu'il serait difficile de trouver un nouveau munitionnaire; il demanda donc à l'Empereur (14 avril) d'approuver le marché « pour qu'on ôte tout prétexte [2]; » l'Empereur y consentit, il proposa même à Davout de faire au munitionnaire les avances nécessaires jusqu'à concurrence de quatre millions, pour lui faciliter les achats [3].

Un décret du 7 mai [4] ordonnait au munitionnaire de porter pour mai et juin l'approvisionnement en grains et farines aux quantités nécessaires pour assurer la subsistance de 250,000 hommes pendant six mois et de l'entretenir constamment à cette hauteur. Il devait dans le même délai former un approvisionnement de trois mille quatre cents quintaux métriques de riz, six mille huit cents de légumes secs, trois mille huit cents de sel; sept cent mille litres d'eau-de-vie et un million cent trente mille de vinaigre,

1. Voir notamment lettre de Davout à Carnot en date du 20 avril. *Correspondance de Davout*, 1612.

2. *Correspondance de Davout*, 1587.

3. *Ibid.*, 1600; *Correspondance de Napoléon*, 21873.

4. Archives guerre.

qui, sauf pour ce dernier article, devait être également entretenu à la même hauteur. L'approvisionnement en foin, paille et avoine devait également être entretenu dans de bonnes conditions ; et c'est pour faciliter au munitionnaire les approvisionnements que le trésor lui faisait l'avance de quatre millions promise par l'Empereur. Le 24 mai, un nouveau traité fut conclu, aux termes duquel, moyennant l'avance de quatre millions, l'approvisionnement devait être complété dans le délai d'un mois.

Malheureusement, si l'on passe des mesures prises par l'Empereur à leur exécution, si l'on met en parallèle les résultats obtenus avec les efforts faits, l'on se heurte à de douloureuses constatations. Donner à la France la situation formidable que rêve l'Empereur, lui reconstituer en quelques jours une armée puissante, lui rendre intacte sa couronne de forteresses, pourvoir aux multiples besoins de l'armement, de l'équipement, de la subsistance, c'est une tâche surhumaine ; c'est le rocher de Sisyphe que l'Empereur s'épuise à soulever. Il lui manque l'indispensable, l'argent. Il en faut tant pour faire face à tant de dépenses ! Sans doute il y a des dévouements qui s'efforcent d'y suppléer ; il y a les dons patriotiques ; à ceux que M. Houssaye a déjà relevés dans le tome Ier de son *1815* [1], nous en ajouterons deux particulièrement intéressants : le premier est celui de la gendarmerie de Paris, qui se cotise pour verser au trésor 2,032 fr. [2] ; le second est celui d'un certain Thevenard, qui non seulement remet 2,000 fr., mais qui renonce à l'emploi de 2,400 fr. qui le fait vivre pour reprendre les armes et courir à la défense de la pa-

1. P. 630-631.
2. Archives guerre (donation Davout). Davout au baron Henry, 16 mai.

trie [1]. Il y a des gardes nationaux qui renoncent à toute indemnité pour ne pas surcharger le budget de la guerre; il y a des sous-préfets ou même des particuliers qui habillent à leurs frais des compagnies entières. Mais ni les dons volontaires ni les impositions, qui ne rentrent pas bien partout, ne suffisent à remplir les caisses du trésor, qui se vident sans pouvoir combler le gouffre de la défense nationale. De toutes parts ce sont des plaintes : du Nord, du Midi, de l'Est et de l'Ouest, le même cri s'élève, faisant retentir comme un glas funèbre à l'oreille de l'Empereur le même besoin d'argent. Davout fait effort pour satisfaire aux réclamations et tout ensemble pour réduire les dépenses; pour réaliser des économies, il fait appel au patriotisme, au dévouement à l'Empereur. Sa parcimonie excite des murmures, ceux de Piré par exemple, qui écrit avec aigreur à Soult [2] :

« Je suis à même de juger du mauvais effet que produisent les mesures rigoureuses d'économie adoptées par le ministère de la guerre; j'ai donné trop de preuves de dévouement personnel à l'Empereur pour que mes intentions puissent être soupçonnées; j'appartiens tellement à sa cause qu'il est dans mes devoirs comme dans mes sentiments de lui signaler tout ce que je vois d'essentiellement nuisible à ses intérêts, quelque désagréable que puisse être cette tâche. Il faut donc rendre justice à qui elle est due, ne pas traiter sur le même pied celui qui se dévoue et celui qui s'esquive, ne pas exiger l'impossible et ne pas parler de privations nécessitées par les circonstances à celui qui n'a plus de sacrifice à faire; enfin, quelle

1. Archives guerre (Donation Davout). Davout à Thevenard, 15 mai.
2. Archives guerre. Piré à Soult, 3 juin.

que soit la pénurie du trésor, il faut satisfaire les braves gens inébranlables dans leur fidélité et prêts à combattre, un contre dix s'il est nécessaire, les ennemis intérieurs et extérieurs de l'État. J'ai cru important, monsieur le maréchal, de vous faire connaître sans délai les sources d'un mécontentement qui pourrait devenir fâcheux si les circonstances devenaient plus difficiles. »

Ce qui n'empêche pas l'Empereur, dans un mouvement d'humeur, de reprocher avec vivacité au même Davout d'avoir « pour principe d'administration que l'argent n'est rien, tandis qu'au contraire, dans les circonstances où nous sommes, l'argent est tout [1]. »

« La solde va manquer partout, poursuit l'Empereur dans cette même lettre du 29 mai, et on ne pourra pas satisfaire aux demandes les plus urgentes du ministère. » C'est aussi ce que l'on remarque dans les corps : il y a des payeurs aux régiments, mais ils n'ont pas d'argent pour satisfaire aux dépenses les plus nécessaires. Quel effet va produire cette pénurie sur les troupes, qui déjà ne sont qu'à moitié contentes, qui réclament qu'on rétablisse la solde sur le pied de 1813, de même que les militaires retraités regimbent à marcher si l'on ne joint pas à la solde d'activité leur solde de retraite ?

Tous les services se ressentent de cette disette, de même qu'ils se ressentent de la précipitation avec laquelle on est obligé de tout entreprendre, de la négligence ou de la malveillance de ceux qui sont chargés de les exécuter.

Dans l'artillerie, les affûts manquent pour les canons, les pièces ont des défectuosités, les fusils sont mal répartis, quand ils ne sont pas tout à fait absents, non

1. *Correspondance*, 21985.

seulement dans la garde nationale, mais dans la troupe [1], la poudre manque sur bien des points, les cartouches ne sont pas au complet [2], ou même elles sont fabriquées avec du son et de la limaille de fer [3].

Si, malgré l'activité des directions de l'artillerie, bien des troupes sont encore dépourvues de fusils, il n'en va guère mieux de l'habillement. La mauvaise qualité des habits livrés à la troupe oblige l'Empereur à établir « une commission d'officiers sévères pour procéder à l'examen des effets déjà livrés à la troupe, ainsi que de ceux qui se trouvent en magasin [4]. » Et Davout pensait qu'il serait utile de généraliser cette mesure [5]. D'autre part, les habits étaient fabriqués d'après trois tailles moyennes, qui toutes se trouvaient « beaucoup trop fortes pour l'espèce d'hommes que nous avons maintenant dans les rangs, ce qui oblige les régiments à des dépenses imprévues pour la réparation de ces habits [6]. » On a vu ci-dessus que l'on s'était trouvé dans l'obligation de donner ordre aux hommes de rejoindre les bataillons de guerre, même avec un équipement et un habillement incomplets. Si l'on étudie

1. Par exemple au 26 mai, sur les six régiments composant à Laon la 6e division de cavalerie, trois seulement avaient leur armement complet en mousquetons : le 1er et le 4e hussards et le 17e dragons ; au 4e dragons, il en manquait 142 ; au 12e, 143 ; au 14e, 150 ; soit un total de 435, et l'envoi annoncé de Paris ne réduisait le déficit que de 222 (Archives guerre. Bonnemains au ministre, 26 mai).

2. Par exemple, au 20 mai, il manquait au 2e régiment de ligne 9,457 cartouches et 2,201 pierres à feu (état des cartouches au 20 mai, Archives guerre).

3. Voir plus bas au chapitre de l'armée du Nord.

4. Dès le 14 avril, l'Empereur confirmait l'ordonnance du 19 décembre 1814 qui établissait un comité consultatif de l'habillement (*Bulletin des lois*, no 101, p. 121).

5. Archives guerre (donation Davout). Davout à Daru, 8 mai. Cette lettre a été imprimée dans la *Correspondance de Davout* sous le no 1678, avec de singulières négligences de copie ; au lieu de : *il serait utile de généraliser cette mesure*, on a imprimé *inutile* ; au lieu de *direction de l'habillement*, on a mis *service de l'habillement*, etc.

6. Archives guerre, Davout à Lobau, 12 mai.

la situation d'habillement de quelques régiments, on se rendra compte de cet état misérable [1].

La compagnie Doumerc exécute si mal son traité pour l'approvisionnement de l'armée que « c'est un cri général de tous les points de la France. Depuis deux mois on ne fait aucun remplacement, et il n'y a plus rien pour le service courant [2]. » Le munitionnaire essaie de tranquilliser le ministre et l'Empereur par de beaux rapports qui ne répondent en rien à la réalité. Lecourbe, Brune, se plaignent. Bondurand [3], l'ordonnateur de l'armée des Alpes, jette un cri d'alarme, et dans le Nord les réserves ne sont pas formées [4].

L'Empereur, à son tour, constate qu'il n'y a ni à Laon ni à Soissons les approvisionnements promis [5].

Une étude particulière des différentes armées ou corps d'observation nous donnera mieux encore la mesure du colossal effort tenté par l'Empereur, du concours plus ou moins actif que lui apportèrent ses collaborateurs et des difficultés sans nom auxquelles se heurta sa grandiose tentative.

1. Voir aux pièces justificatives, n° 14.
2. *Correspondance de Davout*, 1693 (12 mai).
3. Et non Bonsurand, comme il est imprimé dans la *Correspondance de Davout.*
4. Arch. guerre (donation Davout). Trois lettres de Davout à Daru, 2 juin. Voir aussi au chapitre de l'armée du Nord.
5. *Correspondance de Napoléon*, n° 22048.

CHAPITRE VII

ARMÉE DU RHIN

Dans la partie qui allait se jouer entre la France impériale et l'Europe coalisée, la frontière d'Alsace apparaissait comme l'un des points les plus désignés aux malheurs de la guerre, comme l'une des cases de l'échiquier où l'ennemi devait fatalement porter ses efforts, comme l'une des portes de la France qu'il tenterait d'enfoncer pour pénétrer jusqu'au cœur du pays. C'était donc l'un des points sur lesquels l'œil stratégiste de l'Empereur devait dès l'abord songer à porter un corps d'observation. Mais qui mettre à la tête de ce corps ? A qui confier la défense de cette contrée, « le pays par excellence, » comme l'écrivait Gérard à Vandamme [1] ? A peine soumise à la domination française depuis un siècle et demi, l'Alsace, sans renoncer ni à son idiome ni à ses usages, était devenue foncièrement française, s'était pénétrée de l'esprit français, du cœur français, de l'âme française, et méritait bien l'éloge que lui décernait Gérard : « Nulle province ne surpasse l'Alsace en patriotisme. »

A qui donc reviendrait le soin de donner l'impulsion à

1. Arch. guerre. Lettre du 2 juin.

ce zèle patriotique? Le premier mouvement de l'Empereur fut de laisser le 5e corps sous les ordres du maréchal Suchet, dont la loyauté avait tout fait pour contenir les troupes dans la fidélité jurée à Louis XVIII, mais qui avait eu grand'peine à maintenir quelques jours dans le devoir des soldats que toutes leurs sympathies et tous leurs souvenirs entraînaient vers le héros de l'île d'Elbe. Le 26 mars, c'est Suchet que Napoléon désignait comme devant commander le 5e corps [1]. Quatre jours après, le 30, à la suite d'une entrevue avec le duc d'Albuféra, il décidait de le garder à Paris provisoirement et envoyait à Strasbourg le général Rapp [2].

Depuis Marengo, où il avait attaché à sa personne, en qualité d'aide de camp, l'ancien aide de camp de Desaix, l'Empereur avait pris en affection ce brillant officier de cavalerie, dont il avait fait la fortune, après avoir apprécié, en maintes rencontres, sa valeur et son dévouement. Sans doute, Rapp, comme Suchet, avait accepté de commander des troupes contre la petite armée de l'île d'Elbe ; chargé du premier corps, il avait même d'abord suivi le Roi dans sa fuite; mais il n'avait pas poussé au delà d'Écouen cette fidélité au monarque malheureux ; et au premier avis de Bertrand et de Lemarois, il était venu rejoindre à Paris Napoléon. C'est le 29 mars, d'après les dires mêmes de Rapp, qu'il fut reçu par l'Empereur [3] ; c'est le 30 que celui-ci le désignait pour le commandement du 5e corps [4].

1. *Correspondance*, 21723. Cf. *Corresp. de Davout*, 1498.

2. Suchet avait demandé à venir à Paris, par lettre du 26 mars. Le 29, Davout lui exprimait la crainte qu'on ne pût satisfaire son désir (*Corresp. de Davout*, 1518) ; mais dans l'intervalle l'Empereur avait autorisé Suchet à venir (*Corresp. de Napoléon*, 21735).

3. *Mémoires*, éd. Désiré Lacroix (Paris, Garnier, in-18), p. 363.

4. *Correspondance*, 21747.

Rapp veut nous faire croire qu'il se fit prier pour accepter; ses souvenirs sont-ils, sur ce point, beaucoup plus exacts que quand il prétend que l'Empereur lui aurait dit, le 29 mars, que Suchet commanderait dans les Alpes, alors que c'est seulement le 26 avril que Napoléon donna ce commandement au duc d'Albuféra [1]?

Le 31 mars, Rapp recevait de Davout l'ordre de partir « sur-le-champ » pour Strasbourg [2]. En arrivant dans son gouvernement, il put constater le patriotique enthousiasme de la population. « Les habitants, de concert et par un mouvement spontané, s'étaient portés sur les hauteurs qui dominent les défilés, les routes ou passages et travaillaient à y construire des retranchements; les femmes, les enfants mettaient la main à l'œuvre; on s'égayait, on s'animait l'un l'autre, on chantait des refrains patriotiques. Il y avait entre tous les citoyens rivalité de zèle et de dévouement; les uns élevaient des redoutes; les autres fondaient des balles, remontaient de vieux fusils, confectionnaient des cartouches [3]. » A Mulhouse, toutes les fabriques et manufactures se transformaient en arsenaux [4]. La garde nationale de Strasbourg renonçait à toute solde [5]. Les jeunes filles juraient de ne prendre pour maris que des hommes qui auraient défendu les frontières [6]. Et, après avoir assisté le 6 juin à la fédération alsacienne à Strasbourg, Rapp pouvait écrire : « Aucune époque de la Révolution n'a présenté un plus beau spectacle d'union et d'enthousiasme. L'Empereur sait qu'aucune province n'a

1. *Correspondance*, 21844.
2. Arch. guerre. Ministre à Rapp, 31 mars.
3. *Mémoires*, p. 366.
4. Arch. guerre. Rapp au ministre, 4 juin.
5. Arch. guerre. Rapp au ministre, 10 mai.
6. *Mémoires*, p. 367.

plus fait pour lui dans cette circonstance que l'Alsace; Votre Excellence peut assurer à Sa Majesté qu'aucune n'est plus disposée que l'Alsace à tout sacrifier pour défendre sa personne et sauver la patrie [1]. » Pour cette fédération, un fédéré de Strasbourg avait composé un chant sur l'air de la *Marseillaise*, dont voici un couplet :

Nous surtout, enfants de l'Alsace,
Nous qui voulons rester Français !
Signalons notre noble audace,
Notre cause veut de hauts faits (*bis*).
L'étranger croit, en son délire,
Nous arracher d'autres serments ;
Il pense nous rendre Allemands ! ! !
Plutôt la mort que d'y souscrire !
Aux armes, Alsaciens, cédez à votre ardeur,
Marchez (*bis*), la Liberté vous guide au champ d'honneur.

Et de même un officier d'état-major des gardes nationales avait composé à leur usage un chant de guerre, dont nous donnerons un spécimen :

A nos phalanges patriotes
Quels guerriers peut-on opposer ?
Les rois pensent-ils imposer
Par de nombreux troupeaux d'ilotes !
Quel capitaine audacieux
Vaincra le fils de la Victoire ?
Est-ce un Blücher dont la mémoire
Ne garde aucun trait glorieux ?

CHŒUR

Nous, enfants des combats et du mâle courage,
Verrons-nous sans frémir
Se préparer les fers d'un honteux esclavage ?
Non, plutôt mourir [2] !

Aussi l'organisation des gardes nationales marcha-t-elle

1. Arch. guerre. Rapp au ministre, 7 juin.
2. Ibid.

assez bien et assez rapidement. Par le décret du 6 avril, l'Empereur avait nommé à la préfecture du Haut-Rhin le comte d'Angosse, à celle du Bas-Rhin Jean de Bry, deux hommes sur lesquels il croyait pouvoir compter [1]. D'Angosse surtout se fit remarquer par son zèle, dès son installation; le 24 avril, il lança une proclamation pleine d'un dévouement ardent à l'Empereur, et il contribua puissamment à la levée des compagnies franches. De Bry, le fameux plénipotentiaire échappé à l'attentat de Rastadt, s'était signalé par son zèle révolutionnaire. Il est vrai qu'à la chute de l'Empire, alors qu'il était préfet du Doubs, il avait été l'un des premiers à arborer la cocarde blanche et avait mis, sans hésiter, douze cents francs à la disposition du commandant de la place pour l'obliger à en acheter pour ses troupes. Mais, comme il était demeuré sans emploi sous le gouvernement royal, Napoléon pouvait se croire fondé à compter sur le concours actif d'un homme qui l'avait servi pendant quatorze ans à la préfecture de Besançon. Pourtant de Bry, qui accepta sans enthousiasme le nouveau poste que lui confiait l'Empereur, semble l'avoir rempli sans grand zèle.

Heureusement qu'il y avait dans le pays, pour organiser la garde nationale, un homme d'expérience et d'entrain, le général Molitor, vétéran des guerres de la Moselle et du Rhin, où il avait conquis, à vingt-sept ans, le grade de général de brigade (1799), qu'il n'avait point tardé à échanger contre celui de général de division (1801). Il exerça une grande influence sur la garde nationale, dont il avait su se faire aimer [2]. Aussi Rapp demandait-il, le 12 mai,

1. *Bulletin des lois*, n° 83, p. 85. Le *Bulletin des lois* écrit Dangosse et de Brie.

2. Arch. guerre. Rapp au ministre, 10 mai. Molitor avait été désigné par l'Empereur pour ces fonctions dès le 10 avril (*Corresp. de Davout*, 1561).

que l'on augmentât les pouvoirs du général Molitor, en les talents et l'activité duquel il déclarait avoir « la plus grande confiance. » « Je le verrai avec plaisir, ajoutait-il, revêtu d'un commandement supérieur dans la 5e division militaire. Les ressources que présentent les gardes nationales sédentaires, les douaniers, les forestiers et les partisans concourent toutes au même but et doivent être dans la même main. Un homme habile, actif et très considéré peut seul en être chargé et, sous ce rapport, le général Molitor me paraît convenir bien mieux aux intérêts de l'Empereur et au bien du pays que le général Desbureaux [1]. »

Ce n'est pas cependant que le baron Desbureaux ne montrât beaucoup de zèle pour l'Empereur, et ce dévouement n'était que trop dicté par la reconnaissance envers un souverain qui, après l'avoir laissé longtemps dans une demi-disgrâce, venait de l'investir des fonctions importantes de commandant supérieur de la 5e division. L'Empereur décida d'ailleurs que Molitor aurait sous ses ordres toutes les levées en masse du Haut-Rhin, et Desbureaux celles du Bas-Rhin [2].

Si l'esprit de l'Alsace était en général excellent, il ne l'était pas également partout. Il y avait un revers à la médaille et sur l'enthousiasme général tranchait singulièrement la mauvaise humeur de quelques mécontents. A entendre Rapp parler des menées du clergé catholique et de l'esprit douteux du Bas-Rhin, l'on serait tenté d'y voir quelque parti pris et la double tendance du protestant à soupçonner les catholiques, du Haut-Rhénan à déprimer

1. Arch. guerre. Rapp au ministre, 12 mai.
2. Napoléon à Davout, 15 mai. *Correspondance*, 21911.

les voisins pour mieux exalter ses compatriotes. Mais les dires de Rapp sont corroborés par d'autres assertions.

Le préfet du Bas-Rhin écrivait, le 5 avril, aux vicaires capitulaires de Strasbourg que quelques prêtres refusaient de chanter le *Domine, salvum fac Imperatorem;* mais, dans leur lettre au directeur des cultes, les grands vicaires protestent contre une assertion qui ne leur semble pas fondée. Les vicaires capitulaires, en tout cas, n'avaient fait aucune difficulté de reconnaître l'Empereur; dès le 24 mars, ils adressaient à leur clergé une circulaire où ils disaient: « S. M. l'Empereur ayant repris le gouvernement de la France, il est de notre devoir de reprendre pour lui les prières prescrites pour le souverain; soyons toujours soumis aux puissances supérieures. » Le 21 avril, ils deviennent plus pressants: « Nous savons tous que le royaume de Jésus-Christ n'est point de ce monde; aussi ne sont-ce point les dîmes ni d'autres biens de la terre qui nous occupent.... Aucun de nous n'a songé à redemander les dîmes ni à prêcher en faveur des droits féodaux.... La religion ne tient à aucune forme de gouvernement; elle est toujours la même, indépendante de chacun, se conformant à tous. » Au demeurant, la plainte contre le clergé du Bas-Rhin ne semble pas devoir s'appliquer à lui seul, il n'en est pas différemment pour le Haut-Rhin. Le général Rapp est obligé de faire conduire à la frontière et expulser le curé de Mollau, un étranger d'ailleurs, du nom d'Haussmann. Un certain Bethmann écrit qu' « il est instant de surveiller » les prêtres du Haut-Rhin (28 avril); même note dans une lettre de Colmar (11 mai) [1]. Aussi Rapp croit-il

1. Arch. guerre. Rapp au ministre, 25 avril, et pièces y annexées des grands vicaires; le même au même, 28 avril; le même au même, 11 mai.

devoir faire arrêter plusieurs prêtres [1]. C'est à l'influence du clergé que le général attribue la peine que l'on a à réunir les gardes nationales des arrondissements de Saverne et de Wissembourg [2]. Mais il y a d'autres malveillants, lui-même le reconnaît [3]. S'il déclare que les prêtres ont, en général, « jeté le masque dans la province, » il ne peut disconvenir que « les nobles et anciens émigrés concourent au même désordre; et la preuve en est à Haguenau, ville où il se trouve un grand nombre de ces individus et qui passe pour être le plus généralement animée d'un très mauvais esprit [4]. » D'ailleurs, sans qu'il soit besoin des menées du clergé ou de la noblesse, il est des endroits où il suffit pour abaisser l'esprit public de l'insouciance et de l'égoïsme des habitants; comme à Schlestadt où le commandant Chrysostome Bruneteau de Sainte-Suzanne [5] se plaint qu'il n'y ait pas assez de bons Français, attachés à la patrie et au souverain [6].

Au surplus, dans la partie même de la population qui n'était point hostile au régime impérial et dont le patriotisme était prêt à tous les dévouements en face de l'ennemi, il y avait des germes de mécontentement. L'hérédité de la pairie, proclamée par la constitution impériale, avait causé une sorte de stupeur; des querelles de personnes risquaient de compromettre les intérêts généraux. L'on reprochait à d'Angosse de ne pas connaître le pays qu'il était chargé d'administrer et d'avoir trop de confiance dans

1. Arch. guerre. Rapp au ministre, 12 mai.
2. Ibid. Le même au même, 11 mai.
3. Ibid.
4. Ibid. Le même au même, 12 mai.
5. Fils du comte de Sainte-Suzanne, nommé pair de France par Louis XVIII en 1814 et qui ne se rattacha pas à Napoléon comme son fils.
6. Arch. guerre. Sainte-Suzanne au ministre, 7 juin.

l'ancien secrétaire général, M. de Briche, dont la fidélité semblait suspecte à quelques-uns. Comme dans toutes les divisions militaires [1], Napoléon avait envoyé dans la 5e un commissaire extraordinaire, et Rapp, tout d'abord, s'était promis beaucoup de bien de sa présence. Malheureusement, l'Empereur avait fait choix pour cette mission délicate de ce baron de Pommereul qui, dans les dernières années de l'Empire, s'était acquis tant d'inimitiés par sa sévérité maladroite comme directeur de la librairie. Sa conduite en Alsace ne le rendit pas plus sympathique et nuisit plus qu'elle ne les servît aux intérêts de l'Empereur. Dès le 5 mai, Schneider, chef d'état-major du 5e corps d'observation, transmettait au ministre, au nom de Rapp, une note où l'on exprimait des doutes sur le bon effet de la mission de Pommereul [2]. Sept jours plus tard, Rapp lui-même écrivait : « J'ajouterai confidentiellement à Votre Excellence que le séjour et l'opération de M. le baron de Pommereul dans la division n'a pas peu contribué à y développer un grand mécontentement. Il a déplacé une foule de personnes très considérées, pour les remplacer par des gens peu faits pour mériter l'estime et la confiance publiques [3]. »

Tout en accusant Pommereul d'un zèle intempestif, Rapp ne se faisait pas faute, non seulement d'arrêter ou de frapper des personnages qui lui paraissaient suspects, mais de transmettre au ministère des dénonciations contre tel ou tel fonctionnaire : contre de Briche, par exemple, ce secrétaire général de la préfecture du Haut-Rhin à qui d'Angosse accordait tant de confiance; contre le géné-

1. *Bulletin des lois*, décret du 20 avril, n° 110, p. 127.
2. Arch. guerre.
3. Arch. guerre. Rapp au ministre, 12 mai.

ral Puthod, à qui l'on faisait un grief des sentiments de sa femme [1]; contre Séguré, directeur des contributions, etc. [2].

Des mesures mêmes qui semblaient prises pour satisfaire une partie de la population excitaient, par ailleurs, des mécontentements ; c'est ainsi qu'« on critique la permission donnée de se faire remplacer pour la garde nationale mobile, ce qui décourage ceux qui n'ont pas le moyen d'offrir un remplaçant et détruit l'esprit national. » On se plaint aussi de la facilité avec laquelle on accorde des exemptions aux jeunes gens qui travaillent dans les bureaux [3]. Dans l'organisation des gardes nationales, une mesure produisait un effet fâcheux : c'était de mettre dans une place forte des habitants d'une autre place ; c'est ainsi que les habitants de Schlestadt murmuraient d'être mis à Strasbourg ; l'opinion générale, parmi ceux qui connaissaient le pays, était que l'on devait laisser les habitants des forteresses chez eux, sûr moyen d'exciter davantage leur zèle. L'on était amené ainsi à compléter le personnel des places par des gardes nationales tirées des campagnes ; mais il y avait là un nouvel inconvénient, Barbanègre le signale pour Huningue ; on avait jeté dans cette place les 8e, 9e, 10e bataillons du Haut-Rhin ; mais les hommes de ces bataillons tirés des communes voisines d'Huningue désertaient à qui mieux mieux. A l'arrivée du général, on comptait ces déserteurs par centaines ; la sévère surveillance qu'il établit ne put enrayer complètement le mouvement [4].

1. Puthod fut appelé à Paris (Schneider au ministre, 5 mai) et envoyé, comme on sait, à Lyon.

2. Arch. guerre. Rapp au ministre, 28 avril.

3. Ibid. Le même au même, 10 mai.

4. Arch. guerre. Rapp au ministre, 10 mai ; Barbanègre au même, 9 juin.

Il ne faudrait pas exagérer, d'ailleurs, l'importance de la désertion parmi les gardes nationales ; Rapp croyait pouvoir attribuer — et rien ne semble contredire cette opinion — « l'incroyable opiniâtreté d'un certain nombre de gardes nationaux retardataires.... moins au mauvais esprit qui les anime qu'à l'exemple de quelques opiniâtres.... Tous les hommes qu'on reprend déclarent qu'ils ne se sont éloignés que parce que d'autres n'ont pas rejoint ; c'est plutôt enfantillage que rébellion [1]. »

Ces petites ombres n'obscurcissent guère le brillant tableau que Rapp nous faisait tout à l'heure du patriotisme et de l'ardeur de la population alsacienne ; somme toute, l'esprit était bon et les gardes nationales, comme les corps, purent s'organiser assez rapidement. Dès la fin d'avril, Molitor évaluait de seize à dix-huit mille hommes le nombre des bataillons d'élite de la garde nationale qu'il comptait réunir [2]. Outre les régiments de grenadiers et de chasseurs mobilisés par le décret impérial du 8 avril, les gardes nationales d'Alsace avaient encore des détachements de canonniers et de lanciers, qui formaient des corps d'élite, fort utiles pour la défense de la frontière et des places [3].

Quant aux troupes mêmes, Rapp prétend que dans la conversation du 29 mars, l'Empereur lui aurait promis que ses forces seraient bientôt portées à quarante mille hommes, et qu'il aurait répondu que c'était bien peu [4]. La lettre dans laquelle Davout annonce au général sa nomination [5] (31 mars) ne laisse pressentir rien de sem-

1. Arch. guerre. Rapp au ministre, 10 mai.
2. Ibid. Le même au même, 30 avril.
3. Arch. guerre. Rapp au ministre, 16 avril, et p. 192.
4. *Mémoires*, loc. cit.
5. Arch. guerre. Davout à Rapp, 31 mars.

biable : « Sa Majesté vous a choisi pour commander le 5ᵉ corps d'observation, qui se réunira à Strasbourg et qui sera composé des 1ᵉʳ et 2ᵉ bataillons et des trois premiers escadrons des régiments stationnés dans la 5ᵉ division militaire.... Occupez-vous sur-le-champ de faire former votre corps, que vous organiserez en trois divisions d'infanterie, ayant chacune une batterie d'artillerie à pied. Vous aurez en outre deux divisions de cavalerie, ayant chacune une batterie d'artillerie à cheval.... Vos trois divisions d'infanterie porteront les numéros 15, 16 et 17 ; vos deux divisions de cavalerie prendront les numéros 8 et 9. Cet ordre est nécessaire à conserver, attendu que les divisions des autres corps d'observation prennent les numéros antécédents et subséquents. Vous donnerez sur-le-champ vos ordres pour faire réunir les bataillons et escadrons qui doivent composer vos divisions. Les 15ᵉ et 17ᵉ divisions n'auront, quant à présent, que trois bataillons chacune ; la 8ᵉ division de cavalerie n'en aura que trois ; mais aussitôt qu'il sera possible, chaque division sera renforcée, afin qu'elles soient toutes portées à quatre bataillons.... Vous aurez soin, général, de placer votre corps de manière à surveiller le passage du Rhin et les débouchés de la frontière, depuis le point où finiront les cantonnements de droite du 4ᵉ corps d'observation, jusqu'à Huningue.... Vous prendrez les 1ᵉʳ et 2ᵉ bataillons de chaque régiment d'infanterie ; faites en sorte que chaque bataillon soit porté au moins à cinq cents hommes ; aussitôt que le 3ᵉ bataillon pourra être porté à quatre cents hommes, il rejoindra les deux premiers. »

Outre la cavalerie assignée au 5ᵉ corps, il devait se réunir en Alsace une division de réserve, formée uniquement de cuirassiers, et composée des 5ᵉ, 6ᵉ, 9ᵉ et 10ᵉ régiments de cette arme, le 5e venant de Pont-à-Mousson, les trois autres déjà cantonnés dans la 5e division et que Rapp reçut l'ordre de porter autant que possible au complet [1]. En envoyant Jacquinot prendre le commandement de cette cavalerie de réserve, le ministre nous fait connaître l'état de cette division au 10 avril : le 5e régiment envoyait ses deux premiers escadrons ; le 6e, qui était à Strasbourg, n'avait que son premier escadron formé, faute de chevaux ; le 9e (Colmar) avait ses trois premiers escadrons prêts, et le 10e (Schlestadt) les deux premiers seulement [2].

Le 20 avril, Davout prévenait Rapp de l'envoi à Belfort du général Lecourbe, qui devait avoir sous ses ordres la 18e division d'infanterie et la 9e division de cavalerie légère, ce qui réduisait d'autant les forces du 5e corps [3]. A la même date, Rapp recevait l'ordre de porter le bataillon de pontonniers à dix compagnies de quatre-vingts hommes chacune, dont trois devaient être employées au Nord, trois à la Moselle, et le reste sur le Rhin ; les deux premières compagnies destinées au Nord et les deux premières destinées à la Moselle devaient partir dès le 26 avril, complétées momentanément à soixante hommes [4].

Le 27 avril, en envoyant à Davout une situation sommaire de formation et d'emplacement du 5e corps, Rapp faisait observer : « Les 1er et 2e bataillons des dix régiments d'infanterie ont été complétés à cinq cents hommes chacun et vont l'être à six cents, en vertu du décret du 13 avril, dont vous me prescrivez l'exécution. Mais Votre

1. Arch. guerre. Ministre au commissaire ordonnateur de la 5e division militaire, 1er avril ; le même à Rapp, même date.

2. Arch. guerre. Ministre à Jacquinot, 10 avril.

3. Arch. guerre. Ministre à Rapp, 20 avril.

4. Arch. guerre. Ministre à Rapp, 20 avril ; Rapp au ministre, 26 avril.

Excellence verra par cette mesure que la formation des 3es bataillons, et encore plus des 4es et 5es, sera un peu retardée. Trois régiments seulement présentent un 3e bataillon presque disponible; et les régiments de cavalerie sont loin de pouvoir tous compléter trois escadrons de guerre à cent cinquante hommes chaque. J'ai lieu de penser toutefois que le rappel de tous les militaires ordonné par le décret du 28 mars, et dont s'occupent en ce moment les généraux commandants du Haut et du Bas-Rhin, et que les achats ou envois de chevaux annoncés ou commencés élèveront plus haut, d'ici à la fin du mois, la situation détaillée que j'aurai l'honneur d'adresser à Votre Excellence [1]. »

Les chevaux, qui manquaient pour la cavalerie, faisaient aussi défaut pour l'artillerie. « Le matériel et le personnel, écrivait le général le 21 avril, sont prêts pour les batteries de campagne qui doivent être attachées au corps d'armée, mais jusqu'à ce jour, deux seulement sont attelées ; on aura les chevaux que vos dispositions prescrivent vers le 10 mai [2]. » La poudre manquait également [3]. Quand Rapp reçut l'ordre de pourvoir par l'envoi d'une batterie et d'une compagnie à l'artillerie du corps de Lecourbe, cette mesure réduisit à une batterie et demie l'artillerie attelée du 5e corps. Mais Rapp renouvelait l'assurance que le personnel et le matériel étaient prêts, et qu'il ne manquait que des chevaux et de l'argent : il trouvait « l'état de l'artillerie du 5e corps satisfaisant [4]. »

1. Arch. guerre. Rapp au ministre, 27 avril. On trouvera la situation sommaire dont parle Rapp aux pièces justificatives, n. 15.

2. Arch. guerre. Rapp au ministre, 21 avril.

3. Ibid.

4. Arch. guerre. Le même au même, 26 avril.

Quant au génie, c'était Gérard qui était chargé de lui fournir son équipage, composé, en personnel, d'un officier du train et de trente-six sous-officiers et soldats du génie, et en matériel de quarante-quatre chevaux d'attelage, de douze chevaux de selle, de dix voitures chargées de deux mille outils à pionniers, d'outils d'art et d'agrès divers. C'est le 1er mai que cet équipage se mit en route de Metz pour Strasbourg [1].

Malgré les instructions du ministre, Rapp songeait à laisser dans les places des troupes de ligne, les mineurs et les sapeurs ; le 28 avril, Davout lui expédia l'ordre [2] de retirer toutes les troupes des places fortes. Cependant, par décision de l'Empereur, une compagnie de mineurs dut rester au service des places de Strasbourg et de Landau [3].

Le 3 mai, cependant, Rapp envoyait au ministre le résultat d'une conférence qu'il avait eue le 29 avril avec les commandants du génie et de l'artillerie, le général Molitor, le général Desbureaux et le commissaire ordonnateur en chef, et où l'on avait pris des dispositions pour les garnisons des places ; partout l'on augmentait le chiffre fixé par le ministre, et encore déclarait-on que la fixation proposée était au-dessous du minimum nécessaire pour assurer le service des places ; partout aussi l'on mêlait à la garde nationale des troupes de ligne [4].

De nouvelles instructions ministérielles en date du 2 mai obligèrent Rapp de céder. Mais ce ne fut pas sans récrimination : « Les gardes nationales n'ont encore

1. Arch. guerre. Ministre à Gérard, 27 avril ; le même à Rapp, même date.

2. Arch. guerre.

3. Arch. guerre. Ministre à Rapp, 1er mai.

4. Arch. guerre. Rapp au ministre, 30 avril et 3 mai. L'on trouvera aux pièces justificatives, n. 16, la fixation de Rapp. Cf. *Correspondance de Davout*, 1667 (5 mai).

aucune instruction; l'extrême voisinage où elles se trouvent de la frontière étant dans les places fortes les met dans le cas d'être agitées et influencées par les menées de l'ennemi; le rapprochement où on les a laissées de leurs communes facilite des allées et des venues contraires au bon esprit de ces bataillons et il serait à craindre, dans le cas d'une invasion, que les menaces de l'ennemi et la vue des flammes ne les décourageassent entièrement [1]. »

L'organisation des 3e, 4e et 5e bataillons ne se faisait que difficilement; tantôt c'est le 18e régiment qui, en dehors de ses deux premiers bataillons, a cinq cents hommes disponibles, mais qui ne sont ni habillés ni équipés faute de fonds [2]; tantôt ce sont les renforts que laissait espérer le décret du 6 avril sur la dissolution des bataillons départementaux qui n'arrivent pas [3].

Le 12 mai, tout le corps d'armée de Rapp était en ligne, à l'exception d'un régiment, le 40e, qu'il était obligé de laisser à Landau jusqu'à l'arrivée des gardes nationales; toutes les batteries d'artillerie étaient attelées en ligne et laissaient peu à désirer [4]. Quelques jours après, Rapp ajoutait : « J'ai parcouru ma ligne, l'armée est superbe et animée du meilleur esprit [5]. »

La nouvelle organisation de la cavalerie retira de l'armée du Rhin la 3e division de réserve, qui devint 14e division de cavalerie et reçut l'ordre de se porter à Hirson; une seule division de cavalerie, qui reçut le n° 7, fut attachée au corps de Rapp, et composée des 2e et

1. Arch. guerre. Rapp au ministre, 6 mai.
2. Arch. guerre. Le même au même, 7 mai.
3. Arch. guerre. Le même au même, 9 mai.
4. Arch. guerre. Le même au même, 12 mai.
5. Arch. guerre. Le même au même, 29 mai.

7e chasseurs, des 11e et 19e dragons; le troisième de ces régiments fourni par l'armée de la Moselle [1]. La 14e division, qui devait arriver à Hirson le 14 juin, sous les ordres du baron Delort, comprenait, avec quatre pièces de 6 et deux obusiers de six pouces, les hommes et les chevaux suivants [2].

	OFFICIERS	HOMMES	CHEVAUX d'officiers	CHEVAUX de troupe	CHEVAUX de trait
1re brigade. — Général Farine.					
5e cuirassiers	39	479	104	469	»
10e —	32	327	83	339	»
2e brigade. — Général Jacquot.					
6e cuirassiers	22	263	54	266	»
9e —	34	378	80	373	»
4e compagnie du 3e d'artillerie.	4	82	7	71	»
3e escadron du train	1	78	2	»	140

On voit qu'on était loin du complet. Il n'en était guère autrement pour tout le corps d'armée et pour les garnisons du commandement de Rapp. Pour la seule place d'Huningue, il manquait encore à Barbanègre 722 hommes sur les 3,000 fixés pour la garnison; encore trouvait-il ce nombre de 3,000 bien modique [3].

C'est qu'en effet l'ennemi devenait menaçant sur la frontière. Rapp transmettait sans cesse à Paris des nouvelles soit extraites des gazettes, soit issues de renseignements particuliers qui nous permettent de suivre les mouvements de l'ennemi. Le 9 avril, tout en disant que « les lettres s'accordent à dire que les coalisés auront d'ici à deux mois des armées formidables sur le Rhin, » Rapp

1. Arch. guerre. Le ministre à Rapp, 3 juin.
2. Arch. guerre. Rapport de Davout à l'Empereur, 11 juin.
3. Arch. guerre. Barbanègre au ministre, 9 juin.

reconnaissait que les habitants des États de la confédération du Rhin faisaient « schisme » avec l'armée; non point partout cependant : à Francfort, par exemple, on était très monté contre la France, il fallait parler allemand pour être tranquille [1]. Mais en général, si la France avait pu agir de suite, on regardait comme probable que les populations se joindraient aux armées françaises. Mais l'on n'avait pas 40,000 hommes à jeter sur la rive droite du Rhin ; et les alliés faisaient préparer par la cour de Carlsruhe les subsistances pour 180,000 hommes qui devaient arriver du 23 au 27 avril. Pour agir sur la population, les journaux inséraient les articles les plus violents; le *Mercure du Rhin* du 28 mars disait : « Il faut que la bande soit exterminée, que tous les repaires de brigands soient forcés; sans cela, point de paix, point de salut. » Les Français étaient une « bande de brigands forte de 500,000 hommes, résolus, commandés par des chefs élevés dans tous les genres de perversité [2]. »

En même temps, des mesures rigoureuses étaient prises pour dégoûter les récalcitrants qui refusaient de servir dans les rangs des alliés. Les habitants de plusieurs communes du comté de Lingen et du bailliage de Bevergern s'enfuyaient en Hollande par bandes de deux cents et trois cents hommes; dans les communes de Holsten et de Dreyerwalde on n'avait laissé que les vieillards. Le gouvernement prussien s'empressa, par décret du 8 avril, de déclarer que les fuyards seraient employés aux travaux des fortifications de Minden ; ils perdraient le droit de bourgeoisie, celui d'acquérir des immeubles, celui de pouvoir exercer des métiers ; leurs familles seraient enfermées

1. Arch. guerre. Rapp au ministre, 9 avril.
2. Arch. guerre. Saint-Cyr Nugues au ministre, 18 avril.

dans des maisons de travail, leur mobilier vendu, leurs maisons rasées [1].

Par décret du 10 avril, le grand-duc de Bade, un peu contre son gré, murmurait-on, adhérait à la déclaration des puissances du 13 mars ; par décret du 11, il interdisait à ses sujets toute communication avec la France [2].

Mais la diversion de Murat en Italie empêchait l'Autriche de concentrer sur le Rhin les forces dont il avait été d'abord question [3]. L'avortement misérable de la tentative prématurée de Murat rendit bientôt à l'Autriche sa liberté d'action. D'ailleurs, dès le début de mai, Autrichiens, Wurtembergeois et Badois n'avaient pas moins de 44,000 hommes, sans compter la division du prince Colloredo [4]. Tout faisait craindre que la Suisse ne cédât aux sollicitations des alliés ; les Suisses construisaient des ouvrages du côté de la France et rien du côté de l'Allemagne. Le baron Félix Desportes, que Napoléon avait envoyé chez eux en mission, faisait effort pour obtenir au moins une déclaration de neutralité. L'attitude des troupes françaises sur la frontière finit par leur imposer. Napoléon jugeait nécessaire de faire comprendre à ce pays que, s'il se déclarait contre nous, il jouerait gros jeu. « Faites construire, disait-il à Davout [5], en avant d'Huningue, du côté de Bâle, des ouvrages pour battre cette place. Envoyez des mortiers à longue portée pour brûler cette ville, dans le cas où la Suisse ne saurait ou ne voudrait faire respecter sa neutralité. Disposez ostensi-

1. Arch. guerre. Rapp au ministre, 27 avril.
2. Arch. guerre. Rapp au ministre, 21 avril.
3. Arch. guerre. Rapp au ministre, 27 avril.
4. Arch. guerre. Rapp au ministre, 11 mai.
5. *Lettres inédites*, n° 1176, 27 avril.

blement cette batterie, afin qu'elle soit pour Bâle un véhicule pour s'opposer à ce que sa neutralité soit violée. » Rapp avait déjà donné des ordres pour faire relever la redoute Custine; des Bâlois vinrent y voir travailler et demandèrent à un soldat si c'était par crainte de siège que l'on faisait cette redoute : « Non, f....! répondit-il, c'est pour brûler Bâle [1]. » Les Bâlois se le tinrent pour dit, punirent une sentinelle et cassèrent un officier qui avaient laissé passer — par surprise cependant — des officiers badois ; mais, en même temps, ils faisaient venir des troupes de renfort et de l'artillerie et construisaient une redoute du côté d'Huningue [2].

Cependant l'état d'hostilité se manifestait de plus en plus; on poursuivait nos douaniers jusque sur notre territoire ; on osait en arrêter un en deçà de la frontière; on en blessait un autre. Rapp fut obligé de prendre un ordre du jour (26 mai) pour enjoindre à tout commandant de troupes de prêter main-forte aux douaniers et d'empêcher toute violation du territoire français [3]. Cela rendit les étrangers plus prudents [4]. Cependant, le 8 juin, un cavalier bavarois dépassait encore la frontière; il fut tué raide d'un coup de carabine, et à la plainte des officiers bavarois l'on répondit « qu'on en ferait autant à tous ceux qui entreraient chez nous [5]. »

Pour tenir tête aux ennemis qui se massaient sur la frontière, la situation des Français n'était assurément pas très bonne. Rapp en fait dans ses Mémoires ce tableau

1. Arch. guerre. Rapp au ministre, 25 avril et 10 juin.
2. Arch. guerre. Rapp au ministre, 11 mai.
3. Arch. guerre. Rapp au ministre, 26 mai, et ordre du jour de même date y annexé.
4. Arch. guerre. Rapp au ministre, 4 juin.
5. Arch. guerre. Rapp au ministre, 10 juin.

navrant : « Les lignes n'offraient que des ruines, les digues et les écluses qui en faisaient la principale force étaient presque entièrement détruites, et les places qui les appuyaient n'étaient ni armées ni même à l'abri d'un coup de main. Nous comptions à peine quinze mille hommes d'infanterie répartis en trois divisions sous les ordres des généraux Rottembourg, Albert et Grandjean ; deux mille chevaux, commandés par le comte Merlin, composaient toute notre cavalerie [1]. » Le tableau n'est pas absolument exact et renferme même des erreurs matérielles : ce n'est pas le comte Merlin, mais le baron Antoine-Christophe Merlin qui commandait la cavalerie. Au 12 juin, date où se termine cette étude, le général Rottembourg ou Rothembourg n'était pas à l'armée du Rhin, dont les trois divisions étaient commandées : la 15e par le comte Étienne Heudelet de Bierre, ayant sous ses ordres les généraux Mesclop et Gudin ; la 16e par le général Joseph-Jean-Baptiste Albert, aidé des généraux de brigade Jacquet et Bourmann ; la 17e par le général baron Charles-Louis-Dieudonné Grandjean. Quant à l'état des défenses du pays, il ne semble pas qu'il fût aussi désespéré que le montre Rapp, et d'ailleurs n'en était-il pas un peu responsable ? avait-il tiré du pays et des habitants, dont il nous peint l'ardeur enthousiaste, tout le parti possible ?

Une lettre de l'Empereur qu'il a la loyauté de citer

1. *Mémoires*, p. 374. L'état de l'armée du Rhin au 13 juin, d'après le rapport cité plus bas de Gressot, comprenait :

15e division d'infanterie.	4,314 hommes.
16e — —	6,225
17e — —	5,018
7e — de cavalerie.	1,430
Artillerie de réserve	257
	17,244

dans ses mémoires [1] nous montre comment ce dernier jugeait sa médiocre capacité : « Vous voyez cela trop légèrement ; levez les obstacles de vous-même. »

L'Empereur n'était pas le seul à le juger sévèrement. On trouvera dans nos pièces justificatives [2] un très important rapport du maréchal de camp Gressot, en mission à l'armée du Rhin, adressé à Soult, major général de l'armée. On y verra que l'opinion unanime des généraux sous les ordres de Rapp était qu'en dépit de ses qualités personnelles et de sa bravoure, il était nul comme général en chef. On suppliait l'Empereur de le remplacer, on désignait le général Grenier comme l'homme le plus propre à prendre le commandement dans les conditions actuelles.

Si Napoléon ne fit pas droit à cette requête, c'est sans doute que le rapport de Gressot, rédigé seulement le 13 juin, lui arriva trop tard, quand il devenait impossible de prendre une décision utile. Et c'est ainsi que Rapp fut conservé à un commandement aussi important, et aussi au-dessus de ses forces.

1. P. 371, 20 mai. *Correspondance*, n° 21938.
2. N° 17.

CHAPITRE VIII

ARMÉE DU JURA

L'Empereur avait à peine décidé la répartition des forces françaises entre huit corps d'observation, qu'il sentait la nécessité d'établir une surveillance spéciale sur la trouée de Belfort, par où les troupes ennemies pouvaient déboucher sur la vallée de la Haute-Saône ou sur celle de la Haute-Marne. Sans doute la neutralité de la Suisse était une demi-garantie contre ce danger. Mais la Suisse garderait-elle la neutralité ? sa bonne volonté était au moins douteuse ; et, si même elle y était fermement résolue, sa résolution tiendrait-elle devant les menaces de la coalition ? sa neutralité ne risquait-elle pas d'être violée ? Il fallait donc grouper sur ce point vulnérable des forces suffisantes sous un chef expérimenté pour barrer la route à l'ennemi, pour appuyer ou pour forcer les bons sentiments de la Suisse.

Dès le milieu d'avril, l'Empereur avait arrêté son choix et résolu de confier au général Lecourbe le commandement de ce corps [1].

1. La *Correspondance de Napoléon*, sous le n° 21733, donne une lettre datée du 27 mars, où il est déjà question du corps d'observation du Jura sous les ordres de Lecourbe. On trouvera plus loin, au chapitre de l'armée du Nord, les raisons qui nous font rejeter cette lettre au 27 avril.

Il pouvait paraître étonnant au premier abord que Napoléon donnât un poste aussi délicat et, somme toute, de confiance à un homme envers lequel il avait manifesté une si longue et si obstinée méfiance. L'ancien lieutenant de Moreau était demeuré sous l'Empire sans emploi, depuis le procès de son chef, auquel il avait témoigné jusqu'au bout une sympathie qui l'avait rendu suspect de complicité. Malgré ses brillants états de service, malgré l'appui d'admirateurs de ses talents comme Cambacérès, ses efforts pour rentrer en grâce étaient demeurés stériles jusqu'au bout. Pendant l'invasion de 1814, la crainte de le voir passer à l'ennemi l'avait fait reléguer à Bourges, alors qu'il demandait du service. Un général ainsi mis en quarantaine par l'Empereur ne pouvait que trouver bon accueil auprès du Roi, qui pensait bien se l'attacher en le nommant grand cordon de la Légion d'honneur (23 août 1814), comte (31 décembre 1814), inspecteur général des troupes dans la 6ᵉ division militaire (3 janvier 1815). De fait, au premier bruit de la descente de Napoléon en France, il était accouru mettre son bras et son conseil au service de Ney.

Mais il avait été de ceux qui se croyaient obligés par l'honneur et par le devoir « à ne jamais tirer l'épée contre des Français, à ne point lever l'étendard de la guerre civile. Si les étrangers veulent entrer en France, poursuivait-il dans une lettre à son beau-frère le général Gauthier, et que Napoléon soit sur le trône, mon cœur et mon bras sont à lui [1]. »

Surtout dans les circonstances nouvelles où il se trou-

1. Lettre citée par Bousson de Mairet, *Éloge historique du général Lecourbe* (Paris, Librairie militaire, 1854, in-8), p. 63 et p. 146.

vait, Napoléon ne pouvait faire fi d'une bonne volonté qui semblait si sincère. Tandis que d'autres, naguère comblés de ses faveurs, fuyaient aujourd'hui à l'étranger, il ne pouvait rejeter le concours d'un homme qui, malgré l'affront de la longue suspicion où il avait été tenu, s'offrait sans hésiter pour les combats prochains. Il n'avait pas oublié l'éclat de ces campagnes du Rhin, de Suisse et d'Allemagne, où Lecourbe s'était couvert de la double gloire d'un soldat intrépide et d'un général consommé.

Aussi Lecourbe avait-il reçu de Napoléon l'accueil le plus flatteur ; et dans l'entourage de l'Empereur ceux mêmes qu'il croyait le plus hostiles à sa fortune, comme Davout, lui témoignaient des sentiments amicaux. Comme l'Empereur avait annulé toutes les nominations faites par Louis XVIII dans l'ordre de la Légion d'honneur, il éleva tour à tour Lecourbe aux grades de chevalier (20 mars), d'officier (21), de commandeur (23) et de grand officier (25). Profitant de cette faveur inattendue, Lecourbe demandait ce même jour, dans une lettre à Davout [1], que l'Empereur le confirmât dans la dignité de grand cordon et dans le titre de comte et qu'il l'aidât à payer ses dettes, qui montaient à plus de 150,000 fr. Napoléon créa en effet Lecourbe comte d'Empire le 3 avril, mais ce ne fut que le 17 juin, au quartier général de Fleurus, qu'il l'éleva enfin à la dignité de grand aigle [2].

Comptant désormais sur le dévouement de Lecourbe, l'Empereur ne crut pouvoir mieux l'employer que dans ce poste du Jura qu'il songeait à créer. Qui donc y aurait semblé plus propre que cet enfant du Jura, qui connais-

1. Arch. guerre (donation Davout). Lecourbe à Davout, 25 mars 1815.

2. Louis XVIII avait remplacé par le grand cordon le grand aigle de la Légion impériale. Naturellement, Napoléon rétablit le nom et la décoration primitifs.

sait parfaitement son pays et à qui l'expérience des guerres passées avait appris aussi à connaître les contrées soit d'Allemagne, soit de Suisse, qu'il devait surveiller?

C'est surtout du Midi que furent tirées les troupes qui devaient se réunir à Belfort. Le 16 avril, l'Empereur pressait Davout de les faire hâter et de donner l'ordre à Lecourbe de s'y rendre « pour y prendre le commandement des six divisions d'infanterie qui se réunissent là; la cavalerie sera sous ses ordres [1]. »

Les troupes mises sous les ordres de Lecourbe comprenaient la 18e division d'infanterie et la 9e division de cavalerie légère. Son commandement s'étendait sur les départements du Doubs, du Jura et de la Haute-Saône, dans la 6e division; dans la 5e, il était restreint à Belfort et à la ligne de Belfort à Bâle. Et bien que de ces deux divisions l'une fût sous le commandement supérieur de Lobau, l'autre sous celui de Rapp, Lecourbe n'était point sous leurs ordres, mais avait un commandement distinct et correspondait directement avec le ministre. Le rôle de Lecourbe était déterminé avec précision: il devait « surveiller toutes les opérations que l'ennemi pourrait entreprendre soit par Bâle, soit par les débouchés de la Suisse. » Naturellement, il devait entretenir des relations avec les deux armées du Rhin et des Alpes; mais il ne devait pas correspondre seulement avec eux; en annonçant par exemple à Rapp la nomination de Lecourbe, Davout spécifiait en termes exprès que le commandant de Huningue, tout en restant sous les ordres de Rapp, devait tenir Lecourbe au

1. *Correspondance*, 21815. Cf. *Corresp. de Davout*, 1594 (à Grouchy) et 1602 (à l'Empereur).

courant de tout ce qui intéressait la sûreté de cette place [1].

En arrivant à Belfort [2], Lecourbe put constater l'absence presque totale des forces qu'il devait commander. La 18e division, tirée de Provence et commandée par le général Abbé, devait comprendre deux bataillons du 6e de ligne, deux du 48e, deux du 58e et deux du 83e [3]. En annonçant à Grouchy, le 11 avril, la formation de cette 18e division sous les ordres du général Abbé, Davout le pressait de compléter à cinq cents hommes au moins ces bataillons et de les diriger rapidement sur Belfort [4]. Mais le 20 il était obligé de lui écrire de nouveau pour lui faire accélérer la marche de ces troupes [5]. Ce n'est que le 21 que le 83e quittait Lyon sous les ordres d'un colonel dont le dévouement paraissait suspect au général Brayer [6].

Le 30 avril, Lecourbe constatait qu'il n'avait encore qu'un régiment d'infanterie, et au-dessous de son effectif; le 83e devait arriver le surlendemain. Par contre, il avait sa cavalerie et son artillerie : Rapp avait fait transporter par voie de réquisition, le 26 avril, le matériel d'une batterie avec la compagnie à pied qui devait la servir et la batterie légère attelée, qui était à Ensisheim [7].

Lecourbe profitait de l'arrivée de sa cavalerie pour porter en observation un régiment de hussards à Altkirch et un autre à Delle : le premier surveillait Bâle, le second

1. Arch. guerre. Davout à Rapp, 20 avril; à Lobau, même date; à Grouchy, même date.

2. Pour ce qui suit, nous nous servons surtout du cahier de correspondance du général Lecourbe, conservé aux archives de la guerre.

3. Arch. guerre. Davout à Lobau.

4. Arch. guerre. Ministre à Grouchy, 11 avril.

5. Arch. guerre. Le même au même, 20 avril.

6. Arch. guerre. Brayer au ministre, 21 avril.

7. Arch. guerre. Rapp au ministre, 26 avril.

épiait les troupes ennemies de Porrentruy [1]. Mais en dehors des troupes, il lui manquait bien des choses : il réclamait le 30 avril un commissaire ordonnateur et un inspecteur aux revues, les cartes de Cassini pour les frontières du Jura et du Doubs, un bataillon au moins d'infanterie légère pour le jeter dans les gorges et montagnes ; enfin quelques fonds pour faire espionner l'ennemi et se procurer des renseignements [2].

Le 30 avril est justement la date de l'organisation définitive des corps d'armée par l'Empereur ; le corps dont Lecourbe avait le commandement supérieur prenait le nom de 1er corps d'observation [3].

L'Empereur s'inquiétait des mesures de défense à prendre sur ces frontières. Il fallait mettre Montbéliard à l'abri d'un coup de main, armer et mettre en état Pierre-Châtel, Salins, le passage des Échelles, le fort de l'Écluse; retrancher toutes les gorges du Jura ; les retranchements et redoutes, inutiles peut-être avec de bonnes troupes, devenaient nécessaires du moment qu'on employait à la défense de simples gardes nationales [4]. L'Empereur attribuait en effet quarante-six bataillons de gardes nationales, formant les troisième et quatrième divisions de réserve, au corps d'observation du Jura [5], sous le commandement de deux lieutenants généraux, de quatre maréchaux de camp et de douze colonels, majors et lieutenants-colonels. Le ministre, en transmettant ces ordres à Lecourbe [6], lui indiquait que la 12e compagnie de fusiliers

1. Lecourbe au ministre, 30 avril.
2. Ibid.
3. *Correspondance*, 21855.
4. *Ibid.*, 21857.
5. *Ibid.*, 21860.
6. Cahier de correspondance. Ministre à Lecourbe, 1er mai.

devait se rendre de Bitche à Salins; la 4e de Marsal à Bourg pour occuper Fort l'Écluse et Pierre-Châtel; la 16e de Belfort au château de Montbéliard.

Lecourbe, d'ailleurs, ne perdait pas un moment. Sur ses cartes et sur le terrain, il examinait sa position et ne négligeait rien pour la rendre solide. Il n'avait pas attendu les instructions du ministre « pour faire reconnaître toutes les positions en avant et en arrière de sa ligne d'opérations [1]. » « Reposez-vous sur moi », disait-il, avec assurance et fierté, à Davout. Il venait de recevoir « le 83e avec trois bataillons ou plutôt trois cadres, car les bataillons ne vont pas à sept cents hommes : le régiment a eu beaucoup de déserteurs à son départ de Toulon » ; il dut faire opérer le versement du 3e bataillon dans les deux premiers et en renvoyer les cadres au dépôt pour recevoir les recrues avec le 4e bataillon. Mais quel inconvénient d'avoir à une si énorme distance le dépôt des régiments qui devaient servir sous ses ordres! Il le faisait observer au ministre et demandait que le dépôt fût rapproché [2]. Le ministre s'empressa de faire droit à cette requête légitime. Le dépôt du 83e fut transporté de Toulon à Chaumont, près de Langres [3].

Le 58e, arrivé à son tour et qui reprit son ancien numéro (62e), n'était guère plus nombreux. Lui aussi avait paru suspect à d'aucuns, notamment au maréchal de camp commandant le département de l'Ain; mais Marulaz, qui lui accorda un séjour à Besançon, pour se rendre compte de ses sentiments, témoignait qu'il ne le cédait en rien au dévouement du reste de l'armée, vantait sa belle tenue et

1. Cahier de correspondance. Lecourbe au ministre, 5 mai.
2. Ibid. Le même au même, 3 mai.
3. Ibid. Le ministre à Lecourbe, 8 mai.

sa précision dans l'exécution des manœuvres [1]. Et Lecourbe, qui le plaçait à Altkirch, lui rendait le même témoignage : « L'esprit est excellent, l'espèce d'hommes belle » ; mais il ne comprenait guère plus de six cents hommes; encore avaient-il deux cents fusils hors d'état de servir et des chaussures « totalement usées [2]. » Le 12 mai, le ministre faisait connaître à l'Empereur cette faible situation de la division Abbé. Le 6e de ligne tenait la tête avec ses deux premiers bataillons : 46 officiers et 1,000 hommes; le 48e n'avait que 44 officiers et 625 hommes; le 58e, 40 officiers et 631 hommes; enfin, les trois premiers bataillons du 83e ne s'élevaient qu'à 57 officiers et 651 hommes. Ce qui faisait pour l'infanterie de troupe un maigre total de 197 officiers et 2,907 hommes [3]. La cavalerie n'était guère plus forte : régiments superbes, mais peu nombreux. Aussi Lecourbe pressait-il le ministre de donner ordre aux dépôts « d'envoyer aux bataillons et escadrons de guerre tout ce qu'ils pourront avoir de disponible en hommes et en chevaux : n'y eût-il que cinquante hommes en état de partir, les mettre en marche et défendre de les arrêter en route [4]. »

Tout en se déclarant prêt à faire « l'impossible » avec ce peu de troupes, tout en proclamant ce principe que « tout est possible à la guerre avec de l'opiniâtreté [5], » il ne pouvait s'empêcher de trouver qu'il n'avait pas assez de soldats pour résister à quelque tentative sérieuse des ennemis, et il réclamait d'abord quatre bataillons de ligne et un régiment de cavalerie [6], et bientôt « deux bataillons

1. Arch. guerre. Marulaz au ministre, 5 mai.
2. Cahier de correspondance. Lecourbe au ministre, 10 mai.
3. Ibid. Ministre à Empereur, 12 mai.
4. Ibid. Lecourbe à ministre, 11 mai.
5. Ibid. Le même au même, 13 mai.
6. Ibid. Le même au même, 26 mai.

d'infanterie légère, nécessaires pour ce pays montueux [1]. » Le ministre promettait des renforts [2], annonçait même l'envoi d'un bataillon, le 3e du 52e [3]; mais, à une lettre plus pressante où Lecourbe insistait pour l'envoi en poste de deux bataillons au moins de troupes légères, Davout met cette simple et triste note : « lui répondre que je n'ai pas un soldat disponible à Paris; ce que je lui dis est à la lettre [4]. »

Et cependant Lecourbe jugeait indispensable de pouvoir mêler quelques hommes de troupes aux gardes nationales chargées de la défense du pays; sans quelques hommes expérimentés, comment mettre ces soldats novices au courant des travaux de défense, surtout des manœuvres spéciales à opérer dans les défilés du Jura? Hélas! ce qui manquait aux gardes nationales, ce n'était pas seulement l'instruction et l'expérience des troupes; leur bonne volonté se brisait devant les difficultés de l'organisation : ce sont les fusils qui manquent; c'est l'approvisionnement de bouche ou de munitions qui fait défaut. Écoutez cette plainte désolée du ministre à Daru [5] : « Je suis continuellement dans un flux et reflux d'inquiétudes ou d'espérances sur le service des subsistances, il offre quelque tranquillité sur plusieurs points, et sur d'autres, il paraît absolument abandonné. De ce nombre est le corps d'armée dans le Jura; il n'existe d'autre approvisionnement que pour cinq ou six jours de pain. J'appelle à cet égard, monsieur le comte, toute votre attention.

1. Cahier de correspondance. Lecourbe au ministre, 10 juin.
2. Ibid. Ministre à Lecourbe, 4 juin.
3. Ibid. Le même au même, 7 juin.
4. Arch. guerre. Lecourbe au ministre, 12 juin.
5. Arch. guerre (donation Davout). Davout à Daru, 27 mai.

« La lettre du général Lecourbe que je vous envoie vous fera connaître combien il a raison de s'inquiéter et de prendre des mesures d'urgence qui lui répugnent en frappant des réquisitions.

« Faites-moi, je vous prie, connaître quelle sécurité nous donne la compagnie Doumerc, relativement au corps d'armée du général Lecourbe; quels sont les agents qu'elle envoie sur les lieux, leur ressource, leur crédit et la latitude qu'on leur donne pour assurer complètement le service. »

Et six jours après, il la renouvelle [1], montrant Belfort, Altkirch dans le plus grand dénuement, et l'appel aux départements ne produisant pas ce que l'on avait pu en espérer.

Comment s'étonner, après cela, que ces troupes sans vivres, sans armes, sans munitions, dépourvues même d'habillement et de souliers, perdissent courage, et que la désertion se glissât dans leurs rangs [2]? Il est vrai que Lecourbe tirait des cartouches de Besançon, mais le maréchal Jourdan, commandant de la place, se plaignait d'être ainsi dégarni: il est vrai que le ministre expédiait d'un coup douze cents fusils, mais ce n'était qu'au milieu de juin; quant aux préfets que concernait la question d'habillement, ils répondaient aux sollicitations pressantes de Lecourbe par de belles promesses, par des protestations de dévouement et finissaient par dire qu'ils n'avaient ni crédit ni argent pour subvenir à tant de dépenses [3].

Mais s'il avait à se plaindre du manque d'hommes et

1. Arch. guerre (donation Davout). Ministre à Daru, 2 juin.

2. Arch. guerre. Lecourbe au ministre, 5 juin.

3. *Corresp. de Davout*, 1747 (1er juin); Arch. guerre. Lecourbe au ministre 15 juin; Jourdan au ministre, 9 juin. Cahier de correspondance, *passim*. Le 5 juin, Lecourbe déclare qu'il n'a « pas encore un seul bataillon habillé. » Cf. *Corresp. de Davout*, 1726 (à l'Empereur, 18 mai).

plus encore du manque de munitions, Lecourbe n'en faisait pas moins ses efforts pour rendre sa situation aussi forte que possible. Il parcourait sa ligne, examinant les points susceptibles de défense, poussant les travaux avec activité, proportionnant les ouvrages à l'importance des lieux. L'état-major de son génie était composé du colonel Marion, du major Christin et du chef de bataillon Fabre; mais pour pouvoir pousser les travaux avec plus de hâte, il adjoignit aux troupes du génie des ingénieurs des ponts et chaussées.

L'Empereur et Davout se préoccupaient de ces ouvrages de défense; le comité de défense envoyait des notes sur les points qui lui semblaient appeler une attention particulière; l'Empereur songeait à demander à Haxo le plan des travaux à faire; nul plus que ce général ne lui semblait connaître ces lieux; lui-même les connaissait mal, aussi se contentait-il de donner des indications fort générales.

Lecourbe d'ailleurs prévenait les ordres; à diverses reprises, les lettres où il annonce les travaux entrepris par lui sur tel ou tel point croisent celles où le ministre lui prescrit précisément ces travaux.

Le 5 mai, il est à Montbéliard pour y faire tracer des ouvrages sur la ligne de Bâle; il y emploie quatre cents ouvriers, auxquels s'adjoignent cent soldats du 6e de ligne qui reçoivent pour cela six sous par jour. Il ne néglige pas d'ajouter quelques fortifications artificielles aux positions qui se défendent naturellement, comme la Savoureuse. A plus forte raison fait-il tracer des ouvrages sur Morteau, dont la position sur le Doubs présente un assez grand développement, et comme il n'ignore pas qu'elle pourrait être facilement tournée au-dessus et au-dessous, il se propose de remédier par des manœuvres à cet inconvénient.

Pour commander la route de Neuchâtel, Jougne, le fort de Joux, Saint-Théodule, entre les lacs de Saint-Point et de Remoray, sont tour à tour fortifiés. Le débouché des Vosges est défendu par des travaux en arrière de Giromagny et du Val d'Orbe. Blamont, qui commande la route de Porrentruy à Montbéliard d'une part et à Pont-de-Roide de l'autre, fut mis hâtivement en état, en même temps que les ouvrages extérieurs de Montbéliard étaient reliés à la ville. Mais c'est surtout à Belfort que Lecourbe concentra tous les efforts de la défense. Il voulait en faire un grand camp retranché capable de recevoir vingt mille hommes. Les ouvrages qu'il avait faits à Bourogne, à Morvillars, etc., en avant de Belfort, lui semblaient trop en l'air. En quinze jours il sut faire de Belfort une place formidable. C'est là que devaient se concentrer, d'après l'ordre même de l'Empereur, les gardes nationales, tandis que l'infanterie de ligne, la cavalerie et l'artillerie du 1er corps seraient à Altkirch et aux environs d'Huningue.

Au 1er juin, il s'était déjà concentré à Belfort près de sept mille hommes, tant officiers que troupe, de gardes nationales (267 officiers, 6,430 soldats) [1], auxquels s'étaient jointes quelques compagnies de militaires retraités, comprenant 65 officiers et 968 soldats [2].

Les travaux poussés avec tant d'activité par Lecourbe, les efforts du général Barbanègre pour mettre Huningue en état intimidèrent quelque peu les Suisses. Schaffhouse refusait le passage aux troupes autrichiennes. Le conseil fédéral, par vingt-sept voix contre vingt-cinq, décidait de

1. Fournis par la Côte-d'Or, le Jura, le Doubs et Saône-et-Loire.
2. Tirés de la Haute-Saône et du Haut-Rhin. Voir pièces justificatives, n° 18.

garder la neutralité. Mais les troupes suisses s'établissaient dans un camp retranché à Bâle; et tandis qu'on refusait de recevoir des officiers français, on laissait La Rochefoucauld réunir des émigrés dans cette ville; toutes les précautions semblaient prises contre les troupes impériales et aucune presque contre l'armée de la coalition [1].

L'Empereur, qui avait songé un moment, si la neutralité suisse était sûre, à mettre le Haut-Rhin sous les ordres de Lecourbe [2], dut y renoncer. Les derniers ordres à Lecourbe, datés d'Avesnes le 14 juin, étaient que ce général devait s'opposer au passage du Rhin, puis à celui des Vosges et du Jura; défendre successivement Belfort, puis Langres et la Saône; puis l'Aube et la Seine; enfin l'Yonne [3].

Lecourbe n'avait pas trompé la confiance que son souverain avait mise en lui. A ce moment, sa ligne de défense était fortement retranchée. Belfort était devenu le camp retranché qu'il avait voulu en faire. Il avait su, selon sa promesse, tirer parti de ce qu'il avait.

1. Cahier de correspondance, *passim*.
2. *Correspondance*, 21911.
3. *Correspondance*, 22051.

CHAPITRE IX

ARMÉE DES ALPES

Quand l'Empereur ordonnait, le 26 mars, la formation d'un corps d'observation des Alpes [1], sous les ordres du général Dessaix, le Midi, l'on s'en souvient, était encore en feu. Le duc d'Angoulême avait une armée prête à marcher sur Lyon, et toute la 8e division militaire était aux mains des royalistes. Et pour comprimer le Midi, l'Empereur dut envoyer tour à tour et des troupes et quelques-uns de ses meilleurs généraux, Grouchy entre autres et Suchet, Suchet auquel il avait songé d'abord à laisser le commandement du 5e corps, puis qu'il s'était décidé à garder à Paris pour lui confier, au besoin, plusieurs corps [2]. Suchet arriva à Lyon le 5 avril, le lendemain du jour où Grouchy, effrayé du mouvement insurrectionnel, ne comptant pas sur les gardes nationales, bien disposées, mais, selon lui, sans force contre un corps organisé, parlait tout au plus de « sauver Lyon [3]. » Mais la situation ne tarda pas à s'éclaircir, et l'on a vu comment les premiers

1. *Correspondance*, 21723.
2. *Correspondance*, 21747.
3. Arch. guerre. Grouchy au ministre, 4 avril.

succès du duc d'Angoulême se changèrent en désastres pour ce malheureux prince.

En envoyant Suchet prendre, à Lyon, le commandement supérieur, Napoléon s'était laissé guider par cette double considération, indépendamment des hautes qualités militaires qu'il se plaisait à reconnaître au maréchal, que celui-ci était Lyonnais et capable d'exercer une grande action sur ses compatriotes, et qu'il connaissait bien le pays soumis à son commandement. Mais le caractère de Grouchy devait amener quelques difficultés avec son nouveau chef. Bien qu'ils fussent assez liés pour se tutoyer, bien qu'il fût naturel que Grouchy, simple général, se trouvât sous les ordres d'un maréchal, il ne pouvait supporter, — il l'écrivait à Suchet, — de commander en second, et malgré les efforts de Suchet [1] pour tout arranger amicalement, sans cependant laisser périmer son autorité, tout conflit n'aurait peut-être pu être évité si l'heureux règlement des affaires du Midi n'avait amené l'Empereur à prendre des dispositions nouvelles. Le 11 avril, il chargeait Grouchy de la formation et du commandement du corps des Alpes, et lui envoyait des instructions en les faisant naturellement passer par l'intermédiaire du duc d'Albuféra [2]. La lettre du ministre à Grouchy portait :

« L'Empereur vous donne le commandement en chef du 7e corps ou corps d'observation des Alpes. Ce corps doit être composé des deux premiers bataillons des régiments ci-après désignés, complétés chacun, autant que possible, à cinq cents hommes armés, habillés, équipés et en bon état, savoir : des 6e léger, 39e et 49e régiments, qui doivent

1. Arch. guerre. Suchet à Grouchy, 13 avril; Grouchy à Suchet, 15 avril.

2. Arch. guerre. Ministre à Suchet, 11 avril ; le même à Grouchy, 11 avril ; le même au général commandant la 8e division militaire, 11 avril.

être actuellement sous vos ordres ; des 16e et 87e qui doivent être à Toulon et Antibes ; des 14e léger, 9e et 34e de ligne, venant de l'île de Corse à Toulon, et des 7e, 14e, 20e et 24e de ligne, venus en poste avec le général Girard, de Paris à Lyon. Cela fait douze régiments ou vingt-quatre bataillons que vous organiserez en quatre divisions et huit brigades.... Vous aurez aussi une division de cavalerie qui sera la 10e division de cavalerie légère, et que vous formerez des trois premiers escadrons, 1re brigade, du 4e hussards, dont le dépôt est à Vienne ; 10e chasseurs, dont le dépôt est à Lunel ; 2e brigade, du 13e dragons, dont le dépôt est à Lyon.

« .... L'intention de l'Empereur est que vous réunissiez vos divisions sur les points les plus convenables, tels que Grenoble, Chambéry et dans la Provence, tant pour la sûreté de la frontière des Alpes que pour le maintien de la tranquillité dans les 7e et 8e divisions militaires. Sa Majesté vous recommande de ne point laisser dans la Provence, dont l'esprit a été si mauvais, le 87e, le 39e, le 49e régiments de ligne, et le 6e léger, mais de les réunir à Chambéry.... Indépendamment des troupes qui doivent faire partie de votre corps, l'intention de l'Empereur est que les autres régiments stationnés dans les 7e et 8e divisions militaires, c'est-à-dire leurs deux premiers bataillons complétés au moins à cinq cents hommes chacun, soient dirigés ainsi qu'il suit : 1o sur Strasbourg, les deux premiers bataillons du 82e qui doivent être à Toulon, pour compléter la 17e division d'infanterie au 5e corps d'observation commandé par le général Rapp ; 2o sur Béfort, les deux premiers bataillons du 6e régiment de ligne qui est à Avignon, les deux premiers bataillons du 48e de ligne, du 58e et du 83e.... (cette division formera la 18e division à Béfort sous les ordres du général Abbé).... Cette 18e division, quoique placée à Béfort, appartiendra au 6e corps d'observation, aux ordres du comte de Lobau.... J'ai fait connaître au ministre de l'intérieur la nécessité de mettre de bons bataillons de gardes nationales dans les places, pour rendre disponibles les bataillons de troupes de ligne mis en activité.... Un 8e corps d'observation va se former sur la frontière des Pyrénées, sous les ordres du général Clausel.... »

Le 13 avril [1], une nouvelle lettre annonçait à Grouchy que l'Empereur, en même temps que le commandement en chef du 7e corps, lui déléguait le commandement supérieur de la 8e division militaire, retiré à Masséna, qui recevait ordre de venir en poste à Paris [2], ainsi que les généraux Miollis et Corsin, commandants respectifs de la 1re subdivision de la 8e division et de l'arrondissement d'Antibes. Verdier recevait le commandement particulier de la 8e division, tandis que le général Brayer était nommé, le 16 avril, au commandement de la 19e division militaire à Lyon, et que Dessaix prenait celui de la 23e division d'infanterie.

Le commandement en chef donné à Grouchy faisait expirer les pouvoirs de Suchet, et il était en route pour Paris, quand il reçut à Limoges, le 30 avril, une dépêche du ministre, en date du 27 avril, qui lui annonçait une nouvelle décision de l'Empereur l'investissant définitivement du commandement en chef du 7e corps d'observation, donné précédemment à Grouchy [3]; c'est le

1. Arch. guerre. Le ministre à Grouchy, 13 avril.

2. C'est par erreur que M. Houssaye, dans le tome II de *1815*, p. 50, attribue à Masséna la 9e au lieu de la 3e division militaire.

3. *Corresp. de Davout*, 1631 ; Arch. guerre. Suchet au ministre, 30 avril.

26 avril que Napoléon avait arrêté cette mesure [1].

L'Empereur faisait ainsi droit à la requête que Grouchy lui avait adressée le 14 avril, avant d'avoir reçu sa nomination comme commandant en chef du 7e corps : « Maintenant que la mission dont Sa Majesté avait daigné me charger se trouve remplie, je la supplie de me rappeler près d'elle ; c'est le vœu le plus ardent que je puisse former [2]. » Il se réservait de donner à celui qu'il venait d'élever à la dignité de maréchal [3] d'importantes fonctions dans l'armée qu'il songeait à conduire contre l'ennemi.

Grouchy cependant avait accepté avec reconnaissance la mission que lui avait confiée l'Empereur, d'organiser l'armée des Alpes [4], et pendant les trois semaines qu'il exerça ce commandement, il s'en acquitta avec zèle et intelligence.

Le 16 avril, le ministre [5], en lui annonçant la nomination au gouvernement de la 8e division du maréchal Brune, lui donnait ordre de prescrire aux agents de la compagnie Doumerc, avec laquelle l'Empereur venait de passer un marché, « d'assurer le service et de prendre des mesures pour que la troupe ne soit pas à la charge du pays », de tenir la main à ce que les troupes fussent munies d'effets de campement, bidons, gamelles, etc. ; de faire verser dans les arsenaux toutes les armes qui étaient dans les mains des gardes nationales et volontaires royaux ayant fait partie des rassemblements d'insurgés. Il ajoutait : « Con-

1. *Correspondance*, 21844.
2. Arch. guerre. Grouchy au ministre, 14 avril ; le même au même, 15 avril. Dans cette deuxième lettre Grouchy se borne à demander qu'on ne l'emploie pas d'une manière secondaire « dans les divisions territoriales. »
3. *Correspondance*, 21819.
4. Arch. guerre. Grouchy au ministre, 18 avril.
5. *Corresp. de Davout*, 1600.

naissant vos principes, il est inutile de vous recommander de faire observer la meilleure discipline dans vos troupes. »

Nulle part peut-être, en effet, la discipline ne devait être plus rigoureuse que dans un pays qui venait d'être ébranlé par la guerre civile, et où les passions et les convoitises avaient dû naturellement être surexcitées. Grouchy, sur ce point, poussait la sévérité jusqu'au scrupule. « Je suis indigné, écrivait-il à un des généraux sous ses ordres, des excès commis par les troupes de votre brigade à Orgon et dans la maison du général Merle, près Lambesc. Il faut sévir sur-le-champ contre les coupables ; plusieurs sont arrêtés, j'ordonne qu'ils soient traduits demain matin à une commission militaire que vous convoquerez à cet effet. L'honneur de l'armée exige une éclatante punition [1]. »

La nomination du maréchal Brune au commandement de la 8e division militaire, et en même temps, d'un nouveau corps d'observation, le 9e, qui prenait le nom de corps d'observation du Var, diminuait l'étendue de la circonscription soumise aux ordres de Grouchy, et en même temps le nombre des troupes qui devaient constituer son armée. Cette armée se composait de deux divisions d'infanterie, la 22e (7e, 14e, 20e et 24e de ligne), sous les ordres du général de division Girard, et la 23e (6e léger, 63e, 39e et 40e de ligne), sous les ordres de Dessaix ; d'une division de cavalerie, la 10e (4e hussards, 10e chasseurs et 13e dragons) et de seize bataillons de grenadiers et chasseurs des gardes nationales du Dauphiné, sous les ordres du général Chabert. L'Empereur voulait que les troupes de ligne

1. Arch. guerre. Grouchy à Sénécal, 15 avril.

et la cavalerie fussent campées, au 1er mai, en avant de Chambéry, où Grouchy aurait son quartier général, que les gardes nationales de Chabert occupassent les alentours de Fort Barraux, tandis que les vingt-six autres bataillons de gardes nationales du Dauphiné seraient distribués ainsi : un au Fort Barraux, huit à Briançon, six à Mont-Lyon, quatre à Colmars, sept à Grenoble. Comme Napoléon voulait que les bataillons de ligne fussent d'abord de six cents hommes, puis de huit cent quarante, cela faisait une armée de vingt-cinq mille fantassins et de dix-huit cents chevaux, à raison de six cents par régiment, auxquels il fallait ajouter deux compagnies de sapeurs et trente pièces de canon [1].

Malheureusement, cela n'était que l'organisation sur le papier, l'organisation idéale ; en réalité, les choses ne se passèrent pas ainsi. A la vérité, dans la 19e division militaire, les enrôlements volontaires se poursuivaient avec activité ; dès le 21 avril, le 14e de ligne, à lui seul, avait reçu trois cents hommes [2] ; dans l'Isère, la rentrée des anciens militaires marchait fort bien ; mais il en allait tout autrement dans le département du Mont-Blanc [3]. Le général en chef prenait ses dispositions pour faire camper sous Chambéry, dès le 28 et le 29 avril, ses deux divisions d'infanterie ; il s'efforçait d'organiser ses batteries, le manque de chevaux ne lui permettait d'en atteler que trois et il était obligé d'obtenir du ministre l'autorisation de passer des marchés pour se procurer les bêtes nécessaires. Le

1. L'Empereur à Davout, 17 avril (*Correspondance*, 21819) ; le ministre à Grouchy, 19 avril (Arch. guerre) ; le même au ministre de l'intérieur, 19 avril (Arch. guerre).

2. Arch. guerre. Brayer au ministre, 21 avril. Cf. *Corresp. de Davout*, 1599.

3. Arch. guerre. Grouchy au ministre, 26 avril.

26 avril, la levée des bataillons des gardes nationales était à peine commencée [1]. Grouchy se préoccupait aussi de former, à Grenoble, un dépôt de réserve en avoine, pour pourvoir aux besoins du 7ᵉ corps [2]. Il veillait à ce que sur les fonds envoyés par le ministre (400,000 francs pour le mois de mai), la solde fût payée exactement aux troupes [3].

Mais, malgré ses efforts, il ne pouvait activer le prompt recrutement des troupes, l'organisation rapide de son armée. Le 5 mai, c'est-à-dire au moment où il allait être rappelé à Paris, il était bien loin de l'organisation prévue par l'Empereur. Son corps ne se composait à l'époque que de six régiments d'infanterie et deux de cavalerie, formant un total de cinq mille quarante hommes d'infanterie, huit cent quarante chevaux et vingt-quatre bouches à feu. Le 6ᵉ léger, qui devait faire partie du 7ᵉ corps, était demeuré à Marseille ; toutes les réclamations de Grouchy auprès du ministre demeuraient vaines; le 63ᵉ n'était pas encore arrivé à Grenoble. Deux des régiments qu'il avait sous ses ordres, le 39ᵉ et le 49ᵉ, n'avaient « rien à attendre pour l'instant de leurs dépôts » : celui du 20ᵉ, stationné à Montbrison, n'avait que les cadres de ses 3ᵉ et 4ᵉ bataillons et une quinzaine d'hommes ; la Haute-Loire, qui le recrutait, ne se hâtait pas de fournir des défenseurs à la patrie. La Drôme, qui alimentait les dépôts du 39ᵉ à Briançon et du 49ᵉ à Embrun, n'était pas plus zélée que la Haute-Loire. L'infanterie du 7ᵉ, du 14ᵉ et du 24ᵉ se recrutait seule avec quelque activité.

1. Arch. guerre. Grouchy au ministre, 26 avril.
2. Arch. guerre. Grouchy au ministre, 28 avril.
3. Arch. guerre. Grouchy à Baradère, ordonnateur de la 19ᵉ division militaire, 1ᵉʳ mai.

Pour la cavalerie, il n'en allait guère mieux : le 13e dragons était sur le point, il est vrai, d'être complété à cinq cents hommes ; mais le 10e chasseurs restait à trois cent cinquante chevaux, et son lointain — trop lointain — dépôt de Carcassonne ne lui envoyait rien.

L'artillerie avait eu peine à s'augmenter d'une quatrième batterie : l'armement, la mise en état et l'approvisionnement des places frontières allaient passablement. Mais on manquait d'hommes pour les garnisons. Pour former son corps, Grouchy avait retiré des places les troupes, mesure peut-être téméraire qui mettait en danger Briançon, Mont-Dauphin (ou Mont-Lyon) et Fort Queyras, et malgré ses appels urgents à la Salcette, commandant de la 7e division militaire les gardes nationales n'arrivaient pas : c'est qu'elles n'étaient formées que sur le papier [1].

Une énergique proclamation de Chabert modifia un peu la situation, et en partant pour Paris, Grouchy put écrire à ce général sa satisfaction de la façon dont il faisait marcher l'organisation des gardes nationales. Pendant ces quelques semaines passées à l'armée des Alpes, Grouchy s'était attaché à elle profondément, et le plaisir qu'il éprouvait de son rappel était tempéré par le regret de quitter son cher 7e corps : « Si tout ce qui rapproche de l'Empereur ne devait pas être préféré, je m'éloignerais avec une réelle peine de l'armée des Alpes, à laquelle les sentiments que m'ont témoignés mes camarades m'attachent toujours [2]. »

Nul choix ne semblait mieux justifié que celui de Suchet pour diriger l'armée des Alpes. Fils de Lyon, son patriotisme de Lyonnais se joignait à son patriotisme de Français

1. Arch. guerre. Grouchy à la Salcette, 25 avril et 1er mai ; au ministre, 7 mai.
2. Arch. guerre. Grouchy à Chabert, 11 mai.

pour exalter en lui le désir de défendre contre l'invasion la grande cité qui devenait, du côté de l'Italie, le boulevard de la France. Sa présence ne pouvait que réchauffer le zèle déjà fort grand de ses compatriotes. Ses longues et glorieuses campagnes en Italie le mettaient plus à même que beaucoup d'appeler sous les drapeaux français les Italiens qui le connaissaient et l'estimaient, et d'organiser le régiment piémontais dont la charge incombait surtout au commandant de l'armée des Alpes. Enfin sa vieille expérience de général, ce talent d'organisation dont il avait donné des preuves comme chef d'état-major de Joubert et de Masséna, cette rigueur de discipline qui, en Espagne surtout, lui avait valu l'admiration des populations, étaient les qualités nécessaires pour triompher, si possible, des difficultés avec lesquelles se trouvait aux prises l'armée des Alpes.

Dès son arrivée à Lyon, le duc d'Albuféra put se convaincre, par la situation que lui remettait Grouchy, de la faiblesse désespérante de l'armée qu'il était appelé à commander. En voici le tableau.

22e division :	7e de ligne . . .	1,115 hommes.
	14e — . . .	879 —
	20e — . . .	856 —
	24e — . . .	746 —
23e division :	6e léger à Marseille.	
	63e de ligne . . .	695 —
	39e — . . .	419 —
	49e — . . .	766 —
10e division de cavalerie :	10e chasseurs . .	398 —
	13e dragons . . .	354 —
3e régiment du génie		153 —
	Soit un total de . . .	6,381 hommes,

les officiers non compris.

Son premier soin fut donc de demander au ministre le rapprochement des dépôts du 6e léger qui se trouvait à Phalsbourg, du 14e de ligne qui se trouvait à Orléans, du 63e à Nîmes, du 10e chasseurs à Carcassonne [1].

Le 20 mai, il s'occupait des mesures à prendre pour assurer à chaque homme quatre paires de souliers, demandait un état des sabres et briquets nécessaires pour les grenadiers et les voltigeurs, et manifestait son intention de faire « suivre avec sévérité les règlements militaires pour l'ordre et la police dans l'armée [2]. »

L'approvisionnement exigeait des mesures décisives qui trouvèrent en Davout un auxiliaire empressé. Le 21 mai, il demandait à Daru de faire construire à Chambéry deux fours de campagne pour fabriquer les rations nécessaires, de diriger sur cette place une quantité de farine suffisante pour fournir aux besoins et des habitants et des troupes ; de prendre les mesures indispensables pour assurer le service des fourrages, de songer à approvisionner de riz Chambéry et Grenoble [3].

Hélas ! l'approvisionnement n'en marcha guère plus vite. Le préfet de l'Isère, Bourdon de Vatry [4], déclarait ne pouvoir assurer l'approvisionnement des places des Alpes, et le duc d'Albuféra devait prendre des mesures sévères pour obtenir qu'ils fussent faits [5]. Le 8 juin, il demandait à avoir à Lyon un approvisionnement extraordinaire en grains de 20,000 quintaux métriques [6],

1. Arch. guerre. Suchet au ministre, 8, 14 et 15 mai.
2. Ordre du jour du 20 mai (Arch. guerre).
3. Arch. guerre (donation Davout). Le ministre à Daru, 21 mai.
4. Nommé le 4 mai. *Bulletin des lois*, n° 151.
5. Arch. guerre. Suchet au ministre, 25 mai.
6. Arch. guerre. Suchet au ministre, 8 juin.

mesure à laquelle Davout donna de grand cœur les mains [1].

Mais si le pouvoir central faisait quelques efforts pour assurer le service des vivres, il n'en allait pas de même de l'équipement et de l'habillement. Daru faisait enlever et diriger sur Paris six mille gibernes, ce qui arrachait à Suchet ce cri : « Successivement toutes ressources me sont enlevées [2]. » Il réclamait l'établissement à Lyon d'un dépôt d'habillement. On l'obligeait à donner des chevaux au 14e chasseurs à Marseille, tandis qu'il lui manquait à lui-même huit cents chevaux pour porter ses régiments de cavalerie à mille chevaux, comme le voulait l'Empereur [3]. Marseille toujours lui enlevait cent soixante-douze chevaux d'artillerie, alors qu'il lui en manquait cinq cent quatre pour atteler ses propres batteries. Les effets d'habillement et d'équipement qu'il avait à Lyon étaient enlevés et dirigés sur Paris [4].

Et comme si cela n'était pas suffisant, on ne lui rendait toujours pas ce fameux 6e léger qui figurait sur les états de son armée, mais qui restait à augmenter l'effectif de celle du Var. On lui enlevait jusqu'à ses gardes nationales, dont trois mille recevaient l'ordre de partir pour Marseille [5]. Et cependant le recrutement de ces gardes nationales n'allait pas tout seul.

En Dauphiné, Chabert déployait beaucoup de zèle, mais pas autant d'adresse ; il s'échauffait au point d'insulter publiquement le maire de Voiron, Guillemin. Bourdon de

1. Arch. guerre. Davout à l'Empereur, 11 juin.
2. Arch. guerre. Suchet au ministre, 2 juin.
3. Ibid.
4. Arch. guerre. Suchet au ministre, 7 juin.
5. Ibid.

Vatry, qui transmettait cette plainte à Carnot, ne voyait en Chabert « que de la bonne volonté exagérée, de la précipitation ridicule et de l'orgueil outré. » Le général Soulier, chargé de l'organisation à Chambéry, n'était pas plus adroit. Il est vrai qu'il faut faire ici la part de l'exagération : les gardes nationales de l'Isère étaient constituées dès la fin de mai [1].

A Lyon, le général Puthod éprouvait aussi quelques obstacles [2]. Lyon, qui venait de fournir trois mille volontaires, ne se prêtait pas à l'organisation des gardes nationales ; il y eut le 25 mai, au moment de la levée du 1er bataillon, un commencement de sédition. Mais ailleurs l'organisation se poursuivait sans trop de difficultés, quoique lentement. Au 31 mai, des trois bataillons fournis par le Rhône, le 2e et le 3e étaient sur le point de partir pour le Pont-d'Ain, forts respectivement de vingt et un et vingt-deux officiers et de quatre cent sept et cinq cent quatre-vingt-neuf hommes.

La Loire avait fourni trois bataillons : 23 officiers, 314 hommes ; 15 officiers, 288 hommes ; 25 officiers, 71 hommes.

Le Puy-de-Dôme cinq, pour les 1er, 3e, 4e et 5e desquels la force n'est pas indiquée : le second avait vingt-deux officiers et quatre cent quatre-vingt-seize hommes.

La Haute-Loire avait fourni un bataillon de cinq officiers et cent cinquante-sept hommes ; les deux bataillons du Cantal étaient en organisation [3].

Suchet devait considérer comme une dérision que l'Empereur lui écrivît le 20 mai [4] : « Vous avez à votre corps

1. Arch. guerre. Carnot à Davout, 22 mai ; Suchet au même, 2 juin.
2. Arch. guerre. Suchet au ministre, 25 mai.
3. Arch. guerre. Rapport de de Launoy sur la situation de Lyon au 1er juin.
4. *Correspondance*, 21937.

d'armée huit régiments qui se recrutent dans l'Isère, Seine-et-Marne, la Haute-Savoie, les Hautes-Alpes, les Vosges, l'Ardèche et la Drôme. En activant le départ des anciens soldats dans les départements des 7e et 19e divisions militaires qui sont sous votre commandement, vous porterez facilement chacun des régiments qui doivent les recevoir à deux mille quatre cents hommes d'infanterie; ce qui, joint aux divisions de gardes nationales d'élite que vous aurez le temps de bien habiller et bien armer, vous mettre dans la main un bon corps d'armée. Vous devez être suffisamment muni d'artillerie et vos deux régiments de cavalerie doivent être portés chacun à mille hommes. »

Et il ne recevait pas avec moins d'amertume la lettre où Davout lui parlait de ses forces et estimait son artillerie à quarante-six bouches à feu. « Je vous réponds, monsieur le maréchal, disait-il,.... que l'état dans lequel se trouvent les divisions d'élite de Grenoble et de Valence est loin d'offrir les moyens d'entrer en campagne et que je suis loin d'avoir quarante-six bouches à feu attelées. Néanmoins, je vous prie d'assurer l'Empereur que par les positions que je fais occuper aux quinze bataillons qui forment l'armée des Alpes et à ses huit cents chevaux, aux douze ou quinze bataillons que j'espère tirer de Fort Barraux et de Grenoble, armés d'un fusil, et les vingt-quatre bouches à feu qui composent l'artillerie, je crois être en mesure de couvrir Chambéry et Grenoble [1]. »

Dès la première semaine de juin, le duc d'Albuféra se sentait gagné par le découragement. La mésaventure du roi de Naples, la situation louche de la Suisse, augmen-

1. Arch. guerre. Suchet au ministre, 25 mai. Le 1er bataillon de la Drôme était bien au Fort Barraux, mais n'avait ni habillement ni équipement, et pour toute arme un seul fusil.

taient ses craintes. « Dans quelques jours, la petite armée des Alpes aura à lutter, avec huit mille hommes de ligne et quatre mille gardes nationaux, contre les armées autrichienne, suisse et piémontaise. Sans un secours positif et prompt de vingt mille hommes, devenu indispensable aujourd'hui, il serait insensé de prétendre arrêter longtemps les coalisés [1]. »

Mais ce découragement qu'il ressentait au fond de son âme, Suchet était trop bon général pour le laisser partager à ses troupes. Il n'a pour elles que des paroles d'encouragement. Dans son ordre du jour du 25 mai, il félicite d'Hautpoul et les officiers du génie des travaux considérables qu'ils ont fait exécuter avec autant d'intelligence que d'activité. Il se déclare satisfait « des bonnes dispositions, de l'attachement à l'Empereur que manifeste hautement cette brave jeunesse (qui forme le 6e bataillon d'élite des gardes nationales de l'Isère), impatiente de donner à la patrie de nouvelles marques de son dévouement. » Et il s'écrie triomphalement : « L'armée des Alpes et les bataillons des gardes nationales ne connaissent point de déserteurs! » donnant, hélas! une légère entorse à la vérité. Le 6 juin, nouvel ordre du jour où il fait éclater sa satisfaction « de la tenue et du bon esprit de la troupe » et des sentiments du bataillon de la Haute-Saône, « composé de beaux hommes, bien dévoués et pleins de zèle pour la défense de la patrie [2]. »

Il s'empresse de provoquer le zèle des habitants en portant à leur connaissance les libéralités du sous-préfet de Riom qui a fait habiller à ses frais une compagnie de gar-

1. Arch. guerre. Suchet au ministre, 7 juin.
2. Arch. guerre. Ordres du jour du 25 mai et du 6 juin.

des nationaux, ou de la cour impériale de Lyon, qui a déposé quatre mille francs à la préfecture [1]. Il fait montre envers les préfets d'un grand optimisme, leur parle de l'intérêt que le ministre prend à la situation de l'armée des Alpes, au temps même où il se plaint le plus vivement d'être délaissé [2].

Le 11 juin, il fait un dernier effort auprès de l'Empereur [3] :

« .... L'armée des Alpes se trouve peu en mesure de lutter contre les forces ennemies qui vont agir contre elle. Elle est affaiblie par la perte de onze bataillons de ligne ou de gardes nationales qui ont reçu de nouvelles destinations, par le départ de plusieurs généraux distingués, par l'envoi à Marseille de cent soixante-douze chevaux d'artillerie, quoiqu'il lui en manque cinq cents pour compléter l'attelage des batteries, par la perte de tous ses magasins d'habillement et d'équipement qui m'auraient couvert et conservé six mille hommes, et enfin par l'état déplorable des gardes nationales auxquelles pour la plupart il n'a été absolument rien fourni, ce qui accroît la désertion journalière, malgré les efforts qu'on fait pour l'arrêter.... La garde nationale de Lyon n'est pas organisée, les mutations dans les généraux, dans les autorités civiles et particulièrement les menées sourdes de l'étranger s'y sont constamment opposées; à peine existe-t-il entre les mains de l'ancienne garde nationale deux mille quatre cents fusils assez défectueux, et les magasins de l'armée, n'ayant rien reçu de Saint-Étienne ne pourront pas fournir l'armement de douze bataillons qu'il serait pos-

1. Ordre du our du 6 juin.
2. Circulaire aux préfets, annexée à la lettre à Davout du 7 juin (Arch. guerre).
3. Arch. guerre. Suchet à l'Empereur, 11 juin.

sible, avec une forte volonté, d'obtenir de cette ville....

« Des quatorze bataillons que doit fournir la 19e division militaire, je n'ai pas pu parvenir jusqu'à ce jour à en faire avancer dans le département de l'Ain, qui n'ont été mis en marche que par les secours fournis en habits, capotes.... par les magasins de l'État avant l'ordre qui a fait transférer à Paris tout ce qui y existait. D'après les rapports du général Puthod, il ne pourra être envoyé dans le département de l'Ain plus de six ou huit bataillons de quatre à cinq cents hommes dans tout le mois. Le Cantal ne fournit pas un homme.... Je suis dans l'impossibilité d'opérer avec célérité, puisqu'il n'existe pas un seul mulet de transport à l'armée et pas un sol à la disposition du commandant d'artillerie, de celui du génie, de l'ordonnateur et du général en chef pour les travaux, confections et autres dépenses imprévues.... »

Cependant, bien qu'il répète que le « secours des gardes nationaux, l'enthousiasme d'une partie d'entre eux, ne peuvent pas tenir contre l'état de nudité dans lequel on les laisse, » bien qu'il rappelle, par exemple, que les deux mille gardes nationaux qu'il a portés à Aix pour soutenir la 23e division n'ont « ni gibernes, ni sacs, ni habillement, » bien qu'il se plaigne que les forces dont il dispose ne soient « pas proportionnées à l'étendue du pays » qu'il a à couvrir, il ne laisse pas d'assurer Davout qu'il fera « ses efforts pour rendre son état défensif respectable [1]. »

Le 6 juin, l'Empereur lui a fait donner l'ordre « qu'au 10 juin il ait commencé la formation de son camp entre Genève et Lyon pour couvrir cette grande ville du côté de la Suisse, ce qui a pour but aussi de menacer la Suisse. Ce

1. Arch. guerre. Suchet au ministre, 11 juin.

çamp appuiera la droite du corps du Jura. Il sera composé des bataillons d'élite de la 19e division.... Il est également nécessaire que du 10 au 15 le duc d'Albuféra ait ses troupes réunies en avant de Chambéry, fasse retrancher la position de Montmélian qui est, je crois, la plus avantageuse.... En occupant une position couverte de retranchements et bien appuyée sur ses flancs.... il doit pouvoir braver l'effort des Autrichiens dont l'infanterie est si médiocre [1]. »

Suchet se conforma dans la mesure du possible aux instructions de l'Empereur. Tous ses efforts avaient abouti à réunir une armée de vingt-six mille quatre-vingt-dix-huit hommes [2], en partie mal équipés et mal armés. Il avait fait l'impossible pour lutter contre les difficultés de l'organisation. On pouvait compter qu'il tenterait l'impossible pour triompher des difficultés de la résistance.

1. *Correspondance*, 22017.

2. C'est le chiffre que donne Guerre, *la Campagne de Lyon* (Lyon, 1816, in-8), p. 247, dont les renseignements sont précis et les calculs semblent exacts : 10,134 hommes de troupe, infanterie, cavalerie, artillerie et génie, et 15,964 gardes nationaux.

CHAPITRE X

ARMÉE DU VAR

Tant que la prise d'armes royaliste du Midi avait conservé contre l'Empire un caractère offensif, tant que Marseille était demeuré aux mains des partisans de Louis XVIII et avait refusé de faire sa soumission, Napoléon avait cru nécessaire de concentrer entre les mains du chef de l'armée des Alpes le commandement supérieur dans la 8e division militaire. Mais, quand le départ du duc d'Angoulême et du marquis de Rivière, quand la proclamation de l'Empire à Marseille par Masséna, quand la soumission des bandes qui tenaient la campagne, eurent mis fin à la guerre civile, l'Empereur jugea devoir prendre d'autres mesures. C'est le 16 avril qu'une dépêche télégraphique apporta dans Paris la nouvelle que le drapeau tricolore flottait enfin à Marseille [1] ; et c'est le même jour que l'ordre était donné au maréchal Brune de se rendre à Marseille et dans la 8e division pour prendre le gouvernement de la Provence [2]. Le lendemain l'Empereur précisait sa pensée : « Il sera formé, en Provence, un 9e corps

1. *Correspondance*, 21813.
2. *Ibid.*, 21815 ; *Corresp. de Davout*, 1599 et 1600.

qui sera composé de trois divisions; chaque division sera forte de trois régiments. A cet effet, vous ordonnerez que deux régiments de ceux qui étaient destinés au corps des Pyrénées, où il paraît que nous n'avons rien à craindre, se portent dans la 8e division. La 3e division sera composée de douze bataillons de grenadiers de gardes nationales. On attachera à ce corps un régiment de cavalerie qui sera également retiré du corps des Pyrénées. Le maréchal Brune commandera le 9e corps, en même temps qu'il sera gouverneur de la Provence. On lui organisera, à Antibes ou à Toulon, le matériel de quatre batteries à pied, c'est-à-dire trente-deux pièces de canon, et il y sera attaché le personnel convenable [1]. »

En annonçant à Brune sa nomination, Davout lui disait : « L'Empereur se repose pleinement sur votre dévouement, vos lumières et votre fermeté du soin d'assurer l'exécution des lois et de conserver le bon ordre dans la Provence [2]. » Pour Brune, comme pour Lecourbe, comme pour plusieurs autres, cette confiance de l'Empereur était chose nouvelle. Depuis 1807, où des paroles déplaisantes pour l'Empereur, suivant les uns, des complaisances pour un concessionnaire, suivant d'autres, avaient fait tomber le maréchal en disgrâce, il était demeuré sans emploi, ayant vu repousser ses offres de service même aux jours du péril national, pendant la campagne de France. Mais il n'avait pas été plus heureux avec le gouvernement royal; et dans cette heure solennelle, l'Empereur, qui oubliait toutes les rancunes du passé, qui fermait les yeux sur toutes les palinodies et qui passait l'éponge sur les actes

1. *Correspondance*, 21819.
2. Arch. guerre. Le ministre à Brune, 16 avril.

les plus hostiles à sa personne, ne pouvait repousser les offres de service du maréchal Brune ni refuser d'utiliser les doubles talents de soldat et d'administrateur dont il avait fait preuve. Pour contenir le bouillonnement des sympathies royalistes en Provence, pour empêcher d'éclater à nouveau les ferments de l'insurrection, peu d'hommes paraissaient à Napoléon mieux désignés que celui qui avait su jadis rétablir la tranquillité dans ces mêmes contrées, qui depuis avait montré les mêmes talents de pacificateur en Italie, et qui, par l'alliance de la douceur et de la fermeté, pouvait ramener les esprits simplement entraînés et réduire à l'impuissance ceux qu'il ne pouvait ramener.

La tâche de Brune était fort délicate; plus que l'ennemi extérieur, il lui fallait redouter l'ennemi intérieur. Si des villes, comme Toulon, et une partie des campagnes étaient franchement pour le régime impérial, la monarchie comptait des partisans encore plus nombreux, et l'Empereur s'illusionnait quand il écrivait: « Marseille et Avignon sont les deux seules villes où il y ait un mauvais esprit [1]. » L'importance de Marseille, clef de la Provence, et dont l'opinion formait celle d'une grande partie du Midi, rendait fort désirable, nécessaire même, d'y créer un esprit favorable au nouveau gouvernement. Le premier soin à prendre était évidemment de retirer aux monarchistes les armes qu'ils avaient entre les mains, soit comme gardes nationaux, soit comme volontaires royaux. L'opération semblait si urgente à Napoléon qu'il jugeait nécessaire d'envoyer des commissaires dans le Midi, avec la mission spéciale de réformer les gardes nationales des Bouches-

1. *Lettres inédites*, 1172.

du-Rhône et du Var : Rœderer et Bourdon de Vatry furent désignés par lui pour cet office [1].

Un décret du 19 avril, qui trouvait notamment son application dans la 8e division militaire, portait que « les bataillons et compagnies de volontaires dits royaux, levés dans les différentes villes du Midi, seront désarmés par les soins des préfets, des officiers municipaux et des officiers de gendarmerie ; les armes seront transportées dans la place forte ou dans l'arsenal le plus voisin du lieu de désarmement. » L'article 2 mettait en réquisition, pour servir dans les armées, tous les volontaires royaux levés depuis le 1er mars et les faisait expédier sur les dépôts de Dijon, Grenoble, Belfort, Strasbourg, Metz et Mézières [2].

Brune semble avoir voulu éviter tout d'abord le désarmement de la garde nationale marseillaise. Il notait, le 23 avril, « beaucoup d'enthousiasme dans la troupe de ligne, du résignement, mais de la froideur dans la garde nationale. » « J'espère qu'il y aura de la discipline, ajoutait il, et il me semble qu'il n'y a que cela à attendre du premier moment, la sagesse des autorités à qui l'Empereur a donné sa confiance et l'amour dont l'armée ne demande qu'à donner des preuves, amolliront les cœurs durs et feront cesser les élans ridicules d'un amour-propre désormais inutile [3]. » Mais bien que la municipalité se fût décidée à mettre l'aigle impériale dans ses affiches et à écrire le nom de Bonaparte [4], l'esprit public ne continuait pas moins à être « extrêmement mauvais » et obligeait le ma-

1. *Lettres inédites*, 1172.

2. Ce décret, qui n'a pas paru au *Bulletin des lois*, se trouve aux Archives de la guerre.

3. Arch. guerre. Brune au ministre, 26 avril.

4. Arch. guerre. Brune au ministre, 29 avril.

réchal à réclamer une augmentation des troupes de ligne présentes à Marseille [1]. Or, il n'avait encore, à la fin d'avril, « ni troupes ni généraux appartenant au 9e corps [2]. » « Une personne sage, attachée à l'Empereur, » lui disait que « si on dépavait les rues, on trouverait une fleur de lis sous chaque pavé [3]. »

Le désarmement lui apparaissait comme indispensable, mais il ne pouvait être assuré, à son avis, que par l'arrivée des troupes. « Il n'est pas prudent de menacer sans pouvoir punir, et commander sans être sûr d'être obéi [4]. » Dès le 23 mars, l'Empereur avait donné l'ordre de rappeler de Corse les troupes françaises qui s'y trouvaient, trois régiments qu'il destinait justement au Midi de la France [5]. D'autre part, il avait mis à Marseille, à côté de Brune, et pour le seconder, le général Verdier, avec le titre de gouverneur de la ville et de commandant de la 8e division. Rœderer, secondé par Puyraveau, accomplissait dans le pays la mission dont il avait été chargé. Les préfectures étaient remplies par des hommes sur le dévouement de qui l'Empereur pouvait compter : l'actif Dumolard dans les Basses-Alpes [6], Defermon dans le Var, Heim dans le Vaucluse ; à Marseille même, le comte Frochot, que la conspiration de Mallet avait rejeté dans l'ombre, mais qui, pendant douze ans, avait administré avec assez de talent la préfecture de la Seine pour qu'on ne pût l'oublier. Frochot, comme Brune, était partisan de mesures conciliatrices.

1. Arch. guerre. Brune au ministre, 30 avril.
2. Arch. guerre. Le même au même, 30 avril.
3. Arch. guerre. Le même au même, 1er mai.
4. Ibid.
5. *Correspondance*, 21698 et 21701.
6. Remplacé le 19 mai, quand il vint siéger à la Chambre, par Didier fils.

Cependant, non seulement les régiments corses n'arrivaient pas, mais le ministre de la marine enlevait de Toulon, pour le diriger sur Lyon, un bataillon d'artillerie de marine. Verdier s'en indignait; sans doute, l'esprit de Toulon était tout dévoué à l'Empereur, mais cela même l'exposait aux insultes des mécontents, et en lui retirant ce bataillon, on le laissait « dénué de toute défense et à la merci de qui voudra l'insulter, chose plus que facile par l'esprit de révolte qui règne dans la Provence. » Quant à dégarnir Marseille pour couvrir Toulon, il n'y fallait pas songer, sous peine de « voir éclater à l'instant la révolte générale du pays et sans doute du Midi en entier. » « Sa Majesté l'Empereur, disait Verdier, doit se considérer comme en guerre ouverte avec les habitants de ce pays; il lui faut une armée pour les contenir; un pas rétrograde devant eux, tout est perdu et ce serait le trahir que de ne pas le dire [1]. » Brune estimait que le seul moyen d'arriver à la formation des gardes nationales était d'envoyer dix à quinze mille hommes dans la 8e division avec quelque artillerie. Les bataillons une fois levés, il faudrait les diriger sur le nord de la France pour en purger le pays [2]. Il demandait « un commissaire de police vigoureux », et le remplacement de la gendarmerie [3].

Les forces du 9e corps, au 8 mai, se composaient de : 87e de ligne, onze cent trente-neuf hommes, faisant le service des places de la côte; 2e bataillon du 13e de ligne, quatre cent quatre-vingt-quatorze hommes, à Marseille; 16e de ligne, mille quatre-vingt-onze hommes; 6e léger, mille quarante-quatre hommes, à Marseille; 14e chasseurs à

1. Arch. guerre. Verdier au ministre, 8 mai.
2. Arch. guerre. Brune au ministre, 7 mai.
3. Ibid. Cf. *Corresp. de Davout*, 1707.

cheval, deux cents hommes, à Marseille, formant un total de trois mille neuf cent soixante-huit hommes [1].

Aussi s'obstinait-il à refuser de laisser partir le 6e léger, qui devait faire partie de l'armée des Alpes [2].

Le 9 mai, il déclarait sa patience à bout, réclamait l'autorisation de mettre Marseille en état de siège et de procéder personnellement au désarmement de la garde nationale [3]. Aussi ne dut-il pas être médiocrement surpris quand, en réponse à ses doléances, il reçut des instructions pour la mise en activité de quarante-deux compagnies de grenadiers de gardes nationales. « Toute cette organisation, écrivait-il, ne sera que sur le papier.... si des mesures de force ne sont pas prises. L'esprit est toujours au dernier degré d'exaltation de royalisme [4]. » Par des proclamations au peuple, par des conversations avec la municipalité et les officiers de la garde nationale, il s'efforçait de calmer la fièvre des esprits, de ramener l'obéissance au régime établi, employant tout ensemble la persuasion et la menace [5]. Il faisait observer aux royalistes que la partie allait se jouer dans le Nord, que c'était là que se déciderait le sort de la monarchie ou de l'Empire, et que tous seraient bien forcés de se soumettre à l'arrêt de la fortune ; il faisait appel à leur patriotisme pour ne pas déchirer le pays par des divisions funestes, et qui ne pouvaient avoir grande influence sur le résultat final [6].

Le 16 mai, tout en annonçant à Verdier l'envoi de nou-

1. Arch. guerre. Brune au ministre, 8 mai.
2. Arch. guerre. Le même au même, 8 mai.
3. Arch. guerre. Le même au même, 9 mai.
4. Arch. guerre. Le même au même, 14 mai.
5. Arch. guerre. Le même au même, 15 mai.
6. C'est du moins ce que raconte Bourgoin, aide de camp de Brune, dans la vie qu'il a donnée en 1840 de ce maréchal.

velles troupes (un bataillon du 13e de ligne, une compagnie du 14e chasseurs et les fameux régiments de Corse), Davout mandait à Brune « qu'à sa place il y a longtemps que Marseille eût été mis en état de siège [1]. » Le maréchal ne se le fit pas dire deux fois. Le 21, l'état de siège était proclamé [2]. Mais toujours fidèle à son système de douceur jointe à la sévérité, il établissait une caisse de secours pour procurer du travail à une partie de la population. Verdier demeurait sceptique et déclarait que « ce serait erreur de croire que (cette mesure) change en rien l'esprit qui règne dans le pays [3]. »

La mise en état de siège de Marseille allait pouvoir permettre la levée des gardes nationales et le désarmement de l'ancienne garde marseillaise. C'était l'intention de l'Empereur, qui donnait ordre d'arrêter les principaux royalistes, de composer « de patriotes » un régiment de quinze cents gardes nationaux, d'augmenter la gendarmerie en en changeant les officiers, de secouer l'esprit public par des proclamations [4].

Les mesures de violence répugnaient à Brune : il fallut que le ministre lui fit donner des ordres formels et lui fit écrire de la manière la plus forte pour le déterminer [5]. Mais il était décidé à procéder au désarmement. « Demain, écrivait Verdier le 26 mai, j'aurai raison de cette infernale garde nationale ; elle sera désarmée en totalité ; la diffi-

1. Arch. guerre. Ministre à Verdier, 16 mai (deux lettres). Cf. *Corresp. de Davout*, 1712, 1719, 1721.

2. Ce n'est que le 22 mai que Davout transmit à Brune l'ampliation du décret qui mettait Marseille en état de siège. (Arch. guerre.)

3. Arch. guerre. Verdier au ministre, 21 mai.

4. 22 mai. *Correspondance*, 21952 ; Arch. guerre. Le ministre à Brune, 23 mai.

5. Arch. guerre. Note du ministre aux bureaux, 26 mai. Ministre à Verdier, 30 mai : « Le désarmement ne suffit pas ; il y faut joindre l'arrestation.... des hommes les plus influents. »

culté sera de la recomposer ; le maréchal Brune, le général Mouton-Duvernet [1] et moi, ne savons comment nous y prendre pour trouver dans la ville un homme auquel on puisse confier une arme sans craindre qu'elle ne soit encore tournée contre le gouvernement [2]. »

C'était ce même jour 26 mai que le maréchal tenait le Champ de Mai : les troupes prêtèrent serment avec enthousiasme, — Verdier dit avec délire, — et pour la première fois l'on entendit des gens du peuple se hasarder à crier : Vive l'Empereur [3] !

Trois mille quarante-deux hommes furent désarmés; l'on conserva quatorze cents gardes nationaux à qui l'on fit prêter serment [4]; l'on s'occupait en même temps de faire déposer les armes cachées [5]. Pour assurer l'ordre dans la ville, l'Empereur, par un décret en date du 3 juin [6], ordonnait la formation d'un bataillon de cinq cents gendarmes à pied, en quatre compagnies de cent vingt-cinq hommes, dont le noyau, formé des deux cent quatre-vingts gendarmes alors en Corse, devait être complété par d'anciens militaires tirés de Provence ou de Corse.

Bien que l'Empereur se persuadât que le désarmement de Marseille eût « ressuscité le parti de la Révolution dans cette ville [7], » l'esprit continuait à être douteux et il était difficile de procéder à l'organisation des gardes nationales.

1. Désigné par l'Empereur pour commander les gardes nationales de la 8e division.

2. Arch. guerre. Verdier au ministre, 26 mai; Brune au même, 26 mai. Cf. réponse du ministre, 30 mai.

3. Arch. guerre. Brune au ministre, 26 mai ; Verdier au même, 26 mai.

4. Arch. guerre. Brune au ministre, 29 mai.

5. Arch. guerre. Le même au même, 30 mai.

6. Arch. guerre.

7. Napoléon à Davout, 1er juin. *Lettres inédites*, 1218.

Rey, officier d'ordonnance de l'Empereur qui l'avait envoyé en mission confidentielle dans le Var, constatait le 2 juin le mauvais état de l'esprit public. « La garde nationale n'est organisée nulle part, » disait-il [1]. Des actes de rébellion se produisaient de divers côtés, à Aix, à Manosque, à Forcalquier [2]. Les villes mêmes qui semblaient dévouées mettaient à cette opération une extrême lenteur, Brune le remarquait avec tristesse pour Toulon : « Il est extraordinaire qu'avec tant de patriotisme, il n'y ait encore aucun homme sous les armes [3]. » Il fallut qu'il vînt à Toulon pour faire procéder à l'opération [4]. Draguignan venait de donner — assez tardivement d'ailleurs — un meilleur exemple. Rey, qui avait assisté le 3 juin à la formation des compagnies d'élite, rend compte que « lorsque les jeunes gens ont été désignés, ils criaient : Vive l'Empereur ! et chantaient à gorge déployée une chanson dont le refrain était : A bas les Bourbons et vive Napoléon ! » « L'élan chez eux est si naturel, ajoutait-il, que Votre Majesté ne doit pas craindre de leur confier un poste important; et si tous les Provençaux ressemblaient aux habitants de Draguignan, je ne conseillerais pas au parti royaliste de lever le nez [5]. »

L'Empereur avait manifesté le désir que l'on essayât de former une fédération de tous les patriotes [6] : la fédération eut lieu en effet ; mais Brune semble craindre que les fédérés ne se bornent à des paroles [7].

1. Arch. guerre. Rapport à l'Empereur du 2 juin.
2. Arch. guerre. Fouché au ministre de la guerre, 26 mai.
3. Arch. guerre. Brune au ministre, 7 juin.
4. Ibid.
5. Arch. guerre. Rey à l'Empereur, 4 juin.
6. *Correspondance*, 21952 (22 mai).
7. Arch. guerre. Brune au ministre, 7 juin.

Cet état intérieur de la Provence, les soucis que causait l'esprit public, la nécessité de s'en préoccuper avant tout, ne nuisaient pas seulement à la prompte et bonne organisation de la garde nationale, mais à toutes les mesures de défense. Les travaux de fortifications ne se faisaient que lentement. L'Empereur avait mis à la tête du génie du 9e corps le chevalier Michaux, nommé par Louis XVIII à Toulon comme colonel directeur des fortifications et élevé, le 28 avril 1815, au grade de maréchal de camp; cependant, à Toulon même, rien n'était fait des travaux urgents pour les fortifications, dans la première semaine de juin [1].

L'état des troupes était peu satisfaisant. C'est ainsi qu'en passant en revue le 2e bataillon du 14e d'infanterie légère, Brune constata que quelques hommes avaient le même habit depuis quatre ans [2]; et pour remédier à ce dénuement de vêtements, la 8e division n'offrait que de maigres ressources : c'est ainsi que le magasin de l'habillement à Marseille comportait [3] :

11 habits d'artillerie.
3 gilets d'infanterie légère.
3 gilets d'artillerie.
7 pantalons d'infanterie légère.
1 pantalon de chasseur.
144 capotes d'infanterie.
25 manteaux.
129 shakos d'infanterie de ligne
5 bonnets de police d'infanterie légère.
787 gibernes d'infanterie.
190 gibernes de cavalerie légère.
52 porte-giberne d'infanterie.
189 porte-giberne de cavalerie légère.
40 porte-carabine.
597 chemises.
365 paires de souliers.
18 cols noirs.
25 paires de guêtres noires.
13 paires de guêtres grises.
446 pantalons de toile.
79 havresacs.
25 paires de bottes à l'écuyère.

1. Arch. guerre. Brune au ministre, 7 juin.
2. Arch. guerre. Brune au ministre, 16 mai.
3. Arch. guerre. Le ministre à Verdier, 10 juin

Quant à l'artillerie, Brune obtenait bien des fonds pour acheter des chevaux de trait, mais le personnel lui faisait défaut [1].

La lenteur que mirent à revenir en France les régiments de Corse, la nécessité d'avoir des troupes pour contenir les mécontents, ne permirent pas à Brune de laisser partir le 6e léger pour Chambéry avant le 7 juin [2].

Les gardes nationales ne se constituant pas, et là où elles étaient constituées se montrant faibles et timides, force était au commandant du 9e corps de laisser des troupes éparpillées de côté et d'autre; non seulement à Marseille ou à Toulon [3], mais dans les Basses-Alpes [4]. Une certaine mésintelligence dans les hauts commandements ajoutait aux difficultés de l'organisation : on avait mis à côté de Verdier un chef d'état-major qui avait le triple tort d'avoir été employé sous le duc d'Angoulême, de mal savoir sa besogne et de s'en acquitter encore plus mal [5].

L'Empereur avait donné ordre, le 22 mai, à Brune d'avoir son quartier général à Antibes et ses six régiments réunis entre Antibes et le Var, au 8 juin [6]. Retenu longtemps à Marseille, puis à Toulon, le maréchal ne put arriver sur sa ligne qu'assez tard. Heureusement que de ce côté, il n'y avait pas de danger immédiat. Il y avait bien sur la frontière quelques postes piémontais ; mais les soldats n'étaient guère disposés à se battre contre la France, et l'on avait

1. Arch. guerre. Brune au ministre, 4 juin.
2. Arch. guerre. Brune au ministre, 7 juin.
3. Arch. guerre. Brune au ministre, 11 juin.
4. Arch. guerre. Fouché à Davout, 26 mai.
5. Arch. guerre. Brune au ministre, 30 mai.
6. *Correspondance*, 21952.

dû les remplacer par de la garde nationale [1]. Aussi le décret du 20 mai [2], qui organisait dans la 8ᵉ division militaire un régiment étranger composé d'Italiens, fut-il d'une exécution facile. Le régiment se réunit à Aix sous les ordres du général baron Simon Robert [3].

Au 4 juin, le maréchal avait sous les armes un peu plus de six mille hommes de troupes, y compris le 6ᵉ léger, qui allait bientôt le quitter. Mais le vide laissé par ce régiment allait se combler par un millier d'hommes recrutés parmi les officiers, sous-officiers et soldats retraités [4]. Le petit nombre de soldats était compensé par leur excellent esprit et leur enthousiasme : « hommes superbes, bien disciplinés [5]; » non seulement on peut compter « pour beaucoup le dévouement des troupes; il est aussi entier que celui de leurs chefs [6]; » mais on peut même assurer qu' « elles sont dévouées jusqu'à la dernière goutte de leur sang [7]. » Aussi le maréchal Brune ajoute-t-il : « Nous sommes si fiers que nous ne craignons rien, excepté les débarquements [8]. » « Nous ferons bien partout où nous nous trouverons, » dit-il ailleurs [9]. Il ne met pas en doute qu'il repoussera « glorieusement » les débarquements; il est sûr de battre partout l'ennemi; mais le danger est que l'ennemi s'éparpille et qu'il faille « revenir

1. Arch. guerre. Rey à l'Empereur, 2 juin.
2. Arch. guerre.
3. Arch. guerre. Brune au ministre, 4 juin. Il ne faut pas le confondre avec un autre Robert, aussi maréchal de camp, et employé à l'armée des Pyrénées. Ce dernier s'appelait Louis-Benoit.
4. Arch. guerre. Brune au ministre, 4 juin.
5. Arch. guerre. Le même au même, 16 mai.
6. Arch. guerre. Le même au même, 4 juin.
7. Arch. guerre. Le même au même, 11 juin.
8. Ibid.
9. Arch. guerre. Le même au même, 4 juin.

sur l'un après avoir battu l'autre. » En tout cas, il fera tout ce qu'on peut espérer d'un petit nombre; il réclame l'autorité absolue « pour gouverner administrativement et policièrement; » la défense combinée contre l'ennemi extérieur et, hélas! contre celui trop puissant de l'intérieur n'en sera que plus vigoureuse. Le maréchal est plein d'ardeur, plein de dévouement à Napoléon : « Ma tête et mon cœur sont entièrement à lui [1]. »

1. Arch. guerre. Brune au ministre, 4 juin.

CHAPITRE XI

ARMÉE DES PYRÉNÉES

C'était une mission délicate dont Davout, au nom de l'Empereur, chargeait le 22 mars [1] le général Clausel, en l'envoyant prendre, — sans autres troupes qu'un aide de camp, — le commandement de la 11e division militaire à Bordeaux, où la présence de la duchesse d'Angoulême paraissait promettre une longue résistance à l'établissement du pouvoir impérial. Et cependant l'Empereur semblait douter si peu du succès que, quatre jours après, quand Clausel n'était pas encore aux portes de Bordeaux, il arrêtait la formation sous ce général d'un corps d'observation sur la frontière des Pyrénées [2]. On sait, et l'on a vu plus haut que l'enthousiasme bonapartiste des troupes cantonnées dans la 11e division militaire rendit vains tous les efforts de la duchesse d'Angoulême et réduisit à l'impuissance la fidélité royaliste des habitants.

Mais ici, comme en Provence, l'organisation de la défense semblait devoir présenter de sérieuses difficultés. Nulle part ailleurs peut-être le contraste ne se manifestait

1. Arch. guerre. Ministre à Clausel, 22 mars.
2. *Correspondance*, 21723.

plus aigu entre l'exaltation des troupes impérialistes et l'esprit royaliste de la population. Les chances de conflit entre ces deux éléments opposés étaient donc à prévoir. Fallait-il, par un régime de terreur, comprimer toute velléité de révolte? Devait-on, au contraire, s'efforcer d'apaiser les dissentiments qui menaçaient de devenir des dissensions et travailler à faire l'union cordiale de tous les Français contre l'étranger? Clausel, comme Brune, était plutôt incliné à un régime de modération. Élevé tour à tour par Louis XVIII à la dignité comtale (31 décembre 1814) et à celle de grand-croix de la Légion d'honneur (14 février 1815), il avait, dans ses instructions aux troupes, comme inspecteur général de l'infanterie, recommandé la fidélité et l'attachement de cœur aux nouveaux souverains. A la nouvelle du débarquement de l'île d'Elbe, il avait sollicité un commandement contre l'ex-Empereur. Jusque dans la nuit où le Roi s'était décidé à quitter Paris, il avait mis son épée à son service [1]. Et s'il se retournait du côté de Napoléon, le sentiment de sa dignité, comme l'intérêt de la France, lui paraissaient exiger qu'il ne se portât pas aux violences extrêmes contre ceux avec qui il avait un moment entendu faire cause commune. Il prit donc le parti de surveiller les royalistes, de se tenir au courant de leurs menées, de dresser une liste de suspects, mais en même temps de fermer l'oreille à leurs discours et les yeux sur leurs démarches. Il ne pouvait assurément pas compter par ces moyens ramener tous les mécontents, faire taire les fidélités plus ou moins intéressées, persuader les exaltés; mais il était légitime qu'il espérât inspirer aux hommes modérés sinon l'affection et le dévouement

1. Voir l'*Exposé justificatif de la conduite politique de M. le lieutenant général comte Clausel*, qu'il publia en 1816 (Paris, Pillet, in-8).

pour l'Empereur, du moins la soumission aux faits accomplis et la volonté de ne pas entraver la défense du territoire. Seulement, les dénonciations qui essayaient de le rendre suspect au gouvernement, qui présentaient sa modération comme du modérantisme, et comme une preuve sinon de trahison, au moins de mollesse, l'obligeaient à des proclamations menaçantes pour les agitateurs. Malheureusement le contact des troupes avec l'habitant ne rendait pas toujours l'apaisement facile. Le 5e régiment de chasseurs, naguère décoré du titre de chasseurs d'Angoulême, se voyait l'objet de la haine des Libournais dévoués aux Bourbons; les liaisons mêmes qui s'étaient formées avant le retour de l'Empereur entre la garnison et les habitants rendaient à ceux-ci plus odieuse la défection d'un corps sur la fidélité duquel ils avaient fondé tant d'espérances; aussi des rixes éclataient-elles et des menaces de mort étaient proférées contre les officiers [1].

A Bayonne, au contraire, ce sont les soldats qui provoquent la population; soulevés par des malveillants peut-être désireux de pêcher en eau trouble, exaspérés des taches d'encre dont des mains inconnues ont barbouillé les proclamations impériales, ils vont, mêlant aux cris de: Vive l'Empereur! ces cris menaçants: A bas les Bayonnais! A la broche, les royalistes! Ils troublent le spectacle de vociférations analogues, lancent sur la scène des vers dont ils exigent la lecture, contrairement aux règlements, répondant aux observations: « Il n'y a pas de police qui tienne, c'est nous qui la ferons [2]. »

1. Arch. guerre. Fouché à Davout, 10 mai.

2. Arch. guerre. Chegaray, conseiller municipal de Bayonne, au gouverneur, 13 avril. Cf. rapports au gouverneur du commissaire de police, 24 et 26 avril, 1er mai.

A Bordeaux, la situation était peut-être pire : « les membres des tribunaux n'ont point encore prêté le serment; quelques-uns disent vouloir donner leur démission; depuis quelque temps les avocats ne se sont point présentés aux audiences, de sorte qu'il y a une absence totale d'administration de justice, » était obligé de constater Clausel le 21 avril [1]. Il est vrai qu'il proclamait en même temps qu'il régnait « une très grande tranquillité dans Bordeaux, » mais il ajoutait aussitôt que les esprits continuaient à y être mal disposés et il réclamait cinquante mille francs pour la mise en état du Château-Trompette, qui devait servir d'épouvantail [2]. Quelques jours plus tard cependant, il croyait la tranquillité suffisamment établie pour se préparer à une tournée dans la 10e division [3]; et bientôt il annonçait avec satisfaction que quelques négociants de Bordeaux avaient levé à leurs frais, pour les offrir au gouvernement impérial, deux compagnies de cent hommes [4]. Mais ce n'était là qu'un exemple isolé que les Bordolais ne se hâtèrent pas de suivre. Aussi la proposition de Clausel sur la restauration du Château-Trompette, soutenue par Davout auprès de l'Empereur [5], eut-elle quelque suite; on fit au château sinon tous les travaux nécessaires pour le mettre en état de tenir contre une attaque en règle, du moins les réparations capables de lui donner un air de menace contre les Bordelais.

Dans ses idées de pacification, qui impatientaient parfois le gouvernement, Clausel était soutenu par le préfet

1. Arch. guerre. Clausel au ministre, 21 avril.
2. Ibid.
3. Arch. guerre. Clausel au ministre, 5 mai.
4. Arch. guerre. Le même au même, 9 mai.
5. Davout à Clausel, 13 avril. *Correspondance*, 1582.

de la Gironde : Fauchet, qui avait hésité à accepter ces fonctions et qui ne les avait acceptées qu'à condition de ne pas être obligé de faire trop de réaction [1]. D'autres préfets, comme Harel, dans les Landes, manifestaient moins de réserve et se laissaient aller à plus de violence.

Mais le rôle de Clausel ne se bornait pas à contenir ou à pacifier les troubles du Midi. Il lui fallait organiser le corps d'observation des Pyrénées, d'abord 7e, puis 8e corps [2]. L'Empereur voulait qu'il plaçât les trois divisions qui devaient le constituer, une à Toulouse, une à Bayonne et la troisième dans l'intervalle, pour couvrir les débouchés de la frontière, protéger les places et maintenir la tranquillité [3]. Pour cette surveillance de nos frontières méridionales, pour cette lutte possible contre l'Espagne, Clausel était assurément l'un des généraux les mieux désignés par tout son passé militaire. C'est à l'armée des Pyrénées qu'il avait fait ses premières armes, à vingt-deux ans, en 1794-1795, c'est en Espagne qu'il avait établi définitivement sa réputation, lorsque, après le combat de Douro et l'affaire des Arapiles, il prit le commandement en chef de l'armée. Son nom était estimé et sa personne respectée dans nos provinces méridionales, qu'il avait su couvrir contre l'invasion. Aussi l'Empereur, qui le faisait assurer par Davout de la pleine confiance qu'il avait dans sa sagesse et dans ses lumières [4], lui laissait toute latitude pour modifier les instructions qu'il recevait et pour agir réellement comme un commandant en chef [5].

1. Fauchet fut nommé par le décret du 6 avril. *Bulletin des lois*, n° 83.

2. 3 avril. *Correspondance de Napoléon*, 21765.

3. *Correspondance de Napoléon*, 21778 (A Davout, 8 avril) ; Arch. guerre. Davout à Clausel, 11 avril.

4. *Correspondance de Davout*, 1688. Lettre du 10 mai à Clausel.

5. *Ibid.*

Cette confiance de son souverain, Clausel sut la mériter par la vigueur et l'activité qu'il déploya pour assurer la défense des frontières. Il eut, dans cette tâche, d'excellents collaborateurs, en partie désignés par lui [1].

L'un des premiers points était de mettre en état les places de la frontière ; et cette mesure préoccupait Davout, qui se faisait adresser le 9 avril, par Évain, chef du bureau de l'artillerie au ministère, un rapport dans lequel nous lisons :

« Les places de la frontière d'Espagne se composent de celles ci-après indiquées, savoir :

Collioure et Port-Vendres, peu susceptibles de défense. Bellegarde, Montlouis, forts importants et qui défendent les gorges des Pyrénées. Perpignan, grande place forte avec citadelle. Villefranche, simple poste. Fort-les-Bains, — Prats-de-Mollo, —	Dans le Roussillon.
Navarreins, place peu tenable. Château de Lourdes, simple poste. Saint-Jean-Pied-de-Port, petite place en bon état. Bayonne, place forte avec citadelle.	Dans le pays des Basques et de la Navarre.

« Son Excellence verra, par l'inspection de la carte, que de la chaine des Pyrénées qui sépare la France de l'Espagne et qui a quatre-vingts lieues de longueur, il n'y a que les deux points extrêmes où il se trouve des places de guerre, et qu'il n'y en a aucune dans l'espace de soixante lieues.

« Les Pyrénées, dans toute cette partie, sont de très diffi-

1. Davout, *Correspondance*, 1564.

cile accès. Il n'y a que quelques petites vallées qui communiquent entre la France et l'Espagne et dont les chemins ne permettent pas de passer ni à l'artillerie ni à la cavalerie.

« Les places en question ayant été toutes armées en 1813 et au commencement de 1814, il existe dans chacune d'elles les bouches à feu, affûts, projectiles, poudres et autres approvisionnements pour compléter leur armement.

« L'artillerie n'a donc à y envoyer que des troupes pour faire l'armement et des officiers pour commander l'artillerie.

« Le 3e régiment d'artillerie est le seul qui se trouve dans le Midi ; ce régiment, composé de vingt compagnies, en a :

5 avec les troupes du duc d'Angoulême,
2 dans la direction d'Antibes,
3 dans la direction de Toulon,
2 ont l'ordre de se rendre à Blaye et à Rochefort.
———
12

« Restent donc huit compagnies que je propose d'envoyer, savoir :

2 à Bayonne,
1 à Saint-Jean-Pied-de-Port et Navarreins.
2 à Perpignan,
1 à Bellegarde, Prats-de-Mollo et Fort-les-Bains,
1 à Montlouis et Villefranche,
1 à Collioure et Port-Vendres.
———
8

« Mais il ne restera plus aucune troupe d'artillerie pour l'équipage du 8e corps d'observation, et il faudra nécessairement tirer quelques compagnies des régiments qui sont au nord et à l'est de la France. »

Davout donnait aussitôt l'ordre de faire à Bayonne, à Saint-Jean-Pied-de-Port, à Navarrenx et à Lourdes les dispositions nécessaires pour mettre ces places à l'abri d'un coup de main [1]. Les travaux, d'ailleurs, étaient déjà commencés. Dès le 13 avril, Rey, qui commandait à Pau, pouvait écrire au lieutenant général Thouvenot, chargé du commandement supérieur des Basses-Pyrénées : « L'armement des places de Saint-Jean-Pied-de-Port et de Navarrenx se poursuit avec la plus grande activité, ainsi que tous les autres travaux relatifs à la défense [2]. » Harispe donnait ordre de calculer l'approvisionnement de ces deux places pour six mois et pour une garnison de douze cents hommes dans la première, de huit cents dans la seconde [3]. Un maréchal de camp était chargé de prendre le commandement à Saint-Jean-Pied-de-Port [4]. Le 56e, cantonné à Pau, recevait ordre d'envoyer un bataillon dans cette place, d'où une compagnie serait détachée à Baigorri, de partager un autre bataillon entre Navarrenx et Oloron [5].

Le maréchal de camp Charles Vincent, directeur des fortifications à Bayonne, estimait d'ailleurs que Navarrenx ne pouvait guère être défendu et ne pouvait que servir de point d'appui à une armée sur la défensive et obligée de se replier. Aussi ne demandait-il pour cette place que de légères réparations, dont le coût ne s'élèverait qu'à

1. Arch. guerre. Ministre à Harispe, 12 avril.
2. Arch. guerre.
3. Arch. guerre. Harispe à Thouvenot, 13 avril.
4. Arch. guerre. Le même au même, 15 avril.
5. Arch. guerre. Le même au même, 15 avril.

12,500 fr. Il en allait autrement pour Saint-Jean-Pied-de Port, pour lequel il réclamait 170,000 fr., et surtout pour Bayonne, pour laquelle il ne demandait pas moins de 772,000 fr. de travaux « nécessaires [1]. » Ce n'est pas que Bayonne ne fût à l'abri d'un coup de main et même d'une attaque de vive force assez sérieuse. Les craintes que l'on avait eues de voir la place livrée aux Espagnols avaient fait prendre, dès le 23 mars, des mesures qui l'avaient mise en quelques jours en état de résister à un coup de main. Mais le manque de fonds avait arrêté les travaux [2], et il fallut l'arrivée de Thouvenot dans la place pour leur donner une nouvelle impulsion; de plus, les fonds ne venaient pas : un petit acompte de 9,000 fr. d'abord promis était réduit à 5,000. Clausel attachait une grande importance aux « camps retranchés, qui font la principale force de Bayonne, » et surtout aux inondations par lesquelles on les couvrait et qui auraient obligé l'ennemi à un déploiement de forces dont l'Espagne n'était évidemment pas capable. Mais ce n'est que lorsque, découragé, le service du génie suspendit ses travaux, que le comité des fortifications consentit à l'attribution de 125,000 fr. aux travaux de Bayonne; encore, le 26 mai, le payeur de Bayonne n'avait-il rien acquitté; le baron d'Armagnac, qui avait succédé à Harispe dans le commandement de la 11e division militaire, dut lui donner ordre, sous menace, de cesser tout autre paiement avant d'avoir effectué celui-là [3].

1. On trouvera aux pièces justificatives, nos 19, 20 et 21, les trois rapports de Vincent en date du 18 avril.

2. Arch. guerre. Le colonel d'artillerie Verpeau au commandant de Bayonne, 11 avril.

3. Arch. guerre. Rapports de Verpeau, 20, 23, 27 avril; 2, 4, 6, 13, 20, 23 et 25 mai; de Rons la Mazelière, chef de bataillon commandant le génie, 21, 25 avril,

L'armement des places fut achevé plus rapidement que les travaux du génie ; dès le début de mai, il était à peu près terminé [1]. Il n'en était pas de même de l'approvisionnement. Il est vrai que certaines places, comme Saint-Jean-Pied-de-Port et Navarrenx, avaient conservé leurs anciens approvisionnements [2] ; mais, par une mesure singulière, on songeait à les en dégarnir pour faciliter le ravitaillement de Bayonne [3].

L'approvisionnement, fixé d'abord à trois mois, puis à six, fut bientôt ramené à trois, heureusement pour la population soumise aux réquisitions. Pour la seule ville de Bayonne l'estimation des denrées pour six mois et pour une garnison de douze mille hommes était évaluée à 3,615,540 fr. [4]. Encore les médicaments n'étaient-ils pas compris dans cette somme : « C'est une somme énorme, remarquait-on, pour des départements qui ont tant souffert il y a quinze mois et tant fourni à nos armées [5]. » Aussi suppliait-on le ministre de faire accorder des fonds aux préfets. Ceux-ci en général, dans ces provinces du Midi, mettaient un zèle fort louable à servir les intérêts de l'Empereur et à faciliter la défense du territoire. Dans les Landes, par exemple, la préfecture était aux mains de Harel, tout dévoué à Napoléon, qui dans son *Nain jaune*

4, 6, 20, 24, 26 et 30 mai ; de Vinc, 20 avril ; de du Souart, commandant du génie à Saint-Jean, 25 avril ; Clausel à Thouvenot, 2 et 13 mai ; au ministre, 4 mai ; Armagnac à Thouvenot, 27 mai.

1. Arch. guerre. Rapport de Clausel au ministre, 4 mai.

2. Arch. guerre. Rey à Thouvenot, 13 avril.

3. Arch. guerre. Le même au même, 15 avril.

4. Arch. guerre. État approximatif daté du 15 avril. En voici le détail : farine, 1,032,000 fr. ; riz, 68,040 ; viande salée, 661,500 ; chandelle, 67,300 ; huile à manger, 11,400 ; vin, 405,000 ; eau-de-vie, 229,500 ; vinaigre, 64,800 ; bois, 153,600 ; biscuit, 297,000 ; légumes secs, 32,400 ; huile à brûler, 81,000 ; avoine, 150,000 ; foin, 130,000 ; paille, 112,000 ; bœufs sur pied, 120,000. Cf. Harispe à Thouvenot, 18 avril.

5. Arch. guerre. Rapport à Thouvenot du 17 avril 1815.

avait attaqué sans ménagements le gouvernement de Louis XVIII et qui n'épargnait ni les proclamations ni les mesures énergiques pour servir l'Empereur. Combes-Syès surtout, dans les Basses-Pyrénées, se fit remarquer par son dévouement actif.

D'ailleurs, dans une certaine mesure au moins, la bonne volonté de la population seconda le zèle des autorités civiles et militaires : « L'idée de voir les Espagnols sur le territoire français, dit Clausel dans son *Exposé* [1], y venir exercer des représailles ou des vengeances, avait produit un salutaire effroi dans les provinces méridionales ; les volontés du gouvernement y furent prévenues par l'empressement des citoyens ; nos frontières, en quelques semaines, furent mises en état de défense. »

Ce n'est pas que les Espagnols se montrassent tout d'abord bien menaçants. Bien que le comte de Montmorency continuât d'être traité comme ambassadeur de Louis XVIII, les relations commerciales avec la France n'étaient pas interrompues [2], et l'on pouvait espérer que les libéraux, qui formaient un parti assez nombreux, feraient échec aux velléités belliqueuses de Ferdinand, si elles venaient à se produire. Aussi l'Empereur, qui avait jugé nécessaire de scinder l'armée des Alpes et de former en Provence un 9e corps, persuadé que nous n'avions « rien à craindre » du côté des Pyrénées, ordonnait-il de retirer à Clausel, pour les porter dans la 8e divison, une partie des troupes qu'il avait sous ses ordres [3]. Dans les dispositions primitives, l'armée des Pyrénées devait comprendre trois divisions d'infanterie : 26e, composée pour

1. P. 43.
2. Arch. guerre. Clausel au ministre, 18 avril.
3. (A Davout, 17 avril.) *Corresp.*, 21819. Voir aussi 21848 (27 avril).

la 1re brigade des deux premiers bataillons du 3e léger, pour la 2e des deux premiers bataillons du 56e et des deux premiers du 78e; — 27e, formée, pour la 1re brigade, des deux premiers bataillons du 62e, et pour la 2e, des 2 premiers du 40e et des deux premiers du 69e; — 28e, formée pour la 1re brigade des deux premiers bataillons du 13e, et pour la 2e, des deux premiers du 63e et des deux premiers du 70e, — et une division de cavalerie, la 11e, divisée en deux brigades (première, trois premiers escadrons du 5e chasseurs; deuxième, trois premiers escadrons du 14e chasseurs, et trois premiers du 15e chasseurs) [1]. Déjà Clausel avait pris ses dispositions pour répartir les forces mises à sa disposition suivant le tableau ci-joint [2].

26e division

1re brigade. 3e régiment d'infanterie légère, à Bayonne.

2e brigade. 56e régiment d'infanterie de ligne, à Pau et à Saint-Jean-Pied-de-Port; 78e régiment d'infanterie de ligne, à Bayonne.

27e division

1re brigade. 62e régiment de ligne, à Bordeaux.

2e brigade. 40e régiment de ligne, à Bordeaux; 69e régiment de ligne, partant de Toulouse pour Tarbes.

28e division

1re brigade. 13e régiment d'infanterie de ligne, se rendant de Montpellier à Toulouse.

2e brigade. 63e régiment d'infanterie de ligne, se rendant de Montpellier à Toulouse; 70e régiment d'infanterie de ligne, se rendant à Castelnaudary et à Carcassonne.

1. Arch. guerre. Ministre à Clausel, 11 avril.

2. Arch. guerre. Clausel à Thouvenot, 16 avril.

Division de cavalerie

1re brigade. 5e chasseurs à cheval, se rendant à Pau.

2e brigade. 14e chasseurs à cheval, se rendant à Toulouse; 15e chasseurs à cheval, se rendant à Auch.

Artillerie

Les cinq batteries d'artillerie et le parc seront à Tarbes.

Dans les nouvelles dispositions arrêtées par l'Empereur pour former le corps du maréchal Brune et pour renforcer celui de Grouchy, deux régiments d'infanterie et un régiment de cavalerie devaient être retirés à l'armée des Pyrénées; naturellement la mesure porta sur les corps qui semblaient pouvoir rejoindre le plus aisément leur nouvelle destination : le 63e d'infanterie, qui était à Nîmes, reçut ordre de se diriger sur Grenoble; le 13e, qui était à Montpellier, dut marcher sur Aix; enfin le 14e de chasseurs à cheval, qui était du côté de Nîmes, fut envoyé à Tarascon. La division de cavalerie légère du corps des Pyrénées se trouvait ainsi réduite à deux régiments, au lieu de quatre qu'elle aurait dû normalement avoir, et de trois qu'on lui avait d'abord attribués. La 26e division d'infanterie gardait sa première brigade incomplète, et la 27e voyait la sienne portée à deux régiments [1].

Malheureusement, les espérances de tranquillité du côté de l'Espagne ne se confirmèrent pas. Dès le 27 avril, le directeur des douanes de Bayonne transmettait au gouverneur [2] des extraits de lettres de Saint-Jean-de-Luz et d'Aïnhoa d'où il résultait que le gouvernement espagnol prenait des mesures extraordinaires pour se procurer de

1. Arch. guerre. Ministre à Clausel, 29 avril.
2. Arch. guerre.

l'argent, que les émigrés se remuaient beaucoup et que l'on s'occupait à tout le moins de renforcer le cordon militaire sur les frontières. Il est vrai que les troupes placées sur la frontière pouvaient et semblaient n'avoir d'objet que la sûreté du pays : sur les frontières de l'Ariège, les postes les plus rapprochés ne comptaient que cent hommes à Puigcerda et trois cents à la Seo d'Urgel [1]. Mais on disait que le roi d'Espagne manifestait l'intention de faire porter de douze mille à vingt mille, et de rapprocher de la frontière le corps de troupes stationné dans la Navarre et dans la Biscaye [2]; et les nouvelles alarmantes prenaient bientôt plus de consistance. On concentrait des armes à Pampelune; on établissait des magasins de vivres sur les frontières; on ne laissait plus pénétrer en Espagne les Français non munis de passeports visés au nom de Louis XVIII; les bruits que faisaient circuler les émigrés exaltaient le peuple espagnol contre le nouveau gouvernement de la France, surtout en Aragon. Vazia, ancien attaché à l'ambassade de France à Madrid, rentré en France le 5 mai, affirmait avoir vu en marche vers la frontière une partie des quatre-vingt mille hommes qu'y destinait Ferdinand. Pampelune était mis en état de défense; une légion d'émigrés s'organisait [3]. Un parti même d'émigrés — bien faible, puisqu'il ne comprenait qu'une vingtaine d'hommes — pénétrant par les montagnes de Baigorri, désarmait le poste des douaniers de Bidarray et

1. Arch. guerre. Le lieutenant de gendarmerie du département de l'Ariège résidant à Foix, à Rovigo, 19 avril.

2. Arch. guerre. Le même au même, 20 avril; Clausel au ministre, 21 avril.

3. Arch. guerre. Clausel au ministre, 22 avril; extrait d'une lettre écrite au directeur des douanes à Bayonne, 23 avril; rapports de Vazia, mai 1815, 15, 20, 30 mai; Clausel au ministre, 5 mai; le directeur des douanes au gouverneur de Bayonne, 14 mai.

il marchait sur Hélette, quand le lieutenant de la brigade ambulante des douaniers d'Ossès, Jean-Baptiste Lasallé, courut à sa rencontre, tua le chef de la bande, Barbarin, ancien chef de bataillon au 62e de ligne, et quelques-uns de ses hommes, en prit cinq et mit le reste en fuite. Parmi les prisonniers se trouvait Charles-Léopold, baron de Kolli, le même qui avait failli jadis enlever Ferdinand VII à Valençay et dont le signalement venait d'être donné au gouverneur de Bayonne par Fouché [1].

Aussi Clausel pouvait-il concevoir de légitimes inquiétudes : tout en reconnaissant la faiblesse des moyens dont disposait l'Espagne pour attaquer, il ne pouvait s'empêcher de les trouver supérieurs à ceux qu'il avait pour la résistance [2]. D'autant que les mécontents profitaient de ces menaces d'invasion pour jeter le trouble dans la population, pour provoquer la désertion dans les troupes. Malheureusement ces sollicitations n'étaient pas toujours repoussées. Nous n'en voulons d'autre témoignage que le cri d'alarme poussé dès le milieu d'avril par le baron Rey : « C'est avec bien de la peine que je vous rends compte que la désertion devient affligeante dans le 56e régiment. La plus grande partie des hommes de ce département qui avaient été incorporés dans ce corps aux revues de décembre et janvier dernier ont abandonné de nouveau leurs drapeaux. J'en ai écrit à M. le préfet en lui faisant adresser les signalements de tous ces hommes et l'ai invité à donner des ordres à tous les maires pour les faire rentrer. Si ces mesures n'obtiennent pas de résultat, je crois que le

1. Arch. guerre. Directeur des douanes de Bayonne au gouverneur, 24 mai ; Harispe à Clausel, 23 mai, et note adjointe ; Clausel au ministre, 26 mai ; Fouché au commandant de Bayonne, 19 avril.

2. Arch. guerre. Clausel au ministre, 9 mai.

moyen le plus convenable sera d'envoyer des garnisaires chez les pères et mères ou autres parents [1]. »

Si les militaires qui ont rejoint leurs corps désertent, on comprend qu'il est encore plus difficile de faire rentrer sous les drapeaux les anciens militaires et d'organiser les gardes nationales. Le général Clausel presse les préfets de faire une organisation au moins provisoire, car les instructions du ministre tardent à arriver [2]. Cinq jours plus tard, il transmettait aux généraux commandant les départements les instructions ministérielles pour l'organisation provisoire des gardes nationales : soixante et onze compagnies tirées du Gers (6), des Hautes-Pyrénées (6), du Tarn-et-Garonne (6), de la Gironde (21), des Landes (6), du Lot (6), du Lot-et-Garonne (14), de la Corrèze (6), devaient se réunir à Bayonne, formant un effectif de huit mille cinq cent vingt hommes. Les Basses-Pyrénées devaient donner quatorze compagnies : cinq pour Navarrenx (600 hommes), deux pour Fort-Socoa (240 hommes), sept pour Saint-Jean-Pied-de-Port (840 hommes) [3]. Aussi Clausel donnait-il l'ordre à Verpeau, directeur de l'artillerie à Bayonne, de faire réparer sans retard les fusils qui se trouvaient soit dans les magasins de cette place, soit dans les autres places de la direction [4]. Verpeau répondit qu'il n'avait pas attendu ces instructions pour travailler, mais que sur les 16,298 fusils à réparer qu'il avait en magasin, il en avait expédié sur Vincennes 11,768, n'en gardant que 4,530 qu'il pouvait faire réparer avant le 1er juillet; qu'à ces 4,530 fusils il pouvait en ajouter 5,201 en bon état, mais qu'il

1. Arch. guerre. Rey à Thouvenot, 15 avril.
2. Arch. guerre. Clausel au ministre, 21 avril.
3. Arch. guerre. Clausel à Thouvenot, 26 avril.
4. Arch. guerre. Clausel à Thouvenot, 2 mai.

réservait sa provision pour l'armement de Bayonne (6,881); de Blaye (1,200), de Saint-Jean-Pied-de-Port (600), de Navarrenx (1,000), de Lourdes (50); que recevant des ordres directement du ministre, il ne fournirait rien sans ces ordres précis [1].

Aux doléances de Clausel, Davout répondait le 12 mai : « Il y a à Toulouse, Perpignan, Bordeaux, des effets d'habillement ; il faut en disposer soit pour les gardes nationales, soit pour les militaires qui rejoignent les corps.... Vous avez des fusils à Bordeaux, Perpignan, Toulouse, faites-les distribuer [2]. »

Mais de tous côtés des plaintes s'élevaient sur la difficulté de faire rentrer les anciens soldats et de former les gardes nationales [3]. Dans l'Ariège particulièrement, la résistance était grande et allait jusqu'à la sédition [4]. « Quelles que soient les opinions, écrivait Davout à Clausel, quand on saura l'Espagnol sur nos frontières, je ne doute pas qu'elles se rallient [5]. » La vérité, c'est que l'habitant voulait bien marcher contre l'Espagnol, mais uniquement pour défendre sa maison et son terroir, et Davout s'en rendait si bien compte qu'il laissait promettre aux hommes des Pyrénées-Orientales et de l'Ariège qu'ils ne seraient appelés qu'à défendre leurs propres frontières [6].

La difficulté de lever les gardes nationales était, sur certains points, augmentée par le mauvais choix des géné-

1. Arch. guerre. Verpeau à Thouvenot, 5 mai.
2. *Correspondance*, 1697.
3. Arch. guerre. Clausel au ministre, 9 mai ; Lucotte, commandant la 20e division, au ministre, 2 juin.
4. Arch. guerre. Lettre de Roquemaurel, commandant la garde nationale de l'Ariège, 1er mai; Clausel au ministre, 9 mai.
5. *Correspondance*, 1697 (12 mai).
6. *Ibid.*, 1689.

raux chargés de cette opération ou du commandement supérieur. C'est ainsi que le général d'Armagnac, commandant la 11e division à Bordeaux, « passe pour un brave homme, mais il est du pays et a grand soin de se décharger de toute responsabilité [1]. »

C'est ainsi encore que Cassagne, envoyé à Toulouse pour activer un projet de fédération, voit le général Mathieu dire de lui : « Sa présence ici fera plus de mal que de bien, parce que, malgré son dévouement actuel à l'Empereur, il est obligé de chanter la palinodie, de dire et de faire le contraire de ce qu'il faisait et disait il y a deux mois [2]. »

Malgré ces obstacles qu'éprouvait la levée des gardes nationales, Clausel n'épargna rien pour la faire réussir. Ce n'est qu'au milieu de mai qu'il reçut le décret du 10, ordonnant la levée de soixante bataillons d'élite dans les 4e, 10e, 11e, 20e divisions militaires, et le 25 du même mois, il en faisait adresser aux généraux intéressés le tableau de répartition [3]. On trouvera ce tableau dans nos pièces justificatives [4].

Pour la défense du pays, d'autres mesures étaient prises : organisation des gardes-côtes, création de chasseurs des Pyrénées, organisation des corps levés naguère comme volontaires royaux ; levée d'un régiment d'hommes de couleur, assimilés pour la solde à l'infanterie légère, etc. : pour ces mesures, Clausel avait le concours d'hommes qui

1. Arch. guerre. Fouché à Davout, 20 mai.

2. Arch. guerre. Mathieu au ministre, 19 mai. Le 9 mars, le soir du jour où on avait appris à Toulouse le débarquement de l'Empereur, Cassagne, au théâtre, avait crié de sa loge : « Vive le roi ! vive la famille royale ! Guerre aux séditieux qui tenteraient de troubler la tranquillité de l'État ! »

3. Arch. guerre. D'Armagnac à Thouvenot, 25 mai.

4. N° 22.

exerçaient une grande influence sur leurs compatriotes, Harispe sur les Basques, le colonel Dusers dans les Hautes-Pyrénées [1].

Toutes ces mesures, pour augmenter quelque peu le nombre des troupes affectées au 8ᵉ corps, étaient d'autant plus nécessaires que, l'on s'en souvient, l'insurrection de la Vendée l'avait encore privé d'un de ses régiments.

Clausel ne se voyait pas seulement arrêté par des difficultés d'ordre matériel, il se heurtait encore à des jalousies comme celles du général Maurice Mathieu, appelé par la confiance de l'Empereur au commandement de la 10ᵉ division militaire, et qui, à la fin de mai, lorsque le danger de l'invasion devenait plus menaçant que jamais, mettant une mesquinerie d'amour-propre au-dessus du service de la France, réclamait avec insistance « une retraite bien due à trente-deux ans de services effectifs, » pour n'avoir pas « le désagrément.... d'être commandé par un de ses cadets [2]. »

D'ailleurs, quelque activité qu'il déployât, Clausel ne pouvait suffire à tout. Au milieu de mai, il n'avait encore pu aller visiter la 10ᵉ division militaire et reconnaître par lui-même la situation dans les Pyrénées orientales ; et cependant il se rendait compte de l'importance qu'il y aurait à le faire : « Les Espagnols semblent vouloir porter la majeure partie de leurs forces vers les Pyrénées orientales ; il ne sera point possible de leur défendre l'entrée du Roussillon, ayant plusieurs passages dans cette saison

1. Davout, *Correspond.*, 1688 (10 mai). Arch. guerre. Rey à Thouvenot, 13 avril ; Clausel à Thouvenot, 17 avril ; le même au ministre, 21 avril, 11 mai ; ordre du jour de Clausel, 19 mai ; d'Armagnac à Thouvenot, 24 mai. Décrets du 19 avril sur les volontaires royaux ; du 26 mai sur les hommes de couleur ; du 9 juin sur les chasseurs des Pyrénées.

2. Arch. guerre. Mathieu au ministre, 20 mai.

pour franchir les Pyrénées dans cette partie, surtout un pour l'artillerie, celui du col de Porteil, près Bellegarde [1]. »

C'est cette considération sans doute qui amena l'Empereur à diviser le commandement sur cette frontière comme il avait été amené à le diviser sur le Rhin et sur les Alpes. Dès le 3 mai, Davout attirait son attention sur ce point : « Le commandement du général Clausel ne peut se faire sentir à Perpignan en raison du grand éloignement. Le système de guerre est tout à fait différent. Je propose à Votre Majesté de donner le commandement du corps de Perpignan au général Duhesme. Ce général a une grande valeur communicative ; il est connu et redouté des Espagnols.... Le général Clausel et lui seraient très utiles, ayant une grande influence sur les Basques [2]. » Mais une conversation avec Darricau, qui revenait de Perpignan, le fit changer d'avis. Et ce ne fut qu'à la fin de mai qu'on reprit cette idée. Le 28, Davout faisait un rapport à l'Empereur, qui avait approuvé le partage de la frontière des Pyrénées en deux commandements, dont l'un comprendrait les 9e [3] et 10e divisions militaires, et l'autre les 11e et 20e. Dans la nouvelle organisation, le corps des Pyrénées orientales comprit la 27e division d'infanterie, commandée par le général Fressinet, et comprenant : 1re brigade, le 60e de ligne, commandé par Charras ; 2e brigade, les 79e et 81e, sous le commandement de Dauture ; le 15e chasseurs sous les ordres du général Guyon ; une division de réserve formée par douze bataillons de gardes nationales dans les places ; autant de bataillons de chasseurs de montagne qu'on en pourrait former ; enfin trois batteries d'artillerie à pied.

1. Arch. guerre. Clausel au ministre, 9 mai.
2. *Correspondance*, 1663, à l'Empereur.
3. Et non 8e, comme le dit par erreur M. Houssaye, *1815*, t. II, p. 64.

Le corps des Pyrénées occidentales, qui demeurait confié à Clausel, avait la 26e division d'infanterie sous les ordres du général Harispe et des généraux Beauvais (1re brigade, 3e léger) et Bagnetis (2e brigade, 66e et 94e). Le 5e chasseurs formait la cavalerie, aux ordres du général Cavrois. Seize bataillons de gardes nationales garderaient les places, tandis que douze formeraient une division de réserve ; trois batteries d'artillerie à pied seraient à la disposition du corps, et l'on organiserait autant de bataillons de chasseurs des Pyrénées qu'il serait possible [1].

A côté des motifs militaires, une considération politique dicta peut-être aussi la mesure prise ainsi *in extremis*. Car dans les instructions qu'il donnait au général Decaen, appelé à ce commandement, Davout lui disait : « Rappelez sans cesse aux généraux et fonctionnaires publics dans l'étendue de votre commandement que lorsqu'il s'agit de la sûreté de l'État et du maintien de la tranquillité publique, tout acte de faiblesse est répréhensible, et la sévérité dans l'emploi des moyens de répression un devoir. Donnez-leur l'impulsion autant par vos exemples que par vos avertissements [2]. » Decaen, qui à Bordeaux avait montré tant d'empressement auprès de la duchesse d'Angoulême, eut moins de scrupules que Clausel, et l'on sait quelle violence il mit dans ses proclamations contre les Bourbons.

1. Arch. guerre. Rapport de Davout à l'Empereur, 28 mai.
2. Arch. guerre. Le ministre à Decaen, 29 et 31 mai.

CHAPITRE XII

ARMÉE DE LA MOSELLE

La 3e division militaire avait été l'une de celles où le retour de l'Empereur avait été accueilli avec le plus d'enthousiasme : troupes et population se trouvaient en parfait accord de sentiments ; et ce n'est pas à Metz que les grenadiers de la garde auraient pu désapprendre l'affection envers Napoléon et l'amour de leurs aigles. Les vains efforts d'Oudinot et du préfet, M. de Vaublanc, pour maintenir cette place dans l'obéissance au roi, n'avaient fait que fournir l'occasion d'éclater plus vivement à l'enthousiasme impérialiste ; comme à Thionville, le général Curto s'était vu menacé d'être jeté par ses soldats dans la Moselle.

L'Empereur pouvait donc espérer que la défense s'organiserait aisément dans la région où devait se former l'armée de la Moselle. Placée à l'une des extrémités de la France, cette armée faisait face à la fois aux Pays-Bas, où elle surveillait le Luxembourg, et à l'Allemagne, qu'elle côtoyait jusqu'aux Vosges. C'est à un enfant de la Lorraine que Napoléon confia la direction de l'armée dans ces pays lorrains. Le comte Maurice-Étienne Gérard, que dans l'organisation du 26 mars l'Empereur mit à la tête du

4e corps d'observation, était en effet né à Damvilliers en 1773. Général de brigade à trente-trois ans, l'éclat de ses services en Allemagne et en Russie le désigna à moins de quarante ans pour prendre le commandement d'une division ; et il n'avait qu'un an de ce nouveau grade quand l'Empereur, qui appréciait son mérite, lui confia tout un corps, le 11e. Dans la campagne de France, il avait été l'un des meilleurs auxiliaires de Napoléon. Appelé par le Roi à une inspection générale, à Strasbourg, il avait accepté de Suchet le commandement du camp de Belfort, lors de la descente en France de Napoléon. Celui-ci ne mit néanmoins pas en doute sa fidélité et ne songea pas à se priver de ses brillants services.

L'un des premiers devoirs de Gérard, dans son nouveau commandement, était de surveiller les frontières, d'épier les mouvements des troupes ennemies, de se rendre compte de la situation du pays. Les sentiments des populations n'étaient pas violemment hostiles aux Français. « Vingt années de séjour chez nous, disaient les Mayençais, avaient pu nous indisposer contre les Français, mais pour nous les faire regretter, il a suffi d'une année du régime prussien [1]. » Un espion français, arrêté par les Prussiens, déclarait parmi ses complices, partisans de la France, l'archevêque même de Trèves [2]. Les réquisitions et les impositions, dont on accablait les habitants, ne pouvaient que les exciter contre les alliés : l'organisation du landsturm et de la landwehr, la menace d'une amende contre quiconque ne se serait pas muni d'une pique dans les huit jours, l'arrestation des habitants qu'on soupçonnait

1. Arch. guerre. Gérard au ministre, 14 avril.
2. Arch. guerre. Gérard au ministre, 4 mai.

d'attachement pour la France, l'interdiction de s'entretenir même de la guerre, l'ouverture des courriers venant de France, toutes ces mesures vexatoires exaspéraient la population, qui attendait avec impatience l'arrivée des Français comme une délivrance. Les soldats qui avaient autrefois servi dans les régiments français et que l'on sommait de quitter leurs foyers pour reprendre du service dans les corps alliés faisaient la sourde oreille ; beaucoup aimaient mieux se rendre à l'invitation de rentrer en France que leur faisaient connaître les avis répandus sur la frontière et dont Gérard fit distribuer à lui seul deux milliers. Dans les troupes mêmes des alliés, on trouvait des officiers pour dire que « si la guerre avait lieu, ils se joindraient aux Français pour faire danser les Prussiens [1]. »

Aussi les alliés prenaient-ils les mesures les plus sévères pour empêcher les personnes ou les nouvelles venant de France de passer la frontière. On allait jusqu'à obliger de rentrer en France des Prussiennes qui voulaient regagner leur pays ; on les repoussait durement, on déchirait avec dépit les aigles impériales marquées sur leurs passeports [2].

Leurs troupes se concentraient près des places fortes et des grandes villes ; ils travaillaient à mettre les places en état, Mayence notamment, faisaient venir des renforts, formaient des magasins : ils étaient cantonnés à Perl, à Ettelbrück, à Diekirch, à Hombourg, à Deux-Ponts, à Bliescastel, à Pirmasens, près de Sarrelouis, à Trèves, etc. [3].

1. Arch. guerre. Gérard au ministre, 11, 12, 14, 16, 24, 26 avril, 4 mai.

2. Arch. guerre. Le même au même, 26 avril.

3. Arch. guerre. Le même au même, 12, 14, 24, 26, 28 avril, 3 mai ; le même à Vandamme, 28 avril.

L'un des premiers soins de Gérard fut de placer des troupes en surveillance à tous les débouchés de la frontière : à Bitche, le 1er bataillon du 64e de ligne ; à Forbach, le 2e bataillon du même régiment et deux escadrons du 4e dragons ; à Sarreguemines, un escadron du même corps ; à Saint-Avold, trois escadrons du 3e cuirassiers ; à Thionville, les deux premiers bataillons du 30e et le 1er du 80e ; à Boulay, le 1er bataillon du 55e ; à Sarrelouis, le 2e bataillon du même régiment, les deux premiers du 68e, et trois escadrons du 2e cuirassiers ; à Longwy, les deux premiers bataillons du 9e léger, les deux premiers du 90e de ligne et un détachement du 11e cuirassiers [1].

Puis il s'occupa de la mise en état des places et des moyens de défense à organiser partout. Le maréchal de camp Valazé fut chargé d'inspecter tous les postes militaires des 3e et 4e divisions [2]. Toul, Phalsbourg, Longwy, Thionville, Sarrebrück, Sarreguemines étaient mis en état. Mais si la frontière de Sierk à Sarreguemines apparaissait comme d'une défense facile, avec un pays coupé et boisé, plein de bonnes positions, la ligne entre Sarreguemines et Bitche offrait au contraire un libre accès [3] et semblait mériter une attention toute particulière. Le 11 mai, Gérard donnait mission au capitaine ingénieur géographe Chauvet de se rendre « sur-le-champ à Sarreguemines, afin de reconnaitre l'intervalle de pays compris entre cette ville et les Vosges », et « de déterminer une ligne sur laquelle on pourrait facilement établir des ouvrages qui gardassent les débouchés et servissent au besoin de refuge à nos partisans. Deux directions semblent mériter parti-

1. Arch. guerre. Rapport du ministre à l'Empereur, 12 avril.
2. Arch. guerre. Gérard au ministre, 21 avril.
3. Ibid.

culièrement l'attention : 1° la route de Sarreguemines à Bitche par Rohrbach ; 2° celle qui remonte la Sarre jusqu'à trois lieues de Sarreguemines, puis de là suit jusqu'à la crête des Vosges la petite rivière passant près Lauvens [1]. » Chauvet devait notamment s'occuper d'embarrasser et de rendre aussi peu praticables que possible les nombreux gués de la Saar [2]. Le général Valazé partait pour Saint-Dié, d'où il devait surveiller la mise en état de défense des Vosges ; un officier du génie partait pour l'Argonne, où il devait s'entendre avec le général envoyé par Vandamme pour fortifier tous les passages de la forêt [3].

Le 23 mai, l'ingénieur en chef Mengin présentait un rapport sur les ouvrages à faire pour la défense du département de la Meurthe [4]. Entre Épinal et Phalsbourg d'une part, Phalsbourg et Bitche d'autre part, la défense leur semblait aisée, l'accès étant rendu difficile par les montagnes couvertes de forêts qui courent entre ces places. Mais la ligne de Bitche à Metz par Sarreguemines et Forbach devenait vulnérable dès que l'armée de la Moselle se replierait à gauche de Metz ; et l'on ne pouvait songer dans ce cas qu'à arrêter non un corps d'armée, mais des partis, et à empêcher un coup de main. Il fallait pour cela établir des retranchements, abatis et chevaux de frise sur six points : à Fénétrange, sur la route de Nancy à Landau ; à Altroff, sur la route de Dieuze à Saint-Avold ; à Morchange, sur la route de Château-Salins à Sarreguemines ; à Barouville, sur la route de Château-Salins à Saint-Avold ;

1. Arch. guerre. Marion à Chauvet, 11 mai.
2. Arch. guerre. Gérard au ministre, 11 mai.
3. Ibid.
4. Arch. guerre.

à Delme, sur la route de Château-Salins à Metz; enfin à Dombasle, sur la route de Lunéville. Pour la défense du département sur la rive gauche de la Seille, l'ingénieur indiquait comme moyen naturel la levée des portières de l'étang de l'Indre. Quant aux villes du département, n'étant point fortifiées, l'on ne pouvait guère songer qu'à en retarder l'occupation. Pour Nancy, il fallait établir des retranchements ou des têtes de pont, au pont d'Essey, au pont de Malzéville en aval du précédent, au pont de Bouxières à une lieue et demie de Nancy, au pont de Frouard à deux lieues de cette ville.

En même temps qu'on s'occupait aux travaux de défense, on dressait, pour l'usage de l'Empereur qui avait demandé ce travail d'urgence [1], une reconnaissance de toute la ligne des Vosges, de Bitche à Belfort, avec des croquis de détail et des profils.

L'Empereur, en effet, s'intéressait directement aux opérations de défense sur cette frontière. L'un des trois comités de défense qu'il avait établis le 10 avril [2] avait précisément pour objet d'étudier avec « la plus grande urgence » la ligne des Vosges. A la tête de ce comité, il avait mis le lieutenant général du génie Marescot, que dix jours après il désignait comme devant faire aussi partie du comité central [3]. Marescot fut mis en même temps à la tête de l'état-major du génie de l'armée de la Moselle. Et l'importance que l'Empereur attribuait aux travaux de défense sur cette partie du territoire est indiquée par ce simple choix : Marescot était, en effet, un de nos meilleurs

1. Arch. guerre. Extrait par Marion d'une lettre de Dejean, président du comité de défense, 24 mai; Gérard à Chauvet, 27 mai.

2. *Correspondance*, 21787.

3. *Ibid.*, 21828.

officiers du génie ; ses talents lui avaient conquis à trente-six ans, en 1794, le grade de général de division, et Napoléon lui avait témoigné la plus grande confiance, en le chargeant des plus hautes missions : commandant du corps du génie et de l'administration des fortifications, commandant général du génie à tous les camps assemblés pour l'expédition d'Angleterre. Il est vrai que la part qu'il prit à la malheureuse capitulation de Baylen (1808) l'avait fait tomber dans une disgrâce dont ne l'avait tiré que l'entrée du roi à Paris. Mais cette disgrâce n'avait point fait perdre à l'Empereur l'estime de ses talents, puisqu'il s'était appliqué, dès son retour, à se l'attacher sans se laisser arrêter par ses résistances, et sans le rendre responsable des menées royalistes de son frère dans le Vendômois. Marescot avait avec lui, à l'état-major du génie, le colonel Marion, les chefs de bataillon La Beaumelle, Morlet et le lieutenant Blevec. Les trois divisions du génie de l'armée de la Moselle étaient commandées par les capitaines Boulangé (12e), Théodore Morlaincourt (13e) et Monmartin (14e) [1].

A la fin de mai, les travaux de défense étaient assez avancés pour que Gérard pût écrire à Vandamme : « Les places des 3e et 4e divisions militaires sont réparées, armées et approvisionnées. Tous les défilés, et notamment ceux des Vosges, sont fortifiés [2]. » Les travaux furent poursuivis dans le courant de juin ; pour arrêter les mesures à prendre, Gérard avait établi dans les départements qui composaient son commandement des conseils de défense, où le préfet avait sa place à côté des autorités militaires. On trouvera dans nos pièces justificatives [3] le procès-ver-

1. Arch. guerre. État des officiers compris dans l'organisation du génie, juin 1815.
2. Arch. guerre. Gérard à Vandamme, 2 juin.
3. Pièce n° 23.

bal des délibérations tenues les 3 et 6 juin par le conseil du département de la Meurthe.

Le maréchal de camp Raoul, dans un rapport sur les ouvrages de défense du département des Vosges, daté du 6 juin [1], témoigne aussi de l'activité apportée dans la mise en état de tous les points susceptibles d'être défendus; les ouvrages des Vosges étaient capables de contenir vingt mille hommes. Raoul n'avait point d'argent pour payer les directeurs, conducteurs et chefs d'ateliers; et ces braves gens continuaient leurs travaux sans murmurer, soutenus par l'enthousiasme général : « Le dévouement des habitants des Vosges à la patrie et à l'Empereur mérite tous les éloges; ils en donnent journellement des preuves, les uns par l'empressement à se rendre aux postes d'honneur, les autres par le zèle et l'activité dans les travaux de défense, qu'ils construisent avec la plus grande gaieté et aux cris de vive l'Empereur [2] ! »

Le même zèle, les mêmes sentiments pour Napoléon et pour la France se retrouvaient dans les autres parties du commandement de Gérard. « La seule récompense que désire le département de la Moselle, télégraphiait, le 21 mai, le préfet de ce département, en louant le zèle déployé par les habitants, est la satisfaction de l'Empereur [3]. »

C'est ce zèle qui permit aux opérations d'approvisionnement et d'équipement de s'exécuter avec une remarquable promptitude. D'ailleurs, Gérard trouvait dans les préfets des trois départements des Vosges, de la Meurthe et de la Moselle les auxiliaires les plus dévoués. Ladoucette,

1. Arch. guerre.
2. Ibid.
3. Arch. guerre. Préfet Moselle au ministre, 21 mai.

nommé préfet de la Moselle dès le 28 mars [1], renommé dans le grand décret du 6 avril [2], avait servi trop longtemps l'Empereur, soit à la préfecture des Hautes-Alpes, soit à celle de la Roer, pour que l'on pût mettre en doute son dévouement. Le Normand Cahouet, ancien capitaine d'artillerie, dont Napoléon avait éprouvé la fidélité comme préfet de la Haute-Loire et qui, sous la première Restauration, était demeuré dans la retraite, apportait à Épinal [3] une ardeur qui ne pouvait que réchauffer celle de la population; c'était bien sa devise qu'il faisait broder par les dames d'Épinal sur le drapeau remis en grande pompe, le 7 juin, au 1er bataillon de gardes nationales des Vosges : Amour et fidélité à l'Empereur ! Bouvier-Dumolard, que la confiance de Napoléon appelait, dès le 25 mars, à la préfecture de la Meurthe [4], n'était pas moins zélé, et ses services antérieurs, notamment dans l'organisation des États vénitiens et dans les préfectures du Finistère et du Tarn, étaient des garants de ses talents.

Dès le 4 avril, Gérard pouvait écrire au ministre [5] : « Quant à l'approvisionnement en vivres, Votre Excellence n'a donné des ordres au préfet (de la Meurthe) que pour les grains, la viande et les fourrages ; il est déjà en mesure pour les grains, parce qu'il existait encore des magasins formés pour les alliés et dont il s'est emparé. Il serait à désirer, ajoutait-il, que Votre Excellence donnât des ordres pour compléter l'approvisionnement des places de guerre en vins, eaux-de-vie, salaisons, médicaments, etc.

1. *Bulletin des lois*, 2e trimestre 1815, no 52, p. 47.
2. *Ibid.*, no 83, p. 84.
3. *Ibid.*, décret du 6 avril, p. 85.
4. *Ibid.*, no 45, p. 40. — Cf., p. 84, le décret du 6 avril.
5. Arch. guerre. Gérard au ministre, 4 avril.

J'ai recommandé au préfet de la Meurthe de faire les dispositions préparatoires, pour être prêt à exécuter avec célérité les ordres qu'il peut recevoir à ce sujet. »

Il y avait des difficultés et des retards cependant pour l'organisation des batteries d'artillerie et pour l'habillement des troupes [1]; mais le dévouement des habitants, particulièrement dans la Moselle, accéléra la livraison des fournitures nécessaires. D'ailleurs, Davout, en ordonnant au préfet de Metz de faire les réquisitions nécessaires, soit en payant ce qu'il prenait, soit en faisant faire des procès-verbaux estimatifs, avait bien soin de rassurer les propriétaires des marchandises : « Cette dette sera sacrée; ces fournitures leur seront remboursées, le gouvernement et l'honneur national en sont garants [2]. » On trouvera dans nos pièces justificatives [3], à titre de spécimen, l'état, au 9 mai, de l'approvisionnement de siège pour les places de Thionville, Longwy, Sarrelouis, Bitche et Metz. Le 21 du même mois, Ladoucette télégraphiait au ministre [4] : « Les approvisionnements de trois mois pour les places fortes de la division ont été faits très rapidement par le seul département de la Moselle. Les versements ont été commencés pour les porter à six mois; ils doivent être terminés avant le 1er juin. L'habillement et l'équipement des 3e et 4e bataillons de la ligne vont avec une grande célérité. Ils sont presque entièrement finis pour les 1er et 2e bataillons des gardes nationales d'élite. Les versements pour les douze autres doivent commencer demain et continueront vivement. Les armes se réparent. »

1. Arch. guerre. Gérard au ministre, 30 avril; le même à Lanusse, 5 mai.
2. Arch. guerre (donation Davout). Ministre au préfet de Metz.
3. N° 24.
4. Arch. guerre. Préfet Moselle au ministre.

Dans la Meurthe, malgré le zèle de Bouvier-Dumolard, en dépit des ordres sévères donnés par lui aux sous-préfets, l'approvisionnement allait plus lentement, en partie par suite du manque de fonds pour payer les fournitures; le 1er juin, Phalsbourg et Marsal étaient encore dénués des provisions nécessaires [1]. Mais, malgré ces retards, malgré ceux qui se produisaient même pour des places bien montées, comme Bitche, par exemple, dont le commandant se plaignait de manquer, pour l'hôpital, d'ustensiles que le département ne pouvait fournir, et même de provisions de pruneaux, cassonade, miel, huile, savon, médicaments divers [2], l'état général de l'approvisionnement dans la 4e division était satisfaisant, et les efforts faits par le concours des autorités et de la population tout à fait méritoires.

Mais ce n'est pas seulement dans l'organisation du matériel que se manifestait l'ardeur patriotique de ces départements modèles; les habitants ne payaient pas seulement de leur bourse et de leur fortune, mais de leurs propres personnes. Non seulement l'organisation des gardes nationales marchait rapidement, mais l'on s'offrait en masse pour former des corps francs.

C'est le 22 avril que l'Empereur prit un décret pour décider l'organisation de corps francs dans les départements frontières [3]. Trois jours après, le ministre en donnait avis à Gérard [4], en le priant de hâter l'exécution de la mesure dans sa circonscription, parce que, « dans les

1. Arch. guerre. L'ordonnateur au lieutenant général baron Gérard, commandant la 4e division à Nancy, 2 juin.

2. Arch. guerre. Le maréchal de camp commandant à Bitche, au ministre, 2 juin.

3. *Correspondance*, 21831.

4. Arch. guerre. Ministre à Gérard, 25 avril.

circonstances, vingt-quatre heures de gagnées.... font beaucoup. » Gérard se mit aussitôt à l'œuvre : « J'ai fait jusqu'à présent, écrivait-il le 6 mai, tout ce qui a dépendu de moi pour accélérer l'organisation de ces corps ; dès qu'elle sera terminée, j'adresserai à leurs chefs des instructions qui rentreront dans le système général de défense adopté par Sa Majesté [1]. » Cinq jours après, il donnait d'excellentes nouvelles de la formation des corps francs dans la Moselle, où le colonel Jung avait enrôlé déjà plusieurs centaines d'hommes [2].

Mais l'organisation de ces compagnies franches causait des difficultés d'ordre divers. Les chefs de partisans demandaient à réunir leurs hommes et à recevoir des vivres de campagne. Le décret du 22 avril ne leur accordait ces vivres qu'au moment de la guerre. Cependant, sur la requête de Gérard, Davout donna son acquiescement à cette mesure : « Mais alors, disait-il justement au commandant en chef de l'armée de la Moselle, il faut que vous en fassiez passer une revue sévère et dresser un état nominatif de tous les individus armés, mon intention étant que ceux-là seuls touchent les vivres de campagne, comme aussi ceux de cavalerie montés, armés et équipés, auront seuls droit aux fourrages [3]. » Pour éviter que les chefs de corps francs n'en imposassent et ne reçussent des vivres pour des hommes qui ne servaient pas en réalité, Davout prescrivait encore à Gérard de les prévenir qu'il ferait faire des revues à l'improviste soit par les sous-préfets, soit par des officiers commissionnés à cet effet. C'est que, alors comme toujours, il se rencontrait des misérables prêts à

1. Arch. guerre. Gérard au ministre, 6 mai.
2. Arch. guerre. Le même au même, 11 mai.
3. Arch. guerre. Le ministre à Gérard, 13 mai.

spéculer sur les besoins de la patrie. Tel est le cas d'un sieur Boutay ou Boutet [1], fils d'un huissier de Sarreguemines, qui, lors de l'invasion de 1814, avait reçu du duc de Valmy, par on ne sait quelles intrigues, l'autorisation de lever un corps franc, avait gaspillé en orgies les 12,000 fr. reçus pour cet objet et s'était rendu à Bitche en uniforme de colonel pour y ramasser une quarantaine de brigands avec lesquels il avait pillé quelques villages. On l'accusait même d'avoir donné à l'ennemi des renseignements sur la marche et la force de nos armées. Comme le vautour qu'attirent les cadavres, le misérable, au premier bruit de l'invasion menaçante sur nos frontières, s'était précipité hors de sa retraite et avait couru à Paris. Quelles influences lui avaient valu deux audiences de l'Empereur? par quel privilège avait-il obtenu du souverain et la décoration de la Légion d'honneur et la confirmation de son titre de chef de partisans? Sans doute il avait fait miroiter aux yeux de Napoléon, comme il le faisait le 6 mai dans une lettre à Gérard, le tableau des services que pourrait rendre son corps qui stationnerait à Bitche, d'où il pourrait, selon les besoins, inquiéter Pirmasens, Hombourg, Bliescastel, voler au secours de Sarrebrück, Sarrelouis, Metz, Phalsbourg, harceler l'ennemi et surprendre ses convois. Mais la nouvelle qu'il allait reparaître excitait dans toute la contrée un *tolle* général, et Davout, informé de sa conduite passée, donnait ordre à Gérard de lui refuser toute commission et de dissoudre les corps qu'il aurait pu former [2].

Un autre inconvénient des corps francs était que leurs

1. Il signe de la première façon, le ministre donne à son nom la seconde forme.

2. Arch. guerre. Boutay à Gérard, 6 mai; ministre au même, 16 mai.

chefs entraient parfois en conflit avec ceux de l'armée régulière. C'est ainsi que dans la Meurthe le colonel Viriot se plaignait d'avoir été mis sous les ordres du général Thiry, qui de son côté trouvait trop étendus les pouvoirs du colonel; et comme Thiry élevait des soupçons sur la moralité de quelques-uns des officiers de Viriot, Davout recommandait à Gérard de faire effacer des contrôles « tous les officiers dont le caractère et la moralité ne donneraient pas une garantie suffisante de leur conduite en temps de guerre [1]. »

Nous avons déjà dit que l'organisation des gardes nationales se fit assez rapidement. Leur esprit bonapartiste les avait rendues suspectes sous la monarchie, et depuis un an elles ne faisaient plus de service [2]. Le 30 avril, Gérard pouvait annoncer comme à peu près terminée l'organisation de ces troupes dans la Moselle; il demandait l'autorisation d'en placer les bataillons actifs dans les places fortes des arrondissements qui les avaient formés : « L'excellent esprit qui les anime motive au plus haut degré cette marque de confiance qu'ils sauront apprécier [3]. » Le 21 mai, il y avait dans la Moselle cinq mille cinq cents gardes nationaux dans les rangs, et l'on pouvait prévoir que leur organisation serait complétée dans les huit jours [4].

Bien que l'esprit des gardes nationales de la circonscription fût en général excellent, on relevait de ci de là quelques symptômes contraires. L'on était obligé de changer les bataillons auxquels on avait d'abord confié la

1. Arch. guerre. Ministre à Gérard, 23 mai. Sur Viriot, cf. *Corresp. de Davout*, 1628.
2. Arch. guerre. Gérard au ministre, 4 avril.
3. Arch. guerre. Gérard au ministre, 30 avril.
4. Arch. guerre. Préfet de Metz au ministre, 21 mai.

garde de Longwy [1], et l'on n'avait pas, par crainte de désertion, fait quitter Metz aux deux bataillons fournis et habillés par cette place [2].

Maintenir le bon esprit dans ces corps était d'autant plus important qu'ils étaient destinés à remplacer partout les troupes de ligne appelées à rejoindre à la frontière l'armée du Nord. Bien que l'intention première de l'Empereur eût été de laisser au 4e corps les 3es bataillons avec la garde nationale [3], cette mesure n'était que transitoire. Dans le décret du 30 avril [4], il est spécifié qu'il ne restera dans les places que les gardes nationales. Les dépôts devaient y rester provisoirement jusqu'à la déclaration de guerre [5]; l'Empereur, on le sait, trouvait déplorable de changer, sans une nécessité absolue, les dépôts de place.

Le corps de Gérard devait comprendre, dans l'organisation du 30 mars [6], trois divisions d'infanterie (les 12e, 13e et 14e), chacune de quatre régiments, une batterie d'artillerie à pied et une division de cavalerie (la 7e), composée de quatre régiments de dragons et d'une batterie d'artillerie à cheval. Mais l'Empereur ne tarda pas à regarder cette cavalerie comme insuffisante. Le 2 avril, il donnait ordre à Davout d'y joindre le 1er, le 4e et le 6e hussards, ainsi que le 8e chasseurs, en même temps que le 4e, le 6e, le 10e et le 13e dragons formeraient à Metz une nouvelle division de réserve. Ce qui donnait au 4e corps

1. Arch. guerre. Gérard à Lanusse, 25 mai.
2. Arch. guerre. Gérard à Soult, 27 mai.
3. *Correspondance*, 21723.
4. *Ibid.*, 21855.
5. *Ibid.*, 21879. L'Empereur à Davout, 9 mai.
6. *Ibid.*, 21747.

trois divisions d'infanterie et une de cavalerie et trois divisions de cavalerie de réserve [1].

« L'état des députations que les différents corps de l'armée devront envoyer à Paris pour l'assemblée du Champ de Mai [2] » nous donne la composition du 4e corps à la date du 1er mai. Il comprenait en infanterie le 9e léger, les 30e, 55e, 59e, 80e, 90e, ainsi que les deux premiers bataillons des 41e, 45e, 46e, 64e, 67e, 68e de ligne; la cavalerie se composait des 1er et 6e hussards, celui-ci à trois escadrons, des trois premiers escadrons du 8e chasseurs; du 1er escadron des 1er et 2e carabiniers, des trois premiers escadrons des 2e et 3e cuirassiers, des 4e, 5e, 6e, 10e et 11e dragons, du 8e cuirassiers, du 1er dragons et d'un escadron du 11e cuirassiers.

Gérard concentra à Metz les dépôts, épars à Longwy, Thionville et Sarrelouis, du 9e léger, et des 30e et 55e, 80e et 90e de ligne [3]. Il chargeait le lieutenant général baron Antoine-Alexandre Rousseau de la surveillance des dépôts, avec deux officiers supérieurs, afin de faire envoyer aux bataillons de guerre le plus de monde possible. Le général Berruyer recevait une mission semblable pour la cavalerie [4]. Le 15 mai, il donnait au général Lanusse, commandant la troisième division militaire à Metz, l'indication des lieux où devaient se retirer les dépôts en cas d'ouverture des hostilités : celui du 30e de ligne à Château-Thierry; celui du 59e (ancien 55e) à Brienne; celui du 96e (auparavant 80e) à Sézanne; celui du 111e (ancien 90e) et celui du 9e léger à Arcis-sur-Aube; les dépôts d'artillerie à Châlons-

1. *Correspondance*, 21757.
2. Arch. guerre.
3. Arch. guerre. Gérard au ministre, 1er mai.
4. Arch. guerre. Gérard au ministre, 11 mai.

sur-Marne; il ne resterait à Metz que les dépôts du 4e et du 63e (ancien 59e) de ligne [1].

Le 19 mai, Gérard faisait connaître au ministre [2] les mesures prises par lui pour cantonner autour de Thionville la plus grande partie des troupes de l'armée de la Moselle: la 11e division d'infanterie (30e, 96e et 63e de ligne), forte de six bataillons, auxquels devait se joindre une batterie d'artillerie à pied, cantonnait près de Thionville, sous les ordres du lieutenant général Pécheux. La brigade Toussaint, de la 14e division, devait se porter à Fontoy, sous les ordres de Bourmont, avec une batterie d'artillerie à cheval. Le lieutenant général Vichery, avec sa division, restait chargé de la surveillance de la ligne de la Sarre. La 5e division de cavalerie de réserve, sous les ordres de Jacquinot, devait prendre part au mouvement et cantonner sur la route de Metz à Thionville.

Le 20 mai, Davout faisait donner ordre à Gérard de s'arranger pour être prêt avec tout son corps le 5 juin au plus tard et placé en avant de Thionville et de Longwy, hors des places [3]. En conséquence, le 25 mai, Gérard donnait des instructions à Lanusse pour organiser le service des avant-postes sur la frontière au moyen des gardes nationales: deux bataillons d'élite devaient se porter à Forbach, occuper le faubourg Saint-Jean de Sarrebrück et Sarreguemines. A cette division seraient attachées deux pièces de canon. L'on en donnerait autant à deux autres colonnes qui occuperaient Thionville et Longwy et couvriraient les débouchés de Sierk, Rodemack, Thiercelet [4].

1. Arch. guerre. Gérard à Lanusse, 15 mai.

2. Arch. guerre. Gérard au ministre, 19 mai; ordre de mouvement, adressé à Lanusse, 19 mai.

3. Arch. guerre. Ordre du 20 mai; Davout à Gérard, 23 mai.

4. Arch. guerre. Gérard à Lanusse, 25 mai; Gérard à Soult, 27 mai.

Le 3 juin, Davout notifiait à Gérard la nouvelle organisation de la cavalerie; l'armée de la Moselle n'avait plus qu'une division, qui prenait le n° 6 et dont la première brigade comprenait le 6e hussards et le 8e chasseurs, et la seconde, le 6e et le 16e dragons. Les deux autres régiments de la 5e division de réserve étaient destinés, l'un, le 11e dragons, à l'armée du Rhin, l'autre, le 15e dragons, à former à Guise la 9e division de cavalerie. L'on confiait le commandement de la division au général Maurin, qui avait sous ses ordres pour chaque brigade les généraux Vallin et Berruyer. Jacquinot quittait l'armée de la Moselle pour aller prendre le commandement de la première division de cavalerie attachée au 1er corps de l'armée du Nord [1].

Le 7 juin [2], Gérard recevait un ordre de marche pour se diriger sur Rocroy, et le général Rouyer, avec la 2e division de réserve de gardes nationales, devait relever sur la ligne de la Moselle l'armée de Gérard. Gérard devait tout faire pour cacher son mouvement à l'ennemi. Chaque homme recevait quatre jours de pain et un demi-litre de riz. Le gros de la division Rouyer devait se tenir en colonne entre Thionville et Metz, pour soutenir et protéger les postes et détachements sur la ligne; si l'ennemi dépassait la frontière et que Rouyer ne pût avoir l'espoir de le repousser, il devait s'appuyer sur Metz et manœuvrer dans la direction des Vosges pour soutenir la gauche de l'armée du Rhin.

Le 7 juin, à la réception de la lettre du ministre, Gérard prenait toutes ses mesures pour que du 13 au 16 arri-

1. Arch. guerre. Le ministre à Gérard, 3 juin ; Soult à Gérard, 3 juin; Gérard au ministre, 5 juin.

2. Arch. guerre. Le ministre à Gérard, 5 juin; instructions et ordres de l'Empereur à Rouyer et à Lanusse, 5 juin.

vassent à Rocroy ses trois divisions d'infanterie, son quartier général, les parcs d'artillerie et du génie, les ambulances et équipages et la 6e division de cavalerie. Lui-même s'arrangeait pour y être rendu le 12 [1]. Le 8 il donnait ses dernières instructions au général Lanusse, qui restait chargé de la défense, lui intimant notamment l'ordre de faire rentrer dans les places fortes tous les moyens de passage qui existaient sur les rivières.

Il pouvait quitter le pays avec confiance, le laissant à la garde de citoyens énergiques et dévoués, prêts à suppléer par l'enthousiasme patriotique à ce qui leur manquait d'expérience et d'habitude de la guerre.

1. Arch. guerre. Gérard au ministre, 7 juin.

CHAPITRE XIII

ARMÉE DU NORD

Le gros souci de l'Empereur dans ses préparatifs militaires, ce fut la frontière du Nord. S'il semble demeurer sourd aux appels des généraux à qui il a confié le soin de la défense à l'Est et au Midi, s'il est comme insensible à leurs instances et à leurs cris de détresse, ce n'est pas qu'il se désintéresse en réalité de leur situation difficile, ce n'est pas qu'il manque à leur égard de sollicitude, c'est que, pour lui, l'effort principal de la lutte qui menace de s'engager entre la France et l'Europe doit porter sur la frontière septentrionale : « Le plus grand malheur que nous ayons à craindre, s'écrie-t-il le 12 mai, c'est d'être trop faibles du côté du Nord et d'éprouver d'abord un échec [1]. »

Sans doute, l'on peut dire, avec M. Houssaye [2], que l'Empereur conserva l'espoir de la paix avec une certaine ténacité ; l'on doit reconnaître que ce n'est que vers le milieu de mai qu'il arrêta son plan de campagne. Mais il ne faudrait pas exagérer. Si Napoléon ne se décida qu'assez

1. *Correspondance*, 21896.
2. *1815*, t. II, p. 88.

tard à prendre l'offensive, il s'attendait à une attaque des ennemis. Toutes ses mesures sont prises en vue d'une invasion possible, et il suffit de parcourir sa correspondance pour voir cette pensée de l'invasion. Mais, défensive ou offensive, il était décidé, dès avant la fin d'avril, à diriger personnellement les opérations sur la frontière du Nord. Il sentait d'instinct que c'était de ce côté que se jouerait la partie principale. Le 27 avril il écrivait à Davout : « Je désire avoir l'état de situation des divisions qui composent les 1er, 2e, 3e et 6e corps; c'est avec cette armée (hormis la division de Belfort) que j'agirai. J'y réunirai ma garde et je parviendrai à avoir dans mes mains une force mobile de quatre-vingt mille hommes. L'armée du Nord sera la principale armée; c'est donc sur celle-là que vous devez porter toute votre attention [1]. » Et trois jours après il notifiait à son ministre qu'il se réservait le commandement en chef de cette armée [2].

La présence même à Gand de Louis XVIII, les sympathies

1. Dans la *Correspondance de Napoléon*, 21733, cette lettre est datée du 27 mars, mais cette date est absolument inadmissible pour plusieurs raisons : 1° le corps de Lobau, ou corps de réserve, est appelé 6e corps; or, la veille, dans le décret du 26 mars, il porte le n° 8, et ce n'est que plus tard que la transformation se fait; 2° le lieu indiqué pour la concentration de ce corps est Laon, alors que le 15 avril encore (Arch. guerre, ordre du jour de Lobau), c'était Paris; 3° il est fait mention du corps d'observation du Jura sous Lecourbe ; et ce n'est qu'au milieu d'avril que les autres documents nous permettent de fixer la nomination de ce général ; 4° il est question des instructions à donner à Reille et à d'Erlon d'avoir à se retirer derrière la Sambre en cas d'événements imprévus; or, le 27 mars, d'Erlon était à peine installé dans son commandement (*Correspondance*, 21734), et ce n'est que vers la fin d'avril qu'il est question par ailleurs du mouvement de retraite derrière la Sambre; de même Reille était encore en marche vers la Flandre; 5° Vandamme est désigné comme commandant du 3e corps, et ce n'est que le 19 avril, comme on le verra un peu plus loin, que Davout en proposa la nomination à l'Empereur. Mais en rejetant la date de mois, certainement fausse, nous croyons pouvoir conserver le quantième, que rien ne vient contredire.

2. *Correspondance*, 21861 ; Arch. guerre. Le ministre à Vandamme, 1er mai.

que témoignait au prince une partie de nos provinces septentrionales et les intelligences qu'il y entretenait ne pouvaient que confirmer l'Empereur dans la pensée que le principal effort de la guerre serait au nord, et qu'un échec de ce côté serait particulièrement désastreux.

Lorsque le Roi sortit de France, le projet de faire occuper Dunkerque par sa maison militaire ne put être exécuté [1], mais les royalistes conservèrent quelque temps l'espoir de pénétrer dans cette place et de s'y établir. Le 5 avril, le comte de Castéjas recevait l'ordre du Roi de se rendre à Furnes « pour chercher à établir des rapports avec les villes de Dunkerque, Calais et autres communes, situées dans les départements du Nord et du Pas-de-Calais.... et de s'y procurer, s'il est possible, les moyens de pénétrer sur le territoire français en y obtenant un poste susceptible de défense [2]. »

L'insuffisance des garnisons de Calais et de Dunkerque, jointe à l'esprit de la population, semblait favoriser ces espérances : on avait bien pris des mesures pour mettre ces deux places à l'abri d'un coup de main : dès la fin de mars, trente-six pièces étaient en batterie à Calais, au commencement d'avril soixante-dix-sept à Dunkerque ; mais dans cette dernière place, il n'y avait pour le service que cinquante-sept canonniers, dans la première, pas un, et le service était fait par des vétérans, sans la moindre connaissance des manœuvres ; ni la partie du 50e cantonnée à Calais, ni les onze cents hommes du 51e qui formaient la garnison de Dunkerque, n'étaient suffisants pour défendre la place et pour maintenir les habitants, chez lesquels la

1. *Louis XVIII à Gand*, I, n° 48, p. 100, Blacas à Castlereagh, 27 mars ; n° 56, p. 113, Artois à Louis XVIII, 27 mars.
2. *Ibid.*, n° 26, p. 68.

cessation du commerce causait un sourd mécontentement entretenu avec soin par les agents royalistes [1].

Mais la vigilance de l'Empereur connut ces complots et en empêcha l'exécution. Le 9 avril, à huit heures du soir, il donnait ordre à Davout d'envoyer à Dunkerque « un lieutenant général ou un maréchal de camp, capable et ferme », et cinquante gendarmes sûrs [2]. Ce fut Vandamme que Davout chargea de la mission [3], en lui donnant pouvoir sur les commandants de Dunkerque, de Calais, de Gravelines, de Bergues et de Boulogne.

Le danger fut écarté avec peine [4]; pour tâcher d'améliorer l'esprit public, on s'occupait de concentrer à Dunkerque des militaires retraités tirés de Paris [5]. Mais, au milieu de mai, Blacas avait encore l'espérance de surprendre Calais ou Dunkerque [6]. Des députés des communes d'Armentières, d'Aire, d'Hazebrouck, de Cassel, étaient venus offrir leurs services au Roi ; ils avaient des cartouches, des fusils de chasse, et promettaient de former au premier signal un rassemblement de quinze mille hommes. Dans le Boulonnais, l'Artois et une partie de la Picardie, une correspondance secrète et active était entretenue entre les émigrés et les partisans de la royauté [7]. Le refus de Wellington de fournir des troupes pour appuyer ce

1. Arch. guerre. Charrière, commandant à Calais, au ministre, 29 mars; Lenoir, commandant à Dunkerque, au ministre, 10 avril.

2. *Correspondance*, 21782.

3. Davout à Vandamme, 10 avril; à Drouet d'Erlon, 10 avril. (*Correspondance*, 1557 et 1559.)

4. Ameil prétendait que Vandamme n'avait pas du tout réussi à Dunkerque. (Arch. guerre. Grundler au ministre, 24 avril.)

5. Napoléon à Davout, 25 mai. (*Correspondance*, 21969.)

6. *Louis XVIII à Gand*, n° 49, p. 102.

7. *Louis XVIII à Gand*. Blacas à Wellington, 15, 19 et 22 mai ; Bayart à Blacas, 15 mai (n°s 49, 51, 53 et 54).

mouvement fut peut-être la principale raison qui l'empêcha d'éclater [1].

Sur une frontière si menacée et dépourvue de défenses naturelles, force était bien de réunir des troupes en nombre assez considérable et d'exercer une surveillance active. Aussi, dès la première organisation des corps d'observation, l'Empereur en affectait-il trois à cette seule frontière. Aux troupes cantonnées dans la 16e et dans la 2e division militaire, et qui formaient respectivement les 1er et 3e corps, s'ajoutait un 2e corps composé des hommes réunis sous les ordres de Reille et dont l'avant-garde, conduite par Exelmans, avait pourchassé les débris informes de la maison militaire du Roi. Le 1er corps devait se réunir à Lille, le 2e, à Valenciennes et Maubeuge, le 3e, à Mézières [2]. Le 1er corps devait comprendre quatre divisions d'infanterie (nos 1 à 4) de quatre régiments, ayant chacune une batterie d'artillerie légère, et deux divisions de cavalerie (nos 1 et 2), l'une de quatre régiments de cavalerie légère, l'autre de deux régiments de dragons, ayant chacun aussi leur batterie d'artillerie. Le 2e corps comportait cinq divisions d'infanterie (nos 5 à 9) et trois de cavalerie (nos 3 à 6); le 3e, deux divisions d'infanterie (nos 10 et 11), de trois régiments chacune, et une division de cavalerie (no 6) [3].

A la tête du 1er corps, l'Empereur mit le comte Drouet d'Erlon, que sa prétendue complicité avec Lefebvre-Desnouettes avait fait jeter en prison par le gouvernement royal et qui ne pouvait qu'en être davantage attaché à Na-

1. *Louis XVIII à Gand.* Wellington à Blacas (nos 50 et 52).

2. *Correspondance de Napoléon,* 21723 (26 mars).

3. *Ibid.*, 21747 (30 mars); *Correspondance de Davout,* 1527; Arch. guerre. Davout à Drouet d'Erlon, 31 mars; à Reille, 31 mars.

poléon. Général de brigade en 1799, de division en 1805, sa vaillance aux batailles d'Iéna et de Friedland, les talents dont il avait fait preuve dans la guerre d'Espagne, lui méritaient bien la confiance de l'Empereur. Divisionnaire en décembre 1806, c'est aussi dans les campagnes d'Espagne et d'Allemagne que le baron Reille avait fait preuve des qualités qui le désignèrent au choix de l'Empereur pour le commandement du 2e corps. Quant au 3e corps, si Napoléon le mit d'abord sous les ordres du duc de Plaisance, ce choix ne fut que provisoire, il le déclara dès le premier moment ; Lebrun n'avait guère pour lui que son courage et son dévouement au souverain dont il était l'un des aides de camp ; c'était trop peu pour obtenir la direction d'un corps d'armée dans des circonstances qui pouvaient devenir critiques. Aussi l'Empereur s'était-il réservé de le remplacer en temps voulu par un général plus habile. Ce général, ce fut Vandamme. L'Empereur sut ne pas lui tenir rigueur ni de la malheureuse affaire de Kulm, ni des instances qu'il avait faites pour obtenir du service sous les Bourbons, ni de l'offre qu'il avait faite à Louis XVIII de son épée, lors des derniers événements. D'ailleurs, ce fut Davout qui proposa au choix de l'Empereur ce vaillant soldat, qui avait su obtenir à vingt-sept ans le grade de général de division et dont les qualités militaires ne pouvaient être discutées [1].

Ce n'est pas que Lebrun eût manqué de bonne volonté pour remplir le rôle qui lui était confié. A peine arrivé dans son commandement, il s'était appliqué à l'exécution des instructions données par l'Empereur ; il prenait de

1. *Correspondance de Napoléon*, 21723, 21747; *Correspondance de Davout*, Davout à l'Empereur, 19 avril, 1606 et 1607.

promptes mesures pour porter ses régiments d'infanterie à mille quarante hommes et ceux de cavalerie à trois cents; il activait la formation des gardes nationales et les faisait exercer au tir du canon; il ne négligeait pas d'inspecter sa division [1]. Mais son insuffisance notoire frappait ceux qui étaient appelés à servir sous ses ordres. Le général Ameil écrivait de Mézières au général Grundler, commandant le département de la Somme: « Je ne sais si on songe à remplacer le duc de Plaisance. C'est un homme sans garantie, sans preuves, sans énergie et qui n'inspire aucune confiance. Comment l'Empereur peut-il employer de tels hommes après tous les malheurs que nous avons éprouvés? De tous les corps d'armée chargés de la défense des frontières, celui-ci a un des rôles les plus importants à jouer, et on en a confié le commandement à l'un des hommes les plus médiocres de l'armée [2]. » Il est vrai que dans la même lettre, Ameil lançait un trait contre Vandamme et demandait que l'on éloignât de la 2e division militaire et du 3e corps d'armée Dumonceau, comte de Bergendal: « Quoiqu'il soit estimé de tous les partis, disait-il, il inspire sinon des craintes, du moins peu de confiance aux hommes dévoués à l'Empereur. » Or Davout avait bien eu un moment la pensée de remplacer Dumonceau à la tête de la 2e division, mais uniquement parce qu'il était « trop vieux [3], » et il avait donné l'ordre au lieutenant général Habert d'aller prendre ce commandement [4]. Mais cette

1. Arch. guerre. Le ministre à l'Empereur, 6 avril; le duc de Plaisance au ministre, 11 avril.

2. Arch. guerre. Grundler au ministre, 24 avril.

3. *Correspondance de Davout*, 1495 (23 mars). Dumonceau avait cinquante-cinq ans.

4. Arch. guerre. Ministre à Habert, 22 mars. C'est par suite d'une faute d'impression, sans doute, que la *Correspondance de Davout* parle de Chabert (1495). Cf. Pelletier au ministre, 24 mars.

mesure sembla peu justifiée, et au milieu d'avril, le comte de Bergendal allait reprendre sa place, qu'il sut d'ailleurs remplir avec énergie.

Mais si les accusations d'Ameil ne doivent pas être acceptées sans contrôle, dans le cas de Lebrun elles ne répondent que trop à l'opinion générale; et Davout fut le premier, dès que la concentration des ennemis de ce côté rendit la situation plus inquiétante, à rappeler à l'Empereur que la nomination du duc de Plaisance n'était que provisoire [1] et à lui proposer Vandamme [2]. Ce choix fut aussitôt agréé de Napoléon, car dès le 20 avril, Davout en donnait la nouvelle à Reille [3].

Vandamme justifia cette confiance par le zèle qu'il déploya dans son commandement. A peine arrivé à Mézières le 21 ou 22 avril [4], il pouvait écrire dès le 23 : « Je m'occupe sans relâche d'activer ici toutes les parties du service [5], » et quelques jours après, il ajoutait : « Je recommande partout la plus active surveillance, je tiens rigoureusement la main à ce que le service se fasse avec une grande exactitude ; je presse tous les approvisionnements, tous les travaux. Je ne donnerai de repos à personne et je n'en prendrai pas moi-même que nous ne soyons parfaitement en mesure. J'exige des efforts ; les circonstances en veulent impérieusement [6]. » Aucune partie du service ne le laissait indifférent, et à toutes il apportait la même ardeur entraînante : personnel, matériel, travaux de défense et d'approvisionnement, artillerie, gardes natio-

1. *Correspondance*, 1606 (19 avril).
2. *Ibid.*, 1607 (19 avril).
3. Arch. guerre. Ministre à Reille, 20 avril.
4. Arch. guerre. Vandamme au ministre, 22 avril.
5. Arch. guerre. Le même au même, 23 avril.
6. Arch. guerre. Le même au même, 29 avril.

nales, rien n'échappait à sa vigilance. Il réchauffait la tiédeur de Sedan et en obtenait les draps nécessaires pour l'habillement de ses hommes; il tirait de Bouillon, en supprimant les droits de douanes, des tricots qui autrement auraient pu lui échapper; il donnait à la manufacture d'armes de Charleville un regain d'activité et la mettait sur le pied de livrer quatre mille fusils par mois; le 23 avril, il croyait pouvoir écrire, avec trop d'assurance peut-être : « Il est probable que huit jours ne se passeront pas sans que toutes les fournitures soient faites sur tous les points. » Le 25, il ne demandait qu'un mois pour l'achèvement des travaux [1].

Pour réchauffer davantage encore le zèle de la population, pour lutter contre les insinuations malveillantes, pour arrêter les tentatives des semeurs de découragement et de division, il lançait des proclamations comme la suivante [2] :

« Votre dévouement à la cause nationale, votre amour pour l'Empereur me sont connus. Restez inébranlables dans ces sentiments qui vous honorent; ne vous laissez point abuser par des traîtres, méprisez leurs discours, foulez aux pieds leurs libelles.

« Je sais que la malveillance répand des bruits alarmants, je sais qu'elle cherche à détourner les gardes nationales des devoirs que l'intérêt de la patrie impose à tous bons Français, et qu'elle voudrait entraver l'organisation des corps francs. Elle s'efforce de vous persuader que vous êtes tous destinés à prendre place dans la ligne.

1. Arch. guerre. Vandamme au ministre, 23, 25, 27 avril; 2, 3, 8 et 12 mai; rapport de Guilleminot à Vandamme, 8 mai.

2. Arch. guerre. Proclamation de Vandamme aux habitants des Ardennes. Mézières, 5 mai.

Ces perturbateurs du repos public, ces ennemis de la gloire nationale, me sont signalés ; ils vont être livrés aux tribunaux, les lois ont déjà prononcé sur leur sort.

« Braves habitants des Ardennes, abandonnez-vous sans réserve à votre élan généreux. Que les gardes nationaux se hâtent de rejoindre, que les corps francs s'organisent avec célérité. C'est pour vous, pour vos familles, vos foyers, que vous serez armés. Jamais vous ne serez appelés dans nos rangs, ni à suivre les mouvements de nos bataillons, je vous en fais la promesse au nom de notre auguste souverain. Rivalisez de zèle avec les braves que j'ai l'honneur de commander ; vous ne partagerez point tous leurs dangers ; mais par des services d'une autre nature, comme eux vous vous rendrez utiles à la nation, comme eux vous acquerrez des titres à sa reconnaissance. Notre cause à tous est celle de l'honneur, de la patrie. Unissons-nous pour la défendre. Nos ennemis auront à se repentir de ne point respecter les droits d'un peuple valeureux qui désire la paix, mais qu'il est dangereux de provoquer à la guerre. »

Aussi Davout pouvait-il à juste titre lui décerner cet éloge : « Vous avez communiqué tout votre feu dans le pays où vous êtes [1]. »

Avec un moindre entrain peut-être et en ayant d'ailleurs à lutter avec des difficultés plus considérables, étant donné l'état d'esprit de la population, Reille et Drouet d'Erlon travaillaient de leur côté à l'organisation de l'armée. A côté des commandants de corps, il faut faire une place à leurs chefs d'état-major ; à côté de Drouet d'Erlon, le maréchal de camp Delcambre de Champvert, ancien soldat

1. *Correspondance*, 1676 (16 mai).

de la garde impériale et vaillant combattant en Espagne; à côté de Reille, le lieutenant général Pamphile Lacroix, qui devait son dernier grade à la nomination du roi (10 mars 1815), mais qui ne s'en montra pas moins dévoué au service de l'Empereur; à côté de Vandamme surtout, le lieutenant général Guilleminot, que l'on regardait comme un des officiers les plus instruits de l'armée française et qui, notamment à la Moskowa, s'était distingué par sa brillante conduite.

Pour mieux contrôler tout ce qui se faisait, pour activer tous les services, pour se rendre compte de tous les besoins, l'Empereur multiplia les missions et les inspections dans les pays où se concentrait l'armée qui devait être son armée d'opération. Dès l'installation de l'Empereur à Paris, dès le 21 mars, Davout avait chargé l'un de ses aides de camp, le chef d'escadron Laloy, de parcourir Arras, Douai, Lille, Valenciennes, Condé, le Quesnoy, Maubeuge, Landrecies, d'y faire reconnaître l'autorité impériale, d'y opérer dans les commandements les changements nécessaires, enfin de prendre toutes les mesures qui lui paraîtraient s'imposer [1]. Puis Napoléon lui-même chargeait le maréchal Ney de parcourir « toute la ligne depuis Lille jusqu'à Landau », avec l'ordre de s'occuper de l'esprit et de la valeur des officiers et des fonctionnaires civils [2]. Au commencement d'avril, c'est Vandamme qui, dans sa mission à Dunkerque, exerce aussi une certaine inspection; à la fin du même mois, ce sont, tour à tour, le baron Dejean, aide de camp de l'Empereur [3], et le maréchal Mortier [4]

1. *Correspondance de Davout*, 1489.
2. *Correspond.*, 21734 (27 mars).
3. *Corresp.*, 21843 (24 avril).
4. *Ibid.*, 21852 (29 avril), et *Corresp. de Davout*, 1657 (2 mai).

qui partent, chargés l'un et l'autre de parcourir les places, de s'assurer de leur mise en état, d'observer le personnel, de stimuler le zèle des fonctionnaires et celui des habitants. Le 7 juin, enfin, c'est encore Dejean, chargé d'une dernière inspection avant de rejoindre le souverain à Avesnes [1].

Lorsque la nouvelle organisation fait succéder aux premiers corps d'observation les armées, l'armée du Nord ne comprend pas seulement les trois corps de Drouet d'Erlon, de Reille et de Vandamme ; elle englobe aussi le 8e corps, devenu 6e corps, qui comprend les troupes massées autour de Paris, et qui forme la réserve. Ce corps devait primitivement se composer de trois divisions d'infanterie, de quatre régiments chacune, et de deux divisions de cavalerie (30 mars) [2]. Bientôt, l'Empereur porta ce nombre à quatre, mais la première, qui portait le numéro 18, était détachée à Belfort, et bientôt elle devint indépendante sous les ordres de Lecourbe ; il restait donc la 19e, composée des 7e, 72e, 11e et 27e régiments de ligne ; la 20e, des 5e léger, 88e, 44e et 40e de ligne ; la 21e, composée des 15e de ligne, 26e, 61e et 8e léger ; celle-ci devait demeurer provisoirement entre la Loire et la Dordogne et les deux autres se concentrer à Paris (3 avril) [3].

A la tête de ce corps, Napoléon mettait son fidèle et vaillant aide de camp, le général Mouton, comte Lobau, divisionnaire de 1807, que dès son arrivée à Paris, il avait chargé du commandement de la 1re division militaire [4]. C'est à ce titre qu'il avait organisé le corps de Reille [5].

1. *Corresp.*, 22032.
2. *Ibid.*, 21747.
3. *Corresp.*, 21765.
4. *Ibid.*, 21692.
5. Arch. guerre. Lobau au ministre, 24 mars.

L'Empereur qui, le 20 avril, réclamait un rapport sur la situation de Laon [1], faisait bientôt de cette place le lieu de concentration du 6e corps [2].

Sur la frontière du nord, comme sur les autres, pour rendre libres les troupes de ligne qui devaient former ces corps d'armée, pour en faire une force mobile aux mains de l'Empereur, il était nécessaire d'abandonner la défense des places fortes à la bonne volonté des gardes nationales. Et le nombre considérable des places sur cette ligne rendait considérable aussi ce nombre de bataillons de la garde nationale, auxquels on devait faire appel. De ce côté donc, plus peut-être que partout ailleurs, il eût été désirable de rencontrer dans la population l'empressement patriotique qui aurait permis la prompte et bonne organisation des gardes nationales. Il n'en fut pas malheureusement ainsi.

Si les dispositions hostiles à l'Empereur d'une partie de la population n'aboutirent pas, en effet, comme dans l'Ouest, à un soulèvement, elles eurent du moins pour effet d'entraver l'organisation de la défense, en empêchant le recrutement des gardes nationales. Au début d'avril, l'Empereur comptait, dans le seul département du Nord, sur soixante mille gardes nationaux, dont vingt mille chasseurs et grenadiers, et il espérait que l'organisation s'en ferait sans délai [3]. Pour diriger cette organisation non seulement dans le Nord, mais dans l'Aisne et dans la Somme, il fit appel au général Sébastiani, dont ni le dévouement, ni les capacités, ni l'activité ne faisaient doute. Il comptait que les gardes nationales pourraient être sur pied le 25 [4].

1. *Corresp.*, 21829.
2. *Ibid.*, 21733. Voir ci-dessus, page 344, note 1.
3. *Correspondance*, 21767.
4. *Ibid.*, 21789 (l'Empereur à Davout, 10 avril); *Correspondance de Davout*, 1560 (Davout à Sébastiani, 10 avril).

Mais l'agitation des esprits, la mollesse ou l'inertie des préfets, l'hostilité plus ou moins latente des autorités civiles, rendaient extrêmement pénible le travail de Sébastiani et de ses aides, surtout dans le Nord et le Pas-de-Calais. Ceux mêmes qui faisaient preuve de quelque bonne volonté et manifestaient l'intention de rejoindre en étaient empêchés par les insoumis. On avait beau promettre aux hommes qu'ils ne seraient employés qu'à la défense de leur propre territoire, on ne parvenait guère à leur faire entendre raison, et quand, à la fin de mai, le 1er bataillon du Nord eut enfin été mis sur pied, Drouet d'Erlon constatait avec effroi qu'il était composé de « partisans zélés de la cause des Bourbons », hommes aisés qui refusaient la solde et les vivres, non pas par abnégation et pour diminuer les charges de l'État, mais pour demeurer plus indépendants. Le préfet du Nord triomphait, le 9 juin, de ce que l'on eût pu lever un deuxième bataillon [1].

Pour contenir ce mauvais esprit, d'autant plus redoutable qu'il n'entravait pas seulement la formation de la garde nationale, mais qu'il s'étendait aux militaires retraités rappelés sous les drapeaux et qu'il s'insinuait jusque dans les corps pour y provoquer la désertion [2], l'on dut recourir à des mesures extrêmes. On dut changer les préfets. « Roujoux [3] ne connaît pas assez le Nord.... Les départements de la Somme et du Pas-de-Calais ont besoin

1. *Correspondance de Napoléon*, 21889 et 21980; *Corresp. de Davout*, 1551, 1585, 1642, 1643, 1692, 1713; Arch. guerre. Fernig à Sébastiani, 18 avril; Drouet d'Erlon au ministre, 27 avril, 5, 8, 25 et 27 mai; Rovigo au ministre, 4 juin; Lapoype au ministre, 13 mai; le ministre à Duhesme, 17 mai; à Rovigo, 6 juin; préfet du Nord au ministre, 9 juin.

2. Notamment au 51e de ligne, à Calais. Voir Arch. guerre. D'Erlon au ministre, 21 avril.

3. Nommé par le décret du 6 avril. *Bull. des lois*, n° 83.

d'hommes qui connaissent parfaitement le Nord et qui ne puissent être trompés, » écrivait l'Empereur à Carnot [1]. Dans le Nord, il envoya comme commissaire extraordinaire le baron de Costaz ; dans la Somme, il mit Quinette, ancien conventionnel, que l'on regardait comme un jacobin convaincu, mais qui, sous l'Empire, avait rempli déjà avec succès, pendant plusieurs années, les fonctions préfectorales à Amiens [2]. André Dumont, qui fut appelé à la préfecture du Pas-de-Calais [3], était d'Abbeville, où il avait rempli récemment les fonctions de sous-préfet ; et si des bruits sinistres circulaient sur sa cruauté pendant la mission dont la Convention l'avait chargé dans la Somme, c'était du moins une garantie qu'il ne reculerait pas devant les moyens les plus énergiques. A Dunkerque, André Choudieu, fougueux révolutionnaire, alla remplir les fonctions de lieutenant extraordinaire de police. A Lille, « but de toutes les intrigues de l'ennemi, » l'Empereur voulait comme lieutenant général « un homme actif, entreprenant et connu pour la sûreté de ses principes [4] ; » il y nomma Lapoype, ancien officier des gardes-françaises, gendre de Fréron, qui s'était immortalisé par sa belle conduite à Wittenberg, où il avait su longtemps arrêter autour de simples murs de terre un corps russe considérable, et qui déploya toute l'énergie de son dévouement pour éveiller chez les Lillois des sentiments patriotiques ; il recommandait de former des bataillons de garde nationale ou au

1. *Correspondance*, 21889.

2. La nomination de Quinette comme préfet de la Somme ne figure pas au *Bulletin des lois* ; il semble qu'il ait seulement rempli les fonctions de commissaire extraordinaire.

3. *Bulletin des lois*, n° 161, 17 mai.

4. 6 juin. *Correspondance*, 22021.

moins de tirailleurs des hommes du peuple [1]. Comme dans la Gironde, comme dans la Bretagne, comme dans la Normandie, comme partout où il craignait les effets de l'agitation royaliste, il faisait établir dans les départements du Nord, du Pas-de-Calais et de la Somme des comités de trois membres pour veiller à la sûreté de l'État, et des commissions de haute police [2].

La gendarmerie ne suffisant plus pour faire marcher les récalcitrants, l'on demandait la formation de colonnes mobiles et l'établissement chez les insoumis de garnisaires [3]. Le général Teste reçut l'ordre d'opérer dans le Pas-de-Calais; le succès qu'il avait obtenu dans l'Oise, où l'esprit n'était pas non plus fort bon, laissait espérer qu'il ne serait pas moins heureux dans le département voisin. Le 29 mai, il pouvait écrire en effet : « Nous ne tarderons pas à voir le terme de notre opération.... Nous avons réveillé la population de ce département (l'Oise) de l'accablante apathie dans laquelle nous l'avons trouvée et l'esprit public s'est beaucoup amélioré. Nos soldats, maintenus dans une bonne discipline, font passer chez le peuple l'enthousiasme qui les anime et l'on ne pourrait se servir de missionnaires plus ardents pour gagner des cœurs à la cause de l'Empereur. » Sur cinq mille quarante hommes formant les sept bataillons d'élite de l'Oise, trois mille vingt-sept avaient déjà rejoint. Le bataillon parti de Compiègne le 21 mai, fort de plus de six cents hommes, était sorti aux cris répétés de vive

1. 22 mai. *Correspondance*, 21957. Voir Arch. guerre. D'Erlon au ministre, 27 mai : « Je ne pense pas qu'on puisse même compter sur le petit peuple de Lille.... Je regarderais même comme dangereux de lui confier des armes. »

2. 21 mai. *Correspondance*, 21945.

3. Arch. guerre. Rovigo au ministre, 4 juin.

l'Empereur [1] ! C'est à la fin de mai que Teste recevait sa mission pour le Pas-de-Calais, et dès le 4 juin, Lafosse, chargé de l'organisation des gardes nationales du Pas-de-Calais, pouvait écrire au ministre [2] : « J'ai remarqué avec plaisir que la mesure des colonnes mobiles nous avait fait arriver beaucoup de monde. » Il est vrai que beaucoup désertaient, mais les colonnes mobiles et la crainte des garnisaires finissaient par avoir raison de leur ténacité. Le 3 juin, le 2ᵉ bataillon, fort de six cents hommes, se rendait à Douai ; le 4, les cinq cents du 7ᵉ allaient à Saint-Omer ; le 8ᵉ partait pour Boulogne et le 9ᵉ pour Montreuil.

La même mesure des colonnes mobiles dut être appliquée, non seulement dans le Nord [3], mais dans le département de Seine-et-Oise, lui aussi fort récalcitrant; à Luzarches, notamment, les hommes désignés pour faire partie de la garde nationale, non seulement refusaient de partir, mais traitaient de lâches et de fainéants les gardes nationaux du département voisin de Seine-et-Marne qui s'en allaient criant : « Vive l'Empereur! » Saint-Germain refusait également de se soumettre et Rosny était un foyer d'insurrection [4].

Au reste, même dans des départements où l'esprit était plutôt favorable à la restauration impériale, l'organisation des gardes nationales souffrit quelque difficulté. C'est ainsi que Davout demandait que Dumonceau fît connaître

1. Arch. guerre. Préfet de l'Oise à Lobau, 24 mai ; Teste à Durrieu, chef d'état-major du 6ᵉ corps, 29 mai.

2. Arch. guerre.

3. Arch. guerre. Ministre à Duhesme, chargé de l'organisation des gardes nationales dans la 16ᵉ division, 17 mai.

4. Arch. guerre. D'Oullembourg, commandant le département de Seine-et-Oise, à Durrieu, chef d'état-major du 6ᵉ corps, 19 mai; *Lettres inédites de Napoléon*, 20 mai, 1217.

« non officiellement, mais à domicile, » aux maires, aux curés et aux nobles de quelques endroits réfractaires de la 2e division militaire qu'on les rendrait personnellement responsables de la résistance des gardes nationaux [1]. Mais dans la 2e division militaire, l'opposition à l'Empire et aux mesures de défense était l'exception. L'esprit était en général fort bon. Le terme du 30 avril fixé pour la rentrée des militaires en congé était devancé. Les gardes nationales s'organisaient assez promptement sous la direction du général Melfort, que Davout proposait à l'Empereur pour une décoration [2].

Dans le département de l'Aisne, ce n'était pas seulement de la bonne volonté que montraient les gardes nationaux, c'était de l'enthousiasme. Dès le 5 mai, les sept bataillons levés par ordre de l'Empereur dans ce département étaient partis pour leur destination « aux cris mille fois répétés de vive l'Empereur [3] ! » En juin, il avait encore fourni, en plus de ces sept bataillons, quatre mille hommes; et l'Empereur pouvait dire : « Il est hors de doute que, dans ce département, on trouverait autant d'hommes qu'il y aurait d'armes [4]. » Aussi ne crut-on pouvoir prendre d'hommes plus sûrs pour leur confier la garde de Lille. Mortier pensait qu'il était indispensable de laisser dans cette place au moins trois mille hommes de troupe [5]. L'Empereur répondit qu'il ne voyait « aucun inconvénient à donner la garde de la citadelle de Lille à un bataillon d'élite de la garde nationale de

1. *Corresp.*, 1676, 7 mai.

2. Arch. guerre. Lebrun au ministre, 11 avril; Vandamme au même, 22, 23 avril, 2, 3 mai ; *Corresp. de Davout*, 1676.

3. Arch. guerre. Piré au ministre, 6 mai ; Langeron à Durrieu, 7 mai.

4. 12 juin. *Corresp.*, 22047.

5. Arch. guerre. Lapoype au ministre, 13 mai.

l'Aisne, en choisissant le plus fort et le mieux composé [1]. »

Grâce à ce zèle de quelques départements (à l'Aisne, il faut ajouter notamment Seine-et-Marne), grâce aussi à la prévoyance de l'Empereur qui avait appelé plus d'hommes qu'il n'était strictement nécessaire [2], les déchets n'empêchèrent pas d'avoir en temps voulu le nombre d'hommes indispensable dans les places. Et cependant ce nombre était assez considérable. Toute la force de notre frontière au nord consistant dans ses forteresses, il était indispensable de les garnir de troupes suffisantes pour y assurer la résistance. Sur les cent quinze bataillons de gardes nationaux levés pour l'armée du Nord, dix seulement formaient une division de réserve destinée à camper à Sainte-Menehould, avec une batterie de huit pièces de canon. Les cent cinq autres étaient répartis dans les places [3]. A la fin de mai, l'Empereur apporta quelques modifications à cette répartition pour la 16e division militaire et ordonna qu'en plus de la garde nationale sédentaire, il y eût dans chacune des places ci-dessous désignées, à savoir :

A Dunkerque, au moins.	4,000	hommes
Lille, —	6,000	—
Condé, —	2,500	—
Valenciennes, —	3,500	—
Landreciés, —	1,500	—
Quesnoy, —	1,500	—
Avesnes, —	1,500	—
Maubeuge, —	2,000	—

1. Arch. guerre. Soult au ministre, 20 mai ; *Corresp. de Davout*, 1734.

2. *Correspondance*, 21980 : « il y a 104 bataillons destinés pour les places du Nord qui formeraient un complet de 54,000 h.... Ce nombre est trop considérable. »

3. Pièces justificatives, n° 10.

A Douai,	au moins	3,000	hommes
Bouchain,	—	500	—
Gravelines,	—	500	—
Calais,	—	1,500	—
Saint-Omer,	—	1,500	—
Aire,	—	500	—
Béthune,	—	500	—
Arras,	—	1,500	—
Boulogne,	—	500	—
Hesdin,	—	500	—
Cambrai,	—	500	—

Ce qui faisait un total de 33,500 hommes ou de soixante-sept bataillons, quatre de plus qu'il n'avait été d'abord prévu pour la 16e division. Le général Frère, commandant la division, fut chargé de parcourir les places pour y faire d'urgence les dispositions nécessaires [1].

Malheureusement, si les hommes étaient présents, trop souvent ils n'étaient ni vêtus ni armés [2] : c'est ainsi qu'à Lille, si tous les gardes nationaux étaient armés, la moitié de ceux de l'Aisne n'avaient ni capotes ni shakos [3]; à Rocroy, le 3e bataillon de la Marne n'avait encore reçu au 6 juin aucune partie de son équipement ni de son habillement [4]; à Bouchain, le 3e bataillon de l'Yonne n'avait même pas de chaussures [5], et il en était de même à Mézières des six bataillons de la Marne [6]. Là où il y avait eu distribution de fusils, on n'avait même pas pris le soin de les répartir d'une juste manière.

1. *Correspondance de Napoléon*, 21980; Arch. guerre. Davout à Reille, 29 mai.
2. Arch. guerre. Jollot au duc de Feltre, 12 juin.
3. Arch. guerre. D'Erlon au ministre, 27 mai.
4. Arch. guerre. Mojean au ministre, 6 juin.
5. Arch. guerre. Commandant de Bouchain au ministre, 8 juin.
6. Arch. guerre. Dumonceau au préfet de la Marne, 11 juin.

« L'armement des bataillons de gardes nationales est on ne peut pas plus vicieux; je m'en étais aperçu depuis quelque temps et m'en suis tout à fait convaincu dans une revue d'armement que j'ai passée avant-hier à Condé. Les gardes nationaux qui sont dans cette place ont des fusils de tous les calibres, ce qui eût occasionné sans doute une grande confusion dans la distribution des cartouches et aurait pu avoir les plus graves inconvénients lorsqu'il aurait fallu se battre. Afin d'y remédier autant que possible, j'ai donné l'ordre au général d'artillerie Dessalles de passer une revue de rigueur et faire faire sur-le-champ les mutations nécessaires pour que chaque bataillon soit armé de fusils de même calibre [1]. »

Enfin l'Empereur lui-même écrivait le 12 juin au ministre qu'il manquait aux gardes nationaux du Nord dix mille fusils, et il ajoutait : « Il faut faire les dispositions pour en avoir le plus tôt possible, car des gardes nationales sans fusils ne servent à rien [2]. »

Il est vrai que cette situation morale et matérielle des gardes nationales devenait peut-être moins grave dès lors que Napoléon se décidait à prendre l'offensive; les succès qu'il remporterait sur l'ennemi éloigneraient le moment où celui-ci entrerait en contact avec les gardes nationales et leur laissaient plus de temps pour achever de s'armer et de se préparer à la résistance.

Sauf la division de réserve de Sainte-Menehould, les gardes nationales restaient d'ailleurs renfermées dans les places. Et l'Empereur, aidé de son ministre et des chefs de corps, s'était préoccupé de les rendre aussi fortes que

1. Arch. guerre. Erlon à Soult, 1er juin.
2. *Correspond.*, 22047.

possible. S'il avait institué un comité de défense, il avait eu soin de lui donner pour premières instructions de s'occuper avant tout de la frontière du nord et il lui avait adjoint le colonel Bernard, « parce que, étant dans mon cabinet topographique, il sera plus à même de demander ce dont j'aurai besoin [1]. » A diverses reprises, dans sa correspondance imprimée, il revient sur cette question des places, soit pour donner l'ordre de mettre en état des points qui ne le sont pas, soit pour ordonner des inspections, soit pour remédier à des défectuosités de service [2]. Davout répondait avec toute l'ardeur de son zèle au désir de l'Empereur. Un rapport lui signalait le profit que les alliés avaient tiré de la place d'Avesnes en y faisant un dépôt, et l'utilité qu'il y avait par conséquent à mettre à l'abri d'un coup de main cette place que le gouvernement royal avait pourvue du matériel nécessaire à sa défense, en y mettant quarante-deux bouches à feu [3] approvisionnées à six cents coups en projectiles pleins, et à quatre cents en projectiles creux [4]. Aussitôt il donne ordre à Reille de surveiller cette place, de faire mettre en armement toutes les pièces qui s'y trouvent et d'y envoyer trois ou quatre cents hommes, tandis que de son côté il double la demi-compagnie d'artillerie qui s'y trouvait [5]. D'ailleurs, si quelques places, comme Montreuil [6], n'étaient pas armées du tout, la plupart cependant étaient dès l'origine à l'abri

1. *Correspondance*, 21828, 20 avril.
2. Voir notamment *Corresp.*, 21834, 21883, 21908, 21950, 22016.
3. 10 canons de siège de 26, 9 de 12, 3 de 8, 4 de 4, 12 canons de campagne de 12, 1 de 6; 2 mortiers de 10 pouces, 3 de 8, 1 de 6; 2 obusiers de 8 pouces, 1 de 6 et 3 de 24; 1 pierrier.
4. Arch. guerre. Rapport d'Évain au ministre, 12 avril.
5. *Correspondance*, 1575.
6. *Correspondance de Napoléon*, 21950.

au moins d'un coup de main. Mais presque partout les approvisionnements en poudre étaient insuffisants, et des travaux nécessaires pour mettre les places en état de soutenir un siège ne pouvaient se poursuivre faute d'argent. Le besoin de fonds est le cri universel, pressant. Le personnel d'artillerie était aussi insuffisant. Tout était à faire d'un seul coup, comment l'aurait-on pu? Pour prendre un exemple, le 27 mai, il n'y avait en batterie à Lille que cent quatre-vingts pièces sur deux cent cinquante-six, et l'approvisionnement de poudre, qui aurait dû être de huit cent mille kilos, n'était que de la moitié [1]. Naturellement, des embarras pécuniaires se ressentaient, sur cette frontière comme sur les autres, les travaux de fortifications, qui ne purent être poussés avec toute l'activité nécessaire.

A ces défectuosités du matériel se joignaient parfois celles du personnel. Le 5 juin, il manquait aux garnisons des places du Nord quatorze cent soixante-douze hommes. Le 8 juin, deux places au moins, la Fère et Bapaume, n'avaient pas encore leurs commandants [2].

La réunion dans les places des gardes nationales avait permis d'en retirer les troupes de ligne qui devaient entrer dans la composition des corps d'armée. Mais le recrutement de ces corps souffrit, lui aussi, quelques difficultés; pour ceux qui se recrutaient dans le Nord ou le Pas-de-Calais, par exemple, il ne fallait guère compter sur le bon vouloir des militaires rappelés sous les drapeaux, « et

1. Arch. guerre. Rapport d'Évain déjà cité; rapport de Herrenberger sur Gravelines, 13 avril; Reille au ministre, 16 avril; Ruty au ministre, 14 mai; Lapoype au même, 13 mai; d'Erlon à Soult, 27 mai et 1er juin; Guilleminot à Vandamme, 8 mai.

2. On trouvera aux pièces justificatives, sous les nos 25-27 : 1° l'état nominatif au 8 juin des commandants de place; 2° la situation des garnisons au 5 juin; 3° la répartition des douaniers et de la gendarmerie au 12 juin.

cependant, disait Drouet d'Erlon, j'ai la certitude qu'ils sont plus de quinze mille, mais lorsqu'on les poursuit, ils passent en Belgique [1]. » De Belgique, en effet, le gouvernement royal et, en France même, les partisans dévoués de la monarchie excitaient par tous les moyens les militaires à la désertion ; on jetait notamment dans les cantonnements les proclamations du roi de Gand et des alliés [2]. Ces moyens, d'ailleurs, n'avaient pas tout le succès que s'en promettaient ceux qui les employaient. Il y avait bien des cas nombreux de désertion à l'intérieur ; mais à l'extérieur presque pas. C'est ce que constatait Drouet d'Erlon : Davout ayant appris par une lettre de Lenoir, commandant à Dunkerque, qu'il y avait des déserteurs dans le 51e qui y tenait garnison et sachant, par des rapports de Belgique, les tentatives des émigrés pour semer dans les corps un mauvais esprit, avait établi une corrélation entre ces deux ordres de faits, et, en recommandant une étroite surveillance à Reille et à Drouet d'Erlon, il signalait à ce dernier le 51e comme l'un des plus entamés par la désertion ; « Jusqu'à ce jour, lui répondit le général, je n'ai eu que fort peu de plaintes de défection à l'extérieur.... Il est vrai que dans le 51e et dans quelques autres corps, il y a eu de la désertion, mais toujours à l'intérieur ; j'en attribue la cause à ce que tous les hommes rappelés au service dans les départements du Nord et du Pas-de-Calais ont été placés dans les régiments qui se trouvent encore dans ces départements, et qu'étant en relations continuelles avec leurs parents, ils sont constamment excités à la désertion ; je ne dois pas dissimuler qu'il n'est sorte de moyens qu'on

1. Arch. guerre. D'Erlon au ministre, 5 mai.
2. Arch. guerre. Reille au ministre, 12 mai. Cf. d'Erlon au ministre, 27 avril.

n'emploie pour les y porter. » Une autre sollicitation à la désertion était signalée à Davout, dans une lettre anonyme en date du 5 mai : « Depuis quelques années on laisse s'introduire dans l'armée un abus avilissant pour le soldat; forcé de ne plus s'estimer, il n'a plus d'attachement à la cause commune. Beaucoup d'officiers se permettent de maltraiter les soldats à outrance; ils ne savent plus leur parler que par termes de mépris, qu'en les tutoyant, et souvent tel soldat vaut tel officier qui oublie ce qu'il fut. Des ordres sévères qui défendraient rigoureusement de frapper, de maltraiter le militaire, lui feraient voir qu'on fait cas de lui, et il n'en serait que plus dévoué [1]. »

Au reste, en dépit de ces quelques désertions [2], le simple soldat avait en général bon esprit. Même pour le 51e, Lenoir le constate dans le même rapport où il signale des déserteurs. De même Reille, en demandant de ne pas laisser groupés ensemble les régiments dont on avait formé la 6e division, parce que « les quatre régiments dont se compose cette division ayant été privilégiés, il serait possible qu'il y eût des individus qui regrettassent les faveurs et l'argent qui leur ont été prodigués à Paris sous le Roi, » est obligé de « rendre justice au bon esprit que montrent les officiers et les soldats de cette division et assurer Votre Excellence que ces réflexions ne sont dictées que par la prévoyance [3].... » Le plus souvent, au contraire, les troupes étaient assez portées pour l'Empereur et beaucoup auraient fait comme le 105e d'infan-

1. *Corresp. de Davout*, 1604; Arch. guerre. Lenoir au ministre, 10 avril; Drouet d'Erlon au même, 21 avril; le capitaine *** au ministre, 5 mai.

2. Bien que l'on promît 80 fr. au cavalier et 20 au fantassin déserteur, il n'y eut, du 1er avril au 10 mai, que 28 déserteurs (*Louis XVIII à Gand*, p. 131, n. 1).

3. Arch. guerre. Reille au ministre, 1er juin.

terie qui, entrant à Aire et apercevant sur une maison des fleurs de lis, se mit en devoir de démolir la maison aux cris de vive l'Empereur ! On ne put les calmer qu'en jetant en prison le propriétaire [1].

Bien plus que les hommes les officiers étaient portés à la désertion. Encore souvent étaient-ce d'anciens émigrés, comme ce Moriez, chef d'escadron au 6e lanciers, ancien combattant dans l'armée de Condé [2]. Mais la désertion même de leurs chefs ne parvenait pas à ébranler la fidélité des troupes. Voici l'exemple du 17e régiment d'infanterie ; un chef de bataillon, Bois-David, avait fait défection, et Drouet d'Erlon avait cru devoir faire relever dans les postes qu'elle occupait sur la ligne la brigade dont son corps faisait partie. Mais en passant la revue, « j'ai remarqué avec plaisir, dit-il, que la trahison d'un de ses officiers supérieurs n'a en aucune manière influé sur l'esprit de ce corps [3]. » C'est donc sur les officiers surtout que l'on exerçait une surveillance étroite, et l'on n'hésitait pas à prendre contre eux des mesures sévères. C'est ainsi que Vandamme fait arrêter et conduire à Paris « l'adjudant commandant Nillis, qui s'est permis les propos les plus imprudents et de la plus grande indécence [4]. » C'est ainsi que Davout donne l'ordre à d'Erlon de faire arrêter et de lui adresser à Paris le colonel Saint-Marc, également suspect [5]. C'est ainsi que Vandamme, ayant signalé au 4e lanciers le colonel Deschamps comme animé d'un très mauvais esprit et le sous-lieutement Desbuisserets comme

1. Arch. guerre. Desnoyers, commandant supérieur d'Aire, au ministre, 8 mai.
2. Arch. guerre. Reille au ministre, 29 avril.
3. Arch. guerre. D'Erlon au ministre, 29 avril.
4. Arch. guerre. Vandamme au ministre, 23 avril.
5. *Correspondance*, 1654.

une tête exaltée et nuisible par ses propos, l'on changea le premier de ces officiers et l'on destitua le second, malgré les bons renseignements fournis sur eux par les bureaux du ministère [1].

La surveillance cependant ne sut pas démêler tous les traitres, et jusqu'au dernier moment on en vit aller porter à l'ennemi des renseignements sur la force et l'esprit des troupes impériales, comme Jallot, capitaine du 11e régiment de chasseurs à cheval [2].

Dans un seul régiment de l'armée du Nord, l'esprit semblait véritablement mauvais et la désertion tout à fait menaçante : c'était le régiment suisse qui faisait partie du corps de Vandamme. Vandamme dut renoncer pendant quelque temps à le faire entrer en ligne et le laisser à Mézières sous la surveillance de Dumonceau [3].

La difficulté du recrutement, d'une part, la désertion, de l'autre, ne permirent pas de réunir les troupes en aussi grand nombre et aussi rapidement que l'Empereur avait semblé l'espérer d'abord. Quand les régiments s'ébranlèrent pour se porter en avant, non seulement ils n'avaient pas complété leurs quatre bataillons à six cents hommes, mais la plupart n'avaient que trois bataillons, plusieurs deux seulement (par exemple tout le corps de Drouet d'Erlon, à l'exception du 13e léger) ; il y en avait même un dans le corps de Reille qui n'avait qu'un bataillon (82e de ligne, dans la 7e division). Encore plusieurs de ces batail-

1. *Corresp. de Davout*, 1576. — Ce fut le colonel Brune qui remplaça Deschamps à la tête du 4e lanciers.

2. Arch. guerre. Jallot au duc de Feltre, 12 juin.

3. *Corresp. de Davout*, 1676 (7 mai) et 1695 (12 mai); Arch. guerre. Vandamme au ministre, 12 et 14 mai. Voir aussi rapport de l'adjudant Dumolard, commandant supérieur de Verdun, qui défend le 2e régiment étranger contre ces incriminations.

lons n'atteignaient-ils pas quatre cents hommes : 1er bataillon du 85e, trois cent vingt et un hommes, officiers compris ; 2e bataillon, trois cent dix hommes, officiers compris ; 3e bataillon du 108e, trois cent cinquante et un hommes, officiers et soldats ; 3e bataillon du 12e léger, deux cent quinze hommes, officiers et soldats ; 3e bataillon du 100e de ligne, deux cent quarante-six hommes, officiers et soldats, etc. [1].

Pour remédier à son défaut de soldats, l'Empereur comptait un peu sur les déserteurs étrangers. Il savait bien que partout il y avait des soldats plus prêts à combattre sous les aigles que contre elles ; Blücher était obligé de menacer le roi de Saxe de faire fusiller tous les Saxons irrités de servir sous ses ordres ; Wellington redoutait que les mercenaires auxquels il commandait ne désertassent pour aller prendre du service chez l'ennemi. Des cinq régiments étrangers, créés par le décret du 11 avril, un, le régiment allemand, devait se recruter en partie sur la frontière du Nord ; un autre, le belge, s'y recrutait exclusivement. Les anciens soldats étaient d'ailleurs autorisés, s'ils le préféraient, à rejoindre les régiments où ils avaient antérieurement servi. Quant aux Belges, on crut devoir organiser pour eux à Amiens, à côté du régiment d'infanterie, un régiment de cavalerie, et on offrait même de payer une prime de 120 fr. à tout cavalier belge qui viendrait avec un cheval harnaché [2].

L'organisation de la cavalerie était une des préoccupations les plus grandes de Napoléon. Dès le 27 mars, il manifestait l'intention de n'attacher aux différents corps d'ob-

1. Voir aux pièces justificatives, n° 28, la situation des corps au 10 juin.

2. *Correspondance de Napoléon*, 21765 (3 avril), 21792 (10 avril) ; Arch. guerre. Davout à Reille, 12 et 16 avril.

servation que de la cavalerie légère [1]. La grosse cavalerie et les dragons devaient avoir cinq cents hommes par régiment; les lanciers, les chasseurs et les hussards, six cents [2]. La grosse cavalerie formait cinq divisions de réserve, de quatre régiments chacune, et l'Empereur décidait d'attacher aux divisions de cavalerie légère les neuf régiments de dragons que laissait libres cette organisation [3].

Dans la première quinzaine de mai, le général Préval, inspecteur général de cavalerie, fut chargé de parcourir les dépôts de la 16e division pour accélérer le départ des hommes; il reçut en même temps la direction et le commandement de tous les dépôts, de ceux de la 15e et de la 1re division militaire, avec ordre d'établir son quartier général à Beauvais « comme point central du dépôt général de cavalerie du Nord [4]. » L'inspection de Préval fit sentir les défectuosités de l'organisation de la cavalerie : c'est ainsi qu'il remarque que le dépôt du 11e lanciers « a de grands besoins en hommes, en chevaux et en matériel [5] ; » c'est ainsi qu'il déclare que le dépôt du 3e chasseurs, sur un effectif de 424 hommes, en a 138 en remonte à Versailles, 99 infirmes ou aux hôpitaux, et que des 187 restant 135 manquent de chevaux et d'effets [6] ; c'est ainsi qu'il constate que les deux seuls dépôts du 3e lanciers et du 12e cuirassiers sont bien tenus et propres à faire un bon emploi de chevaux [7].

Mais l'Empereur trouvant que la cavalerie n'allait d'au-

1. *Correspondance*, 21731.
2. *Ibid.*, 21741 (29 mars).
3. *Ibid.*, 21765 (3 avril).
4. Arch. guerre. Le ministre à d'Erlon, 10 mai ; à Reille, 13 mai.
5. Arch. guerre. Préval au ministre, 15 mai.
6. Arch. guerre. Le même au même, 16 mai.
7. Arch. guerre. Le même au même, 17 mai.

cune manière et, pour y remédier, ayant mis Préval à la tête de tous les bureaux de cavalerie au ministère de la guerre [1], le général Margaron fut mis à la tête de la direction de Beauvais [2]. Dans les instructions que Davout donnait à Margaron, il lui recommandait avant tout la célérité [3].

A peu près dans le même temps que l'Empereur, par la constitution d'un dépôt général, cherchait les moyens d'accélérer le recrutement de la cavalerie de l'armée du Nord, il concentrait le commandement de cette arme en des mains uniques. Et ces hautes fonctions, il les confiait à Grouchy [4], qu'il venait de faire maréchal à la suite de son expédition contre le duc d'Angoulême, et dont ni la valeur ni l'habileté manœuvrière ne pouvaient être contestées. Il y eut à cette occasion un remaniement dans la cavalerie, qui forma quinze divisions, dont sept affectées aux différentes armées, tandis que les huit autres formaient quatre corps de cavalerie pour l'armée du Nord [5]. Les généraux Curely, Girardin, Gauthrin, Lion et d'Aigremont étaient mis à la disposition du maréchal pour être placés à la suite des corps de cavalerie; un commissaire des guerres et un officier d'artillerie devaient être attachés à chacun des quatre corps de cavalerie, et un général d'artillerie devait prendre la direction générale de l'artillerie. Grouchy partait le 5 juin pour Laon, où devait être son quartier général, pour passer la revue de ses troupes et en accroître les effectifs [6]. C'est le

1. *Corresp.*, 21961 (23 mai).
2. Arch. guerre. Le ministre à Soult, 28 mai, et décret du 26 mai.
3. Voir aux pièces justificatives, nº 29.
4. Arch. guerre. Le ministre à Grouchy, 20 mai.
5. Voir aux pièces justificatives, nº 30, cette organisation au 4 juin.
6. Arch. guerre. Soult à Davout, 4 juin.

général Berge qui fut désigné pour diriger l'artillerie [1].

L'Empereur n'avait pas attendu aussi longtemps pour désigner un lieutenant général comme commandant en chef de l'artillerie. Dès le 27 avril [2], il nommait à ce poste le général Ruty, le même que Louis XVIII avait appelé à commander l'artillerie destinée à combattre l'Empereur à son retour de l'île d'Elbe. La direction des parcs de l'artillerie était confiée au baron Neigre. L'un et l'autre mirent toute leur activité, toutes les ressources de leurs talents à la bonne et prompte organisation des services qui leur étaient confiés.

Dans son rapport du 31 mars relatif à l'organisation de l'artillerie, sur les quarante batteries Davout en affectait huit à chacun des deux premiers corps, dont sept déjà prêtes et le reste à fournir par l'arsenal de Douai et par l'artillerie des gardes du corps, quatre au 3e à fournir par l'arsenal de la Fère, six au 6e à fournir par le parc de Vincennes, trois pour la réserve de la cavalerie à fournir par les arsenaux de Douai, Metz et Strasbourg [3]. Le 27 avril, les quatre batteries que Douai devait fournir au 1er corps et les trois qu'il devait envoyer au 2e n'étaient pas encore parties, et l'Empereur devait faire donner des ordres formels pour les faire mettre en marche le 3 mai [4]. Le 3e corps qui, à la fin d'avril, n'avait encore aucune artillerie, reçut, du 1er au 8 mai, quatre batteries, dont deux à cheval, et le matériel d'une autre [5]. Au 14 mai, l'artil-

1. Voir aux pièces justificatives, nos 31 et 32, l'état-major de l'artillerie et la répartition des batteries aux corps de cavalerie, en date du 5 juin. Ce Berge est le même qui avait servi avec zèle le duc d'Angoulême dans le Midi.

2. *Correspondance*, 21845.

3. Arch. guerre. Rapport à l'Empereur, du 31 mars.

4. *Correspondance de Napoléon*, 21849.

5. Arch. guerre. Rapport de Guilleminot à Vandamme, 8 mai.

lerie de l'armée du Nord se composait de quarante-sept batteries et de trois cent trente-six bouches à feu [1]. Mais la célérité que l'on avait mise à leur formation avait eu pour effet qu'elles laissaient « toutes des détails plus ou moins essentiels à désirer pour le complet de leur organisation, » et les systèmes adoptés jusque-là dans les opérations relatives à la composition de l'équipage en rendaient « le complètement sujet à des lenteurs, des retards et même des difficultés [2]. » Ruty demandait que ce fût sur ses propres indications que le personnel et le matériel fussent fournis aux corps. « Il faut quinze jours ou trois semaines pour que la demande de moindre détail faite par l'artillerie d'un corps d'armée puisse être remplie, supposé même qu'elle n'exige ni discussion ni explication. Il est aisé de voir que dans ce système d'administration, le temps se consume en correspondance et les opérations n'avancent pas. » Et il ajoutait avec une profonde justesse : « Il faut à un équipage qui se trouve dans ce cas (à la veille d'entrer en campagne) un parc mobile central et rapproché où se réunissent toutes les ressources en hommes, chevaux, matériel et fonds que l'on peut affecter à son organisation et à son entretien, et dont le directeur tienne sans intermédiaire un compte courant avec chaque subdivision de l'artillerie qui est en ligne, pour connaître ses besoins et y satisfaire à l'instant. » « Les commandants d'artillerie des corps d'armée n'ont pas un denier à leur disposition, » poursuivait Ruty, qui demandait pour chacun d'eux une somme de 1,500 francs. Il proposait de former à la Fère un parc mobile de cent soixante-dix voitures et de mettre

1. Arch. guerre. Rapport de Neigre.
2. Arch. guerre. Rapport de Ruty au ministre, 14 mai.

à la disposition de l'officier qui le commanderait une somme de 1,500 francs pour faire face aux premiers besoins. Il réclamait encore la nomination d'un chef d'état-major général et d'un inspecteur général du train d'artillerie, et proposait pour ces fonctions le maréchal de camp Berge et le colonel Lambert. Il indiquait les moyens à prendre pour activer le complément en personnel et matériel de l'armée du Nord et terminait en insistant « pour ne pas être réduit à recevoir et transmettre des demandes et pour obtenir.... une action immédiate et positive sur l'organisation et la direction d'un service dont la responsabilité reposera toujours sur moi. »

Quant à l'artillerie des places, Ruty signalait le manque d'affûts, de poudre, de plomb, de personnel et par-dessus tout d'argent. Le rapport de Neigre ci-dessus mentionné indiquait une réserve de 77,000 coups dans les dépôts de Guise jusqu'à Paris. Dans des observations sur ce rapport [1], l'Empereur demandait 90,000 coups à Paris « qui est le point central, » et 90,000 sur la ligne jusqu'à Avesnes, 20,000 à Vitry, 80,000 à Château-Thierry, 20,000 à Soissons, 4,000 à Maubeuge, Landrecies, le Quesnoy, Valenciennes, Condé, Philippeville et Givet. Dans un rapport du 18 mai, Neigre déclarait qu'il prenait les mesures en conséquence [2].

Le 19 mai, nous avons un rapport de Ruty à Soult [3], qui nous donne l'état, à cette date, de l'artillerie de l'armée du Nord : le 1er corps avait sept batteries complètes en personnel et en matériel, sauf pour l'artillerie à cheval qui manquait d'hommes et de chevaux ; le 2e corps avait le

1. Arch. guerre.
2. Arch. guerre.
3. Arch. guerre.

matériel de ses neuf batteries, mais il manquait soixante-quatre hommes à l'artillerie à pied, quarante-deux hommes et soixante-cinq chevaux à l'artillerie à cheval. Pour le 3e corps, il manquait au train vingt-cinq hommes et cinquante chevaux; de même pour le 6e corps, auquel il manquait une trentaine d'hommes et une soixantaine de chevaux.

Le parc formé à la Fère sur les indications de Ruty n'avait encore que cent voitures et les hommes affectés au service manquaient d'habillement. On s'empressa de satisfaire aux demandes de Ruty, comme en font foi les annotations de Neigre sur son rapport. Le général Neigre y indique aussi que conformément aux ordres de l'Empereur pour porter à huit bouches à feu les batteries d'artillerie à pied, au lieu de six qu'elles avaient primitivement, des mesures sont prises pour que ce complément soit formé à la fin de mai.

A la fin de ce mois cependant, le parc de la Fère n'était pas encore complètement organisé. Sur les deux cent sept voitures destinées à ce parc, cent soixante-dix seulement s'y trouvaient réunies [1]. Le 3 juin, tous les équipages de l'armée du Nord se trouvaient complétés. En même temps l'approvisionnement en coups de canon était « parfaitement assuré. » Les mesures prises par Neigre donnaient 237,142 coups disponibles [2].

Mais le manque de chevaux empêchait que l'on pût rendre mobiles avant le 15 juin les trois quarts du parc de la Fère, et le quatrième quart avant le 17 [3].

1. Arch. guerre. Ruty au ministre, 31 mai; Neigre au ministre, 31 mai.

2. Arch. guerre. Rapport de Neigre en date du 3 juin et réponse de la même date au rapport de Ruty du 31 mai.

3. Arch. guerre. Ruty à Soult.

Quant à l'approvisionnement des hommes en cartouches, l'Empereur avait exigé qu'il fût de cinquante cartouches par homme. Une trahison, qui aurait pu avoir les plus graves conséquences, obligea de porter sur ce point une attention toute spéciale :

« Il y a deux jours, écrivait Drouet d'Erlon le 25 avril, qu'un soldat du 19e de ligne, en rangeant ses cartouches, en avait trouvé quelques-unes dans la composition desquelles il entrait de la limaille de fer au lieu de poudre ; comme ce régiment avait reçu ses cartouches du magasin de Lille, j'ordonnai de suite une vérification scrupuleuse des munitions existantes dans ce magasin ; cette vérification eut lieu hier matin, et on m'a rendu compte que toutes les munitions avaient été trouvées de bonne qualité. Hier soir, au moment où l'on distribuait des cartouches à une compagnie de voltigeurs du 42e de ligne que j'ai placée avec la cavalerie à Tourcoing, on s'est aperçu, en ouvrant les paquets, que chacun d'eux était composé de cinq cartouches paraissant de bonne qualité et de cinq autres sans balle et pour la plupart remplies de son, de cendre ou de terre glaise. Le général Bruno, commandant à Tourcoing, m'en a rendu compte ce matin et m'a envoyé quelques-unes de ces cartouches en m'annonçant qu'elles avaient été reçues hier du magasin de Lille.

« Un semblable événement a dû me donner de graves soupçons sur le colonel Levavasseur, directeur d'artillerie à Lille, qui, s'il n'est pas coupable de trahison, l'est au moins d'une bien grande négligence ; en conséquence, je viens d'ordonner au commandant de la gendarmerie de le garder à vue, et au commandant de l'artillerie de mon corps d'armée de désigner sur-le-champ un officier supérieur d'artillerie pour remplir provisoirement les fonctions de directeur à Lille, de s'assurer de tous les magasins de la place.... Je donne également des ordres pour que l'on fasse dans tous les régiments la vérification des cartouches.... J'emploierai tous les moyens pour chercher à découvrir les auteurs d'une telle trahison.... Je dois ici informer Votre Excellence que les opinions de M. le colonel Levavasseur m'ont toujours paru douteuses et que j'en aurais même rendu compte à Votre Excellence si je n'avais su positivement que M. le lieutenant général Dufour, lors de son voyage à Paris, lui avait remis une note sur ce colonel, et qu'en conséquence je m'attendais chaque jour à voir arriver un nouveau directeur d'artillerie [1]. »

Davout se vit obligé de recommander aux commandants de corps d'armée de s'assurer que les cartouches distribuées à leurs hommes n'étaient pas fausses, mais de bonne qualité [2].

Pour les opérations de l'armée, il était nécessaire de songer à former un équipage de pont. Dès le 17 avril, l'Empereur ordonnait qu'on le formât à Douai. Davout le composa de trente pontons sur haquet et de dix bateaux d'avant-garde sur haquets. Il faisait venir à Douai deux compagnies de pontonniers, et deux autres à Paris, pour un équipage de réserve qu'il comptait former dans la capitale [3].

L'Empereur, qui trouvait vague le rapport que lui fit là-dessus son ministre, le 12 mai, lui ordonnait de ne laisser à la Moselle et au Rhin que deux compagnies de pontonniers et de faire venir les autres à Douai, à Paris et à Laon, pour former l'équipage de pont de l'armée du Nord.

1. Arch. guerre. Drouet d'Erlon au ministre, 25 avril.
2. *Correspondance*, 1635 (à Reille, 27 avril), 1636 (à d'Erlon, 22 avril).
3. Arch. guerre. Rapport de Davout à l'Empereur, 12 mai.

Il lui demandait en même temps des renseignements précis sur l'état actuel des équipages réunis à Douai et à Paris, sur la largeur des canaux de Condé, de l'Escaut du côté de Mons, de la Sambre du côté de Charleroi, du canal de Bruges et de celui de Bruxelles, et enfin de la Meuse du côté de Maestricht, sur le nombre de pontons nécessaires pour faire des ponts sur chacune de ces rivières [1]. Davout fournit à l'Empereur les renseignements demandés, par des rapports du 15 et du 16 mai ; comme il existait dix compagnies de pontonniers et non huit, comme le croyait l'Empereur, en en laissant deux à Strasbourg, Napoléon en eut encore sept pour l'armée du Nord ; sur ses ordres, l'équipage de pont se rendit, du 22 au 24 mai, de Douai à Guise. L'équipage de réserve, formé à Vincennes, dut suivre dans les premiers jours de juin [2].

A côté des pontonniers, l'Empereur faisait organiser, pour l'armée du Nord, seize compagnies de sapeurs, munies des objets nécessaires pour la réparation des ponts : cinq compagnies à chacun des deux premiers corps, deux au 3e, quatre au 6e. Rogniat, qui avait le commandement en chef du génie de l'armée du Nord, proposait de retirer au 1er corps et au 6e une compagnie qui y était de trop, puisque ces corps n'avaient respectivement que cinq et trois divisions, et d'en former une réserve, avec une compagnie de mineurs tirée de la Fère, où elle était inutile à la défense [3].

Pour pourvoir à l'administration et à la subsistance de

1. *Correspondance*, 21900 (13 mai). Cette lettre me semble indiquer que dès ce moment le plan de l'Empereur était arrêté, au moins dans ses grandes lignes.

2. Arch. guerre. Davout à Neigre, 15 mai ; à l'Empereur, 15, 16, 19 mai ; Neigre à Davout, 15 et 20 mai ; Jouffroy au même, 20 mai ; *Corresp. de Napoléon*, 21919.

3. Arch. guerre. Rogniat à Soult, 5 juin.

son armée, l'Empereur pouvait difficilement s'adresser à un homme en qui il eût plus de confiance, et une confiance plus justifiée, que le baron Daure. Commissaire des guerres de Bonaparte aux armées d'Égypte et d'Italie, employé au même titre par Murat, qui en fit un moment son ministre de la guerre, ordonnateur en chef de la Grande Armée pendant l'expédition de Russie, Daure avait constamment manifesté les plus hautes capacités dans son service et le plus grand attachement à l'Empereur, qui, par ses derniers décrets de Fontainebleau, l'avait nommé maître des requêtes. Laissé dans ces fonctions par Louis XVIII, il se vit appelé par la confiance de l'Empereur à l'intendance générale de l'armée, sur sa demande d'ailleurs [1].

Le titre d'intendant général de l'armée ne donnait à Daure d'autorité que sur l'armée du Nord et sur les corps qui pourraient être appelés à se joindre à elle ; c'est ce que spécifiait nettement l'Empereur dans une note en date du 16 mai [2]. Ce n'en était pas moins une lourde charge. C'était sur lui que reposait l'administration générale des corps entre les mains desquels allait se trouver la destinée de l'Empire et peut-être de la France ; il lui fallait pourvoir aux équipages chargés de transporter le matériel et les approvisionnements des troupes ; il lui fallait veiller à ce que ses approvisionnements se fissent régulièrement ; il lui fallait songer à former des ambulances ; il lui fallait se préoccuper de réunir les fonds qui devaient faire le trésor de l'armée.

Quant aux équipages, l'Empereur avait ordonné, par décret du 2 avril, de porter de quatre compagnies à huit

1. Arch. guerre. Décret du 2 mai ; *Corresp. de Davout*, 1652.
2. *Corresp.*, 21918.

chacun des quatre escadrons du train. Chaque compagnie, en passant du pied de paix au pied de guerre, faisait monter à quatre-vingt-quatorze ses quarante-quatre hommes de troupe, ce qui donnait avec les officiers (3), sous-officiers (14), trompettes (2), ouvriers (7) et enfants de troupe (2), un effectif de cent dix-neuf hommes par compagnie, ou pour les quatre escadrons, de plus de trois mille huit cents hommes et de cinq mille neuf cent cinquante-deux chevaux, à raison de cent quatre-vingt-six par compagnie (seize de selle et cent soixante-dix de trait). Mais se rendant bien compte que l'on ne pourrait pas atteindre ce résultat du premier coup, l'Empereur s'était contenté de demander que l'on portât au complet de guerre les seize compagnies existantes. Le 14 mai, Daure constatait qu'il ne manquait, pour que ce résultat fût atteint, que les chevaux — toujours une des grosses difficultés du moment — et les deux tiers de l'habillement. D'ailleurs un escadron entier, le 2e, avait envoyé ses quatre compagnies, deux à Strasbourg et deux à Metz, pour les armées du Rhin et de la Moselle; deux compagnies du 1er escadron avaient été momentanément détachées au service des batteries de l'armée du Nord et une autre à celui des caissons d'ambulances; et Daure pouvait à bon droit se plaindre de la faiblesse des moyens dont il pouvait disposer [1]. Pour remédier à cette pénurie, un décret du 16 mai ordonna la levée de vingt-six compagnies d'équipages militaires auxiliaires, pour le service de l'armée du Nord, qui devaient être levées, cinq dans le département du Nord, quatre dans chacun de ceux de la Somme, du Pas-de-Calais et de l'Aisne, trois dans ceux des Ardennes, de la Meuse et

1. Arch. guerre. Daure à Soult, 14 mai.

de la Marne. Ces compagnies devaient être affectées : cinq au 1er corps (une par division et une pour le parc général), six au 2e, quatre au 6e et huit au parc général de l'armée [1]. Daure dut s'entendre avec les préfets pour la levée de ces compagnies [2]. On ne pouvait guère s'attendre à ce que le Nord, qui se montrait si rebelle à la formation des gardes nationales, se prêterait davantage à la levée des équipages militaires. Tandis que la Marne envoyait, le 5 juin, à Laon sa première compagnie complète à quarante voitures, l'organisation n'était même pas commencée dans le Nord et Daure dut requérir l'assistance des autorités militaires [3]. Le 7 juin, il manifestait encore la crainte que les équipages levés dans le Nord, le Pas-de-Calais et la Somme ne fussent pas prêts, tandis que les autres l'étaient [4].

Plus fâcheuse encore était la question des approvisionnements. Dès le 27 avril, l'Empereur avait ordonné la formation de magasins à Avesnes pour cent mille hommes et vingt mille chevaux pendant dix jours. Il voulait en outre que l'on établît des magasins par échelons sur Guise, Laon, Soissons. « Je n'ai pas besoin de dire qu'il faut des farines et des moyens puissants [5]. » Il voulait éviter les réquisitions et désirait que le munitionnaire fût tenu d'avoir à la fin de mai le pain, les fourrages, les légumes et l'eau-de-vie pour deux cent cinquante mille hommes et quarante mille chevaux pendant six mois. Mais pour cela il fallait obtenir du munitionaire qu'il accélérât son approvisionnement et réalisât en mai ce que, d'après

1. Arch. guerre. Décret du 16 mai.
2. Arch. guerre. Daure aux préfets, 20 mai.
3. Arch. guerre. Daure à Soult, 5 juin.
4. Arch. guerre. Daure à Soult, 7 juin.
5. *Corresp.*, 21845.

ses traités, il n'était tenu de réaliser qu'en février [1]. Le 16 mai, l'Empereur constatait avec amertume que « le service est bien mal fait, surtout pour le pain. La guerre va avoir lieu et le soldat ne pourra pas entrer en campagne avec quatre jours de pain [2]. » Aussi enjoignait-il à Davout de dissoudre l'entreprise, s'il n'y avait pas confiance, et de former une régie; en tout cas, d'envoyer de suite des fonds à l'intendant général pour faire des magasins à Soissons, Laon et Avesnes.

Le 13 mai, Daure constatait que jusqu'alors, à Laon, « le service courant se faisait au jour le jour », mais qu'il fallait désormais l'assurer pour plusieurs jours; la réserve dans cette place était de deux mille huit cents quintaux métriques de farine blutée, trois cents de légumes secs, quatre-vingt-quatre de sel et seize mille litres d'eau-de-vie. Les fours de la ville pouvaient cuire vingt mille rations par jour. Il faisait prendre des mesures pour que l'approvisionnement fût fait dans les dix jours. Celui des vivres-viande offrait de la difficulté, l'épizootie qui avait frappé sur les bestiaux ayant naturellement augmenté les prix [3]. Quant aux fourrages, le munitionnaire avait ordre de Davout, en date du 22 avril, de prendre pour base de ses approvisionnements vingt-neuf mille rations journalières pour les quatre corps faisant partie de l'armée du Nord, sans compter pour la garnison des places un approvisionnement de deux mois en foin et paille et de trois mois en avoine [4].

Le 16 mai, Daure faisait savoir à Soult que malgré

1. *Corresp.*, 21872.
2. *Corresp.*, 21915.
3. Arch. guerre. Daure à Soult, 13 mai.
4. Arch. guerre. Le même au même, 15 mai.

quelques difficultés, la réserve de six jours de pain, dont les troupes avaient ordre de se pourvoir, avait pu être réalisée, mais que les réserves d'Avesnes, Guise, Laon et Soissons étaient presque nulles, les munitionnaires attendant pour agir les fonds qu'on leur avait promis et qu'on ne leur donnait pas. L'ordonnateur en chef Volland dut recourir à la voie des appels par réquisitions à la charge de paiements par les munitionnaires [1]. On put arriver à ce résultat que Soissons, à lui seul, était en mesure de fournir quatre-vingt-dix mille rations au 10 juin; que Guise seul était en retard, non pour l'approvisionnement en grains, mais à cause des difficultés de la mouture ; que l'approvisionnement en vivres-viande se faisait régulièrement : quinze cents bestiaux devaient être réunis dans les parcs d'approvisionnement avant le 15 juin ; le 5, il y en avait déjà sept cent trente et un, ainsi répartis : Landrecies, le Quesnoy, quatre cents têtes; Valenciennes, cinquante; Avesnes, cent; Laon, cent quatre; Soissons, soixante-dix-sept [2].

Deux jours plus tard, Daure prenait ses dispositions pour assurer l'approvisionnement des divers corps qui avaient reçu l'ordre de se réunir le 13 [3].

« Le 1er, qui se concentre sur Valenciennes, sera alimenté par les places de Valenciennes, Bouchain, Condé et Cambrai. Ces quatre places peuvent donner quarante mille rations par jour. Ce corps prendra sur la réserve de Valenciennes les quinze jours de riz, eau-de-vie, sel, vinaigre, etc., qu'il doit avoir à sa suite.

« Le 2e corps, qui se concentre sur Maubeuge, sera ali-

1. Arch. guerre. Daure à Soult, 16 mai.
2. Arch. guerre. Le même au même, 5 juin.
3. Arch. guerre. Le même au même, 7 juin.

menté par Maubeuge, le Quesnoy, Landrecies, qui peuvent donner trente mille rations par jour, et prendra les quinze jours de riz, etc., sur la réserve de Maubeuge.

« Le 3e corps, qui se concentre entre Mariembourg et Chimay, le général Vandamme ayant son quartier général à Chimay, sera alimenté par Mariembourg, Givet, Philippeville, qui peuvent donner vingt mille rations par jour, et prendra sa réserve à Philippeville.

« Le 6e corps, qui se concentre sur Avesnes, sera alimenté par cette place même, qui peut fabriquer trente mille rations par jour et lui donner sa réserve à sa suite.

« M. le maréchal Grouchy m'a prévenu que les quatre corps de cavalerie seraient placés à Vervins, Câteau-Cambrésis, Guise et la Capelle. Ils seront alimentés par Guise et la Capelle, qui peuvent en ce moment donner quinze mille rations par jour et qui, avec les nouveaux fours que l'on établit à Guise, pourront donner jusqu'à vingt-sept mille rations; alors la place de la Capelle pourra même aider le 3e corps. Toute la cavalerie prendra à Guise la réserve à sa suite.

Quant à la garde impériale, les ordres sont donnés pour qu'elle s'alimente par la place de Laon. Comme j'en ai déjà rendu compte à Votre Excellence, elle prendra la réserve de pain à Soissons et celle de riz, eau-de-vie, etc., à Paris, ou à Soissons, si elle n'amène rien de Paris sur ses équipages, ainsi que je l'ai mandé à M. l'ordonnateur Dufour. Le grand parc d'artillerie s'alimentera par Laon et Soissons.

« Par une seconde lettre, Votre Excellence m'annonce le mouvement de l'armée de la Moselle qui doit se réunir à Rocroy. Elle s'alimentera par Rocroy, Mézières et Montmédy; ces trois places peuvent donner par jour trente mille rations. J'écris par un courrier extraordinaire à l'ordonnateur en chef de ce corps d'armée pour lui faire connaître que, d'après les ordres de l'Empereur, chaque homme doit avoir à son départ quatre jours de pain frais et une demi-livre de riz; que l'armée doit avoir à sa suite six jours de pain biscuité et quinze jours de riz, eau-de-vie, etc., et quinze jours de viande sur pied; que par conséquent il doit tirer ces denrées des réserves qui ont dû être établies dans la 3e division militaire; que dans le cas où elles ne seraient pas suffisantes, il doit se les procurer par voie d'appel, en faisant rembourser les communes par les munitionnaires généraux. Dans la supposition où l'armée de la Moselle, à son arrivée à Rocroy, n'aurait pas à sa suite toutes ces denrées, la réserve de Philippeville pourra lui en fournir une partie.

« Je préviens l'ordonnateur de la 2e division militaire du passage de l'armée de la Moselle, afin que les vivres lui soient délivrés dans les gîtes qu'elle doit parcourir, afin qu'elle ne consomme pas ces quatre jours de pain frais et ses vivres à sa suite et les ait en totalité à son arrivée au point de réunion.

« Votre Excellence voit que toutes les places situées sur la ligne qui sera occupée par l'armée peuvent donner cent soixante-cinq mille rations par jour, non compris Laon, Soissons, Saint-Quentin et la Fère, qui peuvent en fabriquer soixante mille, et indépendamment des rations qu'elles devront donner pour leurs garnisons.

« Chaque corps d'armée aura à sa suite quatre jours d'avance de viande sur pied, et je ferai suivre les parcs de bœufs nécessaires à ces distributions. Le reste du parc restera à Laon jusqu'à nouvel ordre.

« Quant à l'avoine, les réserves de Laon et d'Avesnes

pourvoiront aux besoins des troupes qui ne pourraient pas s'en procurer dans leurs cantonnements. Il leur sera distribué quatre jours d'avoine. »

Les alertes continuelles où l'on était, la possibilité d'une invasion soudaine de l'ennemi, la nécessité de mettre les troupes en mesure de se mettre en mouvement au premier ordre, avaient fait décider depuis longtemps de leur distribuer pour deux jours de pain frais et en même temps pour quatre jours de pain demi-biscuité. Malheureusement, soit défaut de fabrication, soit action de la température, ce pain se conservait mal; des plaintes perpétuelles, dont l'ordonnateur Volland et Daure se faisaient l'écho, étaient élevées par les troupes. Les gardes nationales jetaient celui qu'on leur donnait, la garnison de Laon refusait d'accepter qu'on en fit entrer même pour un cinquième dans sa distribution. Daure était obligé d'ordonner une visite générale des magasins pour faire livrer au domaine tout ce qui n'était pas susceptible d'un bon service. Il y avait donc là une double source d'ennuis : perte d'argent et mécontentement des troupes [1]. Il en fut malheureusement de même quand les corps s'ébranlèrent. « La fabrication du pain biscuité a manqué partout, écrivait l'ordonnateur en chef du 1er corps; il ne s'est point conservé et c'est une perte embarrassante pour le moment [2]. »

Une note en date du 9 mai donnait à Daure la liste des hôpitaux compris dans le territoire des six corps de l'armée du Nord et des ambulances attachées aux corps [3]. Mais, comme le faisait observer l'intendant général, les hôpitaux n'offraient guère de ressources que pour le local,

1. Arch. guerre. Daure à Soult, 16 mai et 5 juin (trois lettres).
2, Arch. guerre. Regnault au ministre, 11 juin.
3. Arch. guerre. Note sur les hôpitaux, 9 mai.

et il demandait que l'on établît des hôpitaux spécialement militaires à Laon, à Soissons et à Reims [1]. Quant aux ambulances, quatre étaient attachées au quartier général, et quinze aux corps à raison d'une par division; et l'on se disposait à préparer à Paris vingt nouvelles divisions pour les services essentiels de l'armée. Chaque ambulance devait fournir trois mille six cent onze pansements en linge et cinq mille cent quarante-six en charpie [2].

L'Empereur demandait en outre qu'il fût affecté au quartier général de chaque division de cavalerie une section d'ambulance. Daure, dans un rapport du 20 mai [3], indique la composition de ces ambulances. On la trouvera en note [4].

1. Arch. guerre. Daure à Soult, 16 mai.
2. Note du 9 mai.
3. Arch. guerre. Daure à Soult, 20 mai.
4.

Tabliers d'officiers de santé	8	Grand linge	80 kilos
Essuie-mains	6	Petit linge	80 —
Marmite	1	Charpie	60 —
Casserole	1	Bandages à hernies	6
Bassine	1	Coussins de blessés	6
Écuelles	2	Brancards	2
Gobelets	15	Attelles	30
Pots à boire	15	Fanons	10
Lanterne	1	Palettes	5
Cuillère à distribution	1	Semelles	4
Jeu de mesure	1	Épingles (mille)	2
Bidons	2	Aiguilles	25
Couteau de cuisine	1	Ruban de fil (pièces)	4
Pioche	1	Fil	25 décagr.
Hache	1	Ficelle	1/4 de kil.
Marteau	1	Éponges	1/4 —
Jeu de poids	1	Tablettes à bouillon	1 kilo
Fourchette à distribution	1	Vin rouge	15 litres
Scie montée	1	Vinaigre	10 —
Ciseaux (paire)	2	Eau-de-vie	10 —
Chandelier	1	Miel	2 kilos
Caisse à amputation	1	Huile d'olive	3 —
— à trépan	1	Savon	2 —

L'allocation attribuée à chaque corps pour monter sa cantine d'ambulance était fixée à 200 fr., conformément au décret du 13 avril 1813. Les chefs de corps protestant contre la modicité de cette somme, Soult fut obligé d'intervenir et de leur fournir un état des objets qui devaient garnir ces cantines, avec leur prix. Le total ne dépassait pas 195 fr. 05 [1]. Des raisons d'économie empêchèrent d'accorder aux régiments des caisses d'amputation ; Soult, dans la même lettre, couvrait cette économie du prétexte que les caisses d'amputation seraient inutiles, les blessés pouvant être de suite transportés aux ambulances, qui n'étaient jamais éloignées du champ de bataille. Le 7 juin, dans un rapport que nous avons déjà eu l'occasion de citer, Daure constatait que les ambulances étaient toutes prêtes. Il donnait en même temps à Soult les lignes d'évacuation qu'il avait arrêtées pour les malades et blessés des divers

Chandelles	2 kilos	Cire jaune	1/2 kilo
Sel	2 —	Subdivision de pharmacie	1

1. Arch. guerre. Soult à Lobau, 27 mai. Voici le tableau annexé à la lettre de Soult.

PANSEMENTS	
Bandes roulées, 6 à 4 fr.	24 »
Grand linge, 12 à 4 fr.	48 »
Petit linge, 22 à 2 fr. 90	63 80
Charpie, 12 à 2 fr. 50	30 »
Ruban de fil, 1 pièce	1 »
Épingles, 1 millier	2 50
Aiguilles, 1/2 cent	» 25
Fil blanc, 2 écheveaux	» 80
Cire jaune, 60 grammes	» 27
Ficelle, 250 grammes	» 59
Éponges communes, 80 gramm.	» 80
MÉDICAMENTS	
Extrait de Saturne, 240 gramm.	1 19
Sel de Saturne, 100 grammes	» 32
Esprit-de-vin camphré, 600 gr.	3 60
Camphre, 50 grammes	1 25
Laudanum liquide, 125 gramm.	2 »
Liqueur d'Offmann, 180 —	1 68
Alcali volatil, 190 grammes	» 54
Sparadrap, 125 grammes	» 63
Sparadrap agglutinatif, 500 gr.	2 50
Émétique, 50 grammes	» 10
USTENSILES	
Boîte à compartiments	6 »
Flacons bouchés, 2 à 0 fr. 75	1 50
Petits flacons, 4 à 0 fr. 15	» 60
Petite boîte à émétique, 2 à 0 fr. 05	» 10
Emballage	1 05
Total	195 05

corps d'armée : Bouchain, Lille, etc., pour le 1er corps; Maubeuge, Landrecies, le Quesnoy, Cambrai, pour le 2e; Rocroy, Mézières, pour le 3e; Avesnes, Guise, Saint-Quentin, pour le 6e; Laon, pour la cavalerie. En dépit de l'affirmation de Daure, nous savons que dans certains corps les ambulances, au moins régimentaires, si elles ne faisaient pas absolument défaut, étaient incomplètes. C'est ce que constate, par exemple, à la date du 11 juin, Regnault, l'ordonnateur du 1er corps d'armée, pour les 54e, 55e, 28e et 25e de ligne. Il se plaignait aussi de la rareté de la charpie, mais il annonçait d'ailleurs que tout cela n'allait pas tarder à être réparé [1].

Le trésor de l'armée n'avait pas même reçu un commencement d'organisation au milieu de mai [2]. Daure se plaignait avec raison de cet état de choses qui se retrouvait en petit dans chaque corps. Le 11 juin encore, Regnault, dans la lettre citée ci-dessus, constatait qu'il y avait un payeur au corps, mais qu'il n'avait pas de fonds et qu'il n'avait pas été ouvert un seul crédit à l'ordonnateur en chef. En juin également, dans une note qu'il mettait sous les yeux de l'Empereur, Daure remarquait que le payeur général de l'armée, Firino, n'avait en caisse que 150,000 fr. en or et 20,000 fr. en traites, somme « insuffisante pour les besoins de l'armée ». Aussi proposait-il : 1° de prendre les 150,000 fr. qui se trouvaient dans la caisse du receveur général de l'Aisne ; 2° de faire envoyer par le ministre pour un million de traites sur le trésor [3]. Napoléon approuva ces dispositions par une note marginale.

Ainsi sans avoir pu, malgré tous ses efforts, malgré le

1. Arch. guerre. Regnault au ministre, 11 juin.
2. Arch. guerre. Daure à Soult, 6 mai.
3. Arch. guerre. Daure à l'Empereur, juin.

travail énorme que lui avait donné toute cette préparation, organiser d'une manière sûre et solide ni le personnel ni le matériel de son armée, l'Empereur se mettait en route.

Ses premiers préparatifs avaient été de pure défensive. Dans les ordres donnés le 28 mars à Reille [1], il est bien spécifié que ses troupes « ne seront pas placées d'une manière hostile. » De même, dans les instructions du 31 mars à Reille, à d'Erlon et au duc de Plaisance, leur rôle doit se borner à se partager entre eux la surveillance de la frontière [2]. Si le 27 avril l'Empereur ordonne une concentration des corps, c'est qu'il craint des « événements imprévus ». Les renseignements qu'il a reçus sur les mouvements des troupes ennemies lui font penser qu'elles se préparent à attaquer la France. Aussi donne-t-il l'ordre à Reille de porter son quartier général à Avesnes, de placer une subdivision à Maubeuge et en avant de la ville dans les villages, de s'assurer de deux points sur la Sambre, de bien visiter toute la frontière jusqu'à Philippeville et de réunir ses cinq autres divisions derrière la Sambre. Drouet d'Erlon portera son quartier général à Valenciennes, reconnaîtra les camps de Maulde et de Famars et réunira toutes ses troupes entre Condé et Valenciennes. Vandamme réunira son corps entre Rocroy et Mézières. Le 6e corps enverra une partie de ses troupes à Laon, la 19e division, avec une batterie d'artillerie; la 6e division de réserve de cavalerie, à laquelle se joindra le 1er hussards. Et dès que les hostilités commenceront, d'Erlon et Reille prendront position derrière la Sambre et Vandamme s'approchera pour appuyer leur droite, tandis que Piré, mis par l'Empe-

1. *Corresp. de Napoléon*, 21738; *Corresp. de Davout*, 1515.
2. *Corresp. de Davout*, 1527.

reur à la tête de l'avant-garde du 6e corps à Laon, marchera sur Guise pour se joindre à eux [1]. C'est aussi à ce moment qu'il donne l'ordre de ne laisser plus sortir personne de France [2] et qu'il se préoccupe de choisir les personnes entre les mains de qui seront concentrés les divers services des quatre corps réunis en armée : le major général, le commandant en chef de l'artillerie, l'intendant général, l'ordonnateur général, etc.

Mais bientôt il s'aperçoit que ce n'était qu'une fausse alerte; avec sa pénétration, il se rend compte que l'ennemi ne tentera pas d'invasion en mai, et il se propose de le surprendre lui-même par une attaque imprévue. Outre les chances qu'il a, en agissant avant la concentration des ennemis, d'avoir affaire à des masses moins profondes et qu'il pourra battre d'autant plus aisément qu'elles s'attendront moins à sa démarche, les dispositions mêmes d'une partie des provinces septentrionales, le mauvais vouloir visible qu'elles manifestent contre le gouvernement impérial, ne rendent-elles pas nécessaire d'éviter, s'il est possible, l'entrée de l'ennemi sur un territoire où sa présence pourrait provoquer une insurrection ?

1. *Corresp. de Napoléon*, 21845 ; *Corresp. de Davout*, 1635, 1636, 1637.
2. *Corresp. de Davout*, 1638.

CHAPITRE XIV

ORGANISATION DE LA GARDE

L'un des premiers soins de l'Empereur en remontant sur son trône, l'un de ses plus impérieux besoins en se préparant à la lutte contre l'Europe, ce fut la réorganisation de la garde impériale. Parmi ses premiers actes de souverain depuis qu'il eut mis le pied sur la terre française, parmi ces fameux décrets de Lyon, il s'en trouve un pour rétablir la garde dans ses fonctions et privilèges, pour déclarer que l'on n'y pourrait être admis qu'après douze ans de services à l'armée, pour supprimer les Cent-Suisses, les gardes suisses et autres corps étrangers et promettre qu'à l'avenir aucun corps étranger ne serait admis à la garde du souverain. Ce décret, signé le 13 mars, fut rendu officiel au *Bulletin des lois*, le 21 mars [1].

Le 28 mars, dans le décret où il rappelait les militaires en congé [2], l'Empereur annonçait qu'il serait créé six régiments de tirailleurs et six régiments de voltigeurs de la jeune garde impériale. « Ces douze régiments, disait l'article 4 du décret, seront organisés à Paris par le lieute-

1. N° 15, p. 17.
2. *Corresp.*, 21737.

nant général comte Drouot. A cet effet, les autres soldats en congé illimité qui réuniront les qualités requises seront dirigés sur Paris, pour entrer dans la composition de ces régiments. »

Le 8 avril, un décret [1] organique réglait de la façon suivante l'organisation de la garde :

Infanterie.	Grenadiers.	3 régiments de grenadiers à pied (vieille garde).
	—	6 régiments de tirailleurs (jeune garde).
	Chasseurs.	3 régiments de chasseurs à pied (vieille garde).
	—	6 régiments de voltigeurs (jeune garde).

Cavalerie. 1 régiment de grenadiers à cheval (vieille garde).
— 1 — de dragons (vieille garde).
— 1 — de chasseurs à cheval (vieille garde).
— 1 — de chevau-légers-lanciers (vieille garde).
— 1 compagnie de gendarmerie (vieille garde).
Artillerie. 6 compagnies d'artillerie à pied (vieille garde).
— 4 — à cheval (vieille garde).
— 1 compagnie d'ouvriers (vieille garde).
— 1 escadron du train (vieille garde).
Génie. 1 compagnie de sapeurs (vieille garde).
Équipages. 1 escadron du train.

Chaque régiment d'infanterie comportait deux bataillons; chaque bataillon quatre compagnies de cent cinquante hommes l'une, officiers et sous-officiers compris. En temps de guerre, l'effectif de la compagnie devait être porté à deux cents hommes. Chacun des deux corps d'infanterie avait son état-major distinct. La force totale de l'infanterie se trouvait donc être en temps de paix de

1. Marco Saint-Hilaire. *Histoire de la garde impériale*, p. 633.

vingt-deux mille six cent soixante-huit hommes, y compris les états-majors. Chaque régiment de cavalerie se composait de quatre escadrons à deux compagnies, qui devaient être portées à cent cinquante hommes en temps de guerre. La gendarmerie, l'artillerie, le génie, le train, étaient composés suivant le décret de 1806. Le matériel de l'artillerie devait comprendre quatre batteries ou vingt-quatre pièces d'artillerie à cheval, deux batteries ou seize pièces d'artillerie à pied, quatre batteries de 12, formant trente-deux pièces, pour la réserve. En temps de guerre la ligne fournissait, pour augmenter cette artillerie, vingt-quatre pièces ou quatre batteries à pied pour la jeune garde, quatre batteries ou trente-deux pièces pour la réserve, et douze pièces ou quatre batteries à cheval, aussi pour la réserve.

L'état-major de la garde comprenait un lieutenant général faisant fonctions d'aide-major; un major faisant fonctions de sous-aide-major; un secrétaire-archiviste; un inspecteur aux revues, un chef de bataillon adjoint, quatre capitaines adjoints; sept sous-inspecteurs aux revues ou adjoints. La solde et les indemnités étaient rétablies sur le pied de 1806. A compter du grade de major, les officiers, sous-officiers et soldats avaient le rang immédiatement supérieur dans la ligne.

Modifiant un peu le décret du 28 mars, l'article 22 de celui du 8 avril portait que les douze années de service, y compris les campagnes, n'étaient exigées que pour les grenadiers et chasseurs à pied de la vieille garde; pour la cavalerie, l'artillerie et le génie, huit années de service suffisaient; pour la jeune garde, quatre années. La taille requise était de cinq pieds cinq pouces pour les grenadiers, l'artillerie et les sapeurs, de cinq pieds quatre pouces pour les dragons, de cinq pieds trois pouces pour les chasseurs, de cinq pieds deux pouces pour les lanciers et le train d'artillerie.

Dans la vieille garde, le 1er régiment devait se compléter par le 2e; celui-ci par le 3e, et par des hommes tirés de l'infanterie de ligne; le 3e par des hommes choisis dans la jeune garde et par des soldats de la ligne. La jeune garde devait se compléter surtout par des enrôlements volontaires. Dans la cavalerie, les lanciers servaient à compléter les grenadiers, les chasseurs et les dragons et se complétaient eux-mêmes par un choix fait dans la cavalerie de la ligne.

Pour ce choix, les colonels des régiments de ligne désignaient pour la cavalerie deux officiers et vingt sous-officiers et soldats; pour l'infanterie, deux officiers et trente sous-officiers et soldats; pour l'artillerie, de même; et c'est sur ces listes que le ministre, après contrôle, choisissait les hommes destinés à compléter les régiments de garde.

Un appel était fait aux sous-officiers et soldats tant de la jeune que de la vieille garde qui avaient reçu leur congé absolu, mais qui se sentaient disposés à reprendre le service. Pour constituer l'artillerie, on devait sans délai diriger sur Versailles, où se réorganisait le corps, les sous-officiers d'artillerie ayant fait partie de la vieille garde et qui, en 1814, avaient été incorporés dans l'artillerie de ligne.

Un article spécial décrétait — et c'était justice — que les compagnies de la vieille garde qui avaient accompagné l'Empereur dans son exil de l'île d'Elbe prendraient la tête dans les régiments de leur arme.

L'Empereur fut amené à augmenter successivement le corps d'élite auquel était confiée la garde de sa personne et qui par son dévouement, par sa discipline, par son indomptable courage, était appelé à donner l'exemple à toute l'armée française.

Le 22 avril, un décret portait de quatre escadrons à cinq le régiment des chevau-légers-lanciers, et par une dérogation caractéristique au décret du 13 mars, arrêtait que le premier escadron de ce régiment serait composé exclusivement de Polonais [1]. Il est vrai que les Polonais étaient presque des Français ; qu'ils avaient combattu dans les troupes impériales, et notamment dans la garde, avec un dévouement à toute épreuve, qu'ils avaient suivi l'Empereur à l'île d'Elbe, qu'ils étaient des cavaliers remarquables par leur adresse et par leur courage, que l'escadron ne devait se recruter que parmi les Polonais ayant pris du service en France. D'ailleurs, si l'escadron polonais était commandé par un colonel de sa nation, le vaillant Jermanowski ou Germanowski, major dans la cavalerie de la garde, il restait sous les ordres du lieutenant général commandant du régiment et était administré par le même conseil d'administration. Il ne formait pas un corps à part, il faisait partie intégrante d'un corps français.

Le 9 mai, nouveau décret [2] créant un quatrième régiment de chasseurs à pied et un quatrième régiment de grenadiers à pied de la vieille garde. Le 12 mai, c'est la jeune garde qui est augmentée à son tour par la constitution d'un septième et d'un huitième régiment de tirailleurs et d'un septième et d'un huitième régiment de voltigeurs [3].

Un décret du 15 mai [4], tout en maintenant le nombre de

1. Arch. guerre. Décret du 22 avril.
2. Arch. guerre.
3. Arch. guerre. Décret du 12 mai.
4. Arch. guerre.

quatre escadrons à deux compagnies pour les grenadiers à cheval et les dragons, porte à cinq escadrons les chasseurs à cheval comme les chevau-légers-lanciers, augmente l'état-major de chaque régiment d'un vétérinaire en second et celui des chasseurs et des lanciers d'un chef d'escadron et d'un lieutenant sous-adjudant-major, détermine ainsi qu'il suit l'effectif de chaque compagnie :

1 capitaine.
2 lieutenants en premier.
2 lieutenants en second.
1 maréchal des logis chef.
4 maréchaux des logis.
1 fourrier.
8 brigadiers.
3 trompettes.
2 maréchaux ferrants.
106 soldats, dont 5 non montés.

Total, 130 hommes, officiers compris, 120 chevaux de troupe.

Les quatre régiments de vieille garde donnaient ainsi un total de 256 officiers, 4,548 sous-officiers et soldats, et 4,348 chevaux de troupe ainsi répartis :

		Officiers	Troupe	Chevaux de troupe
Grenadiers à cheval.	État-major	18	12	7
—	Compagnies	40	1,000	960
	Total . . .	58	1,012	967
Dragons.	État-major	18	12	7
—	Compagnies	40	1,000	960
	Total . . .	58	1,012	967
Chasseurs à cheval.	État-major	20	12	7
—	Compagnies	50	1,250	1,200
	Total . . .	70	1,262	1,207

		Officiers	Troupe	Chevaux de troupe
Chev.-lég.-lanciers.	État-major	20	12	7
—	Compagnies	50	1,250	1,200
	Total. . .	70	1,262	1,207

Il était en outre créé pour la jeune garde un régiment d'éclaireurs-lanciers, qui se rattachait aux chasseurs à cheval et était administré par le conseil d'administration de ce corps, où entraient le major et le plus ancien capitaine du nouveau régiment.

La composition de l'état-major était ainsi fixée :

		Officiers	Troupe	Chevaux de troupe
ÉTAT-MAJOR	Major rang de vieille garde	1		
	Chefs d'escadron	4		
	Adjudant-major capitaine	1		
	Officier payeur lieutenant	1		
	Adjudants sous-officiers.		4	4
	Chirurgiens aides-majors	2		
	Maréchal vétérinaire en 1er		1	1
	— en 2e.		2	2
	Brigadier trompette		1	1
		9	8	8

Les compagnies à deux pour chacun des quatre escadrons avaient la même composition que celles de la vieille garde, si ce n'est que les lieutenants en premier étaient remplacés par des lieutenants, et les lieutenants en second par des sous-lieutenants. La force totale du régiment était donc de 49 officiers, 1,008 hommes et 968 chevaux de troupe.

Le régiment était assimilé pour la solde aux lanciers de la ligne. Le major avait rang de major de vieille garde; les autres officiers et la troupe étaient assimilés aux lanciers de la ligne; mais les sous-officiers et soldats recevaient par jour une haute paie de cinq centimes. . . . .

Pour former ce régiment, l'Empereur avait rappelé tous les hommes ayant servi dans la cavalerie de jeune garde. Il se compléta par les hommes qui, s'étant présentés pour entrer dans la cavalerie de vieille garde, n'avaient pas le nombre voulu d'années de service.

Le 28 mai, un nouveau décret organise pour la jeune garde une compagnie d'artillerie à pied et une compagnie du train d'artillerie, composées comme les corps analogues de la vieille garde, assimilées pour la solde et le rang à la ligne, mais avec une haute paie de cinq centimes par jour pour les sous-officiers et soldats [1].

Ainsi définitivement constituée, la garde impériale devait donc comprendre, non compté l'escadron du train des équipages : 1° pour la vieille garde, quatre régiments de grenadiers à pied, quatre régiments de chasseurs à pied, chacun de quatre compagnies ; un régiment de grenadiers à cheval et un régiment de dragons à quatre escadrons ; un régiment de chasseurs à cheval et un régiment de chevau-légers-lanciers à cinq escadrons ; une compagnie de gendarmerie d'élite ; dix compagnies d'artillerie, six à pied et quatre à cheval ; une compagnie d'ouvriers et un escadron du train d'artillerie ; enfin une compagnie de sapeurs ; 2° pour la jeune garde, huit régiments de tirailleurs, huit de voltigeurs, un régiment d'éclaireurs, une compagnie d'artillerie et une compagnie du train.

Sans que ce nom fût officiel ni légal, on prit l'habitude de désigner sous le nom de moyenne garde les 3e et 4e régiments de grenadiers et de chasseurs, ajoutés à la

1. Arch. guerre. Décret du 28 mai.

vieille garde, les premiers par le décret constitutif du 8 avril, les derniers par celui du 9 mai, et qui avaient cela de commun qu'ils se recrutèrent surtout dans la jeune garde.

Telle était la constitution de la garde impériale sur le papier, et il semblait bien que l'honneur d'appartenir à ce corps d'élite aurait dû susciter dans les troupes un esprit d'émulation qui en aurait facilité singulièrement la constitution effective et réelle. Mais il n'en fut pas ainsi ; pour la garde, comme pour la ligne, comme pour la garde nationale, l'on se heurta à des difficultés qui vinrent tout compromettre.

Ce n'est pas cependant qu'il n'y eût aucun empressement. Témoin un détachement du 39e d'infanterie, fort de trois officiers et de cent quatre-vingt-six hommes qui, étant sorti de Mont-Lyon pour se joindre à l'Empereur sur la route de Paris, refuse de rejoindre son corps et menace de déserter, en sorte que Davout est obligé de proposer à l'Empereur de l'incorporer dans la garde ; de même pour deux officiers et cent six hommes du 59e de ligne qui ont quitté Metz pour se joindre aux chasseurs à pied de la garde impériale venant de Nancy, et qui s'obstinent aussi à ne pas rejoindre leur corps [1]. Témoin encore ce bataillon de volontaires lyonnais qui s'était formé pour faire partie de la jeune garde et qui « demande à grands cris qu'on lui tienne cette promesse [2]. »

Cependant les effectifs ne se complètent que lentement. C'est à Drouot qu'incombe la charge de réorganiser la

1. Arch. guerre. Davout à l'Empereur, 4 avril.

2. *Corresp. de Napoléon*, 22013; Arch. guerre. Davout à Mouton-Duverney, 6 juin

garde. Et là encore, le choix de l'Empereur se justifie de lui-même. Il ne pouvait faire appel à quelqu'un qui méritât mieux les fonctions d'aide-major que cet admirable soldat dont le sang-froid et la vaillance étaient sans défaut, l'honneur sans tache et le dévouement sans limites ; à ce fidèle compagnon de son exil qui ne l'avait suivi à l'île d'Elbe qu'à condition de ne recevoir aucun traitement, de n'exercer aucune fonction lucrative.

La gendarmerie d'élite existait, et le 10 avril l'Empereur donnait ordre à Drouot de la faire former. Elle était même plus forte qu'elle n'aurait dû être aux termes du décret du 8 avril, puisqu'elle comprenait cent quatre-vingts hommes ; mais l'Empereur voulut qu'on conservât le corps tel qu'il était, en changeant seulement les officiers nommés par le roi et qui pouvaient être suspects [1]. Dans la même lettre, Napoléon donnait ordre à Drouot de lui présenter dès le lendemain « la nomination de tous les colonels, chefs de bataillon, et de quelques officiers des douze régiments de la jeune garde et enfin l'organisation de la vieille garde. Il n'y a pas non plus, ajoutait-il, un moment à perdre pour organiser l'artillerie. Présentez-moi un bon général d'artillerie pour commander l'artillerie de la garde, mon intention étant d'employer le général Dulauloy dans la carrière diplomatique [2]. »

Le 12 avril, dans un rapport à l'Empereur [3], Drouot lui signale que « tous les corps de cavalerie de la garde portent dans leurs situations un certain nombre

1. Arch. guerre. L'Empereur à Drouot, 10 avril.

2. C'est le 29 mars 1813 que Dulauloy avait été mis à la tête de la garde. Ce ne fut pas dans la carrière diplomatique mais comme gouverneur de Lyon que l'Empereur l'employa (*Corresp.*, 22009).

3. Arch. guerre.

d'hommes impropres au service de la cavalerie : comme il importe de n'avoir dans la garde que de bons cavaliers, » il propose de « passer une revue de tous les hommes impropres à la cavalerie, de placer dans l'infanterie de la garde ceux qui conviendraient à ce service. » Ce qui fut approuvé.

Le 19 avril, un autre rapport signale qu'en recevant les sous-officiers en congé, soit de la jeune garde, soit de la ligne, qui se sont présentés, et une grande partie de ceux qui, de Grenoble et de Lyon, ont suivi l'Empereur à Paris, on se trouve avoir plus d'hommes en sous-officiers que le complet fixé par le décret, notamment en adjudants et en sergents-majors [1]. Que faire de ces hommes qui seront mécontents si on les renvoie ? L'Empereur trouve une solution : « Les sous-officiers qui excéderont le complet seront mis dans la vieille garde [2]. »

Drouot propose une autre solution pour employer les officiers et sous-officiers qui se présentent : « Votre Majesté avait ordonné que chaque compagnie d'infanterie de la garde serait forte de cent cinquante hommes.... Votre Majesté ayant ordonné hier que chaque compagnie serait portée à deux cents hommes [3], je ne crois plus ce cadre suffisant, surtout dans la jeune garde. » Aussi propose-t-il de nommer deux sous-lieutenants au lieu d'un, marqué dans le décret du 8 avril, six sergents au lieu de quatre, douze caporaux au lieu de huit et quatre tambours au lieu

1. 53 adjudants, 2 tambours-maîtres, 97 sergents-majors, 149 sergents, 31 fourriers, 48 caporaux.

2. Arch. guerre. Rapport de Drouot à l'Empereur, du 19 avril, avec annotation marginale de Napoléon.

3. Dès le 18 avril, l'Empereur songeait à porter les compagnies à 200 hommes. (Arch. guerre. L'Empereur à Drouot, 18 avril.)

de trois[1]. Mais Napoléon observe sagement, dans une annotation marginale, qu'avant de faire des cadres pour des compagnies de deux cents hommes, il faut savoir si on pourra les former et qu'il faut d'abord les compléter à cent cinquante hommes.

Le 27 avril, le jour où l'Empereur change l'organisation militaire pour la constitution des quatre armées et des trois corps d'observation, le jour où il donne de tous côtés des ordres pour se préparer à tenir la campagne à la moindre alerte, il se préoccupe aussi de savoir ce que donnera sa garde. Il demande à Drouot un rapport pour savoir « combien, au 1er mai, chaque régiment de cavalerie pourra fournir d'hommes, combien l'artillerie pourra faire partir de batteries; combien les 1er et 2e régiments de la garde, chasseurs et grenadiers, pourront faire partir d'hommes; enfin combien l'ordonnateur pourra faire partir d'ambulances et de caissons[2]. » On voit qu'en même temps qu'il s'occupe du personnel, l'Empereur ne néglige pas le matériel; déjà, le 30 mars, il avait donné l'ordre à Drouot de faire parcourir les quartiers des gardes du corps et d'y prendre le mobilier et tout ce qui pourrait être à l'usage de la garde[3]. Le 10 avril, dans la lettre citée plus haut, il lui disait de s'occuper de la confection des effets de la jeune garde, voulant qu'on instituât un atelier assez actif pour habiller cinq cents hommes par jour. Sur ses propres indications, il lui ordonnait le lendemain de faire passer par un sous-inspecteur aux revues et un artiste vétérinaire la revue des chevaux de la garde, dont plusieurs, étant impropres au service, de-

1. Arch. guerre. Rapport de Drouot à l'Empereur, 22 avril.
2. Arch. guerre. L'Empereur à Drouot, 27 avril.
3. Arch. guerre. L'Empereur à Drouot, 30 mars.

vaient ou être réformés ou employés soit dans l'artillerie, soit dans les équipages [1]. Il se préoccupait d'une irrégularité dans le paiement de la solde du bataillon de l'île d'Elbe [2] et donnait en même temps les ordres pour rétablir une discipline sévère qui commençait à se relâcher. Il cherchait les moyens d'imprimer plus d'activité aux ateliers d'armes qui devaient fournir à la garde son armement [3].

En exécution du décret du 8 avril, un décret du 24 du même mois avait chargé le ministre d'appeler trois mille cent cinquante hommes pour l'infanterie de la garde et six cents pour la cavalerie. Un malentendu fit qu'avec les soldats les chefs de corps envoyèrent les officiers ; et une fois venus, ceux-ci ne voulaient plus s'en aller ; on avait pourvu à leur remplacement à leurs régiments, plusieurs avaient vendu leurs effets et Drouot dut intercéder pour qu'on les conservât comme cadres des régiments de jeune garde que l'Empereur avait l'intention de créer [4]. Aussi les cadres furent-ils formés plus facilement, quand, le 12 mai, Napoléon donna l'ordre à Drouot de les faire pour les 7e et 8e régiments de voltigeurs et 7e et 8e régiments de tirailleurs [5]. Le même jour, l'Empereur manifestait l'intention de voir, le dimanche suivant, toute la garde à la parade et l'espérance d'y trouver les 4es régiments de vieille garde [6].

La jeune garde ne comprenait encore à ce moment que

1. Arch. guerre. Rapport de Drouot à l'Empereur et note de celui-ci, 11 avril.
2. Arch. guerre. L'Empereur à Drouot, 13 avril.
3. Arch. guerre. Le même au même, 15 avril.
4. Arch. guerre. Drouot à l'Empereur, 8 mai.
5. Arch. guerre. L'Empereur à Drouot, 12 mai.
6. Arch. guerre. L'Empereur à Drouot, 12 mai ; Deriot au ministre, 12 mai.

quatre mille hommes ; avec les nouveaux régiments créés par l'Empereur, elle devait avoir un effectif de dix-neuf mille deux cents hommes. Il demandait à Drouot, le 12 mai, s'il espérait avoir bientôt les quinze mille manquants, si l'ordre donné de diriger sur Paris d'anciens soldats suffirait pour les compléter ou s'il faudrait recourir à d'autres mesures [1]. Déjà il avait suggéré à Davout, qui avait pris des mesures en conséquence, l'idée de rendre plus facile dans la Somme, le Nord et le Pas-de-Calais les levées d'hommes, en les destinant à la jeune garde [2].

Sans attendre les résultats de ces opérations, l'Empereur donnait ordre, le 14 mai, de diriger sur Compiègne la 1re division de la jeune garde composée du 1er voltigeurs et du 1er tirailleurs. La division était commandée en premier par Barrois, que dès 1813, aussitôt après l'avoir élevé au grade de général de division, l'Empereur avait appelé au commandement d'une division de la jeune garde, et en second par le maréchal de camp Chartrand. Avec la division partaient quatre ambulances de la garde. Davout recevait en même temps des instructions pour mettre les 2es régiments des mêmes corps en mesure de partir le 18. Chaque homme devait être muni de quarante cartouches. Trois batteries d'artillerie devaient accompagner la division Barrois ; Davout devait s'assurer que l'artillerie avait été repeinte [3].

Le 17 mai, suivant le conseil que lui avait donné Davout d'envoyer dans les 15e et 16e divisions militaires des cadres d'officiers et sous-officiers de la jeune garde pour que leur

1. Arch. guerre. L'Empereur à Drouot, 12 mai.
2. *Corresp. de Napoléon*, 21896 ; *Corresp. de Davout*, 1715.
3. *Corresp. de Napoléon*, 21903.

présence facilitât le recrutement des hommes [1], l'Empereur donnait ordre à Drouot de diriger sur Rouen un cadre de régiment de tirailleurs de la garde et un autre sur Amiens, et d'établir dans chacune de ces villes un atelier d'habillement capable d'habiller en quelques jours deux mille hommes. Les cadres devaient faire des détachements de divers côtés pour attirer les militaires retirés. L'Empereur pensait qu'il pouvait être utile de battre la caisse, de promener les drapeaux, de faire des affiches, de prendre tous les moyens possibles de recrutement. Les mêmes moyens devaient être employés à Paris pour « exciter l'enthousiasme des jeunes gens [2]. »

La peine qu'il se donnait pour compléter sa garde faisait trouver fort mauvaise à l'Empereur toute disposition qui pouvait apporter du retard à cette organisation. Aussi reçut-il fort vertement la proposition qui lui était faite par Davout de prendre pour les équipages militaires quinze cents chevaux destinés à la garde. « La garde doit être la première servie, » elle « passe avant tout, » dit-il [3]. Aussi donnait-il, au contraire, des instructions à Drouot pour prendre au besoin, pour compléter les attelages de la garde, les chevaux du train qui étaient à Vincennes [4].

Les événements de l'Ouest obligèrent l'Empereur à détacher deux régiments de sa jeune garde pour les envoyer en Vendée (22 mai) [5]. Quatre jours après, l'Empereur renouvelait à Drouot son intention de voir, le surlen-

1. *Corresp. de Davout*, 1715.
2. *Corresp. de Napoléon*, 21920. Cf. *Lettres inédites*, n° 1213.
3. *Ibid.*, 21933.
4. Arch. guerre. L'Empereur à Drouot, 22 mai.
5. *Corresp. de Napoléon*, 21953 ; *Corresp. de Davout*, 1738.

demain dimanche, à la parade toute la garde à pied et à cheval avec les sept batteries de vieille garde et les deux de jeune [1].

Le 29 mai, il prévenait l'aide-major de son désir de faire partir le dimanche pour Compiègne les 3es régiments de voltigeurs et de tirailleurs de la jeune garde. On devait incorporer dans ces troisièmes régiments ce qui restait des seconds [2], « afin.... d'être sûr d'avoir à l'armée au 10 juin une division de jeune garde, ce qui est indispensable pour épargner la vieille garde [3]. »

Le lendemain, en même temps qu'il annonçait à Drouot que la garde était portée pour quatre millions dans la distribution de juin, il lui disait de prendre dans la conscription de 1815 pour compléter la jeune garde [4]. Un décret chargeait le ministre de la marine de fournir des hommes à l'artillerie de la garde [5].

Drouot recevait tour à tour l'ordre de diriger sur Compiègne trente-six voitures pour les équipages de la garde [6], puis celui de faire partir la garde le 5 juin pour tout délai [7]. En même temps que la cavalerie et l'infanterie, devait partir ce qui restait de l'artillerie. « Il y aura probablement une bataille bientôt, je n'ai pas besoin de vous faire sentir de quelle importance extrême il sera pour nous d'avoir des batteries de 12 [8]. » L'Empereur estimait

1. Arch. guerre. Napoléon à Drouot, 26 mai.

2. Les deuxièmes étaient ceux qui, sous les ordres de Brayer, étaient partis pour la Vendée.

3. Arch. guerre. L'Empereur à Drouot, 29 mai.

4. Arch. guerre. L'Empereur à Drouot, 30 mai. Cf. *Lettres inédites*, 1219 (l'Empereur à Mollien, 1er juin).

5. *Lettres inédites*, 1220 (1er juin).

6. Arch. guerre. L'Empereur à Drouot, 30 mai.

7. *Corresp.*, 21994.

8. *Ibid.*

à ce moment son infanterie de la garde à douze mille hommes, dont huit mille de vieille garde. Mais il manquait aux grenadiers à cheval cent cinq chevaux, aux dragons cent hommes et cent huit chevaux, aux chevau-légers trois cent cinquante chevaux et cinq cents harnachements [1]. Il ne manquait au personnel de l'artillerie que quatre-vingt-dix hommes qui devaient être fournis par la marine [2]; il manquait une centaine de chevaux pour l'artillerie à cheval. Ordre fut donné à Drouot de se les procurer en démontant au besoin des grenadiers, car « il est plus important d'avoir six batteries d'artillerie que d'avoir quatre-vingts chevaux de plus dans les rangs.... Quatre batteries qui m'arriveront plus tard me feront perdre la bataille [3]. » Le 2 juin, l'Empereur demande une batterie de réserve de jeune garde avec une compagnie d'artillerie à cheval de jeune garde, « si on peut se la procurer » [4].

Le 3 juin, ordre est donné de réunir toute la garde à Soissons pour le 10 juin [5]. Le 6 juin, le bataillon de volontaires lyonnais levé par Brayer pour la jeune garde reçoit l'ordre de rejoindre en brûlant toutes les étapes [6].

Le 7 juin, le maréchal Mortier, duc de Trévise, recevait ordre d'être rendu le 9 à midi à Soissons pour y prendre le commandement général de la cavalerie de la garde; le général Duhesme, qui avait demandé à servir dans la garde et dont Davout avait rappelé à l'Empereur le dévouement,

1. Arch. guerre. L'Empereur à Drouot, 30 mai.
2. Arch. guerre. L'Empereur à Drouot, 1er juin.
3. Ibid.
4. Arch. guerre. L'Empereur à Druot, 2 juin.
5. *Corresp. de Napoléon*, 22006; *Corresp. de Davout*, 1749.
6. *Corresp. de Napoléon*, 22013; Arch. guerre. Davout à Mouton-Duverney, 6 juin.

devait prendre le commandement de la 1re division de la jeune garde; Barrois passait sous ses ordres en attendant que la 2e division qui devait lui être confiée fût formée [1]. Le 4e de voltigeurs et le 4e de tirailleurs, qui devaient faire partie de la division Barrois, devaient partir le 12 pour être rendus le 15 au soir à Laon [2].

Ainsi l'Empereur était parvenu à réunir pour sa garde quelque vingt mille hommes; mais ce n'était pas sans peine, ni sans avoir dérogé aux règles posées par lui, puisque, pour atteindre ce résultat, il avait dû faire appel même à la conscription de 1815. Malgré tout, la garde présentait encore un aspect imposant; la vieille garde surtout avait encore maint de ces héroïques soldats, dont un de leurs compagnons, le capitaine Hippolyte de Mauduit, a fait un portrait dont nous voulons citer au moins quelques traits [3] : « La taille moyenne des grenadiers était de cinq pieds six pouces.... L'âge moyen du grenadier était de trente-cinq ans.... La moyenne des services était de quinze ans et autant de campagnes.... Longtemps éprouvé par les marches, les fatigues, les privations, les bivouacs, par le soleil comme par les frimas, le grenadier de la garde était sec et maigre; l'obésité était inconnue dans nos rangs. Tout chez ces hommes de fer était à l'épreuve : le cœur, le corps, les jarrets.... la figure du grenadier était martiale et son attitude imposante; son teint peu ou point coloré, mais hâlé; ses joues creuses, son nez prédominant et généralement aquilin; son front demi-chauve par l'effet de sa plaque de grenadier, ou rasé à l'ordonnance, son œil vif et fier;

1. *Corresp.*, 22025.
2. *Ibid.*, 22031.
3. *Histoire des derniers jours de la Grande Armée*, t. I, p. 453 et suiv.

une épaisse et belle moustache brunie par le soleil et parfois grisonnante ombrageait cette mâle figure... Une queue artistement tressée et poudrée chaque matin complétait l'ensemble de cette tête modèle.

« Un cachet particulier de la coquetterie du grenadier de la garde était la boucle d'oreille; c'était sa première dépense en arrivant au corps; elle était de rigueur. Un camarade lui perçait les oreilles et y introduisait un fil de plomb jusqu'au jour où son budget lui permettait l'anneau d'or du diamètre de l'écu de trois francs lorsqu'il ne pouvait aller jusqu'à celui de cinq francs.

« Le perceur d'oreilles était ordinairement l'artiste du tatouage...., car chaque grenadier devait avoir aussi sur le corps l'empreinte ineffaçable des attributs de l'amour et de la grenade....

« Après la boucle d'oreille, cet indispensable bijou du grenadier, venait la montre en or, garnie de ses breloques; mais il fallait pour cela au moins une année de privations et de constante économie....

« Soigné dans sa tenue, homme d'ordre et rangé comme une petite-maîtresse, le grenadier avait toujours dans sa ceinture ce qu'il appelait sa poire pour la soif : c'est-à-dire de vingt à trente napoléons....

« La salle de police était pour le grenadier de la garde un hors-d'œuvre....

« Hors du quartier, ses goûts étaient pour la promenade, la matelote et le spectacle; quelquefois le café; mais rarement le cabaret: celui-ci était de trop mauvaise compagnie pour lui....

« La tenue de marche ou de combat du grenadier était la capote bleue à un seul rang de boutons à l'aigle; le pantalon bleu large, la guêtre noire et le bonnet à poil....

. . . .

chaque grenadier avait aussi sa gourde de campagne en sautoir et à la portée de sa main droite....

« Si un régiment de grenadiers de la vieille garde était magnifique au Champ de Mars, sur le champ de bataille il était sublime! Là, chaque grenadier devenait un héros que ni les boulets, ni les obus, ni la mitraille, ni les balles ne faisaient sourciller. »

CHAPITRE XV

LES DERNIÈRES MESURES. — CONCLUSION

Le plan de l'Empereur en remontant sur le trône était, nous l'avons dit, tout de défensive. Au fond, le mouvement même offensif qu'il se résolut à tenter n'avait pour objet que de prévenir une attaque de l'ennemi, à laquelle il ne fallait que trop s'attendre. Dans ces conjonctures, la frontière étant menacée sur tous les points, l'invasion du territoire par les masses ennemies étant sinon certaine, au moins probable, ne fallait-il pas songer à couvrir Paris et le mettre en état de tenir en échec les forces adverses? L'Empereur ne pouvait oublier que dans la dernière campagne l'impossibilité où s'était trouvée la capitale de soutenir sérieusement une attaque avait été dans la main de l'ennemi un atout qui avait contribué au succès de la partie.

Aussi se rangea-t-il sans peine à l'avis d'Haxo, qui insistait pour que l'on fortifiât Paris [1]. C'est à la fin d'avril, au moment où l'Empereur prenait ses dispositions générales pour l'organisation de la défense sur toutes les

1. C'est le capitaine Mengin qui, dans sa notice sur Haxo, parue en 1838 dans le *Spectateur militaire*, affirme que cet officier supérieur insista pour la mise en état de Paris.

frontières, qu'il commença de s'inquiéter sérieusement des mesures à prendre pour la capitale. Le 24 avril, il donne ordre d'avoir à Paris trois cents pièces de canon, un double approvisionnement et plusieurs millions de cartouches. Ces pièces sont « destinées, à tous événements, à la défense de Paris [1]. » Le 30 avril, il donne à Davout, à qui il confie le gouvernement de la place et le commandement en chef des troupes qui s'y trouveront réunies, les instructions suivantes : « Vous aurez à Paris trente batteries de canons de huit pièces chacune qui seront au parc de Vincennes, ayant double approvisionnement. Cette artillerie n'aura pas de personnel, ni d'attelages, ni de charretiers. Elle sera servie par un bataillon d'artillerie de marine.... qui servira six batteries, deux batteries seront servies par l'École polytechnique, deux batteries seront servies par l'école d'Alfort ; deux batteries seront servies par l'école de Saint-Cyr ; quatre batteries seront servies par les Invalides ; six batteries seront servies par l'artillerie de ligne, et huit batteries seront servies par des équipages de matelots.... Il y aura des redoutes sur toutes les hauteurs de Paris.... Désignez un général d'artillerie pour être directeur du parc et tout l'état-major d'artillerie nécessaire.... Désignez un officier général du génie. Il ne faut prendre ni Rogniat, ni Haxo, ni Marescot, qui seront nécessaires pour les armées. Votre troupe d'infanterie se composera de trente mille gardes nationaux, de vingt mille hommes des levées en masse, de vingt mille hommes de troupe de marine et enfin de vingt mille que donneront les dépôts des régiments qui doivent se grouper sur Paris ; ce qui fera plus de quatre-vingt-dix

1. *Correspondance*, 21841.

mille hommes [1]. » On devait exercer à la manœuvre l'École polytechnique, l'école de Saint-Cyr et l'école d'Alfort, dont les élèves devaient servir les batteries [2].

Aussitôt le général Haxo et le général Rogniat avaient ordre de faire la reconnaissance des positions à fortifier pour compléter la défense de Paris. Les deux généraux devaient être accompagnés d'un colonel et de deux capitaines du génie, qui exécuteraient les travaux jugés nécessaires. Dès le lendemain, les travaux devaient commencer; quatre jours après, mille ouvriers devaient y être employés (1er mai). Haxo et Rogniat ne devaient pas perdre de vue que le but de l'Empereur était « de favoriser des troupes inexpérimentées et de les mettre en état de tenir contre de vieilles troupes [3]. » Le décret du 2 mai, qui rendait les travaux exécutoires, disait la même chose en annonçant qu'ils avaient pour but « de fournir à un grand nombre de troupes braves mais peu exercées les moyens de se défendre. » Le décret indiquait comme devant déterminer ces travaux, de concert avec Rogniat et Haxo, le général Dejean, qui, à titre de président du comité de défense, ne pouvait naturellement être oublié. 500,000 fr. devaient être mis dans la semaine aux mains des officiers du génie, à savoir 250,000 fr. pris sur le budget des ponts et chaussées et 250,000 fr. sur la caisse de la commune de Paris. Tous les bois nécessaires pour les travaux devaient être fournis gratis par les forêts du domaine et de la commune [4]. En transmettant ce décret à Davout, l'Empereur lui demandait de pousser les travaux avec la

1. *Correspondance*, 21856.
2. *Ibid.*, 21858, 21859.
3. *Ibid.*, 21862.
4. Arch. guerre. Décret du 2 mai.

dernière activité, d'y employer successivement jusqu'à quatre ou cinq mille ouvriers, et de lui remettre au plus tôt le plan des travaux pour Montmartre [1]. Le 10 mai, nouveaux ordres pour ajouter aux trois cents bouches à feu des équipages de campagne trois cents bouches en fer qui devaient être envoyées du Havre par le ministre de la marine, avec un approvisionnement de trois cents coups par pièce, dont cinquante à mitraille. Un parc était formé aux Invalides sous la direction du général Sugny [2].

A la fin de mai, les travaux étaient déjà suffisamment avancés. En même temps la garde nationale était organisée sous les ordres de Durosnel, les tirailleurs sous ceux de Darricau; le commandement de la place était donné au général Hulin, qui l'avait déjà exercé auparavant; on formait des compagnies de canonniers. L'Empereur donnait sur la défense de Paris et sur celle du territoire qui couvre la capitale des instructions assez précises, et demandait que les plans pour la défense de Meaux, de Nogent, de Montereau, de Melun, d'Arcis-sur-Aube, etc., lui fussent remis (27 mai) [3]. C'est ainsi qu'il tenait à tout connaître, à tout contrôler par lui-même.

Les instructions de l'Empereur, le 27 mai, étant de procéder immédiatement à l'armement des ouvrages de défense, le ministre demanda à Lobau de lui fournir les moyens de déterminer l'emplacement des troupes et de rédiger à leur usage des instructions en lui remettant l'état, légion par légion, de la garde nationale ; — quartier par quartier des tirailleurs ; — celui des brigades

1. *Corresp.*, 21867 et 21869.
2. *Ibid.*, 21888.
3. *Ibid.*, 21973.

de gendarmerie; — celui enfin des dépôts et détachements [1].

Le 30 mai, nouvelles instructions de l'Empereur, où l'on relève notamment cette phrase : « J'ai toujours vu le génie, dans le tracé des ouvrages de campagne, faire ses plates-formes de manière que l'ingénieur désigne par là les emplacements pour le canon. C'est une fausse mesure d'envisager ainsi l'armement : il faut que l'on puisse mettre du canon autant que l'ouvrage peut en contenir, d'après le principe que l'on se bat à coups de canon comme on se bat à coups de poing. Je voudrais donc que les ouvrages de campagne eussent une batterie continue, de manière à pouvoir mettre sur une face douze à quinze pièces de canon [2]. »

Le 1er juin, Davout donnait à Lobau et à Valée, nommé commandant en chef de l'artillerie à Paris, l'ordre de placer des bouches à feu et des munitions à Montmartre, à Belleville, à Charonne, aux Buttes-Chaumont, et en conséquence d'y placer des troupes pour exercer une surveillance et « déjouer tous les projets que pourrait former la malveillance contre les munitions [3]. » Decrès était chargé par l'Empereur de faire venir à Paris cinq compagnies de canonniers, commandées par des capitaines de frégate [4]. Le 5 juin, l'Empereur songeait à augmenter le nombre des canonniers par six cents étudiants de l'École de médecine et quatre cents élèves des lycées de Paris. Cela, joint aux trois mille deux cents canonniers qui existaient déjà, ferait quatre mille deux cents hommes : nombre suffisant aux

1. Arch. guerre. Ministre à Lobau, 28 mai.
2. *Correspondance*, 21995.
3. Arch. guerre. Davout à Lobau, 1er juin.
4. *Lettres inédites de Napoléon*, 1220.

yeux de l'Empereur, qui pensait que cinq hommes par batterie, comme le proposait Davout, était un chiffre exagéré [1].

Le 3 juin, l'Empereur donnait ordre de commencer les travaux sur la rive gauche de la Seine [2]; le 7, il critiquait le plan d'armement de Paris, indiquant les raisons pour lesquelles la ligne de défense devait s'appuyer à Saint-Denis [3]. Il renouvelait le même jour l'ordre relatif aux travaux de la rive gauche, qu'il désirait parcourir avant de quitter Paris [4].

En réponse à ces ordres, Davout demandait à l'Empereur de l'autoriser « à retenir à Paris pendant deux ou trois jours le général Haxo [5]. » Haxo était en effet l'homme indispensable. C'était lui qui avait tracé le plan des ouvrages; et nous avons la bonne fortune de pouvoir offrir à nos lecteurs, dans nos pièces justificatives, la note sur les retranchements de Paris qu'il rédigea le 12 juin, avant de partir pour rejoindre l'Empereur, et qui est un modèle de clarté et de précision, comme tous les travaux de cet éminent officier.

Pour pousser les travaux de la rive gauche sans ralentir l'activité de ceux que l'on exécutait sur la rive droite, Davout dut demander au préfet de la Seine une augmentation de trois mille ouvriers [6]. Le 10 juin, en compagnie du général Valée, Haxo allait terminer le tracé de Saint-Denis [7].

Avant de partir, l'Empereur institua pour la défense de

1. *Corresp.*, 22010.
2. *Ibid.*, 22001.
3. *Ibid.*, 22024.
4. *Ibid.*, 22026.
5. Arch. guerre. Le ministre à l'Empereur, 8 juin.
6. Arch. guerre. Davout au préfet de la Seine, 9 juin.
7. Arch. guerre. Davout à Valée, 9 juin.

Paris un conseil de défense sous la présidence de Davout. — Il se composait du duc de Rovigo, des généraux Ponthon, Valée, Darricau, du préfet de la Seine et du préfet de police [1].

Les mesures que prenait l'Empereur pour la défense immédiate de Paris laissaient percer la préoccupation d'une attaque possible des ennemis contre cette ville; mais l'Empereur comptait cependant, pour empêcher cette approche, sur les lignes de places fortes qui la défendaient du côté des frontières du nord et du nord-est.

Le 3 juin, Davout avait attiré l'attention de l'Empereur sur l'utilité qu'il y aurait de charger un lieutenant général de la défense de la ligne de la Somme [2]. Il proposait pour ces fonctions le général Duhesme, auquel peu auparavant il avait déjà songé pour les Pyrénées orientales. L'Empereur ayant préféré employer Duhesme, sur sa demande, dans la garde impériale, c'est le général Gazan de la Peyrière qui fut désigné pour cet important commandement, et le 5 juin, l'Empereur lui faisait donner ordre de partir pour son poste [3]. Les instructions que lui transmit le ministre [4] portaient :

« L'objet de ce commandement est de manœuvrer de concert avec les généraux et officiers supérieurs commandant les places, pour empêcher des corps de partisans ennemis de venir entre les places de la 16e division militaire et de passer la Somme.

« Pour mettre le général Gazan en état d'attaquer avec succès les partis qui chercheraient à pénétrer entre les

1. Arch. guerre. Circulaire de Davout aux membres du conseil, 12 juin.
2. *Corresp. de Davout*, 1748.
3. *Correspondance de Napoléon*, 22016.
4. Arch. guerre. Avis daté du 7 juin.

places, l'intention de l'Empereur est qu'il puisse disposer du quart, et au plus du tiers des forces qui en composent les garnisons.

« D'après les ordres que je donne, il devra se trouver dans chaque place quelques pièces de campagne disponibles, de manière à ce qu'il n'y ait que des chevaux à fournir....

« C'est aussi avec l'appui que les garnisons prêteront au général Gazan et avec les autres moyens à sa disposition qu'il pourra s'opposer à la marche des colonnes ennemies qui chercheraient à pénétrer dans l'intérieur. »

Le général Bonnet recevait une mission analogue dans les 3e et 4e divisions militaires. « Cette mission est délicate et de la plus haute importance, » disait l'Empereur [1]. Les nstructions qui lui étaient données étaient semblables aux précédentes.

C'est après avoir pris ces dernières mesures, après avoir tout fait pour assurer autant qu'il était possible, contre l'invasion, la France et Paris, que l'Empereur se mit en marche pour aller prendre la commandement des armées du Nord et de la Moselle réunies, accompagné de ses neuf aides de camp, les lieutenants généraux duc de Plaisance, comtes Drouot, Corbineau et Flahault, baron Letort, et les maréchaux de camp Dejean, Bernard, de la Bédoyère et Bussy, et de ses dix officiers d'ordonnance : les capitaines Regnault de Saint-Jean-d'Angély, Moline et Saint-Yon, de

1. *Corresp.*, 22025 (7 juin). Voir aussi les instructions de Davout en date du 9 juin aux Arch. de la guerre. Ces instructions portent le nom de Belliard, mais c'est assurément une erreur, puisque le 7 juin, d'une part, Napoléon désignait Bonnet, et que, d'autre part, le 11 juin, il donnait ordre que Belliard se rendit à l'armée du Nord (*Corresp.*, 22043). Dans cette même note du 11 juin, l'Empereur disait à Davout de proposer à Masséna le commandement supérieur des 3e et 4e divisions.

Résigny, de Lannoy, Amilhet, Chiappe, de Lariboisière, Planat, Saint-Jacques et Autric [1]. Les derniers ordres de concentration avaient été donnés le 5 juin. Ney, que l'Empereur avait affecté quelque temps d'oublier, recevait, le 11, avis de se trouver le 14 au quartier général à Avesnes.

Tout était-il bien prêt? Assurément non. Mais il devenait impossible d'attendre davantage. Chaque jour de retard était une facilité de concentration accordée à l'ennemi; chaque jour de retard rendait plus imminente l'invasion qu'il fallait prévenir.

Il ne peut entrer dans notre plan de suivre l'Empereur sur le champ de bataille. Le sanglant récit de cette courte campagne a été trop bien fait par une autre plume. Mais avant de quitter l'Empereur, il nous faut porter un jugement sur l'œuvre que nous avons tenté d'exposer dans les pages précédentes.

Troublé dans la solitude de son île par les plaintes et les murmures qui s'élevaient de la terre de France contre le nouveau régime, grossissant dans son imagination aigrie par ses propres griefs des bruits de révolte que l'écho des montagnes et les flots de la mer multipliaient en les lui apportant, il s'était présenté à la France étonnée et émue avec une poignée de soldats; tout avait semblé lui sourire; qu'on se rappelle cette marche triomphale sur Paris au milieu des vivats de la population et des acclamations enthousiastes des troupes mêmes envoyées pour le combattre; qu'on se rappelle le noyau de l'île d'Elbe grossissant comme une avalanche dans sa course vertigineuse sur la capitale et la fuite quasiment honteuse du roi, sans qu'un pétard fût tiré pour la protéger, et le

1. Arch. guerre. Ordre de bataille du 15 juin.

délire de la réception des Parisiens, et les dissensions des puissances alliées, la sourde ambition des unes, la jalousie intéressée des autres menaçant de désagréger leur prétendu concert, tout semblait d'abord favoriser les espérances, tout multipliait les illusions du rêve. Mais bientôt le ciel de l'Europe s'obscurcit; la haine des puissances si souvent vaincues et humiliées, leur terreur de cet homme qui sort si vite de son tombeau, amoncelle aux portes de la France les masses de leurs bataillons épaisses et sombres comme des nuées d'orage. Et sous cette atmosphère de guerre qui pèse lourdement sur la France, le tableau change à vue d'œil; le commerce s'irrite d'une situation dont il risque de pâtir; la population se raidit contre la pensée d'avoir encore à dépenser son sang et son argent; les amis de l'Empire s'inquiètent, ses ennemis se relèvent de leur étourdissement, la masse des indifférents commence à murmurer. L'Empereur a beau employer à organiser la défense toutes les ressources d'un esprit supérieur, aussi habile à concevoir et à ne pas perdre de vue un plan d'ensemble que souple et fin à en pénétrer les moindres détails, la révolte active ou passive, sourde ou audacieuse, la mollesse et l'inertie des uns, la malveillance et la trahison des autres, sèment sans cesse sur son chemin les obstacles et les embûches dans lesquels il finit par s'embarrasser.

Mais que le résultat n'ait pas répondu à son attente, cela n'ôte rien à son génie. La défaite de Waterloo n'est pas une honte, mais une des plus glorieuses pages des annales héroïques de l'armée française et l'organisation militaire des Cent-jours demeure l'un des titres d'honneur de Napoléon. Et quel contraste entre le dernier champ de bataille et la période d'organisation qui précède! Ici c'est l'action dans toute sa puissance, c'est l'énergie dans toute sa force, c'est la vie dans tout son épanouissement; là c'est l'inertie fatale, c'est la paralysie, c'est la mort; il semble que l'Empereur, après s'être mû au milieu des difficultés dans la pleine liberté de son génie, soit devenu le captif du destin qui l'enserre dans sa main de fer pour le faire assister impassible à l'effondrement de sa puissance. Mais, trahi par la fortune, il ne l'a pas été par son génie, jamais il n'a été plus admirable d'activité, plus merveilleux organisateur que dans les Cent-jours.

Le capitaine Mauduit a raison et nous nous approprions ses paroles : « Jamais Napoléon ne fut plus homme de génie que pendant les Cent-jours. »

PIÈCES JUSTIFICATIVES

N° 1

Exposé de la conduite qu'ont tenue MM. Gérin et Etchegoyen, colonel et major du 4e régiment d'artillerie à pied, le 7 mars 1815, époque de l'entrée de Napoléon Bonaparte à Grenoble.

7 mars.

Nous soussignés, colonel et major du 4e régiment d'artillerie à pied, croyons de notre devoir d'exposer ici succinctement la conduite que nous avons tenue à Grenoble, le 7 mars dernier, et de justifier l'estime dont nous avons constamment joui dans le corps duquel nous avons l'honneur de faire partie.

Dans l'exposé des faits que nous allons faire, il n'entre point dans nos vues d'inculper personne, le rôle de dénonciateur répugne à notre caractère et nous n'avons nullement besoin d'un semblable auxiliaire pour justifier notre propre conduite. Aussi nous ne discuterons pas ici pourquoi les autorités supérieures civiles et militaires ne s'étaient pas assurées à tems des véritables forces que Napoléon amenait avec lui; pourquoi, par suite de cette ignorance volontaire ou non, on a commis la faute grave de concentrer à Grenoble les garnisons de Vienne et de Chambéry, pourquoi le pont de Lamarre n'a pas été coupé à tems, pourquoi la ville de Grenoble, où Bonaparte avait tant d'intelligences, n'a pas été mise immédiatement en état de siège, pourquoi, enfin, l'autorité supérieure n'a pas pris, dès le principe, des mesures vigoureuses et éclatantes, qui, en comprimant les malveillants, et en forçant même les plus tièdes pour la chose publique à faire leur devoir, assurent la réussite des entreprises.... Nous nous ferons donc une loi de n'y point toucher qu'autant qu'elles serviront à éclaircir notre propre conduite, car ce récit ne renferme pas la relation de tou ce qui s'est passé à Grenoble, le 7 mars dernier, il ne contient que le simple exposé de la part que nous avons personnellement prise à cet événement.

Nous eûmes connaissance le 3 mars au soir du débarquement de Bonaparte au golfe Juan. Cette nouvelle jeta l'alarme et la consternation dans le pays.

Le lieutenant général comte Marchand, commandant la 7e division militaire, réunit chez lui, le 4 au matin, les principales autorités militaires de la ville, avec les colonels et les majors des régimens qui en formaient la garnison. Il nous confirma la nouvelle du débarquement de Napoléon, nous déclara que cette entreprise lui paraissait extravagante,.... et que si, contre toute probabilité, Bonaparte n'était pas arrêté en route, et qu'il se dirigeât sur Grenoble, il ferait tous ses efforts pour l'empêcher d'y pénétrer.

Déjà les partisans de ce dernier faisaient circuler les nouvelles les plus extraordinaires, il avait, disait-on, débarqué avec une armée de dix mille hommes, et qui s'était rapidement accrue jusqu'à vingt mille par la défection successive des troupes royales qui se trouvaient sur son passage. Il s'entendait, ajoutait-on, et devait être aidé par l'empereur d'Autriche.... Il n'y a nul doute que ces bruits qu'on laissait librement circuler n'ayent produit dès le principe une funeste impression tant sur les soldats que sur les habitans.... On apprit le 6 mars au matin que Bonaparte marchait sur Grenoble. Il n'est pas à notre connaissance qu'on eût encore pris à cette époque aucune mesure pour l'empêcher d'y pénétrer. Ce ne fut qu'alors que le génie commença des travaux défensifs pour la place, et que M. le maréchal de camp baron Bouchu, commandant l'artillerie, dont la conduite a été si noble et si digne d'éloges dans cette circonstance, fit placer cinquante bouches à feu autour de la ville; elles étaient toutes en batterie le 7 au matin.

Le même jour 6 mars, on fit partir de Grenoble un bataillon du 5e régiment d'infanterie de ligne, avec une compagnie du 3e régiment du génie, pour occuper le défilé en avant de la Mure, et couper le pont qui est établi sur ce point; mais c'était s'y prendre trop tard, puisque l'ennemi occupait déjà le défilé et le pont, et cette mesure qui, prise à tems, aurait été fort utile, devint funeste par ses conséquences, car le bataillon et la compagnie ci-dessus mentionnés, au lieu de se replier sur Grenoble puisqu'ils n'étaient pas en mesure de s'opposer à l'ennemi avec espoir de succès, s'arrêtèrent devant ses avant-postes, firent bonne contenance et lui barrèrent le chemin, passèrent la nuit dans cette position et donnèrent même des inquiétudes à Bonaparte, qui les crut soutenus par d'autres troupes;

mais le lendemain ce faible détachement, ainsi lancé en avant sans être appuyé par rien, fut aisément circonvenu et séduit par les nombreux émissaires de Napoléon, exemple fatal qui ne fut que trop suivi par la suite.

Le 7 au matin, le 4e régiment de hussards arriva de Vienne, et les 7e et 11e régimens d'infanterie de ligne de Chambéry. Les troupes furent placées sur les remparts. L'artillerie fut disséminée, comme son service l'exige, dans les batteries, à l'exception de trois compagnies qui restèrent en réserve au quartier pour la garde du drapeau.

Nous pouvons assurer qu'à l'époque dont nous parlons, l'esprit du régiment que nous commandions était excellent. Tous les ordres étaient exécutés avec exactitude et célérité, toutes les parties du service de l'artillerie marchaient dans la plus parfaite harmonie et lorsque, avant de disperser les compagnies dans les différentes batteries, nous leur exposâmes succinctement les sermens qui nous liaient au Roi, la nécessité de défendre la patrie contre l'invasion qui nous menaçait, la justice et la gloire de la cause que nous défendions, les canonniers répondirent par les cris unanimes de *Vive le Roi!* et partirent avec la ferme résolution de combattre l'ennemi commun.

Les choses étaient en cet état, lorsqu'à deux heures de l'après-midi, par la plus lâche et la plus infâme des trahisons, le comte de Labédoyère, à la tête du 7e de ligne, arbora l'étendard de la rébellion et disparut avec son régiment par la porte de *Bonne*. Il serait impossible de décrire l'étonnement, le scandale et l'indignation que cet événement causa; mais il fut aussi le prélude de l'indiscipline qui commençait à se manifester dans les troupes, les partisans de Bonaparte devenant de plus en plus audacieux et employant, avec une activité qu'il était désormais impossible de réprimer, les moyens de séduction dont ils n'avaient jusqu'alors osé faire usage publiquement.

Les soussignés se rendirent immédiatement chez M. le général Marchand, lui exposèrent avec véhémence l'état d'hésitation et d'indiscipline où se trouvaient les troupes, l'urgence de mettre enfin la ville en état de siège et de comprimer les partisans de l'ennemi dont le nombre augmentait à chaque instant d'une manière effrayante. Tout ce que nous pûmes obtenir fut un ordre par écrit de faire fermer les portes de la ville, pour que le reste de la garnison ne pût s'échaper; encore cet ordre ne fut-il exécuté que deux heures après, sur les nouvelles instances que pour cet objet nous allâmes faire au général.

Nous recommençâmes en même tems une nouvelle tournée des batteries pour rassurer nos canonniers et les exhorter à faire leur devoir; mais nous nous aperçûmes qu'ils commençaient à être ébranlés par les défections successives du 7e régiment et des troupes envoyées la veille à la Mure par les perfides suggestions dont ils étaient sans cesse environnés, et surtout par l'exemple et le voisinage du 3e régiment du génie, dont les cris séditieux et l'insubordination ont fait dans cette journée le plus grand dommage à la cause royale. — La nuit arriva au milieu du trouble et de la confusion inséparables des circonstances où nous nous trouvions. L'audace des conspirateurs s'accrut à mesure qu'il devenait plus difficile de les comprimer. Il régnait un tumulte effroyable dans toute la ville, enfin Bonaparte était aux portes et travaillait à les faire enfoncer, pendant que les cris de l'intérieur se mêlaient à ceux de l'extérieur.

Dans un danger aussi imminent, environnés de traîtres et d'une populace en délire, voyant qu'il était impossible de défendre désormais une place où les soldats et les habitans montraient l'esprit de rébellion, avec la plus féroce énergie, les soussignés se rendirent avec M. le maréchal de camp Bouchu auprès de M. le général Marchand, pour lui demander enfin des ordres et prendre une détermination qui pût au moins sauver la faible partie des troupes qui restaient fidèles au Roi. Après beaucoup d'hésitation et de lenteur, il fut résolu que la garnison évacuerait la place à une heure du matin et se retirerait sur le Fort Barraux.

Mais cet ordre était évidemment inexécutable, car quelle apparence que Bonaparte n'entrerait pas dans la place avant une heure du matin, puisque tout était en pleine révolte et que ceux de l'intérieur aidaient à ceux de l'extérieur à enfoncer les portes? Aussi, les soussignés, pour la partie du service dont ils étaient chargés, prirent sur-le-champ, malgré les ordres donnés, le parti que les circonstances commandaient. Nous ordonnâmes aux différens détachemens de notre régiment de quitter de suite les batteries et de se rendre sans délai à la porte Saint-Laurent sur la route de Chambéry. Si le corps avait été réuni, nous en aurions certainement sauvé la plus grande partie; mais sa dispersion autour d'une place aussi étendue que Grenoble et les hauteurs qui la dominent entravèrent beaucoup l'exécution de ce projet. A neuf heures du soir, c'est-à-dire au moment où Bonaparte entra dans la ville, nous n'avions pu rassembler que treize compagnies, avec lesquelles nous nous mîmes en marche; les autres étaient déjà prisonniers de guerre. Mais ce dernier ayant été instruit que le régiment se retirait sur le Fort Barraux, nous fit suivre par ses satellites et par quelques cavaliers, qui finirent par nous débaucher le restant de nos troupes que nos ordres, nos menaces, nos exhortations, nos prières ne purent plus contenir dans le devoir.

Les soussignés, après avoir fait tout ce qui était humainement en eur pouvoir pour empêcher l'entrée de Bonaparte dans Grenoble, ainsi que la défection des troupes sous leurs ordres, abandonnés par elles, s'enfermèrent dans le Fort Barraux, ne voulant en aucune manière participer à la révolte de la ville et de la garnison de Grenoble, qui, à cette époque, a décidé des destinées de la France.

Nous n'avons repris du service que plusieurs jours après, sur une sommation formelle qui nous a été faite par le général comte Bertrand (nous pouvons produire cette pièce), sommation qui ne nous laissait, en n'y adhérant pas, que l'alternative de nous exposer à la vengeance du vainqueur, et probablement à être obligés à nous expatrier à une époque où la révolte ayant fait les progrès les plus étendus, il ne restait plus d'espoir de salut pour la France....

A Lyon, le 1er juillet 1815.

Signé : ETCHEGOYEN, *major*. GÉRIN, *colonel*.

(Arch. guerre.)

N° 2

Rapport au ministre de la guerre, fourni en 1815, sur les événements auxquels a pris part le 37e de ligne au moment de la marche de Napoléon sur Paris.

37e RÉGIMENT DE LIGNE — PLACE DE NIORT

La prévention fâcheuse qui paraît peser en général sur l'armée, à l'occasion des accès qu'a trouvés Bonaparte à son retour en France impose à chacun l'obligation de dire le bien qu'il a cherché à faire et le mal qu'il s'est efforcé d'empêcher. Pour me conformer à l'instruction de Votre Excellence du 6 novembre courant, j'ai l'honneur de lui soumettre cet exposé fidèle de la conduite que dans ces circonstances difficiles et dans ma position particulière il m'était permis comme il était de mon devoir de tenir.

Nous commencions à goûter quelques momens de repos à Châlons, lorsque le 8 mars dernier, un ordre du ministre de la guerre enjoignit à M. le colonel Fortier de se mettre sur-le-champ en marche avec ses deux premiers bataillons sur Lyon; nous fûmes félicités en arrivant à Mâcon, par M. le comte Germain, préfet, sur le dévouement bien connu du régiment à la cause du roi, il nous apprit en même tems le débarquement de Bonaparte et les progrès de sa marche. Ces fâcheuses nouvelles nous firent changer de direction. M. le maréchal duc de Tarente fit envoyer à M. le colonel l'ordre de marcher sur Moulins par le Charolais. Les soldats commencèrent à goûter du mauvais esprit des habitans, quelques germes d'insubordination se faisaient appercevoir, le raisonnement que je fis à ma compagnie la maintint dans le devoir. A Clunis, des émissaires de Bonaparte parcouraient les maisons pour engager les soldats à la révolte; ces émissaires travestis eurent soin d'éviter les officiers. Pendant qu'on faisait l'appel du soir, l'un d'eux s'introduisit dans les appartemens du colonel et déposa sur la table un ordre de rétrograder avec son régiment sur Châlons. Le colonel jetta cet ordre au feu, et le lendemain, de grand matin, on prit la route de Charolles. Malgré la forte arrière-garde que M. le commandant Meslin avait composée d'officiers, cinquante hommes de son bataillon (le 2e) désertèrent, trente à quarante avaient déjà quitté la veille; je ne perdis personne de ma compagnie; sur la route, dans les lieux de passage et de station, des émissaires, de concert avec les habitans, ne cessaient de tourmenter les soldats pour les engager à abandonner leurs chefs.

Au moment où notre colonne allait entrer dans Paray, un officier supérieur et plusieurs gendarmes arrivèrent au grand galop par la gauche du régiment, en criant : « Vive l'empereur! Soldats, n'allez pas plus loin, vos officiers vous trompent, faites demi-tour, l'Empereur nous envoye vous chercher. » J'eus la satisfaction de voir qu'aucun des hommes de ma compagnie ne mêla sa voix à celle de ces émissaires qui, étant entrés en ville, revinrent avec la populace à la rencontre du régiment; ils s'apperçurent que le colonel de concert avec plusieurs officiers s'occupaient des moyens de les faire arrêter, ils prirent aussitôt la fuite et ne durent leur salut qu'à la vitesse de leurs chevaux et à la protection de la multitude qui les entourait; on ne fit halte que pendant trois quarts d'heure. Les habitans, instigués eux-mêmes par la foule d'émissaires qui étaient en avant et en arrière de notre colonne, soudoyèrent les soldats en les faisant boire. Au moment du rappel, le désordre étant à son comble, les soldats n'écoutaient plus de chefs, un groupe d'entre eux s'était emparé du drapeau. M. le chef de bataillon Singry et plusieurs officiers se précipitèrent sur eux et l'arrachèrent de leurs mains; il fut porté à la droite du régiment, où le désordre n'avait pas lieu. Le colonel ayant ordonné le départ, les tambours ayant à leur tête un tambour maître, battirent la charge et suivis de trois cents hommes, presque tous du 2e bataillon, prirent une marche rétrograde ; malgré tous les efforts des officiers supérieurs et autres, nous ne pûmes les arrêter. M. Meslin, chef de bataillon, se précipita sur le tambour maître, le frappa de plusieurs coups d'épée; malgré cette rigueur, il ne put rien obtenir. Ma compagnie ne prit aucune part à ce désordre et me donna, par sa bonne contenance, des preuves de sa confiance en moi, le restant du régiment continua sa route sur Digoin, toujours assailli par les habitans.

Un complot pour l'enlèvement du drapeau ayant été découvert, le colonel réunit les officiers dans son logement pour en former la garde. Un ordre lui parvint encore pour se rendre avec le régiment, il fut méprisé comme le premier. Le 15, nous nous portions sur la Loire, pour la passer au village de Fourneaux. Là M. le comte de Branlion, capitaine au régiment, qui avait été envoyé à Moulins par M. le colonel pour y prendre près de S. A. R. Monsieur des ordres sur notre destination ultérieure, arriva, et nous apprîmes avec douleur que Son Altesse ne s'y trouvait pas, et que toutes les autorités royales en étaient parties, qu'une colonne de troupes soumises à Bonaparte marchait sur Moulins. Abandonnés à nous-mêmes, nous ne nous laissâmes pas ébranler par les récits de ses succès, nous résolûmes de rétrograder et de nous diriger, par la traverse, sur Nevers. Nous apprîmes que nous étions débordés de tous côtés par les colonnes aux ordres de Bonaparte. Jusqu'alors ma compagnie était restée intacte, trois hommes seulement avaient quitté, au bord de la Loire; mais entraînés par la force des événemens, les soldats cessèrent de suivre l'impulsion que je leur avais donnée et se prononcèrent ouvertement en regrettant, disaient-ils, de ne plus pouvoir m'obéir.

Il résulte de cet exposé, qui contient l'exacte vérité, que la compagnie qui m'était confiée a été maintenue au service du roi jusqu'à la dernière extrémité, au milieu de tous les genres de corruption.

J'ai donc la satisfaction de penser que je n'ai point trahi la fidélité que j'avais jurée à Sa Majesté, et j'ose espérer être rangé dans la classe de ceux qui lui sont restés dévoués.

Signé : Capitaine DAVID.

(Arch. guerre.)

N° 3

Résumé d'une conversation qui a eu lieu le 31 mars 1815, sur le bord du Rhin, avec une personne de la rive droite qui exerce un emploi public et qui ne veut pas être nommée.

Le retour miraculeux de l'empereur Napoléon a excité dans toute l'Allemagne méridionale une fermentation des esprits qui rend très probable une révolution prochaine et favorable à la France.

Pour s'en faire une idée, il faut observer quelles sont les passions qui dominent dans ce moment les esprits des Allemands en général.

Ces passions qui éclatent de toutes parts depuis l'apparition de Napoléon, de manière à ne plus pouvoir être réprimées, sont les suivantes :

1° Indignation contre le congrès de Vienne.

2° Mépris contre les souverains qui y ont oublié les droits du peuple.

3° Haine profonde envers la Prusse.

4° Vif intérêt pour l'indépendance de la Saxe.

5° Volonté nationale pour l'établissement de constitutions qui garantissent les droits du peuple.

6° Admiration pour les principes libéraux énoncés dans les proclamations et les discours de l'Empereur depuis son retour en France.

Cette admiration s'est manifestée partout le long de la rive droite du Rhin, ainsi que dans toute la Souabe, la Franconie et la Bavière.

Partout on lit publiquement les proclamations et discours de Napoléon, et le peuple, c'est-à-dire le tiers état, particulièrement les paysans, applaudissent avec enthousiasme ses maximes contre la monarchie féodale, en faveur de la légitimité du pouvoir établi par le vœu du peuple, de sorte que l'opinion publique dans l'Allemagne méridionale s'est manifestée en faveur de Napoléon de manière à alarmer les gouvernements.

Les mêmes sentiments se manifestent parmi les troupes de la confédération du Rhin.

Le général autrichien qui commande à Kehl a demandé au gouvernement de Bade de ne pas lui envoyer, pour les renforts dont il a besoin, des troupes de ligne badoises, mais bien de la landwehr, disant que l'on ne peut pas s'y fier à cause de leur partialité pour Napoléon.

On fait le même reproche aux troupes bavaroises qui se trouvent dans le pays de Deux-Ponts, et c'est le motif pourquoi on les remplace par des Prussiens.

Dans le Wirtemberg, la fermentation est au comble et le roi ne peut plus compter sur le peuple ni sur l'armée pour faire la guerre à Napoléon. Les États ont refusé le projet de constitution en déclarant que le roi n'a pas le droit de proposer une nouvelle constitution et qu'il est obligé d'observer celle que la nation a reconnue depuis longtemps, laquelle est tombée en oubli momentanément par la force des circonstances, qui ont servi de prétexte à l'abus de pouvoir du roi.

Sur ce refus, le gouvernement a prétendu que les députés outrepassaient leurs pouvoirs, mais quelle a été sa surprise, quand, pour réponse, ils ont tous exhibé une mission expresse de leurs commettants, qui leur prescrivaient d'avance d'en agir ainsi. Cette déclaration des états de Wurtemberg donne la mesure de l'état actuel de l'opinion des peuples de cette partie de l'Allemagne; ils préfèrent leur ancienne constitution, parce qu'elle est plus favorable aux droits du peuple que celle proposée par le roi.

Dans le grand-duché de Bade, règne le même esprit : on ne veut pas accepter la constitution que le grand-duc a l'intention de proposer, mais comme ce pays n'en a pas une, ainsi que le Wurtemberg, avantageuse au peuple, on y désire vivement l'occasion d'établir une constitution, d'après le principe de la souveraineté de la nation également garante des droits du peuple et de la dynastie régnante. La grande-duchesse est généralement adorée, mais son mari est peu estimé à cause de ses dissipations, par lesquelles l'année passée à Paris, et actuellement à Vienne, il a épuisé les dernières ressources de l'État, au point que le gouvernement n'a pas dans ce moment deux cent mille florins disponibles.

Cette extrême détresse ne permet plus de solder les troupes ni de pourvoir à leur entretien, lequel est tout entier à la charge des habitants, dont le mécontentement est sur le point d'éclater, car après les pertes qu'ils ont éprouvées par le passage des armées alliées qui les ont dépouillés, ils sont réduits à la misère et au désespoir.

Malgré cet état de détresse du gouvernement et du peuple, on a sur pied dix mille hommes de troupes de ligne et huit mille de landwehr, et on va en armer quatre mille de plus, en vertu d'ordres reçus ces jours derniers de Vienne, où se trouve encore le grand-duc.

La grande-duchesse gémit de cet état de choses et ne peut y remédier, elle n'ose même pas parler avec les personnes de son gouvernement bien disposées pour un changement de système conforme aux vœux du peuple et aux événements. La margrave comprime le parti de la grande-duchesse, qui est celui du peuple, et assure la prépondérance au parti russe.

Tous les souverains sont tellement entourés par des ennemis irréconciliables de l'empereur Napoléon et de la France, qu'ils sont violemment entraînés par des passions haineuses à une nouvelle guerre. Les Stein, Hardemberg, Anstetten, Nesselrode, Capo d'Istria, Wreden, et d'autres aventuriers donnent aux têtes couronnées un tel vertige, qu'il n'y a à attendre d'elles que les plus funestes sottises.

Malheureusement, ces hommes turbulents dominent à Vienne, ils dirigent l'empereur de Russie, le roi de Naples, et par eux l'empereur d'Autriche, et s'ils parviennent, comme il y a toute probabilité, à décider ces trois puissances à agir contre Napoléon, ils forceront toutes les autres à lui faire la guerre malgré elles.

Mais cette nouvelle coalition ne peut pas être aussi formidable pour l'empereur Napoléon, parce qu'elle n'aura pas la force de la dernière, n'ayant ni les mêmes motifs, ni les mêmes moyens, ni le même but. A l'exception des Prussiens qui sont vraiment fanatisés par un véritable esprit de conquête, et des Russes également dominés de l'ambition de subjuguer le midi de l'Europe, tous les autres peuples allemands sont loin de vouloir de nouveau courir aux armes pour satisfaire les passions de quelques aventuriers qui dirigent à leur gré des princes faibles qui ont perdu sans retour la confiance des nations. On ne leur persuadera pas aujourd'hui de faire les efforts et les sacrifices de l'année 1814, parce que, ne voyant plus des Français actuellement en Allemagne, ils ne trouvent pas que leur indépendance soit outragée ni menacée par eux. Au contraire, tous les peuples de l'Allemagne méridionale se croient plus en danger de perdre leur indépendance par l'abus de la force de la Russie et de la Prusse, d'après la conduite du congrès envers la Pologne et la Saxe. Ces peuples feraient certainement encore de nouveaux efforts pour la défense de la patrie, si les Français voulaient la leur ravir de nouveau, mais les principes que l'empereur Napoléon vient de proclamer à la face du monde, loin de leur inspirer aucune crainte, leur donnent les plus flatteuses espérances pour l'accomplissement des vœux que tous les peuples de l'Allemagne méridionale font, de commun accord, pour obtenir, sous ses auspices, une réforme radicale dans leurs gouvernements respectifs, conforme aux désirs des nations.

Les belles espérances que le rétablissement de la dynastie de Napoléon a fait naître chez les peuples de la confédération du Rhin excitent un intérêt extrême, inexprimable, pour le résultat de la grande convocation de la nation française au Champ de May.

Si la France se constitue au Champ de May par des institutions vraiment tutélaires des droits de la nation, de la vraie liberté civile, conformes aux principes énoncés dans les discours et dans les proclamations de l'empereur Napoléon, alors, toute l'Allemagne méridionale fera cause commune avec la France, et l'Empereur sera regardé comme le libérateur des peuples. C'est alors que la seule coalition possible sera celle des Français et des Allemands contre les Prussiens, les Russes et les Anglais. En attendant l'important résultat des institutions que l'assemblée du Champ de May donnera à la France, les peuples allemands resteront indécis, et n'oseront pas se prononcer encore contre les mesures des ennemis de l'empereur Napoléon.

Les princes de la confédération du Rhin eux-mêmes, alarmés par la partialité que leurs soldats et leurs sujets témoignent envers les principes proclamés par l'Empereur, et craignant que ces principes soient établis dans les nouvelles institutions que la nation française va sanctionner au Champ de May, seront entraînés par les conseils des agents de la faction ennemie de Napoléon, et il est plus que probable qu'ils se joindront bon gré, mal gré, aux Prussiens et aux Russes, si l'Autriche ne se déclare pas pour la dynastie de l'empereur Napoléon.

Dans le cas d'une nouvelle coalition contre la France, l'Empereur pourrait facilement en détacher tous les pays sur la rive droite du Rhin, où les habitants sont on ne peut mieux disposés à le recevoir, s'il veut être leur libérateur.

Ils se déclareront assurément pour l'alliance de Napoléon, pourvu que l'on sache s'y prendre, en agissant politiquement d'une manière conforme aux intérêts et aux vœux non équivoques du tiers état, et surtout des paysans. Les deux grands principes sont l'abolition de toute institution féodale et le gouvernement représentatif. Un autre point essentiel, sans lequel on s'aliénerait les paysans, est d'éviter les réquisitions forcées, vu la misère actuelle, occasionnée par la dernière guerre.

Dans ce cas, tout ce qu'on prendrait dans le pays devrait être payé, un cinquième ou sixième comptant, et le reste en bons à acquitter plus tard, mais administrativement par les autorités locales, et non point par des engagements faits avec le gouvernement, dans lesquels personne n'aurait confiance.

La personne de la rive droite qui a eu cette conversation au bord du Rhin offre d'en avoir d'autres si on le juge convenable, et de faire parvenir avec sûreté des communications à la grande-duchesse de Bade. Par le même canal, on pourrait aussi exercer quelque influence près du roi de Bavière, du roi de Wirtemberg et du duc de Hesse-Darmstadt.

(Arch. nat., AF IV, 1933.)

N° 4

Rapport à Sa Majesté l'Empereur, du 24 mars 1815.

J'ai l'honneur de rendre compte à Sa Majesté du changement opéré dans l'arme de vétérans.

Avant le 1er avril 1814, ce corps était composé ainsi qu'il suit :

1° De quatorze bataillons formant quatre-vingt-huit compagnies.

2° D'une compagnie de fusiliers, isolée.

3° De dix-neuf compagnies de canonniers.

4° D'une compagnie de sapeurs-mineurs.

La force effective de ces bataillons et compagnies était de quinze mille trois cent soixante-neuf hommes.

Les bataillons ont été supprimés par ordonnance du 18 mai, et il n'existe aujourd'hui que des compagnies isolées dont le nombre est de soixante et onze ; savoir :

1° Une compagnie de vétérans de la garde impériale réorganisée en vertu d'une ordonnance du 8 octobre, et destinée à recevoir les hommes des corps d'infanterie et de cavalerie de cette garde, désignés pour passer au service de l'intérieur.

Elle est restée sous le commandement du chef de bataillon Charpentier, qui, suivant l'ordonnance précitée, devra être remplacé par un capitaine, lorsqu'il sera reconnu susceptible de la retraite.

2° Dix compagnies de sous-officiers, créées par l'ordonnance du 18 mai, et formées des sous-officiers des ci-devant bataillons de vétérans, et des officiers des corps de ligne, proposés pour le service de l'intérieur, et qu'on ne pouvait admettre avec leur grade dans les nouvelles compagnies de fusiliers-vétérans.

3° Quarante-cinq compagnies de fusiliers. Les cadres de deux de ces compagnies, les 19e et 21e, n'existent que pour mémoire. On n'a pu les former, savoir : la première, parce que les militaires appelés à en faire partie, qui étaient Hollandais, se sont retirés dans leur pays au moment de l'organisation ; et la seconde, parce que les hommes dont elle devait être composée ont été disséminés par l'effet des circonstances de la guerre.

4° Quinze compagnies de canonniers, dont dix organisées en exécution de l'ordonnance du 18 mai, et cinq qui ont été détachées de l'armée des fusiliers-vétérans, conformément à une ordonnance du 20 février dernier.

Chacune de ces compagnies est composée de la manière ci-après :

Capitaine de 1re classe	1
Capitaine de 2e classe	1
Lieutenant de 1re classe	1
Lieutenant de 2e classe.	1
Sergent-major	1
Sergents	3
Caporal fourrier	1
Caporaux.	6
Vétérans	103
Tambours	2
Enfants de troupe	2
Total.	122

Sa Majesté connaîtra l'emplacement et la force de ces compagnies par l'état ci-joint.

Conformément à l'ordonnance du 18 mai, on devait organiser cent compagnies au lieu de soixante et onze, mais des raisons d'économie ont fait différer la formation des autres, qu'il paraît inutile de créer.

Je prie Sa Majesté de bien vouloir me faire connaître si elle approuve que les compagnies de vétérans soient maintenues telles qu'elles existent.

Le ministre de la guerre, Maréchal Pr. d'Eckmühl.

(Arch. guerre.)

N° 5

État de situation des compagnies de vétérans au 20 mars 1815.

Compagnies de vétérans de la garde impériale : Fontainebleau, 52.

Compagnies de sous-officiers : 1° Au Luxembourg, 171. — 2° A l'hôtel de la guerre, 127. — 3° Au Louvre, 172. — 4° Au Corps législatif, 154. — 5° Vic, 95. — 6° Aix, 84. — 7° Bordeaux, 94. — 8° Lille, 91. — 9° Lyon, 151. — 10° Saint-Brieuc, 136.

Compagnies des fusiliers : 1° Versailles, 115. — 2° Ibid., 141. — 3° Ibid., 119. — 4° Ibid., 122. — 5° Bicêtre, 132. — 6° Amiens, 89. — 7° Jardin des plantes à Paris, 184. — 8° Melun, 111. — 9° Laon, 122. — 10° Mariembourg, 82. — 11° Bouillon, 89. — 12° Bitche, 94. — 13° Sierck, 118. — 14° Marsal, 111. — 15° Port Mortier, 116. — 16° Belfort, 98. — 17° Lichtenberg et la Petite-Pierre, 67. — 18° Bitche, 58. — 19° (Non organisée), ». — 20° Château de Joux, 115. — 21° (Non organisée), ». — 22° Crest, 138. — 23° Toulon, 98. — 24° Ibid., 105. — 25° Ibid., 93. — 26° Ile Sainte-Marguerite, 86. — 27° Saint-Tropez, 73. — — 28° Entrevaux, 80. — 29° Landrecies, 107. — 30° Rochefort, 145. — 31° Ibid., 107. — 32° Ibid., 137. — 33° Ile de Ré, 137. — 34° Rochefort, 126. — 35° Brest, 108. — 36° Ibid., 106. — 37° Ibid., 104. — 38° Ibid., 108. — 39° Morlaix, 98. — 40° Péronne, 70. — 41° Avesnes, 98. — 42° Lorient, 184. — 43° Cherbourg, 129. — 44° La Hougue, 117. — 45° Ham, 90.

Compagnies des canonniers : 1° Brest, Château du Taureau, île d'Ouessant, Saint-Malo et Granville, 178. — 2° La Hougue, île Saint-Marcouf, île Talibou, Caen, 133. — 3° Marseille, 198. — 4° Cette, Perpignan, Collioure, Montpellier, 119. — 5° Ile d'Oléron, île d'Aix, Rochefort, 149. — 6° Bayonne, Blaye, 101. — 7° La Rochelle, île de Ré, aux Sables, 112. — 8° Toulon, 119. — 9° Porquerolles, 117. — 10° Cherbourg, fort Royal, fort d'Artois, fort Pergueville, 178. — 11° Port-Louis, Lorient, Concarneau, Quiberon, Saint-Nazaire, 168. — 12° Le Havre, Fécamp, Saint-Valéry en Caux, Dieppe, Tréport, 168. — 13° Belle-Ile-en-Mer, île de Groix, Noirmoutiers, île Dieu, Saint-Gilles, 168. — 14° Antibes, 104. — 15° Boulogne, Dunkerque, Ambleteuse, Calais, 120.

Récapitulation générale : Compagnie de vétérans de la garde impériale, 52. — Compagnies de sous-officiers, 1,275. — Compagnies de fusiliers, 4,753. — Compagnies de canonniers, 2,090. — Total général, 8,170.

(Arch. guerre.)

N° 6

Rapport à Sa Majesté l'Empereur.

Du mars 1815[1].

Sire,

Votre Majesté m'a fait connaître ses intentions sur les premières dispositions à prendre pour le complétement de l'armée : avant de lui soumettre un projet de décret rédigé dans ce sens, je crois devoir tracer en peu de mots les modifications qu'a éprouvées l'organisation de l'armée pendant l'absence de Votre Majesté.

1. Ce rapport répond à une note dictée par l'Empereur le 26 mars et que l'on trouvera à la suite.

Ce résumé me paraît une introduction nécessaire à la proposition que j'aurai l'honneur de lui faire.

Après les événements du 1er avril 1814, la désorganisation s'est mise dans l'armée : la désertion a été fomentée par les autorités civiles ; le nombre des hommes qui, à cette époque, ont quitté leurs drapeaux sans autorisation s'est élevé environ à cent quatre-vingt mille. On a cherché à arrêter les progrès du mal, mais la désertion n'a diminué qu'au bout de deux mois.

Une ordonnance du 15 mai a licencié la conscription de 1815 ; quarante-cinq mille hommes avaient rejoint les corps ; ils ont été libérés du service.

Des ordonnances ont organisé l'infanterie et la cavalerie ainsi qu'il suit : l'infanterie en régiments de trois bataillons à six compagnies chacun et au complet de quatre-vingt-sept officiers et treize cent douze hommes, y compris le cadre d'un 4e bataillon en officiers à la suite, avec la solde d'activité ; la cavalerie en régiments de quatre escadrons, au complet de cinquante-trois officiers, six cent un soldats et quatre cent soixante-neuf chevaux, y compris de même le cadre d'un 5e escadron en officiers à la suite.

IL Y A EU	COMPLET		
	OFFICIERS	TROUPE	CHEVAUX de TROUPE
90 régimens d'infanterie de ligne . . . . . 15 — — légère.	9,313	141,258	»
Pour mémoire. 3 régimens étrangers. . . . . 1 — colonial espagnol. . . . . 4 — suisses, pour lesquels on a travaillé à une nouvelle capitulation qui n'a pas été achevée . . . . . 8 bataillons embarqués pour les colonies et attachés à divers régimens de la ligne.	»	»	»
2 régimens de carabiniers . . . . 12 — de cuirassiers . . . . 15 — de dragons . . . . 15 — de chasseurs . . . . . . 6 — de lanciers . . . . 7 — de hussards	3,021	34,486	26,709
Complet des deux armées. . .	12,334	175,744	26,709

Les ordonnances de formation portent que les officiers non compris dans la nouvelle organisation se retireront dans leurs domiciles respectifs et y recevront le traitement de non-activité de leurs grades.

Le nombre de ces officiers s'est élevé à douze mille.

Le 26 juillet, la pénurie du trésor a obligé d'accorder des congés illimités à tous sous-officiers et soldats qui seraient au-dessus du complet de paix, et des congés limités d'un an aux officiers, sous-officiers ou soldats qui excéderaient, dans chaque corps, les trois quarts de son complet.

Les congés illimités ont été accordés au nombre de huit mille.

Les congés limités d'un an ont monté à dix-huit mille.

Il en résulte qu'à cette époque, l'infanterie et la cavalerie n'avaient qu'un effectif de cent cinquante mille hommes et qu'il manquait vingt-six mille hommes au complet.

On s'est occupé ensuite de déterminer la position des militaires qui avaient abandonné leurs drapeaux ; des ordonnances des 15 mai et 8 août leur ont remis le crime de désertion et les ont considérés comme étant en congé dans leurs foyers et restant disponibles, pour rejoindre au premier ordre. Les corps les avaient rayés de leurs contrôles ; on a ordonné de les y réintégrer : cette opération souffre des difficultés, parce que beaucoup de ces militaires dont on avait formé des corps provisoires ou de marche n'avaient jamais rejoint leur régiment, et que d'autres corps auxquels ils avaient appartenu et qui ont été incorporés dans les régiments conservés n'ont pas fourni les matériaux nécessaires pour établir leur signalement.

Le 3 novembre, il a été fait un appel de soixante mille hommes sur ceux qui étaient ainsi disponibles dans leurs foyers, pour porter les régiments à leur complet de paix (on ne voulut pas rappeler les hommes que les corps avaient envoyés en congé limité, de peur d'inquiéter). Cette levée se fit par répartition sur les départements, et à raison du tiers environ des ressources présumées de chacun (soixante mille hommes sur cent quatre-vingt mille).

Sur les soixante mille hommes demandés, trente-cinq mille ont rejoint les corps ; ainsi l'armée, dans la situation actuelle, peut être considérée comme dépassant le complet de paix.

En même temps que l'on ordonna le rappel de soixante mille hommes, il fut prescrit de passer dans tous les départements des revues de rigueur des hommes rentrés chez eux et évalués à cent quatre-vingt mille.

Ces revues eurent pour but de désigner :

1° Ceux disponibles pour être rappelés et sur lesquels porta le contingent des soixante mille hommes.

2° Ceux dans le cas d'obtenir des congés absolus, soit pour infirmités, soit pour défaut de taille (au-dessous de quatre pieds dix pouces) ou comme soutiens indispensables de leurs familles, et d'après les bases précédemment déterminées par les lois sur la conscription.

Cette opération était en train, lors de l'arrivée de Votre Majesté en France.

En supposant donc l'existence de cent quatre-vingt mille hommes qui ont abandonné leurs drapeaux en avril 1814, et dont on s'est emparé comme appartenant à l'armée, l'on peut affirmer que les deux tiers (environ cent vingt mille hommes) sont susceptibles d'être rappelés au service, et sur ce nombre trente-cinq mille ont déjà rejoint; il restera donc quatre-vingt-cinq mille hommes disponibles; le troisième tiers doit être considéré comme susceptible d'obtenir des congés absolus, dont il paraît juste de ne pas les frustrer.

Mais il ne faut pas se dissimuler que si l'on adoptait en thèse générale que chaque homme doit rejoindre le corps auquel il a appartenu, cette opération souffrirait de grandes difficultés, tant pour les motifs que j'ai déjà énoncés plus haut qu'à cause de la fusion des anciens numéros de régiments dans ceux conservés, ce qui mettrait beaucoup d'incertitude dans les directions à donner.

La plupart des militaires qui ont quitté leurs drapeaux en avril 1814 provenaient des dernières levées (celles des cent vingt mille et des trois cent mille hommes), et ils n'avaient pu prendre l'esprit militaire : il paraît donc indifférent qu'ils rejoignent les mêmes corps, ou d'autres.

Quant aux militaires déjà anciens de service, que le dégoût ou d'autres motifs firent alors déserter, on peut les autoriser à rejoindre leurs anciens corps, dont la destination doit leur être connue.

J'ai dit plus haut que le nombre d'officiers de tous les grades qui ont été mis en non-activité s'élevait à douze mille : l'ordonnance du 9 mars les a appelés tous en activité; je crois qu'il y aurait des inconvénients à ne pas maintenir cette mesure; il s'agit d'un surcroît de dépense de douze millions par an, pour empêcher tout mécontentement; je pense qu'il n'y a point à balancer : mais en même temps il est nécessaire d'examiner de près tous les titres de ces officiers, parmi lesquels il s'en trouve plusieurs dont les droits à la demi-solde ne sont pas certains. Je me réserve de soumettre à Votre Majesté une proposition particulière à cet égard.

Je pense donc qu'on pourrait prendre les mesures suivantes :

1° De faire continuer les revues de rigueur des militaires qui, ayant déserté en avril 1814, sont aujourd'hui disponibles dans les départements, congédier définitivement ceux qui y ont droit et donner de suite une destination à ceux qui seront reconnus disponibles.

2° Envoyer de préférence à leurs anciens corps ceux qui le désireront et diriger tous les autres sur des corps auxquels on assignerait le contingent de chaque département.

3° Décider que tous les officiers qui ne trouveront point place dans les cadres existants, ou qui seraient créés, sont autorisés à se retirer dans leur domicile, où ils recevront la solde entière de leurs grades, jusqu'à ce qu'il leur soit donné des destinations.

De cette manière, conformément aux intentions de l'Empereur, on commencerait à compléter les troisièmes bataillons et l'on en formerait successivement un 4e dans chaque régiment.

Si Sa Majesté est dans l'intention de créer des cinquièmes bataillons, il y serait pourvu par une levée sur la conscription de 1815.

Les mêmes principes s'appliqueront aux troupes à cheval.

Si les événements ne pressaient pas tellement que l'on pût ajourner l'organisation des cinquièmes et même des quatrièmes bataillons, il conviendrait de profiter de ces levées pour accorder dans les corps quelques congés absolus par ancienneté. Il n'en a plus été délivré depuis l'an X. Votre Majesté pensera sans doute qu'il est à propos de faire entrevoir aux anciens militaires un terme à leurs services.

Le projet de décret ci-joint comprend les diverses dispositions que Votre Majesté m'a fait connaître.

Le ministre de la guerre, Maréchal prince d'Eckmühl.

Note de l'Empereur.

26 mars 1815.

Le ministre de la guerre a l'emplacement exact des dépôts des régimens d'infanterie ; il ne sait pas où sont les bataillons de guerre ; il le saura dans huit jours.

Ou les événemens presseront, et dans ce cas il n'y a pas de nécessité que les trois bataillons de chaque régiment soient réunis; ou bien nous aurons du temps devant nous, et alors nous réunirons aussitôt aux deux premiers bataillons d'abord le 3e et ensuite le 4e, dont je parlerai plus bas.

Un bataillon est une unité militaire que l'on peut saisir et employer dans toutes ses positions.

Je répugne à tout ce qui ôte un soldat au corps dont il fait partie, car chez les hommes le moral est tout, et qui n'aime pas son drapeau n'est pas vraiment soldat.

C'est l'oubli de ce principe qui a produit la désertion et la désorganisation de l'armée.

Je préférerais donc annuler purement et simplement l'ordonnance du 9 mars par un décret : l'article 1er prescrirait, au nom de l'Empereur et de la patrie, à tous les sous-officiers et soldats, en semestre, en congé limité ou illimité, qui ne sont pas dans le cas d'obtenir des congés absolus, de rejoindre sur-le-champ les dépôts des corps auxquels ils appartiennent ; ils serviraient d'abord à compléter les 3es bataillons, et successivement à en former des 4es.

Les conseils d'administration des dépôts pourvoiraient à leur habillement et armement.

Comme les dépôts sont immobiles et n'entrent point dans le calcul des combattants, le ministre de la guerre aurait tout le temps nécessaire pour prendre ses mesures.

Afin d'employer utilement une partie des officiers de la demi-solde, on laisserait dans chaque régiment un cadre de bataillon en officiers en sus du nombre de bataillons organisés; les autres officiers pourront rester en congé jusqu'à nouvel ordre.

Cette mesure prescrite, l'article 2 du décret créerait six régimens de tirailleurs et six régimens de voltigeurs de la jeune garde; le général Drouot serait chargé de cette organisation, qui se ferait à Paris.

J'ordonnerais à tous les soldats qui ont fait partie de l'armée et qui ont les qualités requises pour entrer dans la garde, de se rendre à Paris : cette création de douze régimens ou quatre-vingt-seize compagnies, à quatre officiers pour chacune, produirait un écoulement pour près de quatre cents officiers à la suite.

Cette augmentation de cadres ne dérangerait rien au budget de la guerre, puisque la dépense en serait prise sur les vingt millions qui avaient été affectés à la maison du Roi. Le ministre de la guerre me soumettra un projet d'emploi de ces vingt millions.

Par ce moyen, je complète l'armée sur le pied adopté actuellement. Je mets de suite en activité deux bataillons par régiment ; je complète les 3es bataillons qui rejoindront successivement les deux premiers, ou bien que j'emploierai suivant les circonstances ; je forme des 4es et au besoin des 5es bataillons, soit avec les anciens soldats, soit avec la conscription que je lèverai, car c'est une idée vide de sens de se persuader que l'armée puisse se recruter d'une autre manière; je crois, d'ailleurs, avoir assez d'autorité sur la nation pour le lui faire comprendre.

Les régimens de cavalerie ont trois escadrons actifs et un quatrième qui forme le dépôt; le 4e complétera les trois premiers, et sera lui-même complété par les hommes en semestre et en congé, qui rejoindront; l'on créera successivement des 5es escadrons; l'on conservera aussi, par régiment, un cadre d'escadron en officiers à la suite, en sus du nombre d'escadrons organisés.

Ainsi douze régimens de la jeune garde emploieront environ quatre cents officiers.

Cent cinq nouveaux bataillons d'infanterie en emploieront deux mille cent.

Cinquante-sept escadrons de cavalerie en emploieront cinq cent soixante-dix.

Le ministre de la guerre fera une circulaire pour défendre, sous des peines sévères, que l'on déplace les dépôts des régimens.

Écrit par le soussigné, sous la dictée de Sa Majesté, au château des Tuileries, le 26 mars 1815.

L'inspecteur aux revues,
chef de la 1re division du ministère de la guerre.

(Arch. guerre.)

No 7

Effectifs au 1er janvier 1815.

NOTA. — Les résultats figurant sur cette situation sont ceux qui ont été relevés sur le livret vert du 1er janvier 1815. Nous n'avons pas eu à redresser les erreurs qui s'y sont glissées et qui, n'étant pour la plupart que des erreurs de copistes, n'affectent pas les résultats définitifs. Nous nous sommes borné à les signaler.

RÉGIMENTS D'INFANTERIE DE LIGNE

CORPS	EMPLACEMENT	EFFECTIFS		
		OFFICIERS	TROUPE	TOTAL
Grenadiers de France (4 bataillons).	Metz	114	1,920	2,034
Chasseurs de France (4 bataillons).	Nancy.	113	2,271	2,384
		227	4,191	4,418

CORPS	EMPLACEMENT	EFFECTIFS		
		OFFICIERS	TROUPE	TOTAL
1er régiment de ligne (3 bataillons).	Paris	111	2,015	2,126
2e —	—	106	1,835	1,941
3e —	Douay	82	1,537	1,619
4e —	Nancy	87	1,629	1,716
5e —	Grenoble et Fort Barreau	82	1,541	1,623
6e —	Avignon	78	1,649	1,727
7e —	Chambéry	82	1,665	1,747
8e —	Valenciennes	88	1,243	1,331
9e —	Calvi et île Rousse	103	1,148	1,251
10e —	Perpignan	94	1,225	1,319
11e —	Chambéry et Annecy	85	1,608	1,693
12e —	Sedan	87	1,386	1,473
13e —	Montpellier	83	1,746	1,829
14e —	Orléans	129	1,490	1,619
15e —	Brest	87	1,369	1,456
16e —	Toulon	80	1,041	1,121
17e —	Lille	91	1,536	1,627
18e —	Strasbourg	86	2,021	2,107
19e —	Douay	85	1,288	1,373
20e —	Montbrison et Roanne	81	1,472	1,553
21e —	Cambrai et Bouchain	91	1,143	1,234
22e —	Mézières	81	1,909	1,990
23e —	Dijon	87	1,603	1,690
24e —	Lyon	88	1,221	1,309
25e —	Le Quesnoy, Landrecies.	86	1,531	1,617
26e —	Bourbon-Vendée	97	1,843	1,940
27e —	Angers et Laval	91	1,830	1,921
28e —	St-Omer, Aire, Béthune.	87	1,342	1,429
29e —	Valenciennes	86	1,667	1,753
30e —	Thionville	81	1,532	1,613
31e —	Strasbourg	101	1,364	1,465
32e —	Verdun	80	1,271	1,351
33e —	Givet	87	1,751	1,833[1]

1. 87 + 1,751 = 1,838 et non 1,833.

CORPS		EMPLACEMENT	EFFECTIFS		
			OFFICIERS	TROUPE	TOTAL
34e régiment de ligne (3 bataillons).		Bastia.	79	1,493	1,572
35e	—	Le Mans.	88	1,661	1,749
36e	—	Châlons et Mâcon. . .	82	1,428	1,510
37e	—	Landau	91	1,442	1,533
38e	—	—	89	1,376	1,465
39e	—	Embrun, Mont-Dauphin.	79	1,484	1,563
40e	—	Rochefort	78	1,021	1,099
41e	—	Périgueux, Angoulême.	89	1,698	1,787
42e	—	Condé	82	1,158	1,240
43e	—	Arras.	85	1,316	1,401
44e	—	Lorient et Port-Louis .	92	1,446	1,538
45e	—	Cahors, Figeac, Tulle. .	93	1.443	1,536
46e	—	Bourges, Limoges . .	90	1,474	1,564
47e	—	Lille	86	1,435	1,521
48e	—	Toulon	82	925	1,007
49e	—	Briançon.	80	790	870
50e	—	Calais, Gravelines. . .	87	1,272	1,359
51e	—	Dunkerque et Berguen.	86	1,423	1,519[1]
52e	—	Montmédy	86	1,265	1,351
53e	—	Strasbourg	87	1,889	1,976
54e	—	Schelestadt.	110	1,350	1,460
55e	—	Sarrelouis	85	1,272	1,357
56e	—	Pau et Saint-Jean-Pied-de-Port	79	1,417	1,496
57e	—	Caen	90	1,349	1,439
58e	—	Marseille	84	1,080	1,164
59e	—	Metz	84	1,665	1,749
60e	—	Besançon	80	1,191	1,271
61e	—	Nantes	86	1,068	1,154
62e	—	Blaye et Bordeaux . .	86	1,622	1,708
63e	—	Nîmes.	90	1,133	1,223
64e	—	Sarrebruck, Forbach, Bitche, Voelklein . .	87	1,300	1,387

1. 86 + 1,423 = 1,509 et non 1,519.

CORPS	EMPLACEMENT	EFFECTIFS		
		OFFICIERS	TROUPE	TOTAL
65e régiment de ligne (3 bataillons).	Brest	86	1,258	1,344
66e —	Rouen	90	1,641	1,731
67e —	Vannes	90	1,594	1,684
68e —	Sarrelouis	78	1,254	1,332
69e —	Toulouse.	87	1,452	1,539
70e —	Perpignan	80	1,095	1,175
71e —	La Rochelle.	106	1,719	1,825
72e —	Clermont.	81	1,409	1,490
73e —	Granville	92	727	819
74e —	Saint-Malo, Saint-Brieuc	86	1,355	1,441
75e —	Philippeville	88	1,355	1,443
76e —	Bourg	81	1,068	1,149
77e —	Besançon	86	1,479	1,565
78e —	Bayonne, Mont-d-Marsan	90	1,215	1,305
79e —	Maubeuge, Avesnes . .	86	1,345	1,431
80e —	Thionville	83	1,525	1,608
81e —	Belfort	92	1,610	1,702
82e —	Fort La Malgue . . .	76	696	772
83e —	Marseille.	90	1,055	1,145
84e —	Weissembourg. . . .	80	1,416	1,496
85e —	Neufbrisach.	87	1,110	1,197
86e —	Boulogne	83	1,510	1,593
87e —	Antibes	76	945	1,021
88e —	Le Havre	83	809	892
89e —	Abbeville	88	1,344	1,432
90e —	Longwy	84	797	881
	Total.	7,846 [1]	125,130 [2]	132,976

1. 7,851 et non 7,846.
2. 125,120 et non 125,130.

INFANTERIE LÉGÈRE

CORPS	EMPLACEMENT	EFFECTIFS		
		OFFICIERS	TROUPE	TOTAL
1er rég. d'inf. légère.	Paris et Vincennes . .	106	2,221	2,327
2e —	Paris et Versailles . .	98	2,325	2,423
3e —	Bayonne.	87	1,320	1,407
4e —	Paris	108	1,562	1,670
5e —	Cherbourg	86	1,209	1,295
6e —	Phalsbourg	87	2,312	2,399
7e —	Huningue	92	2,103	2,195
8e —	Bordeaux	92	1,430	1,522
9e —	Longwy	87	1,813	1,900
10e —	Strasbourg	99	2,729	2,828
11e —	Rennes	96	1,521	1,617
12e —	Châlons-sur-Marne . .	160	1,712	1,872
13e —	Lille	87	2,130	2,217
14e —	Ajaccio	89	1,600	1,689
15e —	Besançon	126	1,939	2,065
	Total.	1,500	27,926	29,426

INFANTERIE ÉTRANGÈRE

1er régiment suisse (3 bataillons).	Compagnie de grenadiers à Paris.	4	79	83
	Compagnie de grenadiers à Soissons	64	384	448
2e —	A Paris	62	597	659
3e —	Compagnie de grenadiers à Paris	4	72	76
	Compagnie de grenadiers à Soissons	67	459	526
4e —	Compagnie de grenadiers à Huningue	8	25	33
	3 bataillons à Paris . .	94	560	654
	— Besançon.	5	19	24
	Total.	308	2,195	2,503

CORPS	EMPLACEMENT	EFFECTIFS		
		OFFICIERS	TROUPE	TOTAL
1er régiment étranger (3 bataillons).	Pont-Saint-Esprit. . .	63	326	389
2e —	Verdun	93	375	468
3e —	Montreuil	108	293	401
Total.		264	994	1,258
Rég. colonial étranger	Lorient	33	116	149
Officiers portugais .	Bourges	34	3	37
Total.		67	119	186

CORPS ROYAUX DE CAVALERIE

CORPS	EMPLACEMENT	EFFECTIF					
		OFFICIERS		TROUPE		TOTAL	
		officiers	chevaux	hommes	chevaux	hommes	chevaux
Cuirassiers de France.	Saint-Omer. .	56	86	672	593	728	679
Dragons de France .	Tours . . .	70	97	693	601	763	698
Chasseurs de France.	Saumur . . .	82	119	786	603	868	722
Lanciers de France .	Orléans . . .	54	81	569	579	623	660
Total.		262	383	2,720	2,376	2,982	2,759
1er carabin.	Lunéville . .	48	66	403	197	451	263
2e —	— . .	45	64	313	196	358	260
Total.		93	130	716	393	809	523

CORPS	EMPLACEMENT	EFFECTIF					
		OFFICIERS		TROUPE		TOTAL	
		officiers	chevaux	hommes	chevaux	hommes	chevaux
1er cuirass.	Blois	72	106	611	531	683	637
2e —	Sarrelouis	43	64	265	303	308	364
3e —	Sarreguemines	49	77 [1]	329	326 [1]	378	397 [1]
4e —	Évreux	49	66	438	353	487	419
5e —	Pont-à-Mouss.	46	62	578	258	624	320
6e —	Phalsbourg	49	70	535	141	584	211
7e —	Abbeville	45	66	450	194	495	260
8e —	Charleville	47	66	520	386	567	452
9e —	Colmar	53	76	532	356	585	432
10e —	Schelestatt.	48	66	479	299	527	365
11e —	Thionville	53	70	279	123	332	193
12e —	Lille	53	78	564	240	617	318
Total		607	855 [2]	5,580	3,511 [3]	6,187	4,366 [4]
1er rég. de dragons	Laon	78	112	795	565	873	677
2e —	Moulins	50	74	547	346	597	420
3e —	Pontivy	49	65	588	466	637	531
4e —	Épinal	52	65	459	356	511	421
5e —	Besançon	53	73	570	337	623	410
6e —	Nancy	50	64	360	354	410	418
7e —	Ancenis	53	74	498	461	551	535
8e —	Maubeuge	49	67	491	322	540	389
9e —	Rennes	51	71	401	356	452	427
10e —	Toul	53	77	617	376	670	453
11e —	Saintes	54	78	457	509	511	587
12e —	Nevers	52	70	584	356	636	426
13e —	Lyon	53	77	552	359	605	436

1. 77 + 326 = 403 et non 397.
2. 864 et non 855.
3. 3,510 et non 3,511.
4. 4,368 et non 4,366.

CORPS	EMPLACEMENT	EFFECTIF					
		OFFICIERS		TROUPE		TOTAL	
		officiers	chevaux	hommes	chevaux	hommes	chevaux
14e rég. de dragons.	Haguenau . .	51	72	562	356	613	428
15e —	Cambrai . . .	52	76	425	378	477	454
Total.		800	1,118[1]	7,906	5,897	8,706	7,015[2]
1er lanciers.	Chartres, Châteaudun . .	56	82	618	491	674	573
2e —	Sedan . . .	53	75	602	341	655	416
3e —	Cambray . .	52	74	627	354	679	428
4e —	Aire	49	68	587	349	636	417
5e —	Amiens . . .	47	66	507	362	554	428
6e —	Joigny . . .	53	74	608	452	661	526
Total.		310	441[3]	3,549	2,349	3,859	2,790[4]
1er rég. de chasseurs	Béthune. . .	84	120	646	537	730	657
2e —	Landau et Lauterbourg . .	55	78	673	355	728	433
3e —	Hesdin . . .	56	81	624	359	680	440
4e —	Rouen . . .	51	73	620	355	671	428
5e —	Libourne, Bordeaux . . .	53	73	649	367	702	440
6e —	Compiègne . .	63	88	664	523	727	611
7e —	Strasbourg . .	52	70	743	339	795	409
8e —	Gray	61	88	623	401	684	489
9e —	Falaise . . .	50	70	543	353	593	423

1. 1,115 et non 1,118.
2. 7,012 et non 7,015.
3. 439 et non 441.
4. 2,788 et non 2,790.

CORPS	EMPLACEMENT	EFFECTIF — OFFICIERS — officiers	EFFECTIF — OFFICIERS — chevaux	EFFECTIF — TROUPE — hommes	EFFECTIF — TROUPE — chevaux	EFFECTIF — TOTAL — hommes	EFFECTIF — TOTAL — chevaux
10e rég. de chasseurs	Carcassonne et Toulouse. .	54	72	725	356	779	428
11e —	Verdun . . .	51	76	597	354	648	430
12e —	Saint-Mihiel .	55	78	575	391	630	469
13e —	Niort, Poitiers.	53	75	727	358	780	433
14e —	Castres . . .	53	73	694	357	747	430
15e —	Auch. . . .	57	78	777	356	834	434
Total.		848	1,183 [1]	9,880	5,762 [2]	10,728	6,945 [3]
1er rég. de hussards	Metz	77	115	738	600	815	715
2e —	Fontenay . .	100	71	778	356	878	427
3e —	Dole	56	80	625	335	681	415
4e —	Vienne . . .	50	70	698	470	748	540
5e —	Stenay . . .	51	71 [4]	588	352 [4]	639	643 [4]
6e —	Vesoul . . .	51	70	792	398	843	468
7e —	Valenciennes .	56	80	624	346	680	426
Total.		441	557	4,843	2,857	5,284	3,414 [5]

1. 1,193 et non 1,183.
2. 5,761 et non 5,762.
3. 6,954 et non 6,945.
4. 71 + 352 = 423 et non 643.
5. 3,634 et non 3,414.

ARTILLERIE A PIED

CORPS	EMPLACEMENT	EFFECTIF OFFICIERS	EFFECTIF TROUPE	EFFECTIF TOTAL
1er rég. 21 compagnies	Strasbourg	97	1,541	1,638
2e —	19 compagnies à la Fère.			
	2 — Paris. .	97	1,331	1,428
3e —	19 — Toulouse	85	1,406	1,491
	2 — Bayonne	2	54	56
4e —	20 — Grenoble	81	1,192	1,273
	1 — en Corse .	3	55	58
5e —	Metz	98	1,468	1,566
6e —	Rennes	92	1,267	1,359
7e —	10 compagn. à Besançon.	36	532	568
	11 — Auxonne.	56	706	762
8e —	Douay	118	1,388	1,506
Total		765	10,940	11,705

ARTILLERIE A CHEVAL

CORPS	EMPLACEMENT	EFFECTIF OFFICIERS officiers	EFFECTIF OFFICIERS chevaux	EFFECTIF TROUPE hommes	EFFECTIF TROUPE chevaux	EFFECTIF TOTAL hommes	EFFECTIF TOTAL chevaux
1er régiment	Douay . . .	34	52	459	166	493	218
2e —	Metz	33	54	470	296	503	350
3e —	Strasbourg . .	33	47	552	210	585	257
4e —	Valence . . .	34	54	401	160	435	214
Total		134	213 [1]	1,882	832	2,016	1,045 [2]

1. 207 et non 213.
2. 1,039 et non 1,045.

CORPS	EMPLACEMENT	EFFECTIF		
		OFFICIERS	TROUPE	TOTAL
1er bataillon de pontonniers. . . .	Strasbourg	33	446	479
1re compagnie d'ouvriers d'artillerie.	Toulouse	5	114	119
2e —	Rennes	5	137	142
3e —	Toulouse	4	74	78
4e —	Metz	4	77	81
5e —	Strasbourg	5	140	145
6e —	Metz	6	286	292
7e —	Neufbrisach.	4	154	158
8e —	Grenoble.	6	121	127
9e —	Douay	4	117	121
10e —	Auxonne.	4	147	151
11e —	Douay	4	223	227
12e —	La Fère	4	54	58
Total		55	1,644	1,699
1re compagnie d'ouvriers du train. .	Sampigny	3	58	61
2e —	—	3	57	60
Total		6	115	121

ESCADRONS DU TRAIN D'ARTILLERIE

CORPS	EMPLACEMENT	EFFECTIF					
		OFFICIERS		TROUPE		TOTAL	
		officiers	chevaux	hommes	chevaux	hommes	chevaux
1re escad. du tr. d'art.	1 comp. à Paris	3	4	97	161	100	165
	3 — Douay	25	18	1,482	83	1,507	101
2e —	Metz	34	24	391	118	425	142
3e —	Strasbourg . .	26	22	379	112	405	134
	Toulouse . .	16	18	265	112	281	130
4e —	Blaye. . . .	1	»	26	42	27	42
5e —	La Fère . . .	26	22	412	104	438	126
6e —	Auxonne . .	26	32 [1]	358	159	384	190 [1]
7e —	Grenoble . .	13	20	239	120	252	140
8e —	Rennes . . .	30	33	307	119	337	152
Total		200	192 [2]	3,956	1,130	4,156	1,322
1re escad. du train des équipages	Commercy . .	23	27	261	80	284	107
2e —	— . .	23	27	257	79	280	106
3e —	— . .	25 [3]	30	258 [3]	80	383 [3]	110
4e —	— . .	22	26	256	80	278	106
État-major.	— . .	3	5	»	»	3	5
Dépôt . .	— . .	»	»	1,780	149	1,780	149
Total		96	115	2,812	468	2,908 [4]	583

1. 32 + 159 = 191 et non 190.
2. 193 et non 192.
3. 25 + 258 = 283 et non 383.
4. 3,008 et non 2,908.

GÉNIE

CORPS	EMPLACEMENT	EFFECTIF				
		OFFICIERS	TROUPE	TOTAL	CHEVAUX d'officiers	CHEVAUX de troupe
1er rég. de sapeurs mineurs . . .	Saint-Omer. .	60	1,083	1,143		
2e —	Metz.	62	1,397	1,459		
3e —	Grenoble . .	61	1,148	1,209		
1re comp. du train du génie . . .	Metz	5	173	178	5	141
Ouvriers du génie.	—	4	129	133		
Total		192	3,930	4,122	5	141

VÉTÉRANS

CORPS	EMPLACEMENT	EFFECTIF		
		OFFICIERS	TROUPE	TOTAL
1re compagnie de vétérans royaux . .	Fontainebleau	6	41	47
1re compagnie de vétérans sous-offic.	Paris	4	166	170
2e —	—	5	154	159
3e —	—	4	147	151
4e —	—	5	147	152
5e —	Vic.	5	67	72
6e —	Marseille.	4	73	77
7e —	Rochefort	4	67	71
8e —	Lille	4	76	80
9e —	Lyon	4	105	109
10e —	Saint-Brieuc	4	66	70
Total		43	1,068	1,111

CORPS	EMPLACEMENT	EFFECTIF		
		OFFICIERS	TROUPE	TOTAL
1re compagnie de vétérans fusiliers .	Versailles	4	109	113
2e —	—	5	112	117
3e —	—	4	117	121
4e —	—	4	119	123
5e —	Bicêtre	5	126	131
6e —	Melun	5	81	86
7e —	Paris	4	180	184
8e —	Melun	4	109	113
9e —	Laon	4	133	137
10e —	Marienbourg	5	78	83
11e —	Bouillon	5	80	85
12e —	Bitche	3	98	101
13e —	Sierck	4	113	117
14e —	Marsal	5	106	111
15e —	Fort Mortier	5	107	112
16e —	Belfort	4	95	99
17e —	Lichtemberg	5	52	57
18e —	Bitche	3	48	51
19e —	(A organiser)			
20e —	Fort de Joux	5	129	134
21e —	(Ne sera pas organisée).			
22e —	Crest	13	141	154
23e —	Toulon	8	92	100
24e —	—	6	102	108
25e —	—	7	85	92
26e —	Iles Sainte-Marguerite .	7	77	84
27e —	Saint-Tropez	4	69	73
28e —	Entrevaux	3	72	75
29e —	Iles Sainte-Marguerite .	4	99	103
30e —	Rochefort	5	137	142
31e —	—	6	97	103
32e —	—	5	132	137
33e —	Ile de Ré	4	130	134
34e —	Rochefort	4	113	117
35e —	Brest	3	101	104

CORPS	EMPLACEMENT	EFFECTIF		
		OFFICIERS	TROUPE	TOTAL
36e compagnie de vétérans fusiliers	Brest	4	99	103
37e —	—	4	97	101
38e —	—	3	103	106
39e —	Morlaix	3	94	97
40e —	Lorient	9	153	161
41e —	—	8	153	161
42e —	—	7	158	165
43e —	Cherbourg	6	123	129
44e —	La Hougue	9	112	121
45e —	Ham	4	84	88
46e —	Péronne	3	74	77
47e —	Doulens	5	170	175
48e —	Avesnes	5	123	128
49e —	Landrecies	5	123	128
50e —	Montreuil	4	130	134
Total		241	5,235	5,476
1re compagnie de vétérans canonniers.	Brest	3	168	171
2e —	La Hougue	8	123	131
3e —	Marseille	2	173	175
4e —	Cette	3	113	116
5e —	Ile d'Oléron	6	140	146
6e —	Blaye	5	92	97
7e —	Ile d'Aix	5	106	111
8e —	Toulon	6	117	123
9e —	Ile d'Hyères	3	115	118
10e —	Cherbourg	6	159	165
Total		47	1,306	1,353

GENDARMERIE ROYALE

GENDARMERIE A PIED

CORPS		EMPLACEMENT	EFFECTIF		
			OFFICIERS	TROUPE	TOTAL
1re division militaire.		Paris		228	228
2e	—	Mézières.		57	57
3e	—	Metz		27	27
4e	—	Nancy		49	49
5e	—	Strasbourg		81	81
6e	—	Besançon		78	78
7e	—	Grenoble	1	142	143
8e	—	Marseille		174	174
9e	—	Montpellier		237	237
10e	—	Toulouse.		160	160
11e	—	Bordeaux		63	63
12e	—	Nantes		329	329
13e	—	Rennes		483	483
14e	—	Caen	2	159	161
15e	—	Rouen		54	54
16e	—	Lille		52	52
17e	—	Dijon		81	81
18e	—	Lyon	1	272	273
19e	—	Périgueux		58	58
20e	—	Bourges		64	64
22e	—	Tours.		429	429
23e	—	Bastia.		341	341
		Total	4	3,618	3,622

GENDARMERIE A CHEVAL

1re division militaire.		Paris	61	1,154	1,215
2e	—	Mézières.	20	414	434
3e	—	Metz	7	164	171
e	—	Nancy.	18	218	236

CORPS	EMPLACEMENT	EFFECTIF		
		OFFICIERS	TROUPE	TOTAL
5e division militaire.	Strasbourg	13	242	355[1]
6e —	Besançon	25	357	382
7e —	Grenoble.	25	267	292
8e —	Marseille.	25	303	328
9e —	Montpellier.	41	490	531
10e —	Toulouse	33	542	575
11e —	Bordeaux	23	238	261
12e —	Nantes	39	490	529
13e —	Rennes	33	392	425
14e —	Caen	23	305	328
15e —	Rouen	24	308	332
16e —	Lille	24	298	322
18e —	Dijon	35	525	560
19e —	Lyon	35	378	413
20e —	Périgueux	33	366	399
21e —	Bourges	42	546	588
22e —	Tours.	34	453	487
23e —	Bastia.	16	29	45
Total	. . . .	629	8,479	9,108[2]

BATAILLONS COLONIAUX

1er bataillon . . .	Gravelines	3	59	62
	Belle-Isle	42	420	462
2e — . . .	Ile d'Oléron.	35	383	418
Total	. . . .	80	862	942

1. 13 + 242 = 255 et non 355.
2. 9,208 et non 9,108.

RÉCAPITULATION DE L'INFANTERIE

DÉSIGNATION DE L'ARME	EFFECTIF — HOMMES — Officiers	Sous-offic. et soldats	Total	CHEVAUX — d'officiers	de troupe	Total
Corps royaux d'infanterie.	227	4,191	4,418			
Infanterie de ligne. . .	7,846	125.130	132,976			
Infanterie légère . . .	1,500	27,926	29,426			
Infanterie suisse . . .	308	2,195	2,503			
Infanterie étrangère . .	264	994	1,258			
Colonial étranger . . .	67	119	186			
	10,212	160,555	170,367 [1]			

RÉCAPITULATION DE LA CAVALERIE

DÉSIGNATION DE L'ARME	EFFECTIF — HOMMES — Officiers	Sous-offic. et soldats	Total	CHEVAUX — d'officiers	de troupe	Total
Corps royaux	262	2,720	2,982	383	2,376	2,759
Carabiniers	93	716	809	130	393	523
Cuirassiers.	607	5,580	6,187	855	3,511	4,366
Dragons.	800	7,906	8,706	1.118	5,897	7,015
Lanciers	310	3,549	3,859	441	2,349	2,790
Chasseurs	848	9,880	10,728	1,183	5,762	6,945
Hussards	441	4,843	5,284	557	2,857	3,414
	3,361	35,194	38,555	4,667	23,145	27,812

1. 170,767 et non 170,367.

RÉCAPITULATION DE L'ARTILLERIE

TRAIN ET ÉQUIPAGES MILITAIRES

DÉSIGNATION DE L'ARME	EFFECTIF					
	HOMMES			CHEVAUX		
	Officiers	Sous-offic. et soldats	Total	d'officiers	de troupe	Total
Artillerie à pied . . .	765	10,940	11,705			
Artillerie à cheval . .	134	1,882	2,016	213	832	1,045
Pontonniers	33	446	479			
Ouvriers d'artillerie. .	55	1,644	1,699			
Ouvriers du train . .	6	115	121			
Train d'artillerie. . .	200	3,956	4,156	192	1,130	1,322
Train des équipages. .	200[1]	3,956[1]	4,156[1]	192[1]	1,130[1]	1,322[1]
	1,289[2]	21,795[2]	23,084[2]	520[2]	2,430[2]	2,950[2]

RÉCAPITULATION DES TROUPES DU GÉNIE

DÉSIGNATION DE L'ARME	EFFECTIF					
	HOMMES			CHEVAUX		
	Officiers	Sous-offic. et soldats	Total	d'officiers	de troupe	Total
Sapeurs-mineurs. . .	183	3,628	3,811			
Train du génie . . .	5	173	178	5	141	146
Ouvriers du génie . .	4	129	133			
	192	3,930	4,122	5	141	146

1. On a reporté à tort au train des équipages les résultats du train d'artillerie. — Voir les totaux du train des équipages.

2. Par suite de l'erreur de report signalée ci-dessus, les totaux de la récapitulation sont faux, mais ils sont exacts si on porte au train des équipages les résultats qui lui sont propres.

RÉCAPITULATION DES VÉTÉRANS

DÉSIGNATION DE L'ARME	EFFECTIF					
	HOMMES			CHEVAUX		
	Officiers	Sous-offic. et soldats	Total	d'officiers	de troupe	Total
Vétérans royaux. . .	6	41	47			
Vétérans sous-officiers.	43	1,068	1,111			
Vétérans fusiliers . .	241	5,235	5,476			
Vétérans canonniers .	47	1,306	1,353			
Total.	337	7,650	7,987			

RÉCAPITULATION DE LA GENDARMERIE

DÉSIGNATION DE L'ARME	EFFECTIF					
	HOMMES			CHEVAUX		
	Officiers	Sous-offic. et soldats	Total	d'officiers	de troupe	Total
Gendarmerie à pied .	4	3,618	3,622			
Gendarmerie à cheval .	629	8,479	9,108			
	633	12,097	12,730			

RÉCAPITULATION DES CORPS HORS LIGNE

DÉSIGNATION DE L'ARME	EFFECTIF					
	HOMMES			CHEVAUX		
	Officiers	Sous-offic. et soldats	Total	d'officiers	de troupe	Total
Bataillons coloniaux. .	80	862	942			

RÉSULTAT DE LA SITUATION DE L'ARMÉE

AU 1er JANVIER 1815

DÉSIGNATION DE L'ARME	EFFECTIF					
	HOMMES			CHEVAUX		
	Officiers	Sous-offic. et soldats	Total	d'officiers	de troupe	Total
Infanterie	10,145[1]	160,436[1]	170,581[1]			
Cavalerie	3,361	35,194	38,555	4,667	23,145	27,812
Artillerie	1,289	21,795	23,084	520	2,430	2,950
Génie	192	3,930	4,122	5	141	146
Total.	14,987	221,355	236,342	5,192	25,716	30,908
Vétérans	337	7,650	7,987			
Gendarmerie	633	12,097	12,730			
Corps hors ligne. . .	147[2]	981[2]	1,128[2]			
Total général . .	16,104	242,083	258,187	5,192	25,716	30,908

1. A remarquer que les résultats reportés à la récapitulation générale en ce qui concerne l'infanterie ne comprennent pas le colonial étranger, qui avait été cependant porté à la récapitulation de l'infanterie.

2. Le colonial étranger a été ajouté dans les résultats des corps hors ligne, bien qu'à la récapitulation particulière de ces corps il n'y figurât point.

RÉSUMÉ DE LA SITUATION DE L'ARMÉE AU 15 JANVIER 1815

…TION DES ARMES	NOMBRE DE				PRÉSENS SOUS LES ARMES				EN RECRUTEMENT ET DÉTACHÉS			
					HOMMES		CHEVAUX		HOMMES		CHEVAUX	
	Régimens	Bataillons	Escadrons	Compagnies	Officiers	Sous-officiers et soldats	d'officiers	de troupe	Officiers	Sous-officiers et soldats	d'officiers	de troupe
. . . .	115	349	»	»	8.396	132.343	»	»	63	1.432	»	»
. . . .	61	»	244	»	2.663	32.706	4.627	23.061	45	38	13	30
. . . .	12	17	24	262	903	15.467	474	2.281	70	15	32	»
. . . .	3	6	»	38	151	3.464	5	144	9	1	»	»
. . . .	191	372	268	300	12.113	183.970	5.106	25.483	187	1.486	45	30
									12.331	193.445	5.154	25.513
. . . .	»	»	»	60	329	7.294	»	»	2	»	»	»
…rie	»	»	»	97	645	11.977	»	»	»	»	»	»
…coloniaux	»	2	»	»	80	698	»	»	1	18	»	»
…au 15 janvier 1815 .	191	374	268	460	13.167	203.936	5.106	25.483	190	1.204	45	30
									13.290	213.944	5.151	25.513
…t de la situation au 1er janvier 1815 . .					13.101	193.550	5.144	25.532	192	1.183	51	184
…ence du 1er au 15 janvier. En plus . .					66	10.386	»	»	»	21	»	»
…ence du 1er au 15 janvier. En moins .					»	»	38	49	2	»	5	154

…TION DES ARMES	AUX HOPITAUX				EN CONGÉ				EN JUGEMENT
	DE LA DIVISION		HORS DE LA DIVISION		LIMITÉ		ILLIMITÉ		
	Officiers	Sous-officiers et soldats	Officiers	Sous-officiers et soldats	Officiers	Sous-officiers et soldats	Officiers	Sous-officiers et soldats	
. . . .	48	5.509	6	564	1.663	17.636	9	9.522	40
. . . .	4	1.270	3	91	602	2.450	52	831	8
. . . .	»	543	»	99	276	3.112	59	2.633	2
. . . .	»	123	»	»	33	406	»	435	4
. . . .	52	7.535	9	754	2.574	23.604	120	13.421	54
. . . .	2	390	»	20	3	74	»	3	4
…rie	»	7	»	»	»	2	»	16	2
…coloniaux	»	87	»	35	»	10	»	10	6
…au 15 janvier 1815 .	54	7.989	9	815	2.577	23.687	120	13.450	66
…t de la situation au 1er janvier 1815 . .	60	8.026	12	836	2.672	23.086	90	14.418	84
…ence du 1er au 15 janvier. En plus . .	»	»	»	»	»	»	30	»	»
…ence du 1er au 15 janvier. En moins .	6	37	3	21	95	299	»	1.259	18

…TION DES ARMES	EFFECTIF						EN ÉTAT D'ENTRER DE SUITE EN CAMPAGNE			
	HOMMES			CHEVAUX			HOMMES		CHEVAUX	
	Officiers	Sous-officiers et soldats	TOTAL	d'officiers	de troupe	TOTAL	Officiers	Sous-officiers et soldats	d'officiers	de troupe
. . . .	10.185	166.836	177.021	»	»	»	7.454	121.221	»	»
. . . .	3.339	37.394	40.733	4.640	23.091	27.731	2.211	28.873	3.573	21.216
. . . .	1.308	21.871	23.179	506	2.281	2.787	747	13.963	374	2.029
. . . .	193	4.020	4.343	5	441	446	116	2.970	5	120
. . . .	15.025	230.221	245.246	5.151	25.813	30.964	10.528	167.030	3.952	23.365
. . . .	336	7.788	8.124	»	»	»	»	»	»	»
…rie	645	12.004	12.649	»	»	»	»	»	»	»
…coloniaux	81	843	924	»	»	»	42	216	»	»
…au 15 janvier 1815 .	16.087	250.856	266.943	5.151	25.513	30.664	10.570	167.252	3.952	23.365
…t de la situation au 1er janvier 1815 . .	15.104	242.083	258.487	5.192	25.716	30.908	10.430	155.287	3.966	23.720
…ence du 1er au 15 janvier. En plus . .	»	8.773	8.756	»	»	»	140	11.965	»	»
…ence du 1er au 15 janvier. En moins .	17	»	»	41	203	244	»	»	14	304

N° 8

Mémoire sur le département du Morbihan par le maréchal de camp baron Valori.

Dans le mois d'avril 1814, les bandes royales du Morbihan étaient prêtes à se joindre aux prisonniers de guerre, répandus en grand nombre dans la Bretagne, pour s'emparer des villes principales; le rétablissement de la dynastie des Bourbons arrêta les progrès de cette nouvelle Vendée. Les chouans rentrèrent dans l'ordre, mais les chefs élevèrent de suite leurs prétentions sur ce nouvel ordre de choses. L'arrivée du duc d'Angoulême dans le Morbihan leur donna l'occasion de les manifester; ils réunirent leurs bandes sur son passage et se décorèrent tous d'une écharpe blanche. La plupart arrivèrent dans cet appareil jusqu'à Vannes et furent reçus dans les appartemens du prince : la garde nationale, la troupe de ligne et le peuple, indignés d'un signe qui leur rappelait les malheurs de la guerre civile, l'arrachèrent à ceux qui en sortaient. Le commandant de la garde nationale fut maltraité par le prince, et destitué sur-le-champ. Cet événement, le monument de Quiberon, l'établissement d'une commission mixte pour récompenser ces bandes, ont aigri de plus en plus les partis, surtout les chouans et leurs chefs, qui se trouvent déçus de leur attente. La dernière opération de la commission mixte a dû mettre dans les mains du gouvernement un recensement de toutes les communes du Morbihan qui ont participé plus particulièrement à la guerre civile, le nom des chefs supérieurs et subalternes et celui des paysans pour lesquels on a demandé des grâces.

Malgré tant de fermens de discorde, ce département jouissait d'une parfaite tranquillité au 31 mars dernier. Dans les principales villes, les citoyens s'étaient fortement prononcés pour le retour des aigles; on y avait arboré le drapeau tricolore, les curés y avaient prié pour l'Empereur; mais la plus grande partie des communes rurales ne l'avaient pas encore arboré; la consternation y régnait, dans la crainte où elles sont de voir renouveler leurs malheurs. Les curés y sont influencés par l'ancienne noblesse : ils ont, dans ce pays, un grand crédit sur le peuple qui, plus instruit sur ses intérêts, est déterminé à rester tranquille. La présence seule de troupes étrangères ou de quelques partis de la Vendée pourrait les forcer à se lever sous l'influence de leurs anciens chefs.

En général, pour calmer le Morbihan, il faut user de bons traitemens envers un peuple simple, franc et loyal, montrer de la confiance aux hommes influens et raisonnables, soit de l'ancienne armée royale, soit de l'ancienne noblesse et éloigner ceux qui seront dangereux. Je ferai connaître les uns et les autres. Il serait nécessaire d'améliorer le sort des curés et de leur laisser beaucoup de liberté dans l'emploi du régime spirituel, auquel le peuple est fort attaché. Donner au Morbihan un évêque dont le ministère soit tout évangélique pour amener plus promptement les partis à une réconciliation sincère et à une fusion entière.

Liste des hommes influens sur le département du Morbihan.

Le sieur Dubot-Derue, colonel breveté par Louis XVIII, n'a point participé à la guerre civile; il est d'un caractère franc, loyal et d'une fermeté inébranlable; il a un grand crédit sur la population de la sous-préfecture de Lorient; il est capitaine de la louveterie en Bretagne; on pourra compter sur sa fidélité; il est riche.

Le sieur Lehelec, breveté colonel, le plus riche propriétaire du Morbihan, n'a pas servi dans les armées royales; il a de l'influence sur les paysans des bords de la Vilaine.

Le sieur Laboisière, colonel, est à son aise, a beaucoup d'influence sur les communes de la sous-préfecture de Ploërmel : cet homme est dévot et fourbe; il est dangereux, étant très dévoué aux Bourbons.

Le sieur Margadel, lieutenant-colonel, peu aisé, très dévoué aux Bourbons, a quelque influence, mais n'est pas dangereux; il habite une terre auprès de Vannes.

Le sieur Penanstère, lieutenant-colonel, a de l'influence dans quelques communes frontières du département des Côtes-du-Nord; il est rentré avec le Roi, il promet fidélité à Sa Majesté l'Empereur et demande sa clémence.

Le sieur Desol de Grissolle, maréchal de camp, était en prison, il y avait douze ans, lorsqu'il en est sorti à la rentrée du roi; il se cache dans le Morbihan; son physique est exténué, il a néanmoins un grand crédit sur les anciennes bandes du Morbihan; il est revenu à des sentimens plus modérés et n'a rien fait pour troubler la tranquillité.

Le sieur Le Ridan, colonel, est sorti de prison au retour du Roi; il est à son aise; il a de l'influence sur les anciennes bandes; la clémence de l'Empereur l'attacherait désormais à sa personne.

Le sieur Lemintier, lieutenant-colonel, est peu aisé; il a les formes douces et honnêtes; beaucoup d'influence sur les anciennes bandes de la sous-préfecture de Pontivy; il n'est pas dangereux.

Le sieur Cécillon, lieutenant-colonel, peu aisé, beaucoup d'influence sur les bandes de l'arrondissement de Redon; cet homme a peu de moyens, on le mène facilement.

Le sieur Thiece, lieutenant-colonel, est rentré avec le Roi; c'était un homme très dangereux dans la chouannerie; il avait une grande influence dans le canton de Grandchamp; il se cache.

Le sieur Penhouet, capitaine de vaisseau, d'un caractère turbulent et fourbe, ayant beaucoup d'influence sur les communes de l'arrondissement de Redon : cet homme a peu de fortune, mais il est très dangereux. . . . .

Le sieur Audran, capitaine, rentré avec le Roi, a beaucoup d'influence sur les anciennes bandes du Morbihan, particulièrement sur les communes riveraines; cet homme est honnête, il a promis fidélité à l'Empereur et attend tout de sa clémence.

Tous les chefs dont les noms sont marqués ci-dessus étaient chevaliers de Saint-Louis. Les subalternes sont suffisamment désignés dans le travail de la commission mixte; il est essentiel de remarquer que ni les uns ni les autres n'ont aucune influence sur les villes de Vannes, Lorient, Port-Louis, Ploërmel et Pontivy.

Paris, le 5 avril 1815.

Le maréchal de camp, baron Valori.

(Arch. guerre. Donation Davout.)

N° 9

Rapport par le colonel Bruc, ex-colonel du 3e léger, sur ce qui s'est passé à Bayonne du 1er mars au 10 avril.

Aussitôt que la duchesse d'Angoulême apprit à Bordeaux l'arrivée de l'Empereur en France, elle chercha par tous les moyens possibles de bouleverser le Midi pour soutenir la cause des Bourbons.

Il était important pour eux de faire occuper les places frontières par des troupes sur lesquelles ils puissent compter; c'étaient les Espagnols qui devaient s'emparer de celles du Midi, entre autres Bayonne. . . . .

Deux régiments d'infanterie (le 3e léger et le 78e de ligne) en composaient la garnison (de Bayonne). Le général Vincent y était directeur des fortifications, et le colonel Verpeau commandait l'artillerie, avec peu de monde de son arme. La place était commandée par le maréchal de camp Bourot.

Le commandant de la place, d'après les instructions qu'il recevait de la duchesse d'Angoulême, et dans le dessein de pressentir la garnison, annonça qu'elle allait faire cause commune avec les Espagnols pour le service du Roi. Il s'aperçut de l'horreur qu'inspirait une telle ouverture, et se douta de la résolution que nous avions prise de ne pas laisser entrer les Espagnols dans la place, soit qu'ils y vinssent comme amis ou comme ennemis . . . . Les troupes, se doutant du projet, me prièrent de me charger du commandement de la place. Je refusai de le prendre, quoique convaincu des intentions perfides du général Bourot. Je ne crus pas pouvoir le faire parce qu'il se trouvait deux généraux dans Bayonne, le général Vincent et le général Cambriel, ex-colonel du régiment que je commandais, mais je rassurai la garnison en lui faisant connaître : 1° que contre les intentions du commandant de la place et à son insu, j'avais fait prendre à l'arsenal des cartouches pour tout mon régiment à raison de soixante par homme (le 78e en fit dès lors autant) ; 2° que deux compagnies, indépendamment du service ordinaire, étaient toutes les nuits de piquet, et que tous les postes qui étaient munis de cartouches, à l'insu du commandant de la place, recevaient mes ordres en me rendant compte de ce qui se passait ; que par conséquent, sans s'en douter, le général Bourot était plutôt notre prisonnier que notre commandant ; que si les événemens m'y forçaient, j'étais en mesure de lui ôter son commandement et de m'en charger, mais je ne voulais le faire qu'à la dernière extrémité, parce qu'il se trouvait deux de mes supérieurs dans la place, à qui le commandement revenait avant moi. Je fis part de mes dispositions au général Vincent, du génie, et au colonel Verpeau, de l'artillerie, qui les approuvèrent, et nous nous concertâmes sur les moyens à prendre pour la conservation de la place.

Déjà deux bataillons de la garnison étaient partis de Bayonne pour occuper des cantonnemens à quinze et vingt lieues en arrière, l'un des deux était depuis longtemps à Dax et à Mont-de-Marsan, lorsque le 29 mars on voulut en faire partir un autre (l'ordre était même de faire partir les deux bataillons qui se trouvaient dans la citadelle). Il n'y serait plus resté personne.... (Il obtint que le dernier bataillon de son régiment ne quitterait pas Bayonne.) . . . .

. . . . Je me rendis chez le général Bourot, le sommant de me déclarer ce que l'on prétendait faire de nous; que l'ordre de faire partir un nouveau bataillon pour le disséminer sans munitions (il devait être disséminé par compagnies entre Saint-Jean-de-Luz et Irun) nous prouvait que l'on voulait nous livrer aux Espagnols; que nous savions qu'un étranger, présumé avec fortes raisons être le général espagnol Arissage, avait été plusieurs nuits de suite chez lui, et que ce pouvait être de connivence avec ce général que ce mouvement s'opérait. Le général Vincent et tous les officiers supérieurs se rendirent aussitôt chez le commandant de la place, et nous obtînmes que ce bataillon ne partirait pas. Le général Bourot attendait d'ailleurs à chaque instant le général Lamotte, qui devait prendre le commandement supérieur de la place et qui arrivait avec des instructions particulières de la duchesse d'Angoulême.

Le général Lamotte arriva en effet le lendemain, 31 mars : on nous fit prendre les armes, et le nouveau gouverneur nous annonça, pour cette fois officiellement, *que nous allions faire cause commune avec les Espagnols pour le service du roi, que nous devions nous trouver honorés d'être les alliés d'une nation dont nous avions pu apprécier le caractère et la bravoure*. Ce sont ses propres expressions.

Le général Lamotte s'aperçut bien de l'effet que produisit sur nous ce discours, il fit défiler de suite et rentra chez lui pour recevoir les visites du corps.

Après cette réception, je me présentai chez lui avec les officiers supérieurs de mon régiment et ceux du 78e et je déclarai au général Lamotte que la garnison n'entendait en aucune manière faire cause commune avec les Espagnols. Il vit, à notre attitude et à notre air, que nous étions résolus à ne pas obéir à tout ordre qui aurait pu compromettre le salut de la place. Mais quelle fut notre surprise lorsque nous entendîmes le général Lamotte nous déclarer qu'il défendrait Bayonne contre les Espagnols s'ils voulaient s'en emparer; qu'il n'avait accepté le commandement qu'à cette condition; que pour preuve de la pureté de ses intentions, il contremandait le départ du bataillon, qu'il avait annoncé une demi-heure avant devoir partir de Bayonne dans la journée.

Nous quittâmes le général Lamotte, en nous méfiant avec quelque raison d'un homme qui, en moins d'une demi-heure, nous avait tenu deux discours si opposés. Nous avions de fortes raisons de ne pas croire à la sincérité du dernier. Je trouvai, en rentrant chez moi, les officiers du régiment qui me prévinrent que je devais être arrêté (j'ai su depuis que la duchesse d'Angoulême, instruite de ce que les troupes m'avaient mis en avant pour m'opposer à l'exécution des ordres qu'elle donnait pour livrer la place, avait chargé le général Lamotte de me faire arrêter. Au départ de ce général de Bordeaux, la duchesse croyait que l'ordre qu'elle avait donné de faire partir les deux bataillons de la citadelle était exécuté. Il ne se serait plus trouvé dans Bayonne que deux bataillons, le général Lamotte devait en faire partir encore un, peut-être même les deux, et la place ainsi dégarnie, il lui aurait été facile de faire arrêter ceux qui se seraient opposés à l'exécution de ses ordres), mais qu'ils venaient au nom de toute la garnison m'assurer qu'elle répondait de moi. Plusieurs citoyens de Bayonne vinrent me donner le même avis : j'étais fort tranquille, connaissant l'esprit des habitants et des troupes.

Le même jour, un aide de camp du général Pourailly vint me trouver et me prévint que les généraux Rey, Pourailly, Vinot, et le sous-inspecteur aux revues Garin, qui se trouvaient à Pau, et qui, avec juste raison, doutaient des sentiments de patriotisme des généraux Lamotte et Bourot, étaient prêts à marcher à notre secours, non seulement avec le régiment qui se trouvait à Pau, mais avec toute la population du Béarn, qui était disposée à repousser les étrangers, s'ils osaient pénétrer sur notre territoire.

Depuis plus de dix jours, toute communication était interrompue avec la capitale : on nous débitait les nouvelles les plus alarmantes pour nous et pour la France, lorsque, dans la nuit du 3 au 4 avril, je reçus une estafette du général Clauzel qui, sachant ce qui se passait, me donnait l'ordre, dans le cas où le général commandant la place ne voulût pas l'exécuter, de faire arborer le pavillon et la cocarde tricolores et de proclamer l'arrivée de l'Empereur à Paris. Je communiquai cette lettre aux généraux Lamotte et Bourot, et leur laissai donner des ordres à cet égard.

Il est à remarquer que malgré l'ordre que j'avais reçu du général Clauzel de faire proclamer l'arrivée de l'Empereur à Paris, et que je communiquai aux généraux Lamotte et Bourot, ce dernier, quoiqu'en ayant reçu un semblable, ne voulait pas encore l'exécuter, prétendant que ces ordres n'étaient pas en règle; qu'ils n'étaient pas datés de Bordeaux, et sur ce que je répondis qu'ils n'en seraient pas moins exécutés à la pointe du jour, il se rendit. Le général Lamotte ne fit aucune observation ; il n'était pas question de lui dans la lettre que je recevais du général Clauzel ni dans celle qu'avait reçue le général Bourot. . . . .

. . . Le général Lamotte reçut l'ordre de quitter Bayonne et de se rendre à Bordeaux ; je fus obligé de le conduire moi-même hors des portes. Les soldats voulaient le garder prisonnier, ses deux factionnaires ne voulaient pas le laisser sortir de sa maison.

Le général Bourot fut entouré par un groupe d'officiers qui lui criaient : *Vive l'Empereur ! général, pas d'arrière pensée, vive l'Empereur !* En butte à toutes les huées de la garnison, il se trouvait encore à Bayonne le 10 de ce mois, au moment de mon départ, mais il a dû être remplacé le lendemain par le général Touvenot, que je rencontrai à quelques lieues de Bayonne, et qui arrivait pour en prendre le commandement.

C'est au moment où je recevais les félicitations des habitants et de la garnison de Bayonne sur ce que j'avais fait pour la conservation de cette place à la France, que je reçus l'ordre de Son Excellence le ministre de la guerre de remettre le commandement du 3e régiment d'infanterie légère au colonel Pochet, qui arrivait pour me remplacer.

. . . .

(Arch. guerre.)

N° 10

Répartition des gardes nationales aux différentes armées.

Armée du Nord.

16e division militaire.	10 bataillons requis dans le département du Pas-de-Calais et ainsi employés :	2 à Amiens.
		3 à Valenciennes.
		2 à Condé.
		1 à Ardres.
		1 à Hesdin.
		1 à Soissons.
	14 bataillons requis dans le département du Nord et ainsi employés :	4 à Douay et Fort de Scarpe.
		2 à Cambray.
		1 à Bouchain.
		3 à Avesnes.
		2 à Arras.
		1 à Saint-Quentin.
		1 à Guise.

2e division militaire.	14 bataillons requis dans le département de la Marne et ainsi employés :	2 à Sedan. 2 à Philippeville. 5 à Charlemont et Givet. 1 à Rocroy.	4 affectés au corps de réserve.
	7 bataillons dans le département de la Meuse et ainsi employés :	2 à Mézières. 1 à Bouillon. 2 à Verdun.	2 affectés au corps de réserve.
	7 bataillons requis dans le département des Ardennes et ainsi employés :	1 à Mézières. 2 à Montmédy.	4 affectés au corps de réserve[1].
1re division militaire.	7 bataillons requis dans l'Aisne.	7 à Lille.	
	7 bataillons requis dans Seine-et-Marne.	1 à Boulogne. 1 à Saint-Omer. 4 à Meaux. 1 à Château-Thierry.	
	7 bataillons requis dans le département de l'Oise.	2 à Valenciennes. 2 à Condé. 1 à Péronne. 2 à Amiens.	
	3 bataillons requis dans le département d'Eure-et-Loir.	1 à Condé. 2 à Soissons.	
	3 bataillons requis dans le département du Loiret.	1 à la Fère. 2 à Saint-Omer.	
	7 bataillons requis en Seine-et-Oise et ainsi employés :	1 à Landrecies. 1 à Calais. 1 à Ham. 1 à Doulens. 2 à Avesnes. 1 à Douay.	
14e division militaire.	5 bataillons requis dans le département du Calvados et placés	à Abbeville.	

1. Ces 10 bataillons formeront une réserve qui se réunira à Sainte-Menehould.

15e division militaire.	10 bataillons requis dans la Somme.	2 au Quesnoy. 1 à Aire. 1 à Béthune. 6 à Maubeuge.
	14 bataillons requis dans la Seine-Inférre.	7 à Dunkerque et Bergues. 1 à Gravelines. 2 à Calais. 4 à Lille.

Armée de la Moselle. 3 mai.

RÉPARTITION DES BATAILLONS DE GARDES NATIONALES

DIVISION MILITAIRE	DÉPARTEMENS	NOMBRE de bataillons requis	EMPLOI DES BATAILLONS	
			DANS LES PLACES	Aux corps de réserve
3e	Moselle.	14	4 à Longwy. 2 à Bitche. 4 à Marsal et Phalsbourg.	4
	Meurthe.	14	7 à Thionville, Sierk et Rodemack. 4 à Metz. 2 à Toul.	1
	Vosges.	14	3 à Sarrelouis. 6 à Metz.	5
		42		10[1]

1. Ces 10 bataillons se réuniront à Nancy sous les ordres d'un lieutenant général, d'où ils se porteront aux débouchés des Vosges.

Armée du Rhin. 3 mai.

RÉPARTITION DES BATAILLONS DE GARDES NATIONALES

DIVISION MILITAIRE	DÉPARTEMENS	NOMBRE de bataillons requis	EMPLOI DES BATAILLONS — DANS LES PLACES	EMPLOI DES BATAILLONS — Aux corps de réserve
5e	Bas-Rhin.	21	7 { Landau. Weissembourg. Lichtenberg. La Petite-Pierre. } 3 { Lauterbourg. Haguenau. Drusenheim. } 5 à Strasbourg.	6
	Haut-Rhin.	14	3 à Schlestatt. 5 à Neufbrisach et Fort-Mortier. 3 à Huningue. 3 à Strasbourg.	
		35		6 [1]

1. Cette réserve se réunira à Strasbourg pour se rendre sur les places menacées par les opérations de l'ennemi.

Arm du corps d'observation du Jura. 3 mai.

RÉPARTITION DES BATAILLONS DE GARDES NATIONALES

DIVISION MILITAIRE	DÉPARTEMENS	NOMBRE de bataillons requis	EMPLOI DES BATAILLONS	
			DANS LES PLACES	Aux corps de réserve
	Doubs.	3	3 à Belfort.	
	Jura.	3	2 à Belfort. 1 au château de Joux.	
6e	Ain.	7	7 à Besançon.	1
	Haute-Saône.	3	1 à Fort-l'Écluse. 1 au fort Saint-André de Salins.	
	Aube.	3	2 à Langres.	1
	Haute-Marne.	3	3 à Langres.	
	Yonne.	7	3 à Auxonne.	4
	Côte-d'Or.	7		7
	Saône-et-Loire.	10		
		46		13 [1]

1. Les 13 bataillons de réserve seront réunis à Dijon, ils seront chargés de la défense des passages de Belfort à Genève.

Côtes de la Bretagne et de la Manche. 3 mai.

RÉPARTITION DES BATAILLONS DE LA GARDE NATIONALE

DIVISION MILITAIRE	DÉPARTEMENS	NOMBRE de bataillons requis	EMPLOI DES BATAILLONS — DANS LES PLACES	EMPLOI DES BATAILLONS — Aux corps de réserve
13e	Ille-et-Vilaine.	5	5 à Brest [1].	
13e	Finistère.	5	5 à Saint-Malo [1].	
13e	Côtes-du-Nord.	5	5 à Lorient [1].	
14e	Manche.	5	5 à Cherbourg [1].	
14e	Orne.	3	1 à Honfleur [1]. 1 à Caen [1]. 1 à Montreuil [1].	
14e	Eure.	7	3 au Havre [1]. 4 à Dieppe [1].	

RÉCAPITULATION

	NOMBRE DE BATAILLONS — RÉQUIS	NOMBRE DE BATAILLONS — A employer dans les places	NOMBRE DE BATAILLONS — A employer aux corps de réserve
Armée du Nord	115	105	10
Armée de la Moselle	42	32	10
Armée du Rhin	35	29	6
Corps d'observation du Jura. . . .	46	23	23
Armée des Alpes	56	14	42
Côtes de Bretagne	30	30	
	324	233	91

1. Ces bataillons surveillent la côte.

N° 11

Rapport du ministre à l'Empereur. 28 mai.

SIRE,

Le général de Laville, dont le zèle et le dévouement sont connus de Votre Majesté, n'avait pas consulté ses forces en acceptant l'emploi de secrétaire général du ministère de la guerre. Sa santé ne lui permet plus de continuer à se livrer au travail continuel et sédentaire des bureaux; il demande un successeur.

Je propose à Votre Majesté de le remplacer par le lieutenant général d'Hastrel, qui est maintenant chargé de la deuxième division du ministère, et qui est un bon travailleur, déjà accoutumé à ces fonctions.

Toutefois, la confiance que j'ai dans le général de Laville, l'attachement que je lui porte, l'absolu dévouement qu'il a pour votre personne et l'utilité dont il peut m'être dans le commandement que Votre Majesté me confie à son départ pour l'armée, me font désirer de le conserver près de moi.

(Arch. guerre. Donation Davout.)

N° 12

État des officiers compris dans l'organisation du génie aux armées du Nord, de la Moselle, du Rhin, des Alpes et aux trois corps d'observation (juin 1815).

ARMÉE DU NORD

(Composée des 1er, 2e, 3e et 6e corps)

État-major général. — Rogniat, lieutenant général commandant le génie; Baudrand, colonel; Legentil, major, directeur général du parc; Lesecq, chef de bataillon; Coffinhal, Bellonnet, Robert Saint-Vincent, capitaines.

1er CORPS. — *État-major.* — Garbé, maréchal de camp commandant le génie; Barailon, colonel; Morlaincourt, Quillard, chefs de bataillon; Grimouville, Vieux, lieutenants. — *Divisions.* — 1re division, Émon, capitaine ; 2e division, Chiappe, capitaine ; 3e division, Daigremont, capitaine ; 4e division, Parentin, capitaine.

2e CORPS. — *État-major.* — Richemont, maréchal de camp commandant le génie ; Daulle, colonel ; Repecaud, chef de bataillon ; Stuker, Levavasseur, Noizet, capitaines ; Ythier, lieutenant. — *Divisions.* — 5e division, Lenoir, capitaine ; 6e division, Jacquin Cassière, capitaine ; 7e division, Le Pescheur de Branville, capitaine ; 8e division, Choumara, capitaine ; 9e division, Leroux-Douville, capitaine.

3e CORPS. — *État-major.* — Nempde, maréchal de camp commandant le génie ; Thiébault, major ; Dehon, Boucher-Morlaincourt (François), chefs de bataillon ; Juhel, capitaine. — *Divisions.* — 10e division, Maublanc, capitaine ; 11e division, Négrier, capitaine.

6e CORPS. — *État-major.* — Sabatier, maréchal de camp commandant le génie ; Constantin, colonel ; Thomassin, chef de bataillon ; Boissière, Desbrochers, capitaines. — *Divisions.* — 19e division, Chambaud, capitaine ; 20e division, Anselmier, capitaine ; 21e division, Guèze, capitaine.

ARMÉE DE LA MOSELLE

(Composée du 4e corps)

État-major. — Marescot, lieutenant général ; Marion, colonel ; Labeaumelle, Morlet, chefs de bataillon ; Blevec, lieutenant. — *Divisions.* — 12e division, Boulangé, capitaine ; 13e division, Morlaincourt (Théodore), capitaine ; 14e division, Monmartin, capitaine.

ARMÉE DU RHIN

(Composée du 5e corps)

État-major. — De Maureillan, lieutenant général commandant le génie ; Prevost-Vernois, colonel ; Goll, Blondel, chefs de bataillon ; Lesbros, capitaine ; Dumay, lieutenant. — *Divisions.* — 15e division, Augoyat, capitaine ; 16e division, Lemercier, capitaine ; 17e division, Perrin, capitaine.

ARMÉE DES ALPES

(Composée du 7e corps)

État-major. — Lery, lieutenant général (chargé spécialement de Lyon) ; Monfort, maréchal de camp commandant le génie ; Paulin, colonel ; Moret, chef de bataillon ; Gérauvilliers, capitaine ; Redoutey, Bruno, lieutenants. — *Divisions.* — 22e division, Dufour, capitaine ; 23e division, Montmasson, capitaine.

1er CORPS D'OBSERVATION

(Composé du corps d'observation du Jura)

État-major. — Marion, colonel commandant le génie ; Christin, major ; Fabre, chef de bataillon. — *Division.* — 18e, Michel, capitaine.

2e CORPS D'OBSERVATION

(Composé du 9e corps)

État-major. — Michaux, maréchal de camp commandant le génie ; Soyer, chef de bataillon ; Solier, capitaine ; Moreau, Belmas, lieutenants. — *Divisions.* — 24e division, Massillon, capitaine ; 25e division, Sertour, capitaine.

3e CORPS D'OBSERVATION

(Composé du 8e corps)

État-major. — Blein, maréchal de camp commandant le génie ; Thuillier, major ; Savart, capitaine ; Gosselin, Liadières, lieutenants. — *Divisions.* — 26e division, Rivericulx, capitaine ; 27e division, Hubert, capitaine

(Arch. guerre.)

N° 13

Rapport à l'Empereur.

Artillerie. ÉTAT DES FUSILS 11 juin 1815.

J'ai l'honneur de soumettre à Votre Majesté l'état de situation des fusils à l'époque du 1er au 10 de ce mois.

L'état n° 1 fait connaître la répartition des fusils par place, à l'époque du 5 juin, pour toutes les directions d'artillerie du Nord et de l'Est, en tirant une ligne du Havre à Grenoble.

Les fusils ont été répartis.... dans chaque place, suivant le nombre de gardes nationales que chaque place devait recevoir, mais le mouvement ordonné le 28 mai, pour jeter d'abord vingt-cinq mille hommes dans les places du Nord de première ligne et sept mille dans celles de seconde ligne, a dérangé les premières dispositions faites, et il a fallu en faire de nouvelles qui ont été effectuées au 5 juin.

Tous les bataillons de garde nationale arrivés dans les places ont été suffisamment armés, et, d'après les états de consommation, je trouve qu'il a été distribué quatre-vingt-douze mille deux cent soixante-treize fusils, depuis le 1er mai jusqu'au 5 juin, tant aux gardes nationales qu'aux militaires en retraite rappelés au service. . . . . .

	FUSILS DE MUNITION			FUSILS DE REMPART			TOTAL GÉNÉRAL
	de service	à réparer	Total	de service	à réparer	Total	
Il existait au 20 mai.	193,450	163,610	357,060	19,259	14,885	34,144	391,204
Il existe au 10 juin en magasin et en transport. .	148,706	124,149	272,855	17,338	13,825	31,163	304,018
Différence en moins	44,744	39,461	84,205	1,921	1,060	2,981	87,186

Les distributions faites aux gardes nationales depuis le 1er mai jusqu'au 5 juin étant de quatre-vingt-douze mille deux cent soixante-treize; celles aux corps de la ligne depuis le 20 mai jusqu'au 5 juin étant d'environ quinze mille; total, cent sept mille deux cent soixante-treize; et la différence du 20 mai au 10 juin n'étant que de quatre-vingt-sept mille cent quatre-vingt-six, il a été réparé ou fourni des ateliers militaires vingt mille quatre-vingt-sept fusils pendant ces vingt jours.

Sur les cent quarante-huit mille sept cent six fusils de munition de service existant tant en magazin qu'en transport, il faut en compter au moins quatre-vingt mille à distribuer aux gardes nationales qui restent à organiser

Ainsi le disponible ne serait que de soixante-huit mille fusils; mais les manufactures d'armes doivent en livrer au moins vingt mille ce mois-ci et les ateliers d'armes en répareront au moins soixante mille, ce qui fera une nouvelle masse, à la fin du mois de juin, de cent cinquante mille fusils disponibles.

. . . .

(Arch. guerre.)

État n° 1. 5 juin.

ÉTAT indiquant la situation des fusils dans chacune des places des 1re, 2e, 3e, 4e, 5e, 6e, 7e, 15e et 16e divisions militaires à l'époque du 5 juin 1815.

DIRECTIONS D'ARTILLERIE	PLACES	FUSILS EXISTANS — DE MUNITION — de service	FUSILS EXISTANS — DE MUNITION — à réparer	FUSILS EXISTANS — DE REMPART — de service	FUSILS EXISTANS — DE REMPART — à réparer	OBSERVATIONS
Lille	Lille	3,561	4,530	2,170	1,096	Cette direction a déjà délivré 7,106 fusils aux gardes nationales et en a encore 4,000 à donner pour compléter l'armement des garnisons quand elles arriveront.
	Bergues	454	»	100	»	
	Dunkerque	1,811	833	358	»	
	Gravelines	726	»	120	94	
	Total	6,752	5,363	2,748	1,190	
Saint-Omer	Saint-Omer	1,746	1,006	»	»	Cette direction n'a encore délivré que 710 fusils aux gardes nationales. A encore à en distribuer 5,000.
	Boulogne	489	31	»	»	
	Calais	475	368	260	144	
	Aire	208	»	368	»	
	Hesdin	112	»	284	»	
	Saint-Venant	»	»	72	56	
	Béthune	14	»	199	»	
	Montreuil	300	»	200	»	
	Ardres	97	»	238	»	
	Total	3,441	1,405	1,621	200	
Douay	Douay	1,555	1,212	»	959	2,520 fusils délivrés. 3,000 à délivrer encore.
	Arras	2,095	»	36	»	
	Cambray	288	»	236	764	
	Total	3,938	1,212	272	1,723	

DIRECTIONS D'ARTILLERIE	PLACES	FUSILS EXISTANS DE MUNITION de service	DE MUNITION à réparer	DE REMPART de service	DE REMPART à réparer	OBSERVATIONS
Valenciennes	Valenciennes.	1,544	1,737	87	1,412	7,147 fusils délivrés, 7,000 à délivrer encore.
	Condé . . .	476	400	»	500	
	Bouchain . .	755	28	110	59	
	Landrecies .	1,527	»	100	»	
	Le Quesnoy .	110	48	27	73	
	Avesnes . .	1,357	41	100	»	
	Maubeuge. .	485	488	405	1,431	
	Total . .	6,254	2,742	829	3,475	
La Fère . .	La Fère . .	4,807	1,279	»	»	1,016 fusils délivrés aux bataillons de gardes nationales. 4,000 destinés aux dragons.
	Guise . . .	500	»	»	»	
	Péronne . .	500	37	»	»	
	Laon . . .	1,000	»	»	»	
	Soissons . .	503	»	»	»	
	Total . .	7,310	1,316	»	»	
Le Havre .	Le Havre. .	1,068	1,120	»	»	
	Dieppe. . .	464	»	»	»	
	Abbeville. .	1,500	»	»	»	
	Amiens . .	4,070	»	»	»	
	Doullens . .	500	»	»	»	
	Rouen. . .	500	»	»	»	
	Total . .	8,102	1,120	»	»	
Paris . . .	Paris . . .	36,411	58,791	»	»	La direction de Paris a fourni ou expédié 80,000 fusils depuis le 1er avril. Il lui reste 6,000 fusils à recevoir.

DIRECTIONS D'ARTILLERIE	PLACES	FUSILS EXISTANS DE MUNITION de service	FUSILS EXISTANS DE MUNITION à réparer	FUSILS EXISTANS DE REMPART de service	FUSILS EXISTANS DE REMPART à réparer	OBSERVATIONS
Mézières.	Mézières	1,475	4,863	965	174	10,341 fusils délivrés, cette direction n'en a plus à donner aux gardes nationales. Elle a l'ordre de faire passer à Metz 4,000 fusils en état. En a déjà expédié 1,800.
	Sedan	156	333	191	»	
	Montmédy	65	252	468	»	
	Givet	774	300	251	»	
	Rocroy	198	383	286	305	
	Bouillon	50	»	150	»	
	Philippeville	112	»	179	100	
	Total	2,830	6,131	2,490	579	
Metz	Metz	»	»	»	»	Cette direction a distribué tous ses fusils aux gardes nationales et aux militaires retraités. Il lui manque, pour compléter cet armement, 4,000 fusils qui sont en expédition de Mézières.
	Sarrelouis	»	»	»	»	
	Bitche	»	»	»	»	
	Verdun	»	»	»	»	
	Toul	»	»	»	»	
Strasbourg	Strasbourg	2,774	3,401	472	3,427	20,000 fusils délivrés aux gardes nationales. Cette direction a l'ordre d'adresser 3,000 fusils sur Béfort pour armer la division du général Lecourbe.
	Landau	445	30	359	2,560	
	Phalsbourg	»	»	477	497	
	Total	3,219	3,431	1,308	6,484	
Neufbrisach.	Neufbrisach	2,734	277	947	»	Cette direction a armé 10,000 gardes nationaux et a envoyé 3,500 fusils pour la division de réserve du Jura.
	Schelestatt	1,556	69	290	»	
	Huningue	1,282	195	»	»	
	Béfort	37	75	»	»	
	Total	5,609	616	1,237	»	
Besançon	Besançon	110	3,001	1,426	174	La direction de Grenoble avait 36,000 fusils. Elle les a tous distribués aux gardes nationales et à la garde nationale de Lyon.
Auxonne	Auxonne	987	314	»	»	
Grenoble	Grenoble	»	»	»	»	

État n° 2.

ÉTAT général des fusils existans en magasin et en expédition du 1er au 10 juin 1815.

DIRECTIONS	FUSILS EXISTANS				EN EXPÉDITION	RESTE A DISTRIBUER AUX GARDES NATIONALES	OBSERVATIONS
	DE MUNITION		DE REMPART				
	de service	à réparer	de service	à réparer			
Lille . . .	6,752	5,363	2,748	1,190	»	4.000	
Saint-Omer .	3,441	1,405	1,621	200	»	5,000	
Douay. . .	3,938	1,212	272	1,723	»	3,000	
Valenciennes.	6,254	2,742	829	3,475	»	7,000	
La Fère . .	7,310	1,316	»	»	»	4,000	A distribuer aux régiments de dragons.
Le Havre. .	8,102	1,120	»	»	»	7,000	Aux gardes nationales et aux dépôts d'infanterie.
Paris . . .	36,411	58,791	»	»	6,000	»	
Mézières . .	2,830	6,131	2,490	579	»	»	A l'ordre d'en envoyer 4,000 à Metz.
Metz . . .	»	»	4,000	»	6,000	»	
Strasbourg .	3,219	3,431	1,308	6,484	»	»	
Neufbrisach .	5,609	616	1,237	»	»	»	
Besançon . .	110	3,001	1,426	174	15,000 [1]	12,000	
Auxonne . .	987	314	»	»	1,800	2,000	
Grenoble . .	»	»	»	»	»	»	A employé la totalité de ses fusils. Saint-Étienne en verse 400 par jour sur Lyon.
Antibes . .	285	3,655	»	»	»	2,000	
Toulon . .	1,682	12,103	194	»	1,500	4,000	
Montpellier .	2,388	3,435	92	»	»	6,000	
Perpignan .	1,982	1,418	1,121	»	»	4,000	
Toulouse . .	575	2,714	»	»	3,000	8,000	
Bayonne . .	6,956	4,481	»	»	»	15,000	

1. Pour armer les divisions de réserve de garde nationale.

DIRECTIONS	FUSILS EXISTANS				EN EXPÉDITION	RESTE A DISTRIBUER aux GARDES NATIONALES	OBSERVATIONS
	DE MUNITION		DE REMPART				
	de service	à réparer	de service	à réparer			
Rochefort.	268	109	»	»	»	»	
La Rochelle	1,380	6,384	»	»	»	»	
Nantes.	8,306	1,228	»	»	»	»	Dont 4,200 en dépôt à Saumur.
Brest	2,708	236	»	»	»	»	
Saint-Malo	65	220	»	»	»	»	
Rennes	»	1,175	»	»	1,000	»	
Cherbourg.	2,848	1,549	»	»	»	»	
Totaux	114,406	124,149	17,338	13,825	34,300	83,000	

N° 14

Situation de l'habillement.

1er régiment de carabiniers. 1815.

SITUATION DE L'HABILLEMENT

Effectif : 431 hommes. — 319 chevaux

NATURE DES EFFETS	NOMBRE DES EFFETS				
	EN ÉTAT DE SERVICE	QUI ONT BESOIN de RÉPARATIONS	HORS D'ÉTAT de SERVIR		Manquant à l'effectif de la portion du corps
			de durée expirée	de durée non expirée	
HABILLEMENT. — Habits	284	72	91	»	»
Vestes blanches	181	56	216	»	»
Gilets d'écurie	65	106	195	»	»
Culottes de peau	155	34	242	»	»
Surculottes	99	14	318	»	»
Pantalons de treillis	75	»	291	»	»
Manteaux	271	52	103	»	»
Bonnets de police	260	13	174	»	»

NATURE DES EFFETS	NOMBRE DES EFFETS				
	EN ÉTAT DE SERVICE	QUI ONT BESOIN de RÉPARATIONS	HORS D'ÉTAT de SERVIR de durée expirée	HORS D'ÉTAT de SERVIR de durée non expirée	Manquant à l'effectif de la portion du corps
Épaulettes	224	72	91	»	»
Casques	248	78	»	»	»
Bottes à éperons	103	137	191	»	»
GRAND ÉQUIPEMENT. — Ceinturons	225	206	»	»	»
Gibernes et porte-gibernes	229	108	»	»	»
Cordons de sabre	311	8	»	»	112
Gants à la Crispin	238	»	»	»	177
Garnitures de cuirasses	205	6	»	»	176
HARNACHEMENT. — Selles	187	114	18	»	»
Brides	231	54	24	»	»
Bridons	233	»	86	»	»
Licols et longes	201	70	48	»	»
Licols de parade	201	70	48	»	»
Sangles et surfaix	114	50	155	»	»
Housses et chaperons	195	81	43	»	»
Schabraques	223	51	38	»	»
Couvertures	211	75	57	»	»
Portemanteaux	215	113	103	»	»

ARMEMENT. — Sabres . . . . 235 en bon état, 128 à réparer

Pistolets . . . . 331 — 102 —

Cuirasses . . . . 171 — 86 —

PETIT ÉQUIPEMENT. — Chemises	753
Pantalons de toile	31
Cols { noirs	165
Cols { blancs	167
Paires de bas { de fil	71
Paires de bas { de laine	14
Paires de souliers	260
Paires de guêtres { noires	120
Paires de guêtres { grises	39
Mouchoirs de poche	323
Cocardes	23
Tournevis	43
Trousses complètes	121

EFFETS DE PANSAGE. — Sacs à avoine	198
Musettes	173
Paires de ciseaux	96
Éponges	157
Peignes	152
Brosses	207
Étrilles	234
Cordes à fourrage	93

2e régiment de cuirassiers. 1815.

SITUATION DE L'HABILLEMENT

Effectif : 222 hommes. — 224 chevaux

NATURE DES EFFETS	NOMBRE DES EFFETS				
	EN ÉTAT DE SERVICE	QUI ONT BESOIN de RÉPARATIONS	HORS D'ÉTAT de SERVIR de durée expirée	HORS D'ÉTAT de SERVIR de durée non expirée	Manquant à l'effectif de la portion du corps
HABILLEMENT. — Habits	159	64	3	4	»
Habits de trompette	»	10	»	»	»
Vestes	216	22	1	1	»
Gilets d'écurie	109	53	8	3	»
Surculottes	130	4	21	14	37
Pantalons	249	»	5	»	»
Culottes de peau	141	»	106	3	»
Manteaux	234	13	»	2	»
Bonnets de police	195	»	4	»	»
Casques	218	32	»	»	»
Pompons	»	»	»	»	»
Crinières	218	32	»	»	»
Épaulettes	227	»	3	»	»
Bretelles	141	54	3	52	»
GRAND ÉQUIPEMENT. — Ceinturons avec plaques	245	1	»	»	»
Gibernes	192	»	»	»	»
Porte-gibernes	192	»	»	»	»
Cordons de sabre	246	»	»	»	»

NATURE DES EFFETS	NOMBRE DES EFFETS				
	EN ÉTAT DE SERVICE.	QUI ONT BESOIN de RÉPARATIONS	HORS D'ÉTAT de SERVIR — de durée expirée	HORS D'ÉTAT de SERVIR — de durée non expirée	Manquant à l'effectif de la portion du corps
Portemanteaux	134	111	1	»	»
Paires de bottes	137	107	»	»	»
Paires d'éperons	244	»	»	»	»
Porte-mousquetons	»	»	»	»	»
Porte-bayonnettes	»	»	»	»	»
Gants à paremens	230	19	»	»	»
Trompettes	14	»	»	»	»
Garnitures de cuirasse	160	11	»	»	61
HARNACHEMENT. — Selles	134	90	»	»	»
Mors de brides	224	»	»	»	»
Bridons d'abreuvoir	119	4	»	»	114
Montures de bride	221	3	»	»	»
Licols d'écurie	237	»	»	1	»
Sangles et surfaix	223	11	»	1	»
Housses	223	9	1	»	»
Schabraques	181	50	»	3	»
Couvertures	218	»	»	9	10
Fillets de bride	223	»	»	1	»
Longes	237	»	»	»	»

ARMEMENT. — Sabres	247 en bon état,	2 à réparer
Pistolets	148 —	14 —
Cuirasses	154 —	71 —

PETIT ÉQUIPEMENT. — Chemises	572
Cols noirs	223
Paires de bas de fil	193
Paires de bas de laine	59
Paires de souliers	227
Paires de guêtres noires	5
Sacs de toile	177
Tournevis	60
EFFETS DE PANSAGE. — Musettes	169
Paires de ciseaux	199
Éponges	145
Peignes	155

Brosses	169
Étrilles	161
Cordes à fourrage	144
Bottes	245
Éperons	245

10e régiment de cuirassiers. 1815.

SITUATION DE L'HABILLEMENT

Effectif : 371 hommes. — 214 chevaux

NATURE DES EFFETS	NOMBRE DES EFFETS				
	EN ÉTAT DE SERVICE	QUI ONT BESOIN de RÉPARATIONS	HORS D'ÉTAT de SERVIR de durée expirée	HORS D'ÉTAT de SERVIR de durée non expirée	Manquant à l'effectif de la portion du corps
HABILLEMENT. — Habits	233	80	1	»	»
Gilets sans manches	312	»	2	»	»
Gilets d'écurie	193	71	44	»	5
Bonnets de police	300	»	10	»	3
Culottes de peau	146	»	168	»	»
Surculottes	38	2	216	»	1
Manteaux	271	1	40	»	»
Pantalons de treillis	33	»	281	»	»
Paires d'épaulettes	273	»	41	»	»
Casques	274	25	15	»	»
GRAND ÉQUIPEMENT. — Ceinturons	313	»	1	»	»
Plaques	313	»	1	»	»
Gibernes montées	271	7	9	3	»
Cordons de sabre	313	»	1	»	»
Gants à paremens	308	»	»	6	»
Garnitures de cuirasses	276	»	»	12	»
Paires de bottes	235	63	»	16	»
Trompettes	6	3	»	»	2
HARNACHEMENT. — Selles	155	45	»	»	»
Brides	174	24	»	2	»
Bridons	173	11	»	»	16

NATURE DES EFFETS	NOMBRE DES EFFETS: EN ÉTAT DE SERVICE	QUI ONT BESOIN de RÉPARATIONS	HORS D'ÉTAT de SERVIR: de durée expirée	HORS D'ÉTAT de SERVIR: de durée non expirée	Manquant à l'effectif de la portion du corps
Bridons d'écurie	150	5	»	»	45
Licols et longes	155	40	»	5	»
Licols de parade	»	»	»	»	»
Sangles et surfaix	176	»	»	»	24
Housses et chaperons	179	10	»	11	»
Schabraques	131	62	»	7	»
Couvertures	194	»	»	6	»
Portemanteaux	284	»	30	»	»

Armement. — Sabres . . . . 311 en bon état, 3 à réparer
Pistolets (paires) . . . . 191 1/2 — 7 1/2 —
Cuirasses (paires) . . . . 276 — 38 —

Petit équipement. — Chemises 929
Pantalons de toile 179
Cols { noirs 319
Cols { blancs 638
Paires de bas { de fil 590
Paires de bas { de laine 295
Paires de souliers 613
Paires de guêtres noires 195
Mouchoirs de poche 636
Tournevis 313
Trousses complètes 313

Effets de pansage. — Sacs à avoine 313
Musettes 313
Paires de ciseaux 283
Éponges 283
Peignes 283
Brosses 283
Étrilles 283
Cordes à fourrage 283

7e régiment de cuirassiers. 1815.

SITUATION DE L'HABILLEMENT

Effectif : 422 hommes. — 252 chevaux

NATURE DES EFFETS	NOMBRE DES EFFETS				
	EN ÉTAT DE SERVICE	QUI ONT BESOIN de RÉPARATIONS	HORS D'ÉTAT DE SERVIR de durée expirée	HORS D'ÉTAT DE SERVIR de durée non expirée	Manquant à l'effectif de la portion du corps
HABILLEMENT. — Habits	213	78	16	»	65
Vestes	213	78	16	»	65
Gilets d'écurie	153	50	47	18	104
Pantalons de treillis	248	2	»	»	122
Culottes de peau	281	13	1	»	73
Bonnets de police	198	39	58	4	73
Manteaux ou capotes	241	31	6	»	94
Surculottes	60	16	12	»	284
Casques	252	47	1	»	72
Paires d'épaulettes	258	21	10	5	72
GRAND ÉQUIPEMENT. — Ceinturons	293	8	»	»	62
Plaques	298	2	»	»	63
Bottes	134	66	12	»	151
Éperons	159	35	12	»	157
Cordons et sabres	288	2	»	»	73
Gants à paremens	280	13	2	»	68
Gibernes et porte-gibernes	248	»	»	»	115
Portemanteaux	223	71	15	5	49
Trompettes	17	»	»	»	»
HARNACHEMENT. — Selles	100	122	»	»	»
Brides	190	31	»	»	»
Filets	211	9	»	»	»
Bridons d'écurie	170	14	»	»	32
Licols et longes	173	69	14	11	»
Licols de parade	»	»	»	»	216
Sangles et surfaix	186	27	4	»	»
Housses	197	19	2	2	»
Schabraques	161	57	3	1	»
Couvertures	113	3	1	1	98
Portemanteaux	»	»	»	»	»

ARMEMENT. — Sabres	203 en bon état,	3 à réparer		
Pistolets	182	—	4 —	1 hors service
Cuirasses	238	—	25 —	

PETIT ÉQUIPEMENT. — Chemises	804
Pantalons de toile	228
Cols noirs	285
Cols blancs	593
Paires de bas de fil	221
Paires de bas de laine	148
Paires de souliers	272
Paires de guêtres noires	232
Paires de guêtres grises	219
Sac de toile	1
Mouchoirs de poche	543
Tournevis	34
Trousses complètes	174
EFFETS DE PANSAGE. — Sacs à avoine	216
Musettes	233
Paires de ciseaux	224
Éponges	237
Peignes	237
Brosses	235
Étrilles	237
Cordes à fourrage	237

6e régiment de dragons. 1815.

SITUATION DE L'HABILLEMENT

Effectif : 72 officiers. — 745 hommes. — 568 chevaux

NATURE DES EFFETS	NOMBRE DES EFFETS				
	EN ÉTAT DE SERVICE	QUI ONT BESOIN de RÉPARATIONS	HORS D'ÉTAT de SERVIR de durée expirée	HORS D'ÉTAT de SERVIR de durée non expirée	Manquant à l'effectif de la portion du corps
HABILLEMENT. — Habits	177	109	70	106	214
Vestes	163	55	51	104	303
Gilets d'écurie	140	85	92	114	234

NATURE DES EFFETS	NOMBRE DES EFFETS.				
	EN ÉTAT DE SERVICE	QUI ONT BESOIN de RÉPARATIONS	HORS D'ÉTAT de SERVIR de durée expirée	HORS D'ÉTAT de SERVIR de durée non expirée	Manquant à l'effectif de la portion du corps
Culottes de peau	170	5	4	22	475
Pantalons de treillis	124	1	»	11	542
Manteaux	272	83	17	74	216
Bonnets de police	223	29	42	99	282
Casques	299	69	23	53	195
Surculottes	91	6	8	34	531
Grand équipement. — Ceinturons	417	31	3	3	177
Gibernes complètes	376	44	3	38	204
Paires de gants	105	»	»	»	565
Dragonnes	305	11	»	51	304
Portemanteaux	226	144	37	130	134
Porte-carabines	105	9	2	16	»
Paires de bottes et éperons	97	81	50	97	351
Pompons	316	»	»	»	354
Harnachement. — Selles	293	121	7	41	8
Brides	346	50	6	41	16
Bridons d'écurie	108	»	»	»	324
Licols et longes	338	64	51	5	12
Licols de parade	»	»	»	»	»
Sangles et surfaix	313	73	57	18	9
Housses	304	49	71	13	43
Schabraques	222	120	87	17	24
Couvertures	275	5	62	38	89
Armement. — Sabres	362	93	13 hors service.		
Pistolets	258	47	1	»	»
Carabines	104	43	2	»	»
Petit équipement. — Chemises					1,371
Cols noirs					409
Cols blancs					437
Paires de bas					316
— de laine					73
Paires de souliers					387
Paires de guêtres					197
Mouchoirs de poche					574

Cocardes	300
Épinglettes	163
Tournevis	113
Trousses complètes	224
Sacs à avoine	224
Musettes	275
Paires de ciseaux	266
Éponges	215
Peignes	238
Brosses	288
Étrilles	288
Cordes à fourrage	204

4e lanciers. 1815.

SITUATION DE L'HABILLEMENT

Effectif : 58 officiers. — 409 hommes. — 471 chevaux

NATURE DES EFFETS	NOMBRE DES EFFETS				
	EN ÉTAT DE SERVICE	QUI ONT BESOIN de RÉPARATIONS	HORS D'ÉTAT DE SERVIR de durée expirée	HORS D'ÉTAT DE SERVIR de durée non expirée	Manquant à l'effectif de la portion du corps
HABILLEMENT. — Habits	273	»	53	50	»
Vestes	273	»	35	26	»
Gilets	93	»	70	171	»
Bonnets de police	149	»	48	168	»
Capottes-manteaux	273	»	18	28	»
Pantalons hongrois	273	»	»	»	»
— de cheval	273	»	29	61	»
— de treillis	301	15	»	»	»
GRAND-ÉQUIPEMENT. — Casques	273	»	18	78	»
Gibernes	368	3	»	»	»
Porte-gibernes	368	3	»	»	»
Porte-carabines	301	»	»	»	»
Ceinturons de sabre	358	2	»	»	»
Cordons de sabre	304	1	»	»	»
Gants à paremens	277	»	»	»	»

NATURE DES EFFETS	NOMBRE DES EFFETS				
	EN ÉTAT DE SERVICE	QUI ONT BESOIN de RÉPARATIONS	HORS D'ÉTAT de SERVIR		Manquant à l'effectif de la portion du corps
			de durée expirée	de durée non expirée	
Paires de bottes	198	36	31	65	»
Trompettes	15	»	»	»	»
HARNACHEMENT. — Selles	372	»	»	23	»
Brides	370	»	»	23	»
Bridons	351	»	»	4	»
Bridons d'écurie	283	»	»	»	»
Licols et longes	347	»	»	22	»
Licols de parade	»	»	»	»	»
Sangles et surfaix	394	»	1	»	»
Housses et chaperons	»	»	»	»	»
Schabraques	283	»	39	70	»
Couvertures	145	»	3	»	»
Portemanteaux	273	»	20	69	»

ARMEMENT. — Carabines 84
Sabres 356
Pistolets. 22
Lances 223
Flammes 216
Courroies 175

6e régiment de chasseurs. 1815.

SITUATION DE L'HABILLEMENT

Effectif : 71 officiers. — 871 hommes. — 786 chevaux

NATURE DES EFFETS	NOMBRE DES EFFETS				
	EN ÉTAT DE SERVICE	QUI ONT BESOIN de RÉPARATIONS	HORS D'ÉTAT de SERVIR		Manquant à l'effectif de la portion du corps
			de durée expirée	de durée non expirée	
HABILLEMENT. — Habits-veste	290	72	»	28	350
Gilets blancs	254	148	8	30	300

NATURE DES EFFETS	NOMBRE DES EFFETS				
	EN ÉTAT DE SERVICE	QUI ONT BESOIN de RÉPARATIONS	HORS D'ÉTAT de SERVIR de durée expirée	HORS D'ÉTAT de SERVIR de durée non expirée	Manquant à l'effectif de la portion du corps
Gilets d'écurie	167	48	»	21	504
Culottes hongroises	102	»	247	»	393
Pantalons de cheval	97	54	»	»	589
— treillis	99	75	77	»	489
Capottes-manteaux	338	69	22	4	307
Bonnets de police	250	233	3	1	253
Kolbacks	71	»	»	»	69
Schakos	286	126	2	»	186
Gants	175	»	»	»	565
Épaulettes	410	»	»	»	328
Cordons et schakos	385	»	»	»	355
Plumets	322	18	»	»	400
Caleçons	109	»	136	»	495
Grand équipement : — Gibernes	588	6	»	4	142
Porte-gibernes	592	6	»	»	142
Banderolles	625	»	»	»	13
Ceinturons	540	22	»	»	178
Dragonnes	173	»	»	»	567
Trompettes et cordons	14	»	»	»	3
Bottes éperonnées	115	7	»	97	521
Harnachement. — Selles	233	167	»	»	261
Brides	272	115	»	4	270
Bridons	250	120	»	19	272
Bridons d'écurie	170	»	»	»	491
Licols et longes	170	»	»	»	491
Licols de parade	199	75	»	23	364
Sangles et surfaix	312	69	»	10	270
Schabraques	255	100	»	32	»
Couvertures	359	25	»	16	274
Portemanteaux	625	156	5	»	261
Armement. — Fusils	337	49	»	»	»
Sabres	421	7	»	»	»
Pistolets	70	16	»	»	»

2e régiment de hussards. 1815.

SITUATION DE L'HABILLEMENT

Effectif total : 125 officiers. — 1,355 hommes. — 1,044 chevaux

NATURE DES EFFETS	NOMBRE DES EFFETS				
	EN ÉTAT DE SERVICE	QUI ONT BESOIN de RÉPARATIONS	HORS D'ÉTAT de SERVIR		Manquant à l'effectif de la portion du corps
			de durée expirée	de durée non expirée	
HABILLEMENT. — Pelisses	552	154	55	58	207
Dolmans	667	30	15	20	238
Gilets d'ordonnance	438	29	114	29	391
Vestes d'écurie	476	106	107	50	157
Culottes hongroises	166	17	31	16	740
Pantalons de cheval	420	99	102	89	260
Bonnets de police	729	1	63	17	150
Manteaux à manches	563	89	27	52	295
Schakos	774	25	4	3	179
Pantalons de treillis	146	31	43	21	666
Caleçons	109	»	52	9	591
Habits	19	20	»	»	2
GRAND ÉQUIPEMENT. — Gibernes	664	93	»	2	227
Porte-gibernes	649	11	»	»	227
Porte-carabines	601	19	»	»	208
Ceinturons	833	16	»	2	150
Dragonnes	667	»	»	»	303
Sabretaches	620	69	2	»	296
Ceintures	623	18	»	17	312
Paires de gants	38	»	»	»	932
Pompons	455	»	»	8	507
Paires de bottes	400	193	54	22	301
Coiffes de schakos	479	5	»	1	485
Cordons de trompette	1	1	»	»	»
Instruments	11	2	»	»	»
HARNACHEMENT. — Selles	689	87	»	2	173
Brides	680	94	»	4	176

NATURE DES EFFETS	NOMBRE DES EFFETS				
	EN ÉTAT DE SERVICE	QUI ONT BESOIN de RÉPARATIONS	HORS D'ÉTAT de SERVIR — de durée expirée	HORS D'ÉTAT de SERVIR — de durée non expirée	Manquant à l'effectif de la portion du corps
Bridons	484	34	»	»	499
Bridons d'écurie	581	»	»	»	367
Licols et longes	517	77	»	4	365
Licols de parade	416	38	7	10	487
Sangles et surfaix	687	44	3	»	214
Housses et chaperons	»	»	»	»	»
Schabraques	606	128	»	2	218
Couvertures	631	27	48	21	220
Portemanteaux	465	374	19	74	184
ARMEMENT. — Carabines	562	37	»	»	»
Sabres	890	9	»	»	»
Pistolets	678	31	»	»	»
Bayonnettes	70	»	»	»	»
Trompettes	24	6	»	»	»

	En état de service
PETIT ÉQUIPEMENT. — Chemises	1,749
Cols { noirs	871
Cols { blancs	60
Paires de souliers	298
Mouchoirs de poche	62
Cocardes	231
Tournevis	87
Cordes à fourrage	612
Sacs à avoine	719
Musettes	1,119
Paires de ciseaux	496
Éponges	488
Peignes	686
Brosses	808
Étrilles	806

10e léger. 1815.

SITUATION DE L'HABILLEMENT

Effectif : 2,940 hommes. — Présents sous les armes, 2,219

NATURE DES EFFETS	NOMBRE DES EFFETS				
	EN ÉTAT DE SERVICE	QUI ONT BESOIN de RÉPARATIONS	HORS D'ÉTAT de SERVIR de durée expirée	HORS D'ÉTAT de SERVIR de durée non expirée	Manquant à l'effectif de la portion du corps
HABILLEMENT. — Habits	1,475	468	614	144	1,176
Vestes	1,410	273	526	86	1,433
Pantalons de tricot	565	108	1,486	15	1,742
Caleçons de toile	508	120	1,484	56	1,742
Capotes	1,583	378	349	106	1,455
Schakos	1,744	144	382	15	1,256
Bonnets de police	1,431	140	508	21	1,394
GRAND ÉQUIPEMENT. — Gibernes	2,153	117	64	»	1,071
Porte-gibernes	2,155	100	64	»	1,071
Baudriers	585	80	29	»	776
Colliers de tambour	59	12	5	»	»
Caisses de tambour	60	2	5	»	»
Bretelles de fusil	1,918	10	59	1,313	»
ARMEMENT. — Fusils	2,038	175	80 hors service		
Sabres	594	29	»	»	»

	En état de service
PETIT ÉQUIPEMENT. — Chemises	4,694
Pantalons de toile	1,032
Cols noirs	1,366
Paires de souliers	3,634
Paires de guêtres { noires	1,994
Paires de guêtres { grises	2,278
Sacs de toile	794
Mouchoirs de poche	270
Havresacs	2,209
Cocardes	2,178

Épinglettes 1,278
Tournevis. 2,246
Trousse complète 1

Fonds et effets et encaisse . . . . 5,044 04 en or et argent.
Titres de créance 65,387 99
Solde 70,432 03
Masse de linge et chaussures 11,175 53
Indemnités diverses 5,121 50
Masse de harnachement 1,565 88
Masse de chauffage. 2,985 36

20e de ligne. 1815.

SITUATION DE L'HABILLEMENT

Effectif : 2,246 hommes. — Présents sous les armes, 1,198

NATURE DES EFFETS	NOMBRE DES EFFETS				
	EN ÉTAT DE SERVICE	QUI ONT BESOIN de RÉPARATIONS	HORS D'ÉTAT de SERVIR — de durée expirée	HORS D'ÉTAT de SERVIR — de durée non expirée	Manquant à l'effectif de la portion du corps
HABILLEMENT. — Habits	849	326	150	»	9
Vestes	727	222	349	»	36
Pantalons de tricot	601	64	503	139	27
Caleçons de toile	586	11	503	139	95
Capotes	868	308	129	»	29
Schakos	667	231	430	»	6
Bonnets de police	708	11	513	74	28
Bretelles de pantalon	577	106	642	»	9
Coiffes de schakos	578	17	430	»	9
Aigrettes de grenadiers	»	»	»	»	199
Aigrettes de voltigeurs	»	»	»	»	248
Houpettes de fusiliers	224	17	59	»	1,028
Épaulettes d'adjudans	16	»	»	»	»
Épaulettes de grenadiers	31	»	139	22	7
Galons d'or	109	»	93	12	25
Galons de laine jaune	141	»	82	27	14
Galons de laine rouge	207	»	114	»	»
Galons de livrée	»	»	»	»	»

NATURE DES EFFETS	NOMBRE DES EFFETS				
	EN ÉTAT DE SERVICE	QUI ONT BESOIN de RÉPARATIONS	HORS D'ÉTAT de SERVIR — de durée expirée	HORS D'ÉTAT de SERVIR — de durée non expirée	Manquant à l'effectif de la portion du corps
GRAND ÉQUIPEMENT. — Gibernes	1,093	99	»	81	»
Porte-gibernes	1,185	63	»	25	»
Baudriers	407	40	»	80	»
Colliers de tambour	24	»	»	»	3
Caisses de tambour	23	1	»	»	3
Bretelles de fusil	1,028	26	»	216	3
Cuissards de tambour	»	»	»	»	27

ARMEMENT. — Fusils. . 1,108 en bon état, 77 à réparer, 76 hors service.

Sabres	492	— 19	— 16	—
Bayonnettes	1,049	— 31	— 73	—

PETIT ÉQUIPEMENT. — Chemises	2,934
Pantalons de toile	2,087
Cols noirs	1,643
Paires de bas	77
Paires de souliers	2,059
Paires de guêtres noires	962
Paires de guêtres grises	437
Mouchoirs de poche	36
Havresacs	1,329
Cocardes	65
Épinglettes	1,226
Tournevis	1,078

39e de ligne. 1815.

SITUATION DE L'HABILLEMENT

Effectif : 1,443 hommes. — Présents sous les armes, 993

NATURE DES EFFETS	NOMBRE DES EFFETS				
	EN ÉTAT DE SERVICE	QUI ONT BESOIN de RÉPARATIONS	HORS D'ÉTAT de SERVIR de durée expirée	HORS D'ÉTAT de SERVIR de durée non expirée	Manquant à l'effectif de la portion du corps
HABILLEMENT. — Habits	1,116	383	2	248	353
Vestes	995	245	»	107	373
Pantalons de tricot	792	178	402	86	573
Caleçons de toile	792	178	402	86	573
Capotes	950	297	168	50	395
Schakos	996	237	170	74	327
Bonnets de police	774	133	304	60	571
GRAND ÉQUIPEMENT. — Gibernes	986	164	»	267	267
Porte-gibernes	986	164	»	267	267
Baudriers	389	33	»	2	215
Colliers de tambour	39	»	»	»	53
Caisses de tambour	39	»	»	»	16
Bretelles de fusil	1,003	163	68	167	235
Cornets de voltigeurs	»	»	»	»	6
ARMEMENT. — Fusils	1,300	176	4	Hors de service	
Sabres	353	»	2	—	—

PETIT ÉQUIPEMENT. — Chemises	2,901
Pantalons de toile	1,086
Cols noirs	1,174
Cols blancs	1,323
Paires de bas	621
Paires de souliers	2,202
Paires de guêtres noires	964
Paires de guêtres grises	1,366
Sacs de toile	336
Havresacs	1,287
Cocardes	1,242
Épinglettes	1,229
Tournevis	1,026

86e de ligne. 1815.

SITUATION DE L'HABILLEMENT

Effectif : 1,811 hommes. — Présents sous les armes, 1,083

NATURE DES EFFETS	NOMBRE DES EFFETS				
	EN ÉTAT DE SERVICE	QUI ONT BESOIN de RÉPARATIONS	HORS D'ÉTAT de SERVIR — de durée expirée	HORS D'ÉTAT de SERVIR — de durée non expirée	Manquant à l'effectif de la portion du corps
HABILLEMENT. — Habits	1,026	76	104	15	128
Vestes	749	10	64	5	564
Pantalons de tricot	755	»	124	5	449
Caleçons de toile	141	»	37	»	1,155
Capotes	565	88	146	75	475
Schakos	729	23	121	141	335
Bonnets de police	618	5	84	29	613
GRAND ÉQUIPEMENT. — Gibernes	1,101	24	»	1	149
Porte-gibernes	1,125	»	»	1	149
Baudriers	425	2	»	5	216
Colliers de tambour	29	»	»	»	8
Caisses de tambour	30	»	»	»	8
Bretelles de fusil	806	»	»	»	408
Cornets	7	»	»	»	»
Haches et tabliers de sapeurs	9	»	»	»	»
ARMEMENT. — Fusils	975	69	82 hors service.		
Sabres	400	22	8	»	»

PETIT ÉQUIPEMENT. — Chemises	2,872
Pantalons de toile	783
Cols noirs	1,096
Cols blancs	14
Paires de bas	16
Paires de souliers	1,479
Paires de guêtres noires	713
Paires de guêtres grises	716
Sacs de toile	17
Mouchoirs de poche	726
Havresacs	1,192
Cocardes	922

Épinglettes 749
Tournevis. 643

101e de ligne. 1815.

SITUATION DE L'HABILLEMENT

Effectif : 2,257 hommes. — Présents sous les armes, 662

NATURE DES EFFETS	NOMBRE DES EFFETS				
	EN ÉTAT DE SERVICE	QUI ONT BESOIN de RÉPARATIONS	HORS D'ÉTAT de SERVIR — de durée expirée	HORS D'ÉTAT de SERVIR — de durée non expirée	Manquant à l'effectif de la portion du corps
HABILLEMENT. — Habits	221	288	»	36	47
Vestes	456	1	»	30	105
Pantalons de tricot	133	»	»	201	258
Caleçons de toile	73	»	»	201	318
Capotes	457	35	4	83	63
Schakos	494	2	»	81	15
Bonnets de police	231	»	»	223	138
GRAND ÉQUIPEMENT. — Gibernes	519	»	»	»	3
Porte-gibernes	519	»	»	»	3
Baudriers	171	»	»	»	209
Colliers de tambour	22	»	»	»	1
Caisses de tambour	22	»	»	»	1
Bretelles de fusil	451	»	»	»	16
ARMEMENT. — Fusils	497	5	»	»	»
Sabres	84	»	»	»	»
Bayonnettes	457	5	»	»	»

PETIT ÉQUIPEMENT. — Chemises 1,121
Pantalons de toile 582
Cols { noirs 512
Cols { blancs 4
Paires de bas 545
Paires de souliers 730
Paires de guêtres { noires 369
Paires de guêtres { grises 280
Mouchoirs de poche 6
Havresacs 481
Cocardes 483
Épinglettes 403
Tournevis 389

N° 15

Situation sommaire de formation et d'emplacement du 5e corps d'observation, au 26 avril 1815.

DIVISIONS	BRIGADES	RÉGIMENS	NOMBRE PRÉSENT d'officiers	NOMBRE PRÉSENT d'officiers et soldats	CHEVAUX d'officiers	CHEVAUX de troupe	CHEVAUX de trait	EMPLACEMENT en ligne	EMPLACEMENT dans la 5e division militaire	EMPLACEMENT des dépôts	OBSERVATIONS
15e Lieutenant génl Heudelet. Quartier général à Weissembourg.	Gudin . . .	37e de ligne	45	1,018	»	4	»	»	Landau.	Bouxviller.	
		38e —	45	1,041	4	»	»	»	Id.	Senlis.	
	Mesclop . . .	35e de ligne	»	»	»	»	»	Lauterbourg.	»	Au Mans.	Arrivera le 30.
		84e —	76	1,086	6	»	»	Weissembourg.	»	Neuviller.	
	Batterie de camp	1er d'artillerie à pied.	6	163	4	12	69	Id.	»	»	Il manque 66 chevaux à cette batterie, le matériel est complet, la demi-batterie non attelée est à Landau.
	Sapeurs . . .	2e compagnie . . .	3	92	»	»	»	»	Landau.	»	
16e Lieutenant général Albert. Strasbourg.	Beurmann . .	10e léger	80	1,399	»	»	»	Plobsheim et Rheinau.	»	Strasbourg.	
		31e de ligne	87	1,061	»	»	»	Drusenheim.	»	Id.	
	Jaquet . . .	18e de ligne	83	1,605	8	»	»	»	Strasbourg.	Id.	
		53e —	81	1,253	»	»	»	Markolsheim.	»	Id.	
	Batterie . . .	1er régiment d'artillerie.	»	»	»	»	»	»	»	»	Cette batterie n'est point attelée, le personnel et le matériel sont prêts.
	Sapeurs . . .	3e compagnie . . .	3	90	»	»	»	»	Schelestadt.	»	
17e Lieutnt général Grandjean. Mühlhausen.	Henrion . . .	7e léger	79	1,461	6	»	»	»	Huningue.	Ruffach.	
		54e de ligne	69	1,147	»	»	»	Mühlhausen.	»	Barr.	
	Estève . . .	82e de ligne	»	»	»	»	»	»	»	»	
		85e —	81	1,173	»	»	»	»	Neubrisack.	Kaisersberg.	
	Batterie . . .	»	»	»	»	»	»	»	»	»	Le personnel et le matériel de cette batterie sont prêts ; elle n'est pas attelée.
	Sapeurs . . .	5e compagnie . . .	4	88	»	»	»	»	Neubrisack et Huningue.	»	
8e de cavalerie. Lieutenant général Merlin. Haguenau.	Meyer . . .	2e chasseurs à cheval .	45	297	67	353	»	Lauterbourg et Weissembourg.	»	»	Fait le service sur la ligne du Bas-Rhin.
		7e — —	40	522	50	340	»	Neubrisack.	»	Ribauvillers.	
	Grouvel . . .	14e dragons	31	411	43	411	»	Haguenau.	»	Haguenau.	
	Batterie . . .	3e régiment d'artillerie à cheval et 3e du train.	6	154	8	80	132	Id.	»	»	
De réserve. 3e de cuirassiers. Colmar.	Farine . . .	5e cuirassiers . . .	26	215	38	211	»	Benfeld.	»	Toul.	
		10e — . . .	25	200	36	212	6	Haguenau.	»	Schelestadt.	
	Boudinhon . .	6e — . . .	10	110	24	110	»	Strasbourg.	»	Strasbourg.	
		9e — . . .	29	322	41	322	»	Colmar.	»	Colmar.	
	Une batterie d'artillerie à cheval		»	»	»	»	»	»	»	»	N'est pas attelée.
	Une batterie de réserve		»	»	»	»	»	»	Strasbourg.	»	Id.
	Mineurs, 1re compagnie		2	62	»	»	»	»	Id.	»	Elles sont destinées au
	Sapeurs, 1re —		4	89	»	»	»	»	Id.	»	quartier général.
			920	15,154	335	2,055	207				

N° 16

Apperçu des garnisons nécessaires pour les places du Haut et Bas-Rhin.

DÉSIGNATION des PLACES FORTES	DÉSIGNATION de la force des différentes armes dont se composent les garnisons des places		FIXATION proposée au-dessous du minimum	FIXATION d'après l'approvisionnement ordonné	OBSERVATIONS
		Hommes	Hommes	Hommes	
Place de Strasbourg.	Gardes nat[les], 12 bataillons. — — 4 —	8,000	12,385	10,000	Nota. — Un bataillon de garde nationale du Bas-Rhin sera placé à la Petite-Pierre et fera un détachement à Lichtenberg.
	Troupes de ligne, 5 bataill.	2,500			
	Artillerie	300			
	Canonniers auxiliaires . . .	700			
	Sappeurs et mineurs. . . .	125			
	Gendarmes	70			
	Douaniers	200			
	Pontonniers	60			
	Ouvriers d'artillerie	30			
	Cavalerie	400			
Place de Landau.	Gardes nationales, 4 bataill.	2,000	3,466	3,000	
	Troupes de ligne	600			
	Artillerie	160			
	Sappeurs	70			
	Mineurs.	15			
	Douaniers	491			
	Cavalerie	100			
	Gendarmes	30			
Place de Schelestadt	Gardes nationales	2,000	3,364	3,000	
	Troupes de ligne	1,000			
	Artillerie	80			
	Sappeurs	70			
	Cavalerie	50			
	Douaniers	140			
	Gendarmes	24			
	A reporter.		19,215	16,000	

DÉSIGNATION des PLACES FORTES	DÉSIGNATION de la force des différentes armes dont se composent les garnisons des places		FIXATION proposée au-dessous du minimum	FIXATION d'après l'approvisionnement ordonné	OBSERVATIONS
		Hommes	Hommes	Hommes	
	Report. . . .		19,215	16,000	
Place de Neufbrisac.	Gardes nationales. . . .	2,400	3,441	3,000	
	Troupes de ligne	500			
	Artillerie	120			
	Sappeurs	35			
	Douaniers	200			
	Gendarmes	36			
	Cavalerie	150			
Place de Huningue.	Gardes nationales . . .	1,500	3,075	3,000	
	Troupes de ligne	1,000			
	Artillerie	160			
	Sappeurs	35			
	Cavalerie	50			
	Douaniers	300			
	Gendarmes	30			
Place de Béfort.	Gardes nationales. . . .	1,200	1,626	1,000	
	Vétérans	60			
	Artillerie	60			
	Sappeurs	70			
	Douaniers	200			
	Gendarmes	36			
			27,357	23,000	

N° 17

Le maréchal de camp baron Gressot, en mission à l'armée du Rhin, au maréchal duc de Dalmatie.

Je crois trop important que Votre Excellence soit promptement informée du résultat de mon entretien avec le général en chef, ainsi que de l'opinion bien formée des généraux à ses ordres, pour ne pas vous en rendre compte sur-le-champ, en attendant que je puisse moi-même vous en entretenir plus amplement, l'estafette qui partira ce matin ne dût-elle devancer que de quelques heures mon arrivée au quartier général.

M'étant rendu chez le général en chef à l'heure qui m'avait été indiquée, je lui ai développé de mon mieux les deux plans d'opération que lui propose Votre Excellence; mais il m'a été impossible de le faire entrer dans aucune discussion à ce sujet, ni de pénétrer en aucune manière quel était celui qu'il avait formé, ni quels étaient les projets de mouvements dans le cas où il serait attaqué ou manœuvré par des forces supérieures.

Il me demanda de lui présenter les vues de Votre Excellence par écrit et, comme j'avais préparé un extrait de ces instructions, je le lui remis de suite; il le lut très rapidement et me dit qu'il répondrait à Votre Excellence article par article. Je cherchai fort inutilement à ramener la conversation sur des opérations de guerre, je fus constamment interrompu par des questions oiseuses, ayant pour objet de me demander des nouvelles de Paris.

Comme je devais me rendre auprès des généraux Albert, Heudelet et Merlin, sans savoir trop sous quel prétexte présenter cette démarche, le général en chef me mit fort à mon aise en me disant, immédiatement après son déjeuner, que je ferais fort bien d'aller à Lauterbourg pour prendre une idée des lignes et voir le général Heudelet que je connaissais de vieille date. Je ne pus douter que ma présence et mes questions, quelque réservées qu'elles fussent, lui étaient importunes.

Je vis d'abord le général Albert, qui s'exprima avec beaucoup de franchise sans attendre que je lui fisse aucune question. Il me dit qu'il avait beaucoup à se louer du général en chef, qu'il était depuis longtemps son ami particulier; mais qu'il était désolé de voir d'aussi belles et bonnes troupes en pareilles mains; que, malheureusement, cette opinion était non seulement celle de tous ses camarades, mais encore celle des colonels de sa division, qui avaient su pénétrer l'incapacité de leur général en chef.

Le général Heudelet s'exprima d'une manière plus forte encore, en me répétant que, vingt fois, il avait mis la main à la plume pour en écrire à Votre Excellence, mais que, retenu par l'attachement qu'il porte au général Rapp et la persuasion où il était que l'Empereur enverrait un maréchal pour prendre le commandement en chef des corps destinés à agir de concert, il avait constamment ajourné cette démarche. Il m'a expressément recommandé de dire à Votre Excellence qu'ayant été plus que personne à portée de juger, pendant le siège de Dantzig, de la nullité du général Rapp comme commandant en chef, il la suppliait de ne pas laisser ignorer à l'Empereur le peu de confiance dont il jouit, malgré la justice que chacun rend à sa bravoure, à son dévouement et à ses qualités personnelles.

Je n'ai pas rencontré le général Merlin, mais j'ai eu occasion d'avoir une seconde conversation avec le général Grandjean qui s'est enfin, quoiqu'à regret, prononcé dans le même sens, en m'assurant qu'il n'y avait à cet égard qu'une seule et même opinion dans l'armée.

Il m'est on ne peut plus pénible, Monseigneur, d'avoir à présenter à Votre Excellence de semblables opinions sur le compte d'un officier général si fort estimé; mais elle m'a ordonné une extrême franchise et, dans des circonstances aussi importantes, je croirais trahir mon devoir en cherchant à dissimuler. Si le vœu de MM. les lieutenants généraux devait entrer en considération, ils désignent le général Grenier comme étant l'homme le plus propre au commandement de l'armée.

Les généraux ne peuvent assez faire l'éloge de leurs troupes, elles sont magnifiques, d'un esprit parfait, de la meilleure composition, pleines de confiance et très persuadées que chaque soldat français peut faire face à trois des troupes ennemies.

Je suis rentré à Wissembourg vers les six heures et suis retourné de suite chez le général en chef, où j'ai encore cherché à amener la conversation sur le meilleur plan d'opération, quoique bien persuadé que je ne serais pas plus heureux que MM. les lieutenants-généraux, qui m'ont assuré n'avoir encore pu lui arracher un seul mot à ce sujet ni en obtenir quatre lignes d'instruction sur la conduite qu'ils auraient à tenir dans leur position respective en cas d'événement.

Enfin, vers les onze heures du soir, le général en chef me remit le plan raisonné des opérations qu'il avait adopté, en me disant qu'il y ajouterait une lettre pour Votre Excellence ainsi que la copie d'une dépêche adressée au ministre de la guerre, présentant le résultat des opinions du conseil de guerre tenu à Strasbourg, sur la défense des places et les opérations de l'armée du Rhin; mais qu'ayant encore à travailler, il me remettrait le tout ce matin et que je pourrais alors partir de suite. J'ai tout lieu de croire que cette note, qui développe le plan que le général se propose de suivre, et dont j'ai l'honneur de vous remettre ci-joint copie, a été rédigée par le général Poitevin, commandant le génie, avec qui j'avais causé dans la soirée et qui avait constamment raisonné dans le même sens.

Je joins aussi ici le résumé qui m'a été remis, par le général en chef, sur la force et les positions de l'ennemi. Il n'a point et assure ne pouvoir se procurer d'autres renseignements, ils sont peu satisfaisants.

J'ai naturellement été renvoyé au chef de l'état-major pour les divers états que désire Votre Excellence; la situation détaillée de l'armée du Rhin ne pouvant être terminée que dans la nuit, j'ai cru devoir en prendre de suite le résumé que présente le résultat ci-après :

15e division d'infanterie,	4,314	hommes	présents.
16e — —	6,225	—	—
17e — —	5,018	—	—
7e — de cavalerie,	1,430	chevaux.	
Artillerie de réserve,	257	hommes.	

Plus une division de gardes nationales d'élite, commandée par le général Berckheim à Colmar, forte de 2,983 hommes présents.

Les garnisons des places présentent, savoir :

Strasbourg	6,867	hommes.
Landeau.	4,216	—
Schelestadt.	3,102	—
Neuf-Brisach	2,825	—
Huningue	2,349	—
Lauterbourg	504	—
Petite-Pierre	705	—

Dans la garnison des places sont compris les douaniers, qui ont ordre de se retirer dans chacune d'elles en cas d'invasion.

Il n'existe pas à l'état-major de situation des gardes nationales sédentaires organisées.

Les généraux Heudelet et Grandjean pensent qu'il serait extrêmement urgent de placer dans chaque garnison moitié de gardes nationales d'autres départements; leur opinion se fonde dans ce que, malgré le bon esprit de celles d'Alsace, il serait à craindre que des garnisons entièrement composées de gens du pays n'eussent point assez de force de caractère pour résister aux menaces que ferait l'ennemi d'incendier et de détruire leurs propriétés et qu'elles se laissassent entraîner à une trop prompte reddition par la sollicitation de leurs concitoyens. J'en ai parlé au général en chef, qui m'a dit avoir déjà écrit à ce sujet au ministre de la guerre.

Comme j'ai rencontré beaucoup de divergence d'opinions sur le degré de confiance qu'on doit donner au dévouement des Alsaciens et que Votre Excellence m'a ordonné de me mettre à portée de lui rendre un compte exact de ce qui se passe dans cette province, j'ai pensé qu'il était indispensable que je me détournasse de quelques lieues pour passer par Strasbourg voir le général Semélée, qui peut-être pourra aussi me donner quelques renseignements précieux sur la force et les mouvements de l'ennemi et me procurer, sinon un état exact, au moins un apperçu des gardes nationales sédentaires organisées.

Je vais passer chez le général en chef et prendre ses derniers ordres, ainsi que la situation de l'armée, et me mettrai sur-le-champ en route pour aller rendre un compte plus détaillé à Votre Excellence sur les divers objets de la mission dont elle m'a chargé.

Wissembourg, le 13 juin 1815.

Signé : *Le maréchal de camp,*
Baron GRESSOT.

(Arch. guerre.)

N° 18

Le major baron Pollosson, commandant d'armes à Belfort, au ministre de la guerre.

J'ai l'honneur d'adresser à Votre Altesse l'état des corps et détachements qui ont passé dans la place, pendant le mois de mai dernier.

DATES	DÉSIGNATION DES CORPS	LIEUX		NOMBRE		
		D'OÙ ILS VIENNENT	OÙ ILS VONT	d'officiers	de troupe	de chevaux
1 mai.	1 détachement du 3e régiment suisse.	Arras	Basle	7	73	»
—	1 détachement du 10e infanterie légère	Vezoul. . . .	Strasbourg . .	1	75	»
—	1 détachement du 53e de ligne.	Besançon . . .	Id. . .	1	14	»
—	1 détachement du 84e de ligne.	Id. . . .	Id. . .	1	17	»
—	1 détachement du 14e dragons.	Haguenau. . .	Besançon . . .	2	5	»
—	2 détachements du 81e de ligne	Vezoul. . . .	Belfort	2	87	»
2 mai.	1 détachement du 53e de ligne.	Besançon . . .	Strasbourg . .	1	10	»
—	1 détachement du 84e de ligne.	Id. . . .	Id. . .	1	19	»
—	1 détachement du 9e cuirassiers	Colmar. . . .	Grenoble . . .	1	36	»
—	Les 2e et 3e bataillons du 83e de ligne	Grenoble . . .	Belfort. . . .	45	407	»
3 mai.	La 1re compagnie du 6e escadron du train.	Vincennes. . .	Id.	2	97	170
4 mai.	1 détachement du 81e de ligne.	Belfort. . . .	Vincennes. . .	9	245	»

DATES	DÉSIGNATION DES CORPS	LIEUX		NOMBRE		
		D'OÙ ILS VIENNENT	OÙ ILS VONT	d'officiers	de troupe	de chevaux
4 mai.	1 détachement du 53e de ligne	Besançon	Strasbourg	1	17	»
—	1 détachement du 3e suisse	Arras	Basle	»	7	»
—	1 détachement du 9e cuirassiers	Colmar	Paris	4	9	»
—	1 détachement du 83e de ligne	Avignon	Belfort	19	203	»
7 mai.	1 détachement du 58e de ligne	Bourg	Id.	40	635	»
9 mai.	La 16e compagnie de vétérans	Belfort	Montbeillard	3	84	»
—	1 détachement du 7e chasseurs à cheval	Colmar	Bourg	1	41	»
10 mai.	1 détachement du 9e cuirassiers	Besançon	Colmar	2	30	48
11 mai.	2 bataillons des gardes nationales du Doubs	Id.	Belfort	23	523	»
—	1 bataillon des gardes nationales du Jura	Lons-le-Saunier	Id.	26	582	»
12 mai.	1 bataillon des gardes nationales du Doubs	Besançon	Id.	25	365	»
—	1 détachement du 1er régiment de la Haute-Saône	Vezoul	Strasbourg	7	148	»
—	1er et 2e bataillons du 101e de ligne	Toulon	Id.	42	680	»
13 mai.	Les 3e, 4e et 5e bataillons du 100e de ligne	Belfort	Héricourt	51	653	»
14 mai.	1 détachement du 83e de ligne pour la garde impériale	Altkirch	Paris	»	30	»
—	3e bataillon de garde nationale du Doubs	Besançon	Belfort	23	375	»
15 mai.	2e bataillon de garde nationale du Jura	Lons-le-Saunier	Id.	25	575	»
—	1 détachement du 3e escadron du train d'artillerie	Nevers	Strasbourg	»	5	»
—	2 détachements du 1er régiment d'artillerie à pied	Nevers et Guéret	Id.	1	9	»

DATES	DÉSIGNATION DES CORPS	LIEUX		NOMBRE		
		D'OÙ ILS VIENNENT	OÙ ILS VONT	d'officiers	de troupe	de chevaux
15 mai.	1 détachement du 53e de ligne.	Guéret	Strasbourg	»	11	»
—	1 détachement de gendarmerie impériale de la Hte-Saône.	Vezoul	Id.	»	11	11
—	1 détachement de gendarmerie impériale du Doubs	Besançon	Colmar.	»	14	14
16 mai.	12e compagnie de vétérans	Bitche	Salins	3	83	»
18 mai.	1 détachement du 6e régiment d'infanterie légère	Lyon	Phalsbourg	»	14	»
19 mai.	1 détachement du 6e régiment d'infanterie légère	Id.	Id.	1	17	»
21 mai.	1 détachement de gendarmerie de l'Ain.	Bourg	Colmar.	»	12	12
—	1 détachement de gendarmerie du Jura	Lons-le-Saunier.	Id.	»	13	13
22 mai.	1 détachement du 6e léger	Lyon	Phalsbourg	»	9	»
—	1er bataillon de gardes nationales de la Côte-d'Or	Dijon	Belfort	23	664	»
—	2e bataillon de gardes nationales de la Côte-d'Or	Id.	Id.	22	567	»
23 mai.	1 détachement du 7e léger	Lyon	Phalsbourg	»	9	»
—	1 bataillon de gardes nationales de Saône-et-Loire	Chalon-s.-Saône.	Belfort	20	601	»
—	1 bataillon de gardes nationales de Saône-et-Loire	Id.	Id.	21	567	»
24 mai.	4e et 5e bataillons du 100e de ligne	Héricourt	Chalon-s.-Saône.	39	371	»
—	8e compagnie de pontonniers	Strasbourg	Lyon	2	66	»
—	4e bataillon de gardes nationales de Saône-et-Loire	Chalon-s.-Saône.	Belfort	20	601	»
—	3e bataillon de gardes nationales de Saône-et-Loire	Id.	Id.	19	371	»
—	1 détachement du 6e régiment d'infanterie légère	Lyon	Phalsbourg	»	8	»

DATES	DÉSIGNATION DES CORPS	LIEUX		NOMBRE		
		D'OÙ ILS VIENNENT	OÙ ILS VONT	d'officiers	de troupe	de chevaux
24 mai.	1 détachement du 1er bataillon de la Côte-d'Or . . .	Dijon	Belfort. . . .	»	9	»
—	1 détachement du 2e bataillon de la Côte-d'Or . . .	Id.	Id.	1	130	»
25 mai.	1 détachement du 2e bataillon de Saône-et-Loire. . .	Macon	Id.	»	23	»
26 mai.	8e bataillon de gardes nationales de Saône-et-Loire . .	Chalons . . .	Id.	20	510	»
27 mai.	9e bataillon de gardes nationales de Saône-et-Loire . .	Id. . . .	Id.	20	446	»
—	10e bataillon de gardes nationales de Saône-et-Loire .	Id. . . .	Id.	18	485	»
28 mai.	7e compagnie du 7e régiment d'artillerie à pied . . .	Besançon . . .	Id.	3	83	»
—	1 détachement du 3e régiment de hussards.	Dôle	Altkirch . . .	3	101	95
—	1 détachement des gardes nationales de Saône-et-Loire.	Macon	Belfort. . . .	»	17	»
—	1er bataillon de militaires retraités de la Haute-Saône.	Vezoul	Id.	26	351	»
—	2e bataillon de militaires retraités de la Haute-Saône.	Lure	Id.	21	342	»
—	4e compagnie de militaires retraités du Haut-Rhin . .	Colmar. . . .	Id.	18	275	»
30 mai.	1er bataillon du 1er régiment de la Haute-Saône. . .	Strasbourg . .	Besançon . . .	7	147	»

A Belfort, le 1er juin 1815.

Le major commandant supérieur,

Baron Pollosson.

(Arch. guerre.)

N° 19

Rapport sur la mise en état de défense de la place de Navarreins.

Navarreins, situé à huit ou neuf lieues de Saint-Jean-Pied-de-Port et à six ou sept lieues de Pau, est une petite place qui n'a point été achevée et dont le tracé très irrégulier n'est guère susceptible d'une grande augmentation de forces, peut-être peu nécessaire à sa position.

Placé en première ligne par rapport au débouché sur Oleron, et en seconde ligne par rapport à celui sur Saint-Jean-Pied-de-Port, Navarreins devrait être une place d'entrepôt susceptible de fournir aux besoins des troupes chargées de la défense des cols et vallées de ces montagnes et leur procurer un point d'appui en cas de besoin.

L'état actuel des défenses, quoique amélioré depuis peu, ne permet pas de beaucoup compter sur sa défense et on ne doit la considérer que comme un poste fermé qui offrirait quelques appuis à une armée sur la défensive et forcée de se replier.

Mais, soit que l'on considère Navarreins comme entrepôt ou comme point de sûreté et de ralliement, il est indispensable d'ajouter à sa capacité et à ses moyens de défense par des secours rappides.

C'est l'objet que l'on a en vüe en proposant les augmentations et améliorations présentées dans l'état estimatif cy-joint.

VINCENT.

PLACE DE NAVARREINS

ÉTAT estimatif de la dépense à faire aux fortifications de la place de Navarreins, pour la mettre en état de défense, montant à la somme de 12,500 francs.

CHAPITRE Ier. — Pour rétablir les parapets dégradés . .	600 fr.
CHAPITRE II. — Pour plancheyer et couvrir les deux blindages	8,050
CHAPITRE III. — Pour retrancher la tête du pont. . . .	2,000
CHAPITRE IV. — Pour trois redoutes à construire entre la rivière et le ruisseau d'Anglade, vis-à-vis le bastion cotté (2) et près du moulin	1,200
CHAPITRE V. — Pour abattre les murs qui masquent la place	650
Total.	12,500 fr.

18 avril.

ÉTAT des officiers, sous-officiers et soldats du corps impérial du génie employés dans la place de Navarreins à l'époque du 18 avril 1815.

BOUCHERAT, Louis, chef de bataillon, directeur des fortifications.
COCCONCELLI, capitaine.
DAUBAGNAC, garde de 3e classe.
ARAGON, —
Troupe : Néant.

Le personnel du génie dans la place de Navarreins peut être maintenu tel qu'il est et peut suffire.

Le directeur des fortifications,
VINCENT.

(Arch. guerre.)

N° 20

Rapport sur la mise en état de défense de la place de Saint-Jean-Pied-de-Port.

L'on ne doit comprendre que la citadelle de Saint-Jean-Pied-de-Port, sous la dénomination de la place de ce nom, la ville, qui est placée au bas et à l'ouest de la citadelle, n'étant nullement susceptible de défense et n'ayant qu'un mur d'enveloppe sans terrassement ni flanquement.

Cette citadelle, dominée des hauteurs environnantes et qui n'est elle-même qu'un très petit rectangle dont le plus long côté n'a que 166 mètres, est peu susceptible d'une longue résistance, et l'on a toujours reconnu la nécessité de chercher sa sûreté dans l'occupation des principaux points qui l'environnent.

L'on doit donc considérer la place de Saint-Jean-Pied-de-Port, ou plutôt sa citadelle, comme le réduit d'un vaste camp retranché qui serait le point de force qui appuyerait les mouvemens que serait dans le cas de faire une force mobile quelconque chargée de prendre l'offensive, ou de garder la défensive sur la partie de frontière dont cette place est l'unique point de défense.

Ces données établies, l'on va prendre en considération l'état actuel des défenses et des améliorations à y faire.

La citadelle a été conservée dans le même état où elle était, l'on ne voit conséquemment que peu de travail à y faire.

OUVRAGES EXTÉRIEURS

Parmi les points environnans à occuper l'on a toujours distingué, pour les plus importans, les hauteurs de Picoçoury, Casteloumendy, Sparce, Crutchemendy et Bel-Aspect. Des redoutes ont été établies sur chacun de ces points, les deux premières sont en bon état, et n'exigent que quelques légères réparations. Les trois autres ont beaucoup souffert, leurs bois ayant été remis en indemnité aux différens particuliers qui en avaient fourni par réquisition; la plus forte dépense proviendra donc de remplacement à faire de ces bois dont partie pourrait peut-être encore être rachetée par des différens particuliers.

A Bayonne, le 18 avril 1815.

Le directeur des fortifications : VINCENT.

APERÇU estimatif de la dépense à faire pour mettre en état de défense les ouvrages existans à Saint-Jean-Pied-de-Port.

CORPS DE PLACE OU CITADELLE

ART. I. — Pour défiler les quatre bastions par estimation.	4,000 fr.
ART. II. — Pour terminer le revêtement de la contrescarpe sur le front d'attaque	6,000
ART. III. — Pour revêtir en maçonnerie 144 mètres courans de galleries sur le front d'attaque	12,000
ART. IV. — Pour revêtir en charpente les traverses du front du sud sur la place d'armes et entre les bâtimens 15 et 26, pour prévenir leur éboulement total, ouvrage urgent.	900

OUVRAGES EXTÉRIEURS

ART. V. — Pour réparer et remettre en état la redoute de Casteloumendy	3,000
ART. VI. — Pour établir un réduit de sûreté dans la redoute de Picoçoury	60,000
ART. VII. — Pour couvrir en causses bruts le blockhaus de Picoçoury, ouvrage urgent et indispensable	900

Art. VIII. — Pour rétablir le palissadement et la fraise de la redoute de Sparce et remettre ses parapets et banquettes en bon état.	6,000 fr.
Art. IX. — Pour palissader et fraiser la redoute de Crutchemendy et remettre en bon état ses barrières, parapets et banquettes.	8,000
Pour construire un réduit de sûreté en maçonnerie et à l'épreuve de la bombe dans cette redoute, ouvrage qui pourra être différé	60,000
Art. X. — Pour palissader et fasciner la redoute de Bel-Aspect, remettre en état ses barrières, parapets et banquettes	6,000
Art. XI. — Pour fascines, saucissons et gabions . . .	3,200
Total	170,000 fr.

PLACE DE SAINT-JEAN-PIED-DE-PORT

ÉTAT des officiers, sous-officiers et soldats du corps impérial du génie employés dans la place de Saint-Jean-Pied-de-Port à l'époque du 18 avril 1815.

Daguenet, capitaine en chef.

Custod, Simon, garde de 3e classe.

Troupe : Néant.

Il serait essentiel d'envoyer un chef de bataillon du génie à Saint-Jean-Pied-de-Port. M. Barabino, qui a servi dans cette place, pendant le dernier blocus, pourrait y être employé très utilement, il faudrait aussi deux gardes intelligens de plus, le sieur Custod ayant quatre-vingts ans.

Vincent.

(Arch. guerre.)

N° 21

Rapport sur l'état actuel des défenses de Bayonne et sur les améliorations les plus urgentes à y faire.

Aussitôt que les circonstances actuelles firent naître quelques inquiétudes sur la sûreté de la place de Bayonne, et, dès le 23 mars, les directeurs d'artillerie et du génie, parfaitement d'accord sur les mesures à garder pour réarmer la place et la mettre en état de défense, commencèrent les travaux les plus essentiels, une poignée d'hommes eut bientôt placé l'artillerie la plus essentielle à la défense. Les communications du corps de place et de celui des ouvrages avancés furent mises dans le meilleur état, les parapets et banquettes furent réparés, les places d'armes rentrantes des chemins couverts tant de la place que de la citadelle furent aussi palissadés, et le nombre de postes ayant été doublé, les moins clairvoyans restèrent convaincus, dès le 1er avril, que la place et la citadelle étaient grandement à l'abri d'un coup de main et même d'une attaque de vive force assez sérieuse.

Les travaux durent se ralentir dès lors, le service du génie étant absolument sans fonds, n'ayant aucun ordre positif de presser les travaux et la faiblesse de la garnison ne permettant pas d'appercevoir la possibilité d'étendre la défense, l'on ne s'est donc point occupé sur-le-champ du rétablissement et de l'armement plus complet de la place.

L'arrivée du général commandant supérieur de Bayonne a donné une nouvelle impulsion à tous les services, l'on a mis de suite la main à l'œuvre pour les ouvrages avancés, et un ordre du ministre, à la date du 12 de ce mois, ayant fait connaître que les places devaient être mises en état de résister à une attaque régulière, et que l'on doit s'occuper sur-le-champ : 1° du rétablissement et perfectionnement des ouvrages déjà existans qui doivent être réarmés en palissades; 2° du travail préparatoire, des blindages et de tous les travaux qui doivent faciliter l'armement de l'artillerie, l'on continue à se concerter avec le directeur de l'artillerie pour tous les travaux à faire, et l'on a joint ici les états estimatifs de la dépense à faire et reconnus nécessaires; l'on croit aussi devoir ajouter les tableaux du personnel de la place et du matériel existant dans les magasins du génie; ces états et tableaux établiront nos besoins qui sont urgens et dont les plus indispensables ne peuvent surtout être écartés que par l'envoi de fonds qui puissent rétablir la confiance entièrement perdue dans la classe des fournisseurs et ouvriers auxquels il est considérablement dû.

Ce n'est qu'avec les secours demandés que l'on peut espérer de se mettre au-dessus des dangers que l'on pourrait croire devoir menacer la place de Bayonne que l'on doit comme une des clefs des plus importantes de l'Empire.

Bayonne, le 18 avril 1815.

Le directeur des fortifications,

VINCENT.

ÉTAT estimatif par extraordinaire de la dépense à faire pour mettre en état de siège la place et la citadelle de Bayonne, montant suivant le bordereau des prix de l'adjudication du 1er février 1815, à la somme de 772,500 francs.

CHAPITRE I. — Pour le palissadement de tous les chemins couverts de la place et de la citadelle, de leurs dehors en terre, et des contrescarpes des fronts d'attaques, ainsi que de leurs fronts collatéraux, la somme de	87,000 fr.
CHAPITRE II. — Pour rétablir une double caponnière servant de communication de la demi-lune (18) à la courtine (17) de l'ouvrage à corne de la porte d'Espagne. . . .	6,500
CHAPITRE III. — Pour achever les traverses de l'intérieur de l'ouvrage à corne (17).	18,000
CHAPITRE IV. — Pour la construction des ponts de communication des ouvrages en terre (4 et 6) avec la contregarde (9) et la demi-lune (41) avec le boulevard (43) . . .	12,000
CHAPITRE V. — Pour le rétablissement des parapets intérieurs, des ouvrages du corps de place avec leurs banquettes et taluds, et redressement de leurs plongées. . .	30,000
CHAPITRE VI. — Pour blinder les magasins à poudre . .	16,000
CHAPITRE VII. — Pour achever la construction de la demilune et des deux couvre-faces, en avant du front (26, 35).	45,000
CHAPITRE VIII. — Pour la construction des traverses à faire sur les courtines (10, 12 et 13).	8,000
CHAPITRE XI. — Pour terrasser la face et le flanc gauche de la demi-lune (60) de la citadelle	6,000
CHAPITRE X. — Pour faire à neuf les cinq ponts-levis des gorges des ouvrages du réduit (51), du château neuf et des retranchements de Sainte-Claire	14,000
CHAPITRE XI. — Pour réparer et remettre en état de défense les ouvrages extérieurs, composant les lignes de Mousserolle	79,000
CHAPITRE XII. — Pour réparer et remettre en état de défense tous les ouvrages composant le camp retranché sur les fronts d'Espagne, y compris ceux du fort de Beyris, et le rétablissement des barrages nécessaires aux deux inondations.	13,000
CHAPITRE XIII. — Pour réparer et remettre en état de défense tous les ouvrages en terre en avant du front de la porte de secours à la citadelle, ainsi que ceux qui couvrent et défendent l'entrée du fauxbourg de Saint-Esprit .	84,000

CHAPITRE XIV. — Pour les approvisionnements en outils, bois et autres objets nécessaires pendant un siège. . . . 140,000 fr.

CHAPITRE XV. — Pour l'établissement des blindages dans l'intérieur de la place et de la citadelle 72,000

Total . . . . 772,500 fr.

Le capitaine du génie,

BLAVINET.

Vu par le directeur des fortifications.

VINCENT.

ÉTAT des officiers et sous-officiers du corps impérial du génie employés dans la place de Bayonne à l'époque du 18 avril 1815.

VINCENT, Charles.	Maréchal de camp, directeur.
BORDENAVE, Jean-Pierre,	Colonel, sous-directeur.
ROUS LA MEZELIERE,	Chef de bataillon.
BLAVINET,	Capitaine.
MOREAU,	Lieutenant.
LIARDÈRE,	Lieutenant.
DELMAS, François,	Garde-adjudant (a ordre de se rendre à Rochefort).
GAY,	Garde adjudant.
LEMONT, Louis,	Garde de 2e classe.
GASTON, Sicaire,	—
SALLENAVE, J.-B.	—
CARRIER, Marc,	—
NOË, Charles,	—
PUPIER, François,	—
COUDERC, Jean,	—

Il serait d'une extrême importance d'envoyer à Bayonne un ou deux officiers du génie de plus, ainsi que deux compagnies de sapeurs. Les nombreux ouvrages en terre à établir rendent le secours de ces agens indispensables, quatre des gardes du génie ne s'occupent que du lever du plan de la place. . . . .

Le chef de bataillon Delard avait été désigné pour servir en chef à Bayonne. L'on avait aussi fait espérer que le chef de bataillon Plazanet y viendrait. Il serait à désirer que l'un ou l'autre de ces officiers y fût employé.

VINCENT.

(Arch. guerre.)

N° 22

Tableau indiquant les places fortes et les camps où seront envoyés les 60 bataillons de grenadiers de gardes nationales d'élite levés dans les 9e, 10e, 11e et 20e divisions militaires, par décret du 10 mai 1815.

NOMS des places fortes et des camps qui doivent recevoir les bataillons	NOMBRE des bataillons dans chaque poste	DÉPARTEMENS qui fournissent ces bataillons	NOMBRE de bataillons que chaque département doit fournir dans chaque poste.	
Perpignan	4	Hérault	4	
Collioure-Sainte-Anne	2	Ardèche	2	
Bellegarde	1 1/2	Tarn	1	
		Lozère	1/2	
Fort-les-Bains	1/2	—	1/2	
Prats-de-Molo	1	Ariège	1	
Villefranche	1	—	1	
Montlouis	4	Gard	4	
Lourdes	La garnison sera formée des militaires retraités, réformés, afin de ne point détacher d'un bataillon une compagnie de gardes nationales.			
Navarenx, Saint-Jean-Pied-de-Port	2	Basses-Pyrénées	2	
Bayonne	8	Gironde	3	
		Landes	3	
		Lot	2	
Bordeaux	2	Charente	2	Pour le château Trompette et assurer l'ordre et la tranquillité de la ville et du département.
Blaye et dépendances	2	Charente	2	
Camp de Toulon	12	Aveyron	4	
		Aude	2	
		Pyrénées-Orientales	2	
		Haute-Garonne	4	
Camp de Toulouse	6	Corrèze	2	
		Dordogne	4	

NOMS des places fortes et des camps qui doivent recevoir les bataillons	NOMBRE des bataillons dans chaque poste	DÉPARTEMENS qui fournissent ces bataillons	NOMBRE de bataillons que chaque département doit fournir dans chaque poste
Camp de Bayonne .	14	Gers	2
		Hautes-Pyrénées . .	2
		Tarn-et-Garonne. .	2
		Basses-Pyrénées . .	2
		Lot-et-Garonne . .	4
		Charente	2
	60		60

NOMBRE DE BATAILLONS QUE CHAQUE DÉPARTEMENT DOIT FOURNIR

9ᵉ division.	Hérault	4
	Gard	4
	Tarn	1
	Ardèche	2
	Aveyron	4
	Lozère	1
10ᵉ —	Aude	2
	Pyrénées-Orientales	2
	Ariège	2
	Haute-Garonne	4
	Gers.	2
	Hautes-Pyrénées	2
	Tarn-et-Garonne	2
11ᵉ —	Gironde	3
	Landes.	3
	Basses-Pyrénées	4
20ᵉ —	Lot	2
	Lot-et-Garonne.	4
	Corèze	2
	Dordogne	4
	Charente	6

L'adjudant-commandant chef de l'État-Major
de la 11ᵉ division militaire,

PRESSIGNY.

(Arch. guerre.)

N° 23

Registre des délibérations du conseil de défense établi dans le département de la Meurthe.

ÉTAT des membres composant le Conseil de défense.

MM. 1° Le lieutenant général baron Gérard, président.
2° M. le préfet.
3° Le maréchal de camp commandant le département.
4° Le général commandant la légion de gardes nationales.
5° L'ordonnateur de la division.
6° L'ingénieur en chef chargé des travaux.
7° Le commandant de place.

SÉANCE DU 3 JUIN 1815

En conséquence des dispositions contenues dans la dépêche du 16 mai dernier, adressée par M. le lieutenant général comte Gérard, commandant en chef l'armée de la Moselle, au général commandant la 4e division militaire, il doit être établi un conseil de défense dans les départements de la Meurthe et des Vosges auquel devront assister les généraux commandant les bataillons d'élite de la garde nationale mobilisée, les préfets, les généraux commandant les départements, les officiers de l'arme du génie et de l'artillerie, afin d'assurer un concours mutuel dans l'exécution des mesures de défense qui seront ordonnées par ledit conseil et d'instruire chacun à l'avance de ce qu'il doit faire pour arrêter l'ennemi s'il osait menacer le territoire sacré de la patrie.

Le conseil de défense du département de la Meurthe, composé de :

M. le lieutenant général baron Gérard, commandant la 4e division militaire, président,

M. le lieutenant général baron Rouyer, commandant la division de réserve des bataillons d'élite des gardes nationales,

M. le maréchal de camp Thiry, commandant le département de la Meurthe,

M. le maréchal de camp Duval, employé à l'organisation des gardes nationales,

M. le préfet du département de la Meurthe,

M. Mangin, ingénieur en chef des ponts et chaussées,

et de M. Hazon, capitaine adjoint de la 4e division militaire, faisant les fonctions de chef de l'état-major,

s'est réuni chez M. le général Gérard.

La séance ayant été ouverte, le président a donné connaissance de la dépêche de Son Excellence le général en chef qui ordonne la tenue du conseil de défense, et des instructions ministérielles sur la mise en état de défense des villes qui ont une enceinte, des ponts et défilés ; enfin sur tous les moyens à prendre pour mettre le pays à l'abri des incursions que l'ennemi pourrait y tenter : ensuite il a invité M. Mangin, ingénieur en chef des ponts et chaussées, à donner son avis sur les ouvrages à faire pour défendre le département de la Meurthe, qui a fait le rapport suivant.

Rapport de M. Mangin sur les ouvrages à faire pour la défense du département de la Meurthe.

On travaille en ce moment aux fortifications des défilés des Vosges. Cette ligne de défense déjà fortifiée par la nature, étant gardée par des troupes nationales, présentera une barrière insurmontable contre une invasion dans le département de la Meurthe. Depuis Épinal jusqu'à Phalsbourg l'accès est difficile, ainsi qu'entre Phalsbourg et Bitche, parce que l'intervale entre ces deux places est rempli de montagnes couvertes de forêts.

On fortifie aussi une ligne entre Bitche et Metz par Sarreguemines et Forbach au-dessus de Saint-Avold.

Cette dernière ligne, défendue d'ailleurs par une partie de l'armée de la Moselle, offre une grande sécurité pour le département de la Meurthe : cependant, si dans quelques circonstances, l'armée devait se replier sur la gauche de Metz, on ne pourrait pas arrêter une invasion qui serait faite par des forces un peu considérables ; il faudrait se borner alors à opposer des moyens de défense suffisants pour arrêter des parties et empêcher un coup de main.

Ces moyens de défense, tels que retranchements, abatis, chevaux de frise, pourraient être établis, savoir :

1° Près de Fénétrange, sur la route de Nancy à Landau.

2° Près d'Altroff, sur la route de Dieuze à Saint-Avold.

3° A Morhange, sur la route de Château-Salins à Sarreguemines.

4° A Barouville, sur la route de Château-Salins à Saint-Avold.

5° A Delme, sur la route de Château-Salins à Metz.

6° A Dombasle, sur la route de Lunéville.

Tous ces points sont situés dans l'arrondissement de Château-Salins.

L'ingénieur en chef écrit aujourd'hui à l'ingénieur ordinaire de cet arrondissement en résidence à Dieuze, qui vient d'arriver des Vosges, pour le charger de prendre sur les lieux de plus amples renseignements. Cet ingénieur pourrait accompagner les officiers militaires que M. le lieutenant général, commandant de la division, jugerait à propos d'y envoyer pour faire une reconnaissance.

L'entrée du département dans la partie qui est sur la rive gauche de la Seille peut être défendue en levant les portières de l'étang de l'Indre.

Si enfin les points dont on vient de parler étaient au pouvoir de l'ennemi, il ne resterait plus qu'à confier la défense des principales villes du département à leurs habitants ; malheureusement toutes ces villes sont ouvertes, à l'exception de Sarrebourg qui a un ancien mur d'enveloppe avec un fossé à sec ; les autres ou n'ont qu'une simple clôture pour les garantir de l'octroi, ou même ne sont closes en aucune manière. Cependant, dans l'état où elles se trouvent, on pourrait encore en retarder l'occupation, en interceptant les routes et les ponts qui y aboutissent.

Pour défendre la ville de Nancy, il faudrait faire des retranchements ou des têtes de pont :

1° Au pont d'Essey, à la sortie de Nancy, sur la rivière de la Meurthe, route de Nancy à Moyenvic.

2° Au pont de Malzéville, à la sortie de Nancy, en avant du pont d'Essey.

3° Au pont de Bouxières, en aval du pont de Malzéville, à une lieue et demie de Nancy.

4° Au pont de Frouard sur la Moselle, route de Nancy à Metz, à deux lieues de Nancy.

L'ingénieur en chef présente une carte du département sur laquelle sont indiqués les points de défense dont il vient de parler ; il attend des ordres pour y faire travailler.

Nancy, le 23 mai 1815.

Signé : Mangin.

Ce rapport ayant été examiné et discuté, le conseil a délibéré que les ouvrages proposés seraient commencés le plus tôt possible sous la direction de M. Mangin.

Fait en séance à Nancy, le 3 juin 1815.

Et les membres du conseil ont signé.

Suivent les signatures.

SÉANCE DU 6 JUIN 1815

Le conseil convoqué de M. le lieutenant général baron Gérard, commandant la 4e division militaire, s'est réuni au lieu ordinaire de ses séances, composé :

De M. le lieutenant général baron Gérard, président,

M. le baron Dumolart, préfet du département de la Meurthe,

M. le maréchal de camp baron Thiry, commandant le département de la Meurthe,

M. le maréchal de camp Le Boudedier, commandant une brigade de la 2e division des gardes nationales,

M. Mangin, ingénieur des ponts et chaussées,

et de M. le capitaine Hazon, adjoint à l'état-major de la 4e division, faisant fonctions de chef d'état-major.

La séance ayant été ouverte, le président a proposé au conseil de délibérer sur les ouvrages à établir sur la route de Metz depuis le pont de Frouard jusqu'à Nancy.

M. Mangin, ingénieur en chef des ponts et chaussées, invité à donner son avis, en a fait part au conseil de la manière suivante.

Reconnaissance militaire de la route de Metz, depuis le pont de Frouard jusqu'à Nancy, et des dispositions à faire pour sa défense.

Cette route présente plusieurs points susceptibles d'une bonne défense, ayant la rivière de la Meurthe à sa droite, et des montagnes couvertes de bois très fourrés sur sa gauche, mais pour le faire avec quelque espérance de succès, il faut avoir à sa disposition au moins 1,200 hommes commandés par un chef d'une grande intelligence.

Manière de défendre la route de Metz depuis le pont de Frouard jusqu'à Nancy.

Aussitôt que l'on sera instruit par les ordonnances, placées dans les villages jusqu'à Pont-à-Mousson, que l'ennemi fait du côté de cette ville quelques dispositions pour se porter sur Nancy, le détachement de 1,200 hommes se mettra promptement en marche et sera divisé en quatre corps de 300 hommes : chacun de ces corps sera conduit par un chef intelligent; le 1er prendra poste à l'angle nord du parc de Chabot entre Champigneul et Frouard.

Ce premier corps se subdivisera en six autres de 50 hommes chacun ; le 1er ira se placer à la grande auberge en dessus du pont de Frouard et observera ce pont, la route qui y conduit et poussera quelques éclaireurs du côté de Marbache et dans la tranchée de l'avant-garde.

Les 2e, 3e, 4e détachements de 50 hommes seront portés le plus avantageusement possible, chacun de distance à l'autre, entre la grande auberge de Frouard et l'angle nord du parc de Chabot.

Les 5e et 6e détachements, tous deux en réserve au parc de Chabot.

Le 2e corps de 300 hommes se portera à la chapelle de Champigneul et se divisera comme le premier corps en six détachements.

Trois de ces détachements se placeront militairement de distance à autre entre le parc Chabot et la chapelle Champigneul, et les trois autres en réserve à la dite chapelle ; ces derniers observeront le pont de Boussière et porteront 30 à 40 éclaireurs dans la vallée Saint-Barthelmi à mille ou douze cents pas en avant de la Papeterie.

Le 3e corps prendra poste à la chapelle des trois Colas ; ce lieu, formant un défilé entre la rivière et la montagne, est susceptible d'une défense opiniâtre : on élèvera à cette chapelle un retranchement qui flanquera la route d'un côté et la prendra en flanc de l'autre. Le 3e corps sera aussi divisé en six détachements de 50 hommes, trois se porteront de distance à autre entre ladite chapelle et le village de Champigneul, un dans les vignes au-dessous de cette chapelle, qui observeront le défilé entre la route et la rivière, les deux autres en réserve à la chapelle.

Le 4e corps de 300 hommes se portera entre la chapelle des trois Colas et de Saint-Sébastien : il se divisera en six détachements de 50 hommes chacun ; deux de distance à autre entre ladite chapelle et Saint-Sébastien ; un autre au cimetière de Maxéville ; deux autres se répandront dans les environs du faubourg des Trois-Maisons du côté du Trône, observant en même temps le pont de Malzéville et le dernier dans le village de Maxéville en poussant des éclaireurs dans la vallée en avant.

Toutes ces troupes se soutiendront mutuellement, profiteront dans leur retraite, en s'appuyant toujours aux bois, de toutes les positions défensives qu'offre la situation des lieux. Elles harcèleront sans cesse l'ennemi, se porteront vivement sur ses flancs, lorsqu'il s'étendra trop ou dans des moments d'hésitation de sa part, et chaque détachement aura soin de jeter quelques éclaireurs dans les bois sur la cime des montagnes ; ces éclaireurs suivront le mouvement de marche de leur détachement respectif.

Il sera construit un retranchement à l'angle de la maison Melin, près Saint-Sébastien, à la jonction des deux routes. Ce retranchement battra les routes de Champigneul d'un côté et de l'autre la plaine, entre cette route et les maisons à l'est du faubourg des Trois-Maisons,

Une partie des troupes en retraite, notamment celles de la réserve, viendront défendre ce retranchement, d'autres se répandront dans les maisons et les jardins à gauche du côté de la montagne de Maxéville, afin d'empêcher ce poste d'être tourné. Les 1er et 2e corps seront commandés par un chef; outre leurs chefs particuliers, le poste principal de ce commandement sera vers la chapelle de Champigneul, c'est là qu'il devra faire, avec toutes ses troupes qui se seront retirées depuis Frouard et la réserve du 2e corps, les plus grands efforts pour arrêter l'ennemi sur ce point. Le château de Malvoisin à Champigneul peut lui être d'une grande utilité dans cette circonstance.

Les dispositions indiquées ci-dessus présentent aussi l'avantage de pouvoir s'adapter à la défense du passage de la rivière de la Meurthe, depuis le pont de Frouard jusqu'à celui de Malzéville, dans le cas où l'ennemi menacerait le pont d'Essey.

Ce rapport ayant été examiné et discuté, le conseil a délibéré que M. Mangin, accompagné de M. Renaud de Saint-Amour, le chef d'escadron adjoint à l'état-major, fera une nouvelle reconnaissance des points à fortifier sur la route de Metz à Nancy et qu'il en sera fait un nouveau rapport au conseil de défense qui en ordonnera.

Fait en séance à Nancy, les jour, mois et an que dessus; les membres du conseil ont signé.

(Arch. guerre.)

N° 24

Approvisionnemens de siège au 9 mai.

		PLACES DE				
		THIONVILLE	LONGWY	SARRELOUIS	BITCHE	METZ
	Nombre d'hommes de toutes armes	3,500	2,000	2,000	1,500	12,000
	— de chevaux	150	50	50	40	600
	— de jours d'approvisionnement	180	180	180	180	180
Les valeurs désignées ci-contre sont évaluées en quintaux métriques.	Farine de froment	315	180	180	135	1,080
	— de méteil, 3/4 froment, 1/4 seigle.	3,214	1,836	1,836	1,378	11,020
	Riz	323	184	184	138,50	1,104
	Légumes secs	168	96	96	72	580
	Sel	202	116	116	86,50	692
	Viande fraîche	783	448	448	335	2,688
	Bœuf salé	154	88	88	66	528
	Lard salé	246	128	128	108	800
	Foin	4,693	2,232	2,232	1,705	17,174
	Paille	2,343	1,018	1,018	785	8,808
Hectolitres	Avoine	3,060	765	765	612	9,180
Litres	Vin	106,575	60,900	60,900	45,675	365,400
—	Vinaigre	10,710	6,120	6,120	4,590	36,720
—	Eau-de-vie	38,165	21,808	21,808	16,357	130,860
Stères	Bois	6,578	3,756	3,756	2,822	22,576
Quintaux métriques.	Chandelle	70	40	40	29,50	240
—	Huile à brûler	10	5,20	5,20	4	32

(Arch. guerre.)

N° 25

État nominatif des officiers généraux et supérieurs, gouverneurs et commandans supérieurs des places de guerre de l'armée du Nord (8 juin).

1re DIVISION MILITAIRE

La Fère,	Commandement vacant, il va y être pourvu.
Guise,	D'ESLON, colonel, commandant supérieur.
Soissons,	GÉRARD, id., id.
Laon,	FERRENT, colonel, commandant d'armes.
Saint-Quentin,	ALLAN, chef de bataillon, commandant d'armes.
Château-Thierry,	COULOMBON, id., id.

15e DIVISION MILITAIRE

Amiens et Citadelle,	SERGENT, colonel, commandant supérieur.
Abbeville,	HERREMBERGER, major, id.
Péronne,	PETEIL, id., id.
Ham et Château,	BALSON, chef de bataillon, id.
Doulens,	SABATIER, id., id.

16e DIVISION MILITAIRE

Lille et Citadelle,	LAPOYPE, lieutenant général, gouverneur.
Dunkerque,	LEVAL, id., id.
Gravelines,	KAIL, colonel, commandant supérieur.
Bergues,	FROMENT, colonel, id.
Valenciennes,	REY (Emmanuel), lieutent génér., commandt supér.
Douay,	FLAMANT, maréchal de camp, commandant supér.
Cambray et Citadelle,	NOOS, colonel, commandant supérieur.
Maubeuge,	LATOUR, maréchal de camp, commandant sup.
Condé,	BONNAIRE, id., id.
Le Quesnoy,	DUPRÉ, colonel, commandant supérieur.
Avesnes,	BARRY, major, id.
Landrecies,	PLAIGE, colonel, id.
Bouchain,	BIGARNE, chef de bataillon, commandant supér.
Calais,	CHARRIÈRE, maréchal de camp, id.

Arras,	CHARNOTET, maréchal de camp, commandant sup.
Saint-Omer,	D'ARNOULD, id., id.
Aire et fort St-Franç.	DESNOYERS, adjudant commandant, id.
Saint-Venant,	BEJARD, chef d'escadron, id.
Hesdin,	DESMAROUX, colonel, commandant supérieur.
Ardres,	HOCHET DE LA TERRIE, chef de bat., command. sup.
Béthune,	MANSET, colonel, commandant supérieur.
Montreuil,	POULTIER, id., id.
Boulogne,	DURAND, id., id.
Bapaume,	Commandement vacant, il va y être pourvu.

2e DIVISION MILITAIRE

Philippeville,	DUPUY, maréchal de camp, commandant supérieur.
Charlemont et les Givets,	BOURK, lieutenant général, gouverneur.
Mariembourg,	ALLIOT, chef de bataillon, commandant supérieur.
Rocroi,	PROJEAN, colonel, commandant supérieur.
Mézières,	LEMOINE, lieutenant général, id.
Sedan,	BECHET DE LÉOCOURT, maréch. de camp, comm. sup.
Bouillon,	BONNICHON, chef de bataillon, commandant supér.
Montmédy,	LAURENT, lieutenant général, id.
Stenay,	BOSSE, major, commandant supérieur.
Verdun,	AVIZARD, maréchal de camp, commandant supér.
Vitry,	BARON, adjudant commandant, id.
Reims,	BRASSEUR, chef d'escadron, commandant d'armes.
Châlons,	CHAUDRONT, chef de bataillon, id.

(Arch. guerre.)

N° 26

Situation des garnisons des places du nord, d'après la répartition faite par le général Frères (5 juin).

PLACES	NOMBRE de gardes nationales		DIFFÉRENCE		OBSERVATIONS
	demandées par l'Empereur	existant dans les places	en PLUS	en MOINS	
Dunkerque et Bergues	4,000	5,041	1,041	»	
Lille	6,000	6,158	158	»	300 militaires retraités, 2 bataillons de Paris.
Condé	2,500	2,498	»	2	
Valenciennes . .	3,500	2,868	»	632	247 canonniers de gardes nationales, 661 militaires retraités.
Landrecies . . .	1,500	1,454	»	46	
Le Quesnoy . .	1,500	713	»	787	
Avesnes. . . .	1,500	1,132	»	368	120 militaires retraités.
Maubeuge . . .	2,000	1,858	»	142	2 bataillons retraités de l'Aisne.
Douay	3,000	2,221	»	779	100 militaires retraités.
Bouchain . . .	500	585	85	»	
	26,000	24,528	1,284	2,756	

Ces places auront au 5 juin les 26,000 hommes demandés.... Quant aux places de seconde ligne, qui devraient en avoir 7,500, elles n'en ont encore que 3,039. Les places de troisième ligne n'ont rien en ce moment ; mais elles recevront successivement les 4,500 hommes demandés par l'Empereur.

(Arch. guerre.)

N° 27

12 juin.

PLACES	DOUANIERS		GENDARMERIE		
	A PIED	A CHEVAL	OFFICIERS	TROUPE	CHEVAUX
Douay	175	»	»	»	»
Lille	632	»	5	57	»
Béthune	71	»	»	»	»
Aire	68	»	»	»	»
Bergues	156	»	»	5	»
Dunkerque	182	»	1	5	»
Gravelines	51	»	»	5	»
Condé	134	»	»	7	»
Valenciennes	218	32	»	12	12
Le Quesnoy	96	»	»	12	12
Maubeuge	228	24	»	12	12
Avesnes	334	20	»	12	6
Cambray	»	»	»	13	13
Philippeville	199	»	»	11	11
Givet	189	»	»	13	13
Mézières	191	»	»	72	72
Sedan	349	»	»	19	12
Rocroy	»	»	»	36	22
Bouillon	»	»	»	7	»
Metz	305	8	3	48	»
Bitche	202	8	1	28	»
Sarrelouis	188	9	»	23	»
Thionville	305	9	1	24	»
Longwy	177	8	1	25	»
Strasbourg	200	»	4	70	»
Landau	491	»	1	30	»
Neufbrisach	213	»	3	36	»
Schelestatt	142	»	1	24	»
Huningue	305	7	1	30	»
Béfort	226	»	1	36	»

(Arch. guerre.)

N° 28

Situation des troupes composant les armées appelées à assister à Waterloo (10 juin 1815).

1er CORPS D'ARMÉE

Commandant en chef, lieutenant général comte d'Erlon, à Valenciennes.

Commandant l'artillerie, maréchal de camp baron Dessalles.

Commandant le génie, maréchal de camp baron Garbé.

1re division d'infanterie. — Quartier général à Marchiennes

Lieutenant général, Allix.

		offic.	h.
Quiot, maréch. de camp.	54e de lig., colonel Charlet, 2 bataillons.	19	461
		22	460
	55e — — Morin, 2 bataillons.	24	556
		21	547
Bourgeois, maréch. de camp.	28e de lig., ch. de bat., Senac, 2 bataill.	21	428
		21	428
	105e — — Bonnet, 2 bataill.	20	468
		22	473
	20e compagnie du 6e d'artillerie à pied.	4	81
	5e compagnie du 1er escadron du train	3	103

2e division d'infanterie. — Quartier général à Valenciennes

Lieutenant général, Donzelot.

Maréch. de camp, Schmitz.	13e léger, colonel Gougeon.	1er bataillon.	23	620
		2e —	20	600
		3e —	18	594
	17e de ligne, colonel Guerel.	1er bataillon.	25	527
		2e —	17	428
Maréch. de camp, Aulard.	19e de ligne, colonel Trupel.	1er bataillon.	25	504
		2e —	18	485
	51e — — Rignon.	1er —	24	586
		2e —	18	540
	10e compagnie du 6e d'artillerie à pied.		3	86
	9e compagnie du 1er escadron du train.		1	95

3e division d'infanterie. — Quartier général à Valenciennes

Lieutenant général, Marcognet.

			offic.	h.
Maréch. de camp, Noguès.	21e de ligne, colonel Carré.	1er bataillon.	25	508
		2e —	17	488
	46e — — Dupré.	1er —	26	435
		2e —	17	410
Maréch. de camp, Grenier.	25e — col. Degromety.	1er bataillon.	23	485
		2e —	17	449
	45e — colon. Chapuset.	1er —	23	491
		2e —	20	469
	19e compagnie du 6e d'artillerie à pied .		4	81
	2e compagnie du 1er escadron du train. .		2	92

4e division d'infanterie. — Quartier général à Valenciennes

Lieutenant général, Durutte.

			offic.	h.
Maréch. de camp, Pégot.	8e de ligne, colonel Ruelle.	1er bataillon.	23	489
		2e —	17	454
	29e — col. Rousselot.	1er —	23	566
		2e —	17	540
Maréch. de camp, Brue.	85e de ligne, colon. Masson.	1er bataillon.	21	300
		2e —	19	291
	95e — — Garnier.	1er —	23	545
		2e —	17	515
	9e compag. du 6e régim. d'artill. à pied .		3	81
	3e compagnie du 1er escadron du train. .		1	92

1re division de cavalerie

Lieutenant général Jacquinot.

		Offic.	Homm.	Chevaux d'off.	Chevaux de tr.
Maréch. de camp, Bruno.	7e hussards, colonel Marbot .	28	411	74	422
	3e chasseurs, — Lavaestyne.	29	336	80	335
Maréch. de camp, Gobrecht.	3e lanciers, — Martigue .	27	379	71	389
	4e — — Brune . .	22	274	62	277
	2e comp. du 4e d'artill. à chev.	3	70	7	64
	4e comp. du 1er escad. du train.	2	83	5	14

RÉCAPITULATION PAR ARME

	Offic.	Homm.	Chevaux d'officiers	Chevaux de troupe	Chevaux de trait
Infanterie	685	16,200	191	55	14
Cavalerie	106	1,400	285	1,423	6
Artillerie	26	864	60	118	762
Génie	21	330	8	10	

MATÉRIEL DE L'ARTILLERIE PAR DIVISION

Bouches à feu	de 6 avec affûts et avant-trains	28
	de 12 — —	6
	d'obusiers de 6 p. —	2
	obusiers de 24 p. —	10
Affûts de rechange	pour les canons de 12 p. —	1
	— de 6 p.	5
	pour les obusiers de 24 pouces	5
	— de 6 pouces	»
Caissons	de 6	42
	de 12	18
	d'obusiers de 24	20
	d'infanterie	33
Chariots à munitions		6
Forges de campagne à 4 roues		6
Gargousses de 6		5,302
Gargousses de 12		1,154
Gargousses d'obusiers de 24		1,368
— — de 6		294
Cartouches d'infanterie		614,915
Pierres à fusil		49,530

2e CORPS DE L'ARMÉE DU NORD

Commandant en chef, comte Reille, lieutenant général.
— l'artillerie, Le Pelletier, maréchal de camp.
— le génie, Richemont, maréchal de camp.

5e division d'infanterie

Général de division, BACHELU.

			offic.	h.
Gén. de brig., Husson.	3e de lig., Vautrin, colonel.	État-major .	7	22
		1er bataillon.	18	539
		2e —	17	540
	61e — Bouge, —	État-major .	7	21
		1er bataillon.	18	405
		2e —	16	391
Gén. de brig., Campy.	72e — Thibault, —	État-major .	4	21
		1er bataillon.	19	464
		2e —	19	468
	108e — Higonet, —	État-major .	9	26
		1er bataillon.	16	399
		2e —	18	388
		3e —	18	233
	18e compagnie du 6e régiment d'art. à pied .		4	86
	3e — 1er escadron du train . .		2	99

6e division d'infanterie

Général de division, baron ROTTEMBOURG. (Le prince Jérôme le remplace.)

			offic.	h.
Gén. de brig., Bauduin.	1er léger, Cubières, colonel.	État-major .	11	25
		1er bataillon.	17	599
		2e —	18	603
		3e —	18	597
	2e — Maigros, —	État-major .	23	24
		1er bataillon.	17	561
		2e —	18	551
		3e —	18	559
		4e —	18	552
Gén. de brig., Soye.	1er de lig., Cornebise, —	État-major .	7	22
		1er bataillon.	17	570
		2e —	18	574
		3e —	17	570
	2e — Trippe, —	État-major .	11	19
		1er bataillon.	18	575
		2e —	18	567
		3e —	18	569
	2e compagnie du 2e régiment d'art. à pied .		4	92
	1re — train des équipages		2	102

7e division d'infanterie

Général de division, comte GIRARD.

Brigade	Régiment	Unité	offic.	h.
Gén. de brig., Devilliers.	11e léger, colonel Sébastiani.	État-major.	7	25
		1er bataillon.	18	465
		2e —	17	423
	82e de ligne, colonel Matis.	État-major.	5	15
		1er bataillon.	22	535
Gén. de brig., Piat.	12e léger, colonel Mouttet.	État-major.	8	23
		1er bataillon.	18	457
		2e —	16	455
		3e —	9	206
	4e de ligne, — Foullain.	État-major.	9	25
		1er bataillon.	17	571
		2e —	18	561
	3e compagnie du 2e régiment d'artill. à pied.		3	74
	1re — 1er escadron du train . .		1	58
	2e — 5e — . .		1	43

9e division d'infanterie

Général de division, comte FOY, à Dompierre.

Brigade	Régiment	Unité	offic.	h.
Gén. de brig., Marbais.	92e de ligne, colonel Tissot.	État-major.	5	15
		1er bataillon.	17	536
		2e —	18	477
	93e —	État-major.	7	18
		1er bataillon.	16	455
		2e —	18	454
Gén. de brig., Jamin.	100e — — Braun.	État-major.	7	18
		1er bataillon.	17	406
		2e —	18	406
		3e —	9	237
	4e léger, — Peyris.	État-major.	8	22
		1er bataillon.	17	516
		2e —	18	518
		3e —	18	517
	1re compagnie du 6e d'artillerie à pied . .		4	84
	3e — 1er escadron du train . .		2	97

2e division de cavalerie

Général de division, comte DE PIRÉ, à la Capelle.

		offic.	homm.	chevaux d'off.	chevaux de tr.
Gén. de brig., Hubert.	1er chass., 4 esc., col. Simoneau	40	445	103	446
	6e — 4 — — Faudous	34	526	90	530
Gén. de brig., Wattier.	5e lanciers, 3 — —Jacqueminot	25	387	61	389
	6e — 4 — — Galbois	34	347	88	390
	2e comp. du 4e rég. d'art. à cheval.	4	76	9	76
	2e — 5e escadron du train	2	81	5	13

RÉCAPITULATION PAR ARME DU 2e CORPS DE L'ARMÉE DU NORD

	officiers	hommes	chevaux d'officiers	chevaux de troupe	chevaux de trait
Infanterie	825	19,710	199	23	33
Cavalerie	133	1,729	342	1,755	3
Artillerie	45	1,385	103	278	1,188
Génie	22	409	4	»	10
Ambulances	2	94	4	151	»

MATÉRIEL DE L'ARTILLERIE

Canons de 12	6
— 6	36
Obusiers de 6 p.	2
— 24	14
Affûts de rechange à canons de 12	1
— — 6	7
— à obusiers de 12	»
— — 24	7
Caissons de 12	18
— 6	54
— 6 p.	6
— 24	28
— d'infanterie	33
Chariots à munitions et chariots couverts	8
Forges de campagne à 4 roues	8

Cartouches contenues dans les caissons.	à boulets.	à canons	de 12	1,158
			de 6	6,847
		obus et sachets	de 6 p.	294
			de 24	1,973
	à balles	pour canons	de 12	192
			de 6	1,151
		d'obus et sachets	de 6 p.	26
			de 24	101
Cartouches d'infanterie				597,885
Pierres à feu				46,603

3e CORPS DE L'ARMÉE DU NORD (à Chimay)

Commandant en chef, comte VANDAMME, lieutenant général.
— l'artillerie, DOGUERAU, maréchal de camp.
— le génie, NEMPDE, maréchal de camp.

8e division d'infanterie. — A Trélon

Général de division, baron LEFOL.

			offic.	h.
Gén. de brig., Billard.	15e léger, colonel Brice	État-major	9	28
		1er bataillon	18	558
		2e —	17	550
		3e —	18	540
	23e de ligne, colon. Vernier.	État-major	10	24
		1er bataillon	18	385
		2e —	17	368
		3e —	17	375
Gén. de brig., Corsin.	37e de ligne, colonel Fortier.	État-major	9	25
		1er bataillon	17	356
		2e —	16	335
		3e —	17	401
	64e — — Dubalen.	État-major	7	22
		1er bataillon	18	428
		2e —	15	441
7e compagnie du 6e rég. d'artillerie à pied			4	83
1re compagnie du 1er escadron du train			»	12
— — —			2	85
2e régiment du génie (2e compagnie)			1	15
Ambulances			»	11

10e division d'infanterie

Général de division, baron HABERT, à Marienbourg.

		offic.	h.
Gén. de brig., Gengoult.	34e de ligne, colonel Mouton	55	1,384
	88e — — Baillon	57	1,265
Gén. de brig., Dupeyroux.	22e — — Fantin des Odoart	55	1,406
	70e — — baron Maury	45	909
	2e régim. étrang. Suisse (1 bat.), col. Stoffel.	21	386
	18e comp. du 2e rég. d'art. à pied	4	89
	4e — du 5e escadron du train	2	92
	1re — du 2e régiment du génie	4	81
	Ambulances	»	8

11e division d'infanterie

Général de division, LEMOINE, à Chimay.

Gén. de brig., baron Dufour.	12e de ligne, colonel Beaudinot	41	1,171
	56e — — Delhaye	42	1,234
Gén. de brig., baron Lagarde	33e — — Maire	39	1,097
	86e — — Pélicier	44	870
	17e compagnie du 2e rég. d'artill. à pied	4	96
	5e — du 5e escadron du train	2	94
	2e — du 2e régiment du génie	2	48
	Ambulances	»	7

3e division de cavalerie

Général de division, baron DOMON, à Frasne.

			chevaux	
	offic.	homm.	d'off.	de tr.
4e chasseurs	31	306	46	307
9e —	25	337	40	348
12e —	29	289	69	297
4e comp. du 2e rég. d'art. à ch.	3	74	7	70
3e — du 5e escadr. du train.	3	100	7	178

RÉCAPITULATION PAR ARME POUR LE 3e CORPS

	officiers	hommes	chevaux d'officiers	chevaux de troupe	chevaux de trait
Infanterie	622	14,508	170	40	21
Cavalerie	85	932	155	952	»
Artillerie	23	537	31	70	»
Train d'artillerie	9	416	20	»	745
Génie	5	111	»	»	4
Équipages	1	43	»	»	71

MATÉRIEL DE L'ARTILLERIE

Canons de 12		6
— de 6		22
Obusiers de 24		6
— de 6 pouces		2
Caissons de 12		18
— de 6		33
— d'obusiers de 24		12
— — de 6 pouces		6
— d'infanterie		26
Chariots à munitions		5
Forges de campagne		5
Affûts de 12		1
— de 6		4
— d'obusiers de 24		2
— — de 6 pouces		»
Munitions. à canons	à boulets de 12	1,210
	à balles de 12	146
à canons	à boulets de 6	4,092
	à balles de 6	542
à obusiers.	à obusiers de 6 pouces	294
	à balles d'obusiers de 6 p.	26
à obusiers.	à obusiers de 24	1,167
	à balles d'obusiers de 24	67
Munitions d'infanterie		514,761

MATÉRIEL DU GÉNIE.

	10e division d'infanterie	11e division	en rés.
Pelles carrées	28 + 50	23 + 50	45
Pics à hoyaux	21 + 145	24 + 145	80
Haches	22 + 112	25 + 113	25

Indépendamment de ces outils, les 10e et 11e divisions ont à leur suite 2 chevaux de bât chargés des objets ci-après :

3 mèches de vilbrequins, 1 pince d'un mètre à pied de biche, 1 scie grande, 3 pierres à tracer, 2 herminettes, 1 marteau rivoir, 10 kilos de clous d'applicage et autres, 8 torches, 1 lime tiers-point, 2 limes de serrurier, 1 besaiguë, 1 compas moyen droit, 2 pierres à affiler, 1 plane de charron, 2 scies passe-partout, 1 scie moyenne, 4 vrilles, etc.

ARMÉE DE LA MOSELLE

Commandant en chef, comte GÉRARD, lieutenant général à Metz.
— l'artillerie, baron BALTUS, maréchal de camp.
— le génie, baron VALAZÉ, maréchal de camp.

12e division d'infanterie. — A Forbach.

Lieutenant général PÉCHEUX.

		offic.	h.
Mar. de camp, Rome.	30e de ligne, colonel Ramaud	41	1,071
	96e — — Gougeou	41	1,184
Mar. de camp, Schœffer.	63e de ligne, colonel Laurède	44	1,017
	75e — — X.	»	»

13e division d'infanterie. — A Sarbruch

Lieutenant général VICHERY.

		offic.	h.
Mar. de camp, Lecapitaine.	59e de ligne, colonel Louvain	41	1,004
	76e —	41	942
Mar. de camp, Desprez.	69e de ligne, colonel Hervé	40	1,027
	48e —	»	»

5e d'artillerie à pied.	4	99
2e escadron du train.	2	82
5e compagnie du 2e bataillon du génie	1	76

13e division d'infanterie. — A Thionville

Lieutenant général, BOURMONT.

Mar. de camp, Hulot.	9e léger, colonel Baume	45	1,233
	111e de ligne, colonel Baillif	45	1,039
Mar. de camp, Toussaint.	44e — — Paolini	44	939
	50e — — Lavigne	36	759

7e division de cavalerie légère

Lieutenant général à Sarbruck, MAURIN.

		offic.	homm.	chevaux d'off.	chevaux de tr.
Mar. de camp, Vallin.	6e hussards, colonel Carignan.	25	327	74	389
Mar. de camp, Berruyer.	8e — — Schemet.	25	288	26	311

5e division de cavalerie de réserve

Lieutenant général, JACQUINOT, à Saint-Avold.

		offic.	homm.	chevaux d'off.	chevaux de tr.
Mar. de camp, Cureley.	6e dragons, colonel Mugnier	20	241	28	221
	11e — — Bureau de Puly.	30	340	42	352
Mar. de camp, Gauthrin.	15e — — Chaillot	28	308	40	314
	16e — — —	«	»	»	»
	2e régiment d'artillerie à cheval	3	75	7	70
	2e escadron du train	2	79	5	142

RÉCAPITULATION GÉNÉRALE DE L'ARMÉE DE LA MOSELLE

	officiers	hommes	chevaux d'officiers	chevaux de troupe	chevaux de trait
Infanterie légère	45	1,233	8	»	»
— de ligne	373	8,982	90	»	»
Hussards	25	387	74	389	2
Chasseurs	25	288	26	311	»
Dragons	78	859	110	887	»

	officiers	hommes	chevaux d'officiers	chevaux de troupe	chevaux de trait
Artillerie à pied	20	498	40	»	»
— à cheval.	6	173	12	158	»
Train d'artillerie	10	493	20	57	373
Génie	8	225	»	»	»
Train des équipages militaires	3	116	»	188	»

MATÉRIEL DE L'ARTILLERIE

Bouches à feu . . .	canons de 12	4
	— 6	32
	obusiers de 6 pouces	2
	— 24	12
Affûts de rechange .	à canons de 12	1
	— 6	6
	d'obusiers de 6 pouces.	»
	— 24	1
Caissons chargés . .	à canons de 12	12
	— 6	48
	à obusiers de 6 pouces.	6
	— 24	24
	d'infanterie.	24
Chariots à munitions		14
Forges roulantes.		7

6e CORPS D'ARMÉE

Commandant en chef, comte DE LOBAU, à Vervins.
— l'artillerie, baron NOURY, lieutenant général.
— le génie, SABATTIER, maréchal de camp.

19e division d'infanterie

Lieutenant général, baron ZIMMER, à Guise.

			offic.	h.
Mar. de camp, baron de Bellair.	5e de ligne, colonel Roussille.	1er bataillon.	25	441
		2e —	17	469
	11e —	1er —	22	402
		2e —	15	372
		3e —	24	361

			offic.	h.
	27e de ligne, colonel Gaudin.	1er —	24	401
		2e —	15	381
	84e — — Chevalier.	1er —	24	467
		2e —	21	427
	1re compagnie du 8e régiment d'art. à pied.		3	83
	1re — 7e escadron du train . .		3	53
	4e — 8e — . .		1	37
	1re — 1er bat. du 3e rég. de sapeurs		4	91
	1re — 3e escadron des équip. mil.		»	12
	3e — de l'Oise des équipages auxil.		2	50

20e division d'infanterie, à Vervins

Lieutenant général, baron JEANIN.

Mar. de camp, Bony.	5e léger, colonel Curnier . .	1er bataillon.	22	448
		2e —	20	386
	10e de ligne, colonel Roussel.	1er —	20	294
		2e —	20	295
Mar. de camp, Tromelin.	47e —	1er, 2e —	»	»
	107e — — Druot .	1er —	20	351
		2e —	24	341
	2e compagnie du 8e régiment d'artill. à pied.		3	88
	3e — 8e escadron du train. . .		2	102
	1re — 3e — des équip. mil.		»	12
	Équipages auxiliaires (3e comp. de l'Aisne) .		2	50

21e division d'infanterie, à Arras.

Lieutenant général, baron TESTE.

Mar. de camp, Lafitte, à Senlis.	8e léger, colonel Ricard . .	1er bataillon.	21	447
		2e —	21	449
	40e de ligne,	3e, 4e, —	»	»
Mar. de camp, Penne, à Arras.	65e —	1er —	22	481
	75e — colonel Mativel.	1er —	22	492
		2e —	20	447
	3e compagnie du 8e régiment d'artill. à pied.		3	91
	4e — 6e escadron du train. . .		2	70
	3e — 1er bataill. du 3e de sapeurs.		3	98
	1re — 3e escadron d'équip. milit.		1	13
	4e — de l'Aisne d'équip. auxiliaires		»	14

RÉCAPITULATION DU 6e CORPS D'ARMÉE

	officiers	troupe	chevaux d'officiers	chevaux de troupe	chevaux de trait
Infanterie	420	8,152	95	33	»
Artillerie	22	748	40	67	519
Génie	7	189	1	2	»
Équipages militaires	1	82	»	»	138
Infirmiers	»	73	»	»	»
Équipages auxiliaires	6	164	»	»	292

MATÉRIEL DE L'ARTILLERIE

			Voitures
19e division d'infanterie	canons de 6	6	23
	obusiers de 24	2	
20e —	canons de 6	6	23
	obusiers de 24	2	
21e —	canons de 6	6	23
	obusiers de 24	2	
Grand parc de réserve	canons de 12	6	32
	obusiers de 6 pouces	2	

MUNITIONS

	Coups à tirer
Boulets de 12	1,134
Boulets de 6	3,222
Obus de 6 pouces	304
Obus de 24	887
A balles de 12	144
A balles de 6	324
A balles d'obus de 6 pouces	22
A balles d'obus de 24	47
Cartouches d'infanterie	456,330
Pierres à feu	34,736

(Arch. guerre.)

N° 29

Le ministre de la guerre au lieutenant général Margaron.

27 mai.

Général, je vous adresse l'ampliation d'un décret, rendu hier par l'Empereur, sur l'organisation des dépôts généraux de cavalerie et de remontes.

Sa Majesté vous a nommé, sur ma proposition, inspecteur général et commandant supérieur du dépôt général de l'armée du Nord. Vous établirez votre quartier à Beauvais, et vous aurez sous vos ordres, pour le commandement des dépôts particuliers, MM. les maréchaux de camp Barthélemy, Schwartz, Poinsot; les colonels Chatelain, Strub, Thévenez, Rattier et Labouré.

Vous désignerez un colonel pour remplir les fonctions de chef de l'état-major : il recevra les frais de bureaux accordés aux états-majors des divisions militaires.

Vous prendrez les officiers supérieurs et autres dont vous aurez besoin, parmi ceux qui sont à la suite dans chaque dépôt de régiment.

Vous attacherez les généraux aux dépôts de chaque arme qui, réunis, seront les plus nombreux; les colonels, aux moins importants. Lorsque l'éloignement de divers dépôts ou des opérations pressantes l'exigeront, vous adjoindrez un officier supérieur aux généraux. Les uns et les autres résideront au centre des troupes sous leurs ordres.

Je vous envoie ci-joint l'état des dépôts composant le dépôt général dont le commandement vous est confié. Bien qu'il soit utile de cantonner les dépôts par arme, par brigade et division, dans l'ordre de formation des divisions où leurs régiments sont employés, et de les tenir tant que possible sur ce pied ; s'il arrive, par l'effet de quelque circonstance, qu'un dépôt d'une autre arme ou division se trouve dans la même garnison, le général de l'arrondissement en aura le commandement : ainsi le dépôt du 7e hussards, qui est à Abbeville, restera avec les cuirassiers et sera sous les ordres du maréchal de camp qui commandera ces derniers. Jusqu'à ce que le dépôt du 1er de lanciers à Chartres, du 9e chasseurs à Caen et du 4e cuirassiers à Évreux, soient entrés dans votre arrondissement territorial, vous ne vous occuperez point de leurs détails.

L'article 3 du décret vous autorise, général, à prescrire les changements partiels de cantonnements ou de garnisons quand ils seront nécessaires; mais ce sera toujours entre l'Oise, la Somme et la Seine, afin de ne pas vous mêler avec les autres dépôts généraux. Il arrivera que pour soulager quelques communes, vous serez dans le cas de faire des déplacements, peut-être même d'établir les ateliers et ce qui est à rendre disponible de suite dans une ville et de cantonner le reste : vous vous entendrez toujours avec les autorités locales et vous n'aurez pas moins en vue de ménager les ressources que de bien faire marcher votre service.

L'article 4 du décret prescrit la réunion dans une caisse de tous les fonds que doivent ordinairement administrer les corps, et l'emploi commun de tous les moyens de dépôts. En attendant l'arrivée du payeur, de l'ordonnateur et de l'inspecteur aux revues, vous vous ferez rendre compte et vous m'adresserez l'état par corps de tous les fonds existants, des ordonnances et même des sommes annoncées par lettre d'avis. Cet état indiquera le payeur par qui les paiements doivent être faits. Cette opération exige la plus grande célérité pour les allocations futures de fonds.

L'article 5 vous chargeant de correspondre avec les officiers généraux chargés des remontes, c'est avec M. le lieutenant général comte Bourcier, à Versailles, que vous entrerez en relations. Jusqu'à ce jour, il a dirigé les dépôts qui devaient envoyer des hommes en remonte à Versailles; le décret détermine que cette désignation sera faite par vous à l'avenir. M. le comte Bourcier se bornera donc à vous demander successivement un certain nombre d'hommes de chaque arme, et vous les prendrez sur l'ensemble du dépôt général parmi les moins propres à entrer en campagne. Ils pourraient être employés à ce service en tenue d'écurie, afin d'augmenter les moyens d'habillement pour le disponible.

Les chevaux et les effets qui vous seront envoyés de Versailles, d'autres lieux et de la gendarmerie, seront répartis par vous suivant les besoins des dépôts, en raison de ce qu'ils présenteront de disponible à mesure des opérations de revisements d'hommes, de chevaux et d'effets de harnachement que vous pourrez faire entre eux.

Cette faculté qui vous est laissée de répartir ainsi les ressources que M. le comte Bourcier vous adressera, ne sera pas sans exception : il pourra arriver qu'il soit préférable d'envoyer un gros détachement du même corps à Versailles, pour être remonté, habillé et équipé complètement. Le bien du service de Sa Majesté et la célérité doivent toujours être votre règle.

Vous sentez l'importance d'organiser entièrement et successivement chaque compagnie au lieu de faibles détachements. Vous rejetterez de suite sur la dernière compagnie tout le passif du dépôt et porterez l'actif sur les premières compagnies à organiser. Vous ajouterez à celles-ci, lors de leur départ, les hommes nécessaires pour compléter les escadrons de l'armée.

L'article 7 annonce, général, que vous aurez des modèles d'état de situation : je vous les ferai parvenir incessamment. En attendant, vous vous ferez remettre ceux que vous jugeriez convenables.

L'article 8 met à votre disposition, pour en faire de suite usage, les ressources locales et départementales; les comptes que vous rendront les dépôts vous feront connaître les préfets qui sont en retard pour leur contingent de chevaux : vous correspondrez avec ces magistrats et vous prendrez de concert les mesures nécessaires pour les recouvrer promptement.

Enfin tous les trois jours, à partir du 1er juin, vous m'enverrez, ainsi qu'au major général, le rapport indiqué à l'article 7 : vous entrerez dans tous les détails les plus propres à faire connaître votre situation. Votre correspondance avec M. le comte Bourcier sera de même très active.

En vous donnant une mission aussi importante, Sa Majesté compte trouver en vous une activité, un zèle égal à votre expérience des détails de la cavalerie.

Signé : *Le ministre de la guerre*,
Prince D'ECKMUHL.

ÉTAT des dépôts de cavalerie composant le dépôt général de l'armée du Nord, avec indication de l'emplacement arrêté au 27 mai 1815 et des divisions et corps d'armée dont les régimens font partie.

			Emplacemens des dépôts.	
1er corps. . . .	1re division, général GIRARDIN.	7e hussards .	Abbeville . .	Sous le commandement du lieutenant général Margaron à Beauvais, excepté le 1er lanciers et le 9e chasseurs laissés sous l'inspection de M. le général Delaville, employé à Versailles près de M. le comte Bourcier.
		3e lanciers .	Amiens. . .	
		4e —		
	2e division, général LAHOUSSAYE.	3e chasseurs.	Beauvais . .	
		13e dragons .		
		20e —		
2e corps	3e division, général EXCELMANS.	1er chasseurs.	Beauvais . .	
		6e —	Compiègne. .	
		6e lanciers .	Clermont . .	
	4e division, général....	4e chasseurs.	Rouen . . .	
		1er lanciers .	Chartres . .	
		5e —	Amiens. . .	
	5e division, général WATTIER-SAINT-ALPHONSE.	9e chasseurs.	Caen. . .	
		12e —	Compiègne .	
		5e dragons .	Ancenis. . .	Destiné pour l'armée de la Loire.

			Emplacement des dépôts.	
3e corps	6e division, général Dumont.	5e hussards .	Noyon . . .	Sous le commandement du lieutenant général Margaron, à Beauvais, excepté le 4e cuirassiers laissé sous l'inspection de M. le général Delaville.
		11e chasseurs.	Compiègne. .	
		2e lanciers .	Amiens . . .	
	Brigade de cavalerie légère.	1er hussards.	Noyon . . .	
		4e —	Roye	
	1re division de réserve, général Milhaud.	1er cuirassiers	Abbeville . .	
		7e —		
		4e —	Évreux . . .	
		12e —	Abbeville . .	
Corps de réserve.	2e division de réserve, général Roussel d'Hurbal.	1er carabiniers	Troyes . . .	Sous les ordres du lieutenant général Defrance, commandant le dépôt général des armées du Rhin et de la Moselle à Troyes.
		2e —		
		2e cuirassiers	Troyes . . .	
		3e —		
	4e division de réserve, général Lhéritier.	2e dragons .	Laon. . . .	
		7e —	Saint-Dizier .	
		8e cuirassiers	Vitry.	
		11e —		
	6e division de réserve, général Piré.	4e dragons .	Poitiers. . .	Destinés pour l'armée de la Loire.
		17e —	— . . .	
		12e —	Ancenis. . .	
		14e —		

(Arch. guerre.)

N° 30

Nouvelle organisation de la cavalerie, 15 divisions réparties en 4 corps (armée du nord) et 7 divisions aux diverses armées et corps d'observation (4 juin).

DIVISIONS	BRIGADES	RÉGIMENS	EMPLACEMENT ACTUEL		NOUVELLE DESTINATION		NOMBRE de journées de marche	OBSERVATIONS
			Corps d'armée	Cantonnemens	Corps d'armée	Cantonnemens		
1re	1re	3e chasseurs.	1er	»	1er	»	»	Ce régiment, qui était à la 2e division de la cavalerie au premier corps, rejoindrait les 3 autres à la première division.
		7e hussards.	1er	»	1er	»	»	Point de mouvement.
	2e	3e lanciers.	1er	»	1er	»	»	
		4e —	1er	»	1er	»	»	
2e	1re	1er chasseurs.	2e	»	2e	»	»	
		6e —	2e	»	2e	»	»	
	2e	5e lanciers.	2e	»	2e	»	»	
		6e —	2e	»	2e	»	»	
3e	1re	4e chasseurs.	2e	Beaumont.	3e	Philippeville.	1	
		9e —	2e	Catillon.	3e	Rocroy.	2	
	2e	12e —	2e	Le Cateau.	3e			

DIVISIONS		BRIGADES	RÉGIMENS	EMPLACEMENT ACTUEL		NOUVELLE DESTINATION		NOMBRE de journées de marche	OBSERVATIONS
				Corps d'armée	Cantonnemens	Corps d'armée	Cantonnemens		
1er corps de cavalerie.	4e	1re	1er hussards.	6e	Marle.	1er corps de cavalerie	»	»	Point de mouvement.
			4e —	6e	Laon.	Id.	»	»	
		2e	5e —	3e	Louelle-Saint-Pierre.	Id.	Marle.	3	
	5e	1re	1er lanciers.	2e	Damouzier.	Id.	Id.	3	
			2e —	3e	Près de Philippeville.	Id.	Id.	4	
		2e	11e chasseurs.	3e	Jamaïque et environs.	Id.	Id.	3	
6e		1re	6e hussards.	Armée de la Moselle.	»	Armée de la Moselle.	»	»	Id.
			8e chasseurs.						
		2e	6e dragons.						
			16e —						
7e		1re	2e chasseurs.	Armée du Rhin.	»	Armée du Rhin.	Haguenau.	6	Id.
			7e —						
		2e	11e dragons.	Armée de la Moselle.	Près Thionville.				
			19e —	Armée du Rhin.	»				

DIVISIONS		BRIGADES	RÉGIMENS	EMPLACEMENT ACTUEL		NOUVELLE DESTINATION		NOMBRE de journées de marche	OBSERVATIONS
				Corps d'armée	Cantonnemens	Corps d'armée	Cantonnemens		
8e		1re	2e hussards.	Corps du Jura.	»	Corps du Jura.	»	»	Point de mouvement.
			3e —						
		2e	13e chasseurs.						
2e corps de cavalerie.	9e	1re	5e dragons.	2e	Au Cateau.	2e corps de cavalerie	Guise.	1	
			13e —	1er	Denain.	Id.	Id.	2	
		2e	15e —	Armée de la Moselle.	Près Thionville.	Id.	Id.	8	
			20e —	1er corps.	Hauchain.	Id.	Id.	2	
	10e	1re	4e —	6e corps.	Environs de Laon.	»	»	»	Id.
			12e —	Id.					
		2e	14e —	Id.					
			17e —	Id.					
3e corps de cavalerie.	11e	1re	2e —	6e corps d'armée.	Origny, Chevrely et environs.	3e	»	»	Id.
			7e —						
		2e	8e cuirassiers.						
			11e —						

DIVISIONS		BRIGADES	RÉGIMENS	EMPLACEMENT ACTUEL		NOUVELLE DESTINATION		NOMBRE de journées de marche	OBSERVATIONS
				Corps d'armée	Cantonnemens	Corps d'armée	Cantonnemens		
3e corps de cavalerie.	12e	1re	1er carabiniers	6e	Environs de Vervins.	»	»	»	Point de mouvement.
			2e —						
		2e	2e cuirassiers.						
			3e —						
4e corps de cavalerie.	13e	1re	1er —	1er	Environs de Douay.	4e	Cateau-Cambrésis.	1	
			4e —						
		2e	7e —						
			12e —						
	14e	1re	5e —	Armée du Rhin.	Environs de Haguenau	Id.	Hirson.	13	
			6e —						
		2e	9e —						
			10e —						
15e		1re	10e chasseurs.	Armée des Alpes.	Chambéry.	Armée des Alpes.	»	»	Id.
		2e	18e dragons.						

(Arch. guerre.)

N° 31

État de composition de l'état-major d'artillerie des corps de cavalerie (5 juin).

NOMS	GRADES	EMPLOIS POUR LESQUELS ILS SONT PROPOSÉS	EMPLOIS QU'ILS OCCUPENT MAINTENANT
BERGE . . .	Général		
RAFFRON . .	Colonel du 1er régiment à cheval.	Commandant l'artillerie	N'est pas à l'armée.
BLANZAT . .	Chef d'escadron au 3e à cheval. .	Chef de l'état-major	Adjoint à l'état-major général d'artillerie de l'armée.
ROBERT (J.-B.).	Capitaine en second au 1er à pied.	Adjoint	Adjoint à l'état-major d'artillerie du 3e corps.
THIRY . . .	Capitaine en second au 1er à cheval.	—	Adjoint à l'état-major d'artillerie du 6e corps.
HUSSON . . .	Chef d'escadron au 1er à cheval .	Commandant l'artillerie du 1er corps	Commandant l'artillerie de la 3e division de cavalerie du 2e corps d'armée.
DEMORNAY . .	Capitaine en second au 4e à cheval.	Adjoint	Adjoint au commandant de l'artillerie de la 4e division de cavalerie du 2e corps.

NOMS	GRADES	EMPLOIS POUR LESQUELS ILS SONT PROPOSÉS	EMPLOIS QU'ILS OCCUPENT MAINTENANT
HURLAUX . .	Chef d'escadron au 4e à cheval. .	Commandant l'artillerie du 2e corps.	Commandant l'artillerie de la 6e division de cavalerie du 6e corps d'armée.
DADOLE. . .	Capitaine en second au 1er à pied.	Adjoint	Adjoint au commandant de l'artillerie de la 6e division de cavalerie du 6e corps d'armée.
PUTHAUX . .	Chef d'escadron à la suite . . .	Commandant l'artillerie du 3e corps	Adjoint à l'état-major d'artillerie du 3e corps.
COESSIN. . .	Capitaine en second au 4e à cheval.	Adjoint	Adjoint à l'état-major d'artillerie du 3e corps.
COGER . . .	Chef d'escadron à la suite . . .	Commandant l'artillerie du 4e corps	Commandant l'artillerie des 1re et 2e divisions de cavalerie du 1er corps d'armée.
ANDRÉ . . .	Capitaine en second	Adjoint	Adjoint à l'état-major du 1er corps d'armée.

Laon, le 5 juin 1815.

RUTY.

(Arch. guerre.)

N° 32

État de répartition des batteries d'artillerie à cheval aux divisions de cavalerie formées d'après la nouvelle organisation (5 juin).

DÉSIGNATION DES DIVISIONS DE CAVALERIE dans la nouvelle organisation		DÉSIGNATION DES BATTERIES affectées aux divisions de cavalerie			CORPS D'ARMÉE ou emplacement d'où ces batteries sont tirées	LIEUX sur lesquels elles doivent être dirigées pour se rendre à leur nouvelle destination	NOMBRE de journées de marche pour exécuter le mouvement	OBSERVATIONS
		NUMÉROS		NOMS des capitaines commandants				
Nos des divisions	Nouvelle destination	des régiments	des compagnies					
1re, général Jacquinot.	1er corps d'armée.	1er à cheval.	2	Bourgeois.	1er c. d'arm. (même divis. de caval.)	Point de mouvement.	»	Conserve sa batterie.
2e, général Piré.	2e — —	4e —	2	Gronier.	2e corps d'armée.	Id.	»	
3e, général Domon.	3e — —	2e —	4	Dumont.	3e —	Id.	»	
4e, général Soult.	1er corps de cavalerie.	1er —	1	Cotheraux.	2e —	Marle.	2	
5e, général Subervie.	1er — —	1er —	3	Duchemin.	1er —	Id.	3	
6e, général Maurin.	Armée de la Moselle.	Inconnu.		»	Armée de la Moselle.	Point de mouvement.	»	
7e, général Merlin.	Armée du Rhin.	—		»	Armée du Rhin.	Id.	»	
8e, général Castex.	Armée du Jura.	—		»	Armée du Jura.	Id.	»	Conserve sa batterie.
9e, général Strolz.	2e corps de cavalerie.	1er à cheval.	4	Godet.	2e corps d'armée.	Guise.	2	
10e, général Chastel.	Id.	4e —	4	Bernard.	6e c. d'arm. (même divis. de caval.)	Point de mouvement.	»	Conserve sa batterie.
11e, général Lhéritier.	3e corps de cavalerie.	2e —	3	Marcillac.	Id.	Id.	»	Id.
12e, général Roussel.	Id.	2e —	2	Lebeau.	Id.	Id.	»	Id.
13e, général Wathier.	4e corps de cavalerie.	1er —	5	Duchet.	Douai (même divis. de cavalerie).	Câteau-Cambrésis.	2	Id.
14e, général Delort.	Id.	Inconnu.		»	Armée du Rhin.	Hirson.	9	Id.
15e, général Digeon.	Armée des Alpes.	—		»	Armée des Alpes.	Point de mouvement.	»	Id.

(Arch. guerre.)

Signé : Lieutenant général Ruty.

N° 33

Note sur les retranchements de Paris, par le lieutenant général Haxo.

12 juin 1815.

S'il arrivait que pendant l'éloignement de l'armée l'ennemi se présentât devant Paris, par la rive droite de la Seine, et qu'il se trouvât dans cette capitale quelques troupes en état de combattre en campagne, la première position à leur faire occuper serait naturellement celle de Romainville, position avantageuse et rétrécie, bien appuyée par sa droite à la Marne en arrière de Nogent, et par sa gauche au village de Pantin couvert par le canal de l'Ourcq et par les petites inondations que l'on peut produire près de ce village, en coupant la digue gauche du canal.

Cette première ligne ne couvrirait pas efficacement la capitale, si la plaine de Saint-Denis demeurait ouverte, mais les travaux qui s'exécutent le long du canal de la Villette à Saint-Denis rendront cette partie encore plus forte que la droite.

Ces travaux consistent d'abord en un parapet continu au pied duquel plusieurs digues retiendront au moins six pieds d'eau de hauteur : ces digues, au nombre de six ou sept, sont couvertes par autant de lunettes d'un bon relief, entourées elles-mêmes d'un fossé d'eau, dont l'objet est de voir les revers de la rive droite du canal, de faciliter la sortie et la rentrée des troupes et d'empêcher l'ennemi de forcer le passage de ces mêmes digues. Si la Villette est menacée, il serait indispensable de couper absolument la route de Senlis, qu'on a laissée provisoirement ouverte, et de pratiquer un passage purement militaire à l'extrémité de la face droite de la lunette qui se trouve à la droite de ladite route. Avant huit jours il sera possible d'introduire l'eau dans le canal de Saint-Denis : il faudra le faire aussitôt pour donner aux terres du fond le temps de s'imbiber et pour conserver les autres eaux du canal à l'usage de quelques fossés d'eau et inondations dont je parlerai plus tard.

Le canal de Saint-Denis, devant passer en arrière de la ville de ce nom, n'a été muni d'un parapet et n'y formera un obstacle que jusqu'aux environs des murs de l'abbaye. Là, une dernière retenue couverte par une lunette soutiendra les eaux sans réservoir. La ville de

Saint-Denis sera couverte, d'abord, tout auprès de la lunette dont je viens de parler, par une inondation dans le vallon du ruisseau de Montfort, laquelle sera tenue à la cote 23 mètres ou 22m50 (cote de nivellement du canal), et cette inondation communiquera avec le fossé de la face droite de la lunette, de manière à ce qu'il ne reste aucun passage praticable entre deux. Une autre inondation sera formée sur le front septentrional de la ville par les eaux du ruisseau de Crou, de la Vieille-Mer et du Rouillon, retenus ensemble au pont de Crou, par un éclusement dont on va s'occuper. Cette inondation soutenue par la chaussée d'Épinay, audit pont de Crou, à la cote 25 m., s'étendra jusqu'auprès de la ferme de Tourterelle, et aura une telle largeur et une telle profondeur d'eau, qu'il sera impossible de la franchir autre part que sur le pont même de Crou. Pour l'empêcher, ce pont sera soigneusement retranché : 1° par une traverse appuyée à la maison de pierre qui y est attenante ; 2° par une redoute à gauche en aval de la chaussée, laquelle devra avoir assez d'élévation pour bien battre ladite chaussée et l'accès du pont ; 3° enfin par un retranchement circulaire appuyé à la maison de pierre (dont j'ai déjà parlé) par sa gauche, et par sa droite au premier moulin du pont de Crou, de manière à fermer tout accès à un ennemi qui aurait forcé le pont.

La route de Pierrefite, ne devant pas servir à soutenir l'inondation, sera coupée un peu en avant de la caserne par une tranchée large et profonde, dans laquelle il y aura au moins 5 pieds d'eau de hauteur, et dont les terres formeront un parapet qui enfilera cette route.

L'intervalle compris entre le pont de Crou et la Seine sera également défendu par les eaux. Une digue, dont on va s'occuper, au pont de l'embouchure du Crou, devra soutenir les eaux de ce ruisseau jusqu'à la cote 26 m. ; ce qui rendra le passage impossible, et inondera le contour de la redoute extérieure du pont de Crou, dont j'ai déjà parlé précédemment. Une lunette qui a déjà été tracée à la droite du pont de l'embouchure en défendra l'accès, et ce pont devra d'ailleurs être absolument condamné, couvert d'abatis, de chevaux de frise, etc., de manière à ne pouvoir être forcé en aucune façon. Outre les maisons dites de Seine qu'il sera utile de créneler et de barricader, en arrière du pont de l'embouchure, pour empêcher l'ennemi de se glisser le long de la laisse des basses eaux de la Seine, il sera peut-être à propos de s'établir dans l'île de la rivière qui se trouve entre Saint-Denis et Villeneuve-la-Garenne, de manière à ôter à l'ennemi une position qui pourrait lui faciliter l'attaque du pont de l'embouchure.

Saint-Denis étant ainsi parfaitement couvert sur son front par les inondations que je viens de décrire, ne pourra réellement être attaqué que par le moulin Bassée à l'est de la ville, entre l'inondation de la Vieille-Mer et celle du ruisseau Montfort. J'ai indiqué le tracé d'une espèce de front de fortification qui fermera cette trouée, ayant un bastion gauche entre le cimetière et le pont de Saint-Remy, et un bastion droit vis-à-vis l'avenue de l'ancienne abbaye. Les anciens fossés de la ville qui existent encore à droite et à gauche de ce front, et dont le fond est à peu près à la cote 27 m., en assureront les flancs et seront remplis de 6 pieds d'eau au moins, aussi bien que les fossés du front lui-même.

La ligne formée par le canal de Saint-Denis et par les hauteurs de Romainville étant fort éloignée de Paris, et ne pouvant être défendue sans une certaine quantité de troupes de ligne, il a été indispensable d'établir une ligne de défense plus rapprochée sur laquelle on pût espérer de porter les gardes nationales. Montmartre a été le premier point qui s'est offert pour cet objet : il a été soigneusement retranché, et lorsque le palissadement sera achevé, il pourra être considéré comme absolument à l'abri d'insultes. Il sera fermé à la gorge par des palissades et des murailles crénelées, de manière à former une espèce de réduit indépendant qui devra avoir ses moyens de défense et son commandant particulier. Entre Montmartre et la Seine se trouve un espace d'environ 1,500 toises dans la ligne la plus courte, vers le village de Clichy. Cet espace est demeuré découvert et sans défense, par la confiance qu'ont donnée la ligne du canal de Saint-Denis et l'occupation de cette dernière ville. J'ai tracé, entre la hutte des gardes au pied de Montmartre et la tête de Clichy, une ligne qui occupe le terrain le plus favorable à la défense : elle est composée d'ouvrages isolés et fermés à la gorge, unis entre eux par de simples retranchements. La défense de Paris sur la rive droite ne sera réellement assurée qu'après l'exécution de cette ligne. Il ne faut pas omettre de lier la hutte aux gardes à Montmartre par un ouvrage intermédiaire sur un mamelon bien indiqué par la nature, en arrière de ladite hutte.

Malgré la ligne de Saint-Denis et celle de Clichy, l'attaque de la ville par la plaine de Chaillot ne se trouvera pas absolument interdite à l'ennemi, s'il a pu pénétrer dans la presqu'île du bois de Boulogne ; ce qui n'est pas impossible, à cause des facilités que le commandement de la rive gauche de la Seine lui procure pour en forcer le passage entre Neuilly et Sèvres. Pour être de ce côté hors d'inquiétude, il faudra former une seconde ligne en arrière, en descendant de Montmartre aux Batignoles, point important à la séparation des routes de Saint-Ouen et de Clichy, enveloppant le village de Monceaux et couvrant les murailles de la ville par quelques ouvrages sur les barrières du Roule, de l'Étoile, etc., jusqu'à la rivière : mais comme le village de Passy se trouve très près de cette muraille, et que vouloir l'envelopper entraînerait également à envelopper la Muette et par là à un développement disproportionné, il me paraît convenable de retirer la défense de cette partie à l'intérieur de la muraille par un retranchement qui couvrirait immédiatement les maisons les plus occidentales de Chaillot, et s'appuierait par sa droite vers la barrière de Longchamp et par sa gauche aux escarpements actuels du palais du roi de Rome. Une coupure sur le quai, à la hauteur ou plutôt en arrière du pont d'Iéna, terminerait la clôture jusqu'à la rivière.

A la droite de Montmartre, on a occupé la terrasse de la maison de Clignancourt, qui donnera un excellent emplacement d'artillerie et qui se liera, par un redan, aux escarpements de Montmartre. La route de Clignancourt devra être coupée par une traverse en arrière de ce redan, et tout l'espace fermé par des abatis ou des palissades, de telle façon que les tirailleurs ennemis ne puissent pas pénétrer entre cet ouvrage et Montmartre. La gorge de l'ouvrage de Clignancourt est formée par des murs de terrasse qu'il sera facile de rendre inaccessibles.

Un autre appendice de Montmartre est la hauteur dite des cinq moulins de la chapelle. Elle sera environnée d'un retranchement continu et bien palissadé, qui fournira également à l'artillerie des emplacements très convenables. L'ouverture qui se trouve entre Clignancourt et les cinq moulins sera formée, partie par des retranchements, partie par des abatis, des palissades, etc., en crénelant et en utilisant au mieux les murs et les maisons qui s'y trouvent.

Les deux faubourgs de la Chapelle et de la Villette s'étendant extrêmement loin dans la plaine, auraient exigé un immense développement de retranchements si on avait voulu en occuper la tête. J'ai préféré les laisser en dehors de la ligne et rapprocher la défense jusqu'aux boulevards entre les cinq moulins et la barrière de la Villette. Dans tout cet espace, et sur un développement de plus de 500 toises, il régnera un large fossé qui contiendra une hauteur d'eau d'au moins six pieds, provenant du bassin de la Villette.

Deux batteries élevées tout contre les barrières de la Chapelle et de la Villette enfileront les deux rues de ces faubourgs et quelques autres retranchements soutiendront le fossé d'eau dont je viens de parler, et dont les terres seront relevées en forme de parapet, le long de la contre-allée du boulevard. Comme la pente du terrain ne permettra pas que la pente du fossé d'eau s'étende beaucoup à la gauche de la barrière de la Chapelle, il restera entre ledit fossé et le retranchement des cinq moulins, un espace ouvert qui devra être fermé par un retranchement en crémaillère, dont la tête donnera un flanc en avant du dernier moulin de droite, et qui, occupant une arête avantageuse du terrain, dominera et pourra battre, au besoin, les maisons de la Chapelle qui sont le plus rapprochées de la barrière.

A droite du bassin du canal de l'Ourcq, la ligne se trouve portée en avant des maisons de la petite Villette : elle est formée par une espèce de bastion qui coupe la route de Pantin et qui est protégé, à sa droite, par une flèche établie sur un petit mamelon qui se trouve en avant des voiries, et à la gauche, par un autre ouvrage joignant absolument le bassin du canal, et dont le fossé, coupé dans sa digue, servira à conduire les eaux dans les fossés de l'ouvrage principal, et à former des deux côtés de la chaussée de Pantin, une inondation qui s'étendra assez près de la flèche de droite pour qu'on puisse, au moyen d'un avant-fossé, l'entourer d'eau entièrement. Les hauteurs de Chaumont, Belleville, Ménilmontant et Mont-Louis, dominant de très près les murailles de la ville, il a été indispensable de les occuper et de se porter fort en avant, tant pour tenir le sommet du terrain que pour enceindre les immenses faubourgs qui les couvrent. La ligne qui a été tracée pour cet objet devra être soigneusement palissadée dans tout son pourtour, et couverte d'abatis formés par les arbres fruitiers, que l'on sera obligé de couper pour découvrir le terrain dans le cas d'une attaque probable. La tête de Belleville et de Ménilmontant, depuis le chemin du pré Saint-Gervais jusqu'à celui de Bagnolet, paraît être la partie la plus susceptible d'attaque et celle qui faudra soigner de préférence. Il existe en avant de la hauteur du télégraphe que les ouvrages enveloppent deux petits mamelons qui seraient très avantageux à l'établissement de l'artillerie ennemie. Il est bien vrai qu'un grand développement de parapets et qu'un grand nombre de plates-formes nous donneraient le moyen de combattre cette artillerie avec un nombre presque double de pièces, surtout depuis l'établissement d'une demi-lune sur le front droit du télégraphe ; néanmoins, il serait à propos d'occuper par deux bonnes redoutes avancées les deux mamelons dont j'ai parlé, afin de ne pas permettre à l'ennemi de s'y établir de prime abord. Cette tête de Belleville méritant le plus grand soin, comme je l'ai déjà dit, il faut y accumuler toute espèce d'obstacles, et je pense qu'il sera convenable d'établir sur les saillants principaux quelques trèfles de fougasses qui, outre l'effet véritable que l'on peut en attendre, augmenteront encore la réputation de force que cette partie doit acquérir.

Un autre moyen d'améliorer la défense de cette tête sera d'empêcher l'ennemi d'embrasser la gauche, s'il s'y portait par le chemin des prés Saint-Gervais à Belleville. Pour cela, il sera à propos d'établir une redoute isolée au bout de l'escarpement qui termine la butte de Chaumont au-dessus du pré Saint-Gervais. Cette redoute portera d'ailleurs des feux dans la plaine sur la chaussée de Pantin et protégera la pointe formée par le canal de Saint-Denis et le canal de l'Ourcq, conjointement avec une autre redoute dont l'exécution est commencée sur le bord gauche de ce dernier canal, et en avant du pont-levis qui sert à le traverser.

L'extrémité des lignes de Belleville et de Ménilmontant est appuyée à droite par un fort isolé dit le Mont-Louis, formé par un front de cette ligne, par l'escarpement qui domine la route de Charonne, par un troisième front qui fait face à Ménilmontant, et enfin par une gorge formée par la muraille du cimetière de Lachaise, qui devra être crénelée et flanquée par un tambour en charpente. Ce fort de Mont-Louis devra être muni intérieurement d'un blockhaus servant de réduit, et être organisé dans toutes ses parties de manière à pouvoir se défendre isolément, lors même que quelques parties de la ligne auraient été forcées.

A l'extrême gauche et en arrière de la ligne de Chaumont, il devra être établi une espèce de redoute ou fort isolé qui pourra être entouré sur les trois quarts de son pourtour par les escarpements qui s'y trouvent, et qui n'aura besoin que d'être fermé par un bon fossé et parapet du côté qui se lie au plateau même de la butte.

Outre ces deux réduits établis aux deux extrémités du camp retranché de Belleville, il m'a paru qu'on pourrait en établir un troisième sur un mamelon qui se trouve en avant de la barrière des Trois-Couronnes, entre la rue de Belleville et celle de Ménilmontant. Ce réduit du centre pourra croiser ses feux d'artillerie avec ceux des deux extrémités, et donner le moyen de rallier les troupes pour repousser l'ennemi qui serait parvenu à forcer les lignes.

On pourra aussi isoler la couronne du télégraphe, en fermant sa gorge par une enceinte fermée, partie par les murailles qui s'y trouvent et partie par des palissades. Cette enceinte devra indispensablement contenir les grandes maisons qui se trouvent sur le plateau du télégraphe, afin de ne pas les laisser à l'ennemi qui, du haut de leurs étages, plongerait dans l'intérieur du réduit.

Les communications de la ville au camp retranché de Belleville se font facilement, à la droite, par le cimetière de Lachaise; au centre, par les rues de Ménilmontant et de Belleville; mais pour arriver à la gauche de la butte de Chaumont, on est obligé de faire un grand détour, n'y ayant d'autre chemin que la rue de Belleville même. Il serait important de remédier à cet inconvénient, en traçant une route militaire dans les buttes de Chaumont, pour y arriver directement de la barrière de Chopinette ou mieux encore de la barrière du Combat.

A la droite de Mont-Louis et de la barrière de Charonne, se trouve un mamelon, dit de Fontarabie, de médiocre hauteur, sur lequel il a été établi un ouvrage qui défendra bien le flanc du cimetière de Lachaise, et s'y liera par quelques flèches à établir sur les contreforts qui en descendent, et qui seront liées entre elles par des abatis. La route de Charonne devra être coupée par une traverse qui sera bien protégée par l'ouvrage de Fontarabie. Cet ouvrage pourra même être isolé du reste de la ligne, comme une redoute, en reliant ses deux branches par des palissades aux maisons et aux murailles qui se trouvent en arrière.

En avant de la barrière de Montreuil se trouve un petit faubourg qui a été couvert par un ouvrage à corne qui se lie, de sa gauche, par une ligne, à l'ouvrage de Fontarabie, et qui devra également, par sa droite, se lier, par une espèce de courtine, à une coupure qui sera sur la chaussée de Vincennes, à cent cinquante toises en avant de la barrière du Trône. Cette coupure protégera, de son flanc gauche, la droite de la corne de Montreuil, et de son flanc droit, une espèce de demi-bastion qui devra être établi sur la barrière de Saint-Mandé.

La communication de Paris à Vincennes étant de la plus grande importance à maintenir, on a établi, à moitié chemin, une grande redoute ou espèce de fort dont l'artillerie pourra croiser facilement ses feux avec ceux de l'artillerie de Vincennes. Ce fort, auquel on a donné le nom de Petit-Vincennes, devra être bien palissadé, muni intérieurement d'un bon blockhaus et fermé à la gorge par des palissades. Il sera convenable d'y établir un commandant particulier. La communication de ce fort avec la ville est assurée par les deux murailles qui soutiennent la chaussée de Vincennes et qui sont assez élevées pour ne pouvoir être franchies.

La barrière de Picpus est couverte par un demi-bastion, qui sera flanqué par un redan à établir entre cette barrière et celle de Saint-Mandé. A droite du saillant de ce bastion, on exécute un front qui verra bien les pentes du vallon de Fécamp et les avenues de Saint-Mandé. Ce front couvrira la barrière de Reuilly et sera terminé, à sa droite, par deux crémaillères qui descendront, en se retirant, vers le fond du vallon de Fécamp. Ce vallon ne pouvant être défendu de front par un retranchement ordinaire, à cause de sa profondeur, on y suppléera par des abatis, des palissades et autres moyens de cette nature.

La grandeur du village de Bercy n'a pas permis de le laisser en dehors et de continuer la ligne, en arrière du vallon de Fécamp, le long des murailles de la ville, aux barrières de Marengo et de la Rapée : d'ailleurs le développement des ouvrages aurait été de moitié plus grand que celui qu'a donné la position prise en avant du faubourg. Un grand front semblable à celui de Picpus occupe le sommet du terrain, coupe carrément la grande route de Charenton, et verra parfaitement tout le terrain sur lequel l'ennemi pourrait manœuvrer. La gauche de ce front se liera, par une ou deux crémaillères, au fond du vallon de Fécamp rempli d'abatis, ainsi que nous l'avons dit plus haut. La droite du même front sera formée par une crémaillère, indispensable pour voir la pente du contrefort sur lequel est bâti le château de Bercy. De là à la terrasse qui ferme le parc au bord de la Seine, il n'y a plus qu'un espace de deux cents toises qui sera fermé, d'abord, par un demi-bastion appuyé à la terrasse même, et par une espèce de courtine, si les murailles qui se trouvent en arrière et qui pourront être couvertes d'abatis ne paraissent pas fournir un obstacle suffisant.

L'utilité du pont de Charenton pour les manœuvres d'une armée qui aurait à agir de Paris sur la rive gauche de la Marne, a fait naître l'idée de fortifier ce bourg. On a cru que quelques redoutes suffiraient et que d'autres redoutes, placées intermédiairement entre Charenton et Vincennes, ne donneraient qu'un léger travail pour assurer cette partie. Mais une reconnaissance détaillée du local m'a convaincu que l'occupation de Charenton exigerait des travaux immenses et un grand nombre de troupes pour le garder. Les redoutes que l'on établirait entre Charenton et Vincennes ne pourraient être que l'appui d'une ligne de bataille et ne formeraient jamais une clôture solide telle que l'on doit chercher à se la donner, en raison de l'espèce et du nombre de troupes que l'on aura probablement pour la défense.

Le bois de Vincennes ne doit cependant pas être abandonné de prime abord : les arbres qui le couvrent fournissent de grandes ressources pour former une ou plusieurs lignes d'abatis impénétrables le long des murailles de l'enceinte, depuis Vincennes jusqu'à la porte de Nogent et au moulin de Beauté, et depuis Saint-Mandé jusqu'en avant de Charenton. Une redoute en tête du cimetière de Saint-Maurice, appuyée à quelques murs en terrasse de ce village et à quelques barricades faciles à pratiquer jusqu'aux bords de la Marne, appuierait la droite de cette disposition. La gauche sera bien protégée par le grand et le petit Vincennes.

Pour se mettre en état d'exécuter promptement ces abatis du bois de Vincennes et tous ceux qu'il serait indispensable de faire devant toute la ligne, au moment où l'ennemi menacerait Paris, il serait à propos de former à l'avance, soit dans la garde nationale, soit dans les bataillons de tirailleurs, ou autrement, des compagnies de charpentiers ou bûcherons que l'on serait sûr d'avoir sous la main au moment du besoin. On pourrait y joindre aussi quelques maçons armés des outils nécessaires pour renverser les murs d'enclos et les maisons qui doivent être sacrifiées, et pour percer des créneaux dans les murs qui seraient momentanément défendus dans les villages des environs que l'on ne voudrait pas abandonner sans coup férir.

Former en avant de Charenton, sur la rive gauche de la Marne, une tête de pont régulière, serait un ouvrage trop considérable pour que je veuille le proposer. Il faudra se contenter de quelques barricades dans les rues d'Alfort, et d'un bon tambour en charpente à la tête immédiate du pont. D'ailleurs l'artillerie mobile qui pourrait être placée sur les hauteurs de la rive droite et la moindre barricade exécutée dans la rue de Charenton empêcheront toujours que ce pont ne puisse être forcé par un ennemi qui se présenterait sur la rive gauche.

Si l'ennemi s'obstinait à passer entre Vincennes et la Marne, et qu'il vînt à bout de forcer les deux lignes d'abatis dont nous avons parlé, il serait important, en se retirant sur la ligne de Bercy, de brûler l'arche du pont de Charenton qui a été rétablie en bois, afin de lui en ôter l'usage. Il faudra, pour cela, se précautionner de fascines goudronnées qui seraient déposées dans une des maisons voisines du pont. Alors on pourrait essayer de faire repentir l'ennemi de l'espèce de témérité qu'il y aurait de sa part à s'enfourner entre Vincennes et la Marne. Du télégraphe établi sur le sommet du donjon de Vincennes on préviendrait à chaque instant le gouverneur de Paris de la force et de la position des troupes ennemies. Ce gouverneur pourrait, d'après cela, proportionner avantageusement le nombre de celles qu'il voudrait faire combattre dans cet espace déterminé : il les ferait déboucher en une seule colonne par la barrière du Trône, et marcher dans l'espèce de fossé qui se trouve au pied de la muraille droite de la chaussée de Vincennes, où l'ennemi ne pourrait pas les apercevoir; de là, par un simple à droite, ces troupes déboucheraient tout à coup, prendraient en flanc la ligne ennemie occupée à l'attaque de Bercy, et pourraient obtenir un grand succès, qui serait augmenté encore par la difficulté que l'ennemi trouverait à sa retraite.

La défense de la rive droite de la Seine étant ainsi établie, il a fallu s'occuper de la rive gauche.

Le premier moyen de défense dont l'idée s'est présentée a été de débarrer la rivière des Gobelins à son entrée dans la ville, près de la barrière de Croulebarbe, et d'en faire refluer les eaux jusqu'au moulin des prés, à moitié chemin du petit Gentilly, de manière à couvrir par les eaux un espace d'environ 400 toises.

Entre la rive droite de la rivière des Gobelins et l'abattoir qui se trouve à l'est de la barrière d'Italie, il a été tracé une suite de redans qui se flanquent réciproquement, battent les routes de Fontainebleau et de Choisy, et couronnent le terrain de la manière la plus avantageuse. Une longue branche lie la gauche de ces redans à l'abattoir, dont l'intérieur forme une belle terrasse et fournira une batterie formidable, en même temps qu'une espèce de redoute isolée. Les terrasses de l'abattoir serviront également à flanquer la droite d'un ouvrage à corne qui a été établi fort en avant du moulin de la Salpêtrière, autour de quelques guinguettes, de manière à bien voir le vallon qui descend de l'ancienne gare. La branche gauche de cet ouvrage à corne devra être flanquée par un épaulement à élever intérieurement à l'angle sud-ouest du jardin de l'hôpital. Le mur dudit jardin, qui est d'une assez bonne construction, servira d'enceinte et sera défendu par la branche gauche de l'ouvrage à corne. Intérieurement à ce mur, il se trouve plusieurs terrasses dans le jardin de l'hôpital qui devront être garnies de parapets, de manière à former une seconde enceinte si ce mur était forcé, et à flanquer partie de la muraille de Paris qui se trouve entre l'hôpital et la barrière de la Gare.

Cette barrière sera soigneusement retranchée ; d'abord, par une coupure, avec parapet, appuyée à la petite partie du quai qui s'y trouve ; secondement par une deuxième coupure entre la pompe à feu et la rivière, laquelle sera flanquée par un redan à établir sur un mur terrassé qui se trouve entre la barrière et la pompe à feu : cette deuxième partie devra être établie la première, afin de moins gêner la communication.

Les tenailles de la barrière d'Italie verront bien tout le terrain qu'elles ont à battre ; mais il n'en sera pas de même de l'ouvrage à corne qui est à leur gauche ; la croupe de la colline d'Ivry qui se termine vis-à-vis en offusque les vues, et quoique ce point ne puisse pas donner à l'ennemi un avantage prononcé contre l'ouvrage à corne, il sera néanmoins très à propos de l'occuper par une redoute isolée qui aura, d'ailleurs, l'avantage de porter des feux dans la plaine entre elle et la rivière.

Sur la rive gauche de la rivière des Gobelins et fort en avant de l'hôpital de la Santé, le terrain s'élève sensiblement jusqu'à la mire de l'Observatoire qui m'a paru un point indispensable à occuper. J'y ai placé le saillant d'un bastion qui forme la gauche d'une ligne composée de plusieurs fronts établis absolument en plaine et qui se retirent par leur droite, en descendant jusqu'à la tête du petit Mont-Rouge.

Du bastion de la mire de l'Observatoire, une crémaillère descend vers la carrière qui se trouve en avant du petit Gentilly. Les escarpements de cette carrière continuent la ligne qui ira se terminer en avant des dernières maisons du petit Gentilly et, par une coupure droite, à l'inondation de la rivière des Gobelins.

La tête du petit Mont-Rouge sera couverte par plusieurs redans qui se flanquent réciproquement et qui battent les deux routes qui y aboutissent.

Du petit Mont-Rouge, la ligne continue à se développer en suivant les ondulations presque insensibles du terrain, coupe la route de Vanves et va se réunir au mur d'enceinte en avant de la barrière des Fourneaux.

A la droite de cette barrière, se trouve une plate-forme sur laquelle sera établi un redan dont la face gauche flanquera la dernière branche de la ligne que je viens de décrire, et dont la face droite protégera très avantageusement un autre redan qui sera établi sur la barrière de Vaugirard, et armé d'artillerie pour enfiler la grande rue de ce village. Le redan de la barrière de Vaugirard aura sa face de droite dirigée sur la barrière de Sèvres, de manière à la bien défendre, ainsi que tout le terrain compris entre ladite barrière de Vaugirard et l'abattoir de Grenelle, qui sera arrangé en forme de courtine flanquée, d'un côté, par ledit redan de Vaugirard, et de l'autre, par une batterie à établir intérieurement aux murs d'enceinte de l'abattoir de Grenelle qui sont assez forts pour être terrassés. Cette disposition pourra peut-être laisser exister le mur d'enceinte qui touche à droite à la barrière de Sèvres ; mais il sera indispensable de raser les maisons qui se trouvent en avant de ladite barrière, sur une longueur de 50 toises environ, en attendant d'en raser encore davantage en cas de péril imminent. Une partie de ces maisons est déjà condamnée à être démolie, pour la confection du boulevard extérieur de la ville.

L'occupation de la tête de Vaugirard nous aurait jetés dans un développement interminable d'ouvrages. C'est pour cela que j'ai préféré laisser ce village en dehors et établir la défense en cette partie immédiatement sur le mur d'enceinte. On devra cependant, pour peu qu'on ait des troupes, n'abandonner Vaugirard qu'après l'avoir défendu, en usant de toutes les ressources que les murailles existantes et des barricades bien disposées pourront fournir. Peut-être même qu'une redoute pourrait être placée sur la hauteur du moulin de Vaugirard, si on ne craignait pas que cet ouvrage ne fût trop vite isolé. On devra de même occuper et défendre l'enclos de Bicêtre, quoique la position en soit dominée et peu avantageuse.

Le mur d'enceinte, depuis la barrière de Sèvres jusqu'à celle de l'École militaire, ne présente pas de grands moyens de défense, à cause du voisinage des maisons de Vaugirard et de la disposition du terrain en avant. Il en est de même depuis la barrière de l'École militaire jusqu'à la rivière. Pour remédier à la faiblesse extrême de cette partie, il faudra d'abord envelopper par un ouvrage les baraques qui sont en dehors de la barrière de la Cunette, faire un ouvrage de même espèce en avant de la barrière de Grenelle, et enfin, deux redans aux deux parties saillantes de la demi-lune de la barrière de l'École militaire. Entre ces deux redans, la barrière elle-même sera formée par deux batteries terrassées. Le reste du mur d'enceinte sera crénelé.

Mais si l'on considère que l'ennemi qui se présenterait dans cette partie peut facilement passer sur la rive droite de la Seine, s'emparer d'Auteuil, des Bonhommes et de Passy, dont les hauteurs favoriseraient extrêmement l'attaque de la barrière de la Cunette, on sentira qu'il est indispensable de fortifier cette partie par un retranchement intérieur. Cet objet sera parfaitement rempli par le fossé qui enveloppe le Champ de Mars et qui est, dans son état actuel, un retranchement tout fait. Si le temps le permet, on pourra même élever un parapet tout du long du mur d'escarpe de ce fossé, et les tertres serviront à l'établissement de l'artillerie.

La trouée qui se trouve entre le fossé du petit côté du Champ de Mars et la rivière, sera fermée par un parapet précédé d'un fossé, appuyé de sa gauche au Champ de Mars, et de sa droite, à l'extrémité du quai, en aval du pont.

De l'extrémité du Champ de Mars qui touche à l'École militaire, il faudra élever un retranchement le long de l'avenue de Lamotte-Piquet, pour venir joindre le redan droit de la barrière de l'École militaire, en enveloppant la ruelle de la Fontaine de Grenelle. Il faut que les bâtiments de la barrière de l'École militaire, ainsi que l'abattoir de Grenelle, chacun de leur côté, forment une espèce de redoute, dont la prise ne suive pas nécessairement la rupture du mur d'enceinte qui les lie, et entre lesquelles on pourra établir un fort retranchement en courtine, si on le juge nécessaire.

Signé : *Le lieutenant général,*
Baron HAXO.

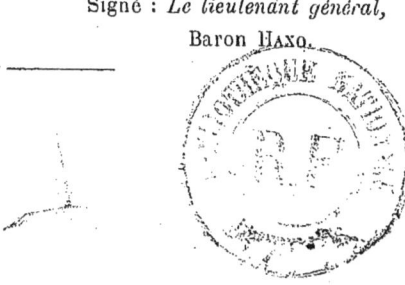

TABLE DES MATIÈRES

Préface 1

Introduction 5

Chapitre premier. — Politique générale des Cent-Jours 42

Chapitre II. — Organisation de l'armée royale 69

Chapitre III. — Esprit de l'armée royale 107

Chapitre IV. — Les dernières résistances 128

Chapitre V. — Deuxième insurrection de l'Ouest et armée de la Loire 159

Chapitre VI. — Organisation générale de la défense 183

Chapitre VII. — Armée du Rhin 236

Chapitre VIII. — Armée du Jura 258

Chapitre IX. — Armée des Alpes 271

Chapitre X. — Armée du Var 289

Chapitre XI. — Armée des Pyrénées 303

Chapitre XII. — Armée de la Moselle 324

Chapitre XIII. — Armée du Nord 343

Chapitre XIV. — Organisation de la garde 393

Chapitre XV. — Les dernières mesures. — Conclusion 413

PIÈCES JUSTIFICATIVES

N° 1. — Exposé de la conduite qu'ont tenue MM. Gérin et Etchegoyen, colonel et major du 4e régiment d'artillerie à pied, le 7 mars 1815, époque de l'entrée de Napoléon Bonaparte à Grenoble (1er juillet 1815) 425

N° 2. — Rapport au ministre de la guerre, fourni en 1815, sur les événements auxquels a pris part le 37e de ligne au moment de la marche de Napoléon sur Paris 429

N° 3. — Résumé d'une conversation qui a eu lieu le 31 mars 1815, sur le bord du Rhin, avec une personne de la rive droite qui exerce un emploi public et qui ne veut pas être nommée 432

N° 4. — Rapport à Sa Majesté l'Empereur, du 24 mars 1815 . . . 436

N° 5. — État de situation des compagnies de vétérans au 20 mars 1815. 437

N° 6. — Rapport à Sa Majesté l'Empereur (mars 1815) 438

N° 7. — Effectifs au 1er janvier 1815 444

N° 8. — Mémoire sur le département du Morbihan par le maréchal de camp baron Valori (5 avril). 465

N° 9. — Rapport par le colonel Bruc, ex-colonel du 3e léger, sur ce qui s'est passé à Bayonne du 1er mars au 10 avril 467

N° 10. — Répartition des gardes nationales aux différentes armées . 471

N° 11. — Rapport du ministre à l'Empereur. 28 mai 477

N° 12. — État des officiers compris dans l'organisation du génie aux armées du Nord, de la Moselle, du Rhin, des Alpes et aux trois corps d'observation (juin 1815) 477

N° 13. — Rapport à l'Empereur sur l'état des fusils (11 juin). . . 479

N° 14. — Situation de l'habillement 485

N° 15. — Situation sommaire de formation et d'emplacement du 5e corps d'observation, au 26 avril 1815 . . . . 504 *bis*

N° 16 — Aperçu des garnisons nécessaires pour les places du Haut et Bas-Rhin 505

N° 17. — Le maréchal de camp baron Gressot, en mission à l'armée du Rhin, au maréchal duc de Dalmatie (13 juin). 506

N° 18. — Le major baron Pollosson, commandant d'armes à Belfort, au ministre de la guerre (1er juin). 511

N° 19. — Rapport sur la mise en état de défense de la place de Navarreins (18 avril) 515

N° 20. — Rapport sur la mise en état de défense de la place de Saint-Jean-Pied-de-Port (18 avril) 516

N° 21. — Rapport sur l'état actuel des défenses de Bayonne et sur les améliorations les plus urgentes à y faire (18 avril) 518

N° 22. — Tableau indiquant les places fortes et les camps où seront envoyés les 60 bataillons de grenadiers de gardes nationales d'élite levés dans les 9e, 10e, 11e et 20e divisions militaires, par décret du 10 mai 1815 522

N° 23. — Registre des délibérations du conseil de défense établi dans le département de la Meurthe (juin) 524

N° 24. — Approvisionnemens de siège au 9 mai 530

N° 25. — État nominatif des officiers généraux et supérieurs, gouverneurs et commandans supérieurs des places de guerre de l'armée du Nord (8 juin) 531

N° 26. — Situation des garnisons des places du Nord, d'après la répartition faite par le général Frères (5 juin) 533

N° 27. — Répartition des douaniers et de la gendarmerie dans les places du Nord et de l'Est (12 juin) 534

N° 28. — Situation des troupes composant les armées appelées à assister à Waterloo (10 juin 1815) 535

N° 29. — Le ministre de la guerre au lieutenant général Margaron (27 mai) 549

N° 30. — Nouvelle organisation de la cavalerie, 15 divisions réparties en 4 corps (armée du Nord) et 7 divisions aux diverses armées et corps d'observation (4 juin) 554

N° 31. — État de composition de l'état-major d'artillerie des corps de cavalerie (5 juin) 558

N° 32. — État de répartition des batteries d'artillerie à cheval aux divisions de cavalerie formées d'après la nouvelle organisation (5 juin). 560

N° 33. — Note sur les retranchements de Paris, par le lieutenant général Haxo (12 juin) 562

BESANÇON. — IMPR. VEUVE PAUL JACQUIN.

19 Février

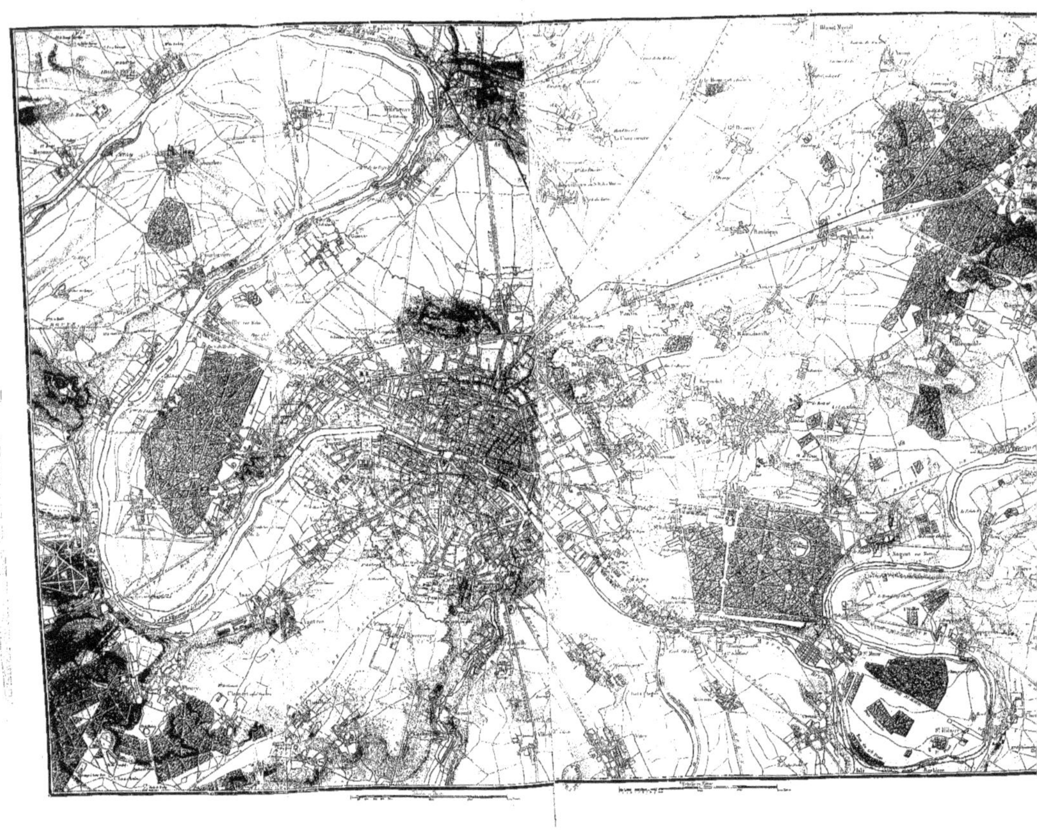

www.ingramcontent.com/pod-product-compliance
Lightning Source LLC
Chambersburg PA
CBHW070404230426
43665CB00012B/1232
* 9 7 8 2 0 1 2 8 7 1 5 6 4 *